本书受"河南科技大学学术著作出版基金"和
"河南科技大学博士科研启动基金"资助出版

并系山东大学人文社会科学重大研究项目"中国古
代史论研究"（编号12RWZD08)阶段性研究成果之一

《尚书》历史思想研究

王灿 著

By Wang Can

中国社会科学出版社

图书在版编目（CIP）数据

《尚书》历史思想研究／王灿著．—北京：中国社会科学
出版社，2013.8
ISBN 978 - 7 - 5161 - 3215 - 9

Ⅰ.①尚…　Ⅱ.①王…　Ⅲ.①《尚书》—研究　Ⅳ.①K221.04

中国版本图书馆 CIP 数据核字（2013）第 213737 号

出　版　人　赵剑英
责任编辑　顾世宝
责任校对　王雪梅
责任印制　张汉林

出　　　版　中国社会科学出版社
社　　　址　北京鼓楼西大街甲 158 号（邮编100720）
网　　　址　http://www.csspw.cn
　　　　　　中文域名:中国社科网　　　010 - 64070619
发 行 部　010 - 84083685
门 市 部　010 - 84029450
经　　　销　新华书店及其他书店

印　　　刷　北京市大兴区新魏印刷厂
装　　　订　廊坊市广阳区广增装订厂
版　　　次　2013 年 8 月第 1 版
印　　　次　2013 年 8 月第 1 次印刷

开　　　本　710×1000　1/16
印　　　张　21
插　　　页　2
字　　　数　352 千字
定　　　价　59.00 元

谨以此书纪念我的父亲
并献给关爱我的师长亲友们

序

　　《尚书》是我国古代最重要的经典之一，相关的研究成果自汉代以来便日积月累，以至汗牛充栋。各家的研究有通解通释，也有专论专考，着眼点不同，类例亦各异，但都或远或近、或多或少地涉及《尚书》的历史观念或历史思想。现在一般称此书为我国现存最早的历史文献汇编，似乎不把它当作历史著作来看，实则相对于先秦学术的发展历程和真实水准而言，未尝不可把它看作当时史学的高端作品，或者径认为它就是中国史学的开山之作。书中所包含的历史思想是既丰富又具体的，而且是多向度、多层面的。王灿博士的学位论文以《〈尚书〉历史思想研究》为题，欲求总结前人的研究成果而有所发明和创新，这不论在思想史还是史学史、史学理论的研究方面，都应是一项有意义的工作。

　　谈《尚书》的历史思想，自然不能脱离中华民族对自身早期历史的看法。中华民族是个巨大的民族文化共同体，先秦时还率称华夏，覆盖众多的族群。我以为先秦学术史上有关华夏民族起源和演进的种种历史观念，现在可以统称为华夏史观；与此相对的是各部族以自身族类记忆的形式展开的历史观念，现在可以统称为部族史观。部族史观多可追溯到传说时代的神话与史话，其中也包含了若干华夏史观的初始因素，并成为日后华夏史观整合与进化的思想基础。这种整合体现在典籍的记录中，《尚书》是最古且最有典型性的。先秦学者著书立说，已多援引《夏书》、《商书》和《周书》，概括的引用则只称之为《书》。现存的《尚书》按虞、夏、商、周四代的顺序编辑，便极其鲜明地展示出华夏民族追述自身历史的大脉络和大框架，体现出早期华夏民族文化历史发展的基础结构。此种严肃的断代观念和分期系统超越于上古部族史观之上，透露出强烈而清醒的"大一统"国家意识和华夏"正统"观念，标志着华夏历史意识到春秋战国时代已完全成熟。这中间蕴含着一系列民族融合、政治变动、文明进化、共同体的认知等机制，都是和历史思想相关联的。特别是此种追述所显示的历史连续性观念，表明华夏文明是个原生型的有着独特发展道路和普遍性格的连续体，从来没有中断过。这一观念深刻在古人的意识中，不仅是华夏史观的核心构成部分，同时也是整个中国古代思想史的支柱之一。此外，"断代"编辑的方式注重历史源流，也强化了《尚书》自身的文献价值，使之成为后世古典政治学、历史学、社会学、思想史、文献文化学等不可或缺的重要资源。宽泛一点说，先秦"六经"所保存的集体的历史"记忆"和寄托于追祖敬宗、报本返始的寻根意识，都体现出华夏民族统合与文化整合的历史背景。这点在《尚书》中尤为鲜明，故而今天的研究仍然有着强烈的现实意义。

历史学上的本体论，强调对历史本身的思考和体认，理应成为一切史学思想的基石。中国式的历史思想，自先秦时围绕恢宏的华夏史观逐渐展开，即已涵括诸多独具特色的分命题。天人关系是绕不开的，司马迁所说的"究天人之际"，大约至迟自西周以来，便成为华夏史观所关注的一条主线；其间总的趋势是从"神本"走向"人本"，上升到历史观上也就是轻"天命"而重"人事"，将历史本原问题从天界拉回到人间。与此相应的是摆脱"神创"意识的文明进化史观，如《易传》所标称的"圣人"作八卦而"制器尚象"的理论，实际是一种由器物制度而抽象出来的反向构筑的学说，"圣人"的概念已无异于指称文明进化的代名词。另一条主线是历史运动问题，先秦经典学与诸子学都承认历史是变动的，不是静止的，是辩证发展的，不是平直运行的，其中包括现在所称的进化论、循环论等历史思想的因素，甚至不乏所谓"倒退史观"的说法。问题集中于不同时代的治道之变化，有关王道与霸道、常道与变道、直道与圜道，以及"先王"与"后王"、"稽古"与"革命"、"兴灭"与"继绝"、"忧患"与"殷鉴"等的论说不绝如缕，都显示出古人历史思想的复杂性。治道观不妨说就是一种现实性的历史观，而相因于中国古代的社会环境，其基本指向是道德致治，"为政以德"被认为是高于一切的普世价值，是建立全社会名分秩序的关键之所在。由此便造成儒家"内圣外王"的思想路线，这一思想路线甚至在某种程度上也可表述为一种"道德史观"。今以华夏史观言之，上述各点都可说是它原生而特有的要素，都对后世有着深远的影响。

以上简单提示，王灿博士在他的论著中差不多都已有初步的论说。这些论说是围绕《尚书》的记录展开的，但所用史料不限于《尚书》，也涉及其他经典和诸子的著作，并对各家的历史思想有些附带的阐述。他在学期间读书极用功，古今中外涉猎甚广，并做了大量的读书笔记，而于近代以来研究《尚书》的著作和论文检阅尤多。这为他的学业和研究工作奠定了很好的史料基础。同时他注重由考证入手作义理的思考，深入发掘，力求出新，勤于撰述，仅在读博期间及毕业后的几年内，已在各种学术刊物上发表论文数十篇，多有创获。其学位论文经过反复修改，日趋扎实，自成一体系，现在得以出版，正可成为个人治学的一个新起点。

　　《尚书》的流传过程极为复杂，现存文本的"古文"部分，大抵自清代以来就被谳定为伪书。其实所谓"一分真伪，而古书去其半"的说法，不免有些夸张，近些年接连由地下出土的一些古代简帛书，证明好多曾被判为伪书的本子并不伪或不全伪。《尚书》是很早就已成书的古经典，虽有流传过程中的种种问题，乃至后人的改窜，而要说如此多的篇章皆为后人伪造，有些不近情理，况且前贤的辨伪方法也不无可议之处。古籍的流传，要求一字一句都永远保持原样，几乎是不可能的，校勘学也不是描红式的影抄。《尚书》的"古文"部分，假如有些是从先前经师的讲解本整理来的，那么遣词造句就有可能与原先的文本大有差异，但不能因此而否认它们的来历。今古文之争是有学术来由的，相关的研究工作自然也有必要，而且这点也会影响到史料的运用，不过一个不争的事实是，这些至今也并未威胁到《尚书》整体的经典地位。王灿博士的大著没有在这方面多作说明，这并不是说《尚书》的今古文就没有区别，只是专题研究它的历史思想，就无须在文字上多作纠缠，横生许多枝节反而会影响主题的探索。就《尚书》的基本价值和专题研究而言，将它的"今文"和"古文"一体看待，在学理上也未必不可。当然，必要的时候，也要顾及今文经学与古文经学的源流。

　　《尚书》历史思想的研究，还有许多工作要做，需要各方面人文学者的共同努力。王灿博士的大著，对他自己来说还只是个开头，精品的打造仍要付出更多的心力和精力。我相信他的大著有参考价值，可供各方面学者使用，故说了上面的一些话，权算个短序。

张富祥

目　录

序 …………………………………………………………………………（1）

绪论 ………………………………………………………………………（1）
　一　《尚书》文献源流简述 …………………………………………（2）
　二　今本《尚书》文献界定 …………………………………………（5）
　三　《尚书》历史思想研究现状 …………………………………（11）

第一章　先秦史视阈下的《尚书》历史思想 ………………………（26）
　第一节　《尚书》在先秦文化中的独特地位 ……………………（26）
　　一　《尚书》是先秦文化的文献源头 …………………………（27）
　　二　《尚书》在先秦历史思想中的地位 ………………………（31）
　第二节　《尚书》历史思想的先秦文化印记 ……………………（34）
　　一　《尚书》的农业根基和周人文化印记 ……………………（34）
　　二　《尚书》的宗法色彩和史官制度印记 ……………………（38）
　　三　《尚书》祖先崇拜和"先王"思想印记 …………………（41）

第二章　《尚书》编纂中的华夏历史意识 …………………………（43）
　第一节　"四代"观念与华夏历史意识 …………………………（43）
　　一　"华夏历史意识"相关研究成果 …………………………（43）
　　二　先秦古籍的"四代""三代"意识 ………………………（45）
　　三　华夏历史意识的成因和影响 ………………………………（51）
　第二节　《尚书》历史记录与"大一统"政治观 ………………（56）
　　一　《尚书》所载时代的政治状况 ……………………………（56）
　　二　《尚书》历史记录表现的"大一统"政治观 ……………（60）

　　三　《尚书》"大一统"政治观产生的基础 ……………（66）

第三节　《尚书》"大一统"观念的展开 ……………（68）

　　一　《春秋》及《公羊传》的"大一统"观念 ……………（69）

　　二　《世本》《竹书纪年》的"大一统"观念 ……………（71）

　　三　《史记》及中国通史思想之萌芽 ……………（73）

第四节　《尚书》华夏历史意识与"华夷之辨" ……………（74）

　　一　《尚书》"华夷"观念的独特内涵 ……………（74）

　　二　《尚书》"华夷"观念的成因 ……………（82）

　　三　《尚书》"华夷"观念的历史影响 ……………（86）

第五节　华夏历史意识、"一元"史观及现代民族意识 ……………（88）

　　一　与华夏历史意识相关的观点 ……………（88）

　　二　文化在民族意识形成中的作用 ……………（89）

　　三　中西民族意识的不同文化背景 ……………（94）

　　四　华夏历史意识的影响和价值 ……………（98）

第三章　《尚书》"天人"历史观念 ……………（100）

第一节　《尚书》论"天"及"人" ……………（100）

　　一　《尚书》天人观念之体现 ……………（101）

　　二　《尚书》"天"之特性 ……………（103）

第二节　《尚书》天人关系论 ……………（107）

　　一　《尚书》天人观念的演变 ……………（108）

　　二　《尚书》天人关系的特点 ……………（108）

　　三　《尚书》天人观念的成因 ……………（118）

第三节　《尚书》历史本原思想 ……………（119）

　　一　《圣经》"历史神创"论 ……………（120）

　　二　《尚书》"历史非神创"思想 ……………（120）

　　三　《尚书》"历史非神创"思想的成因 ……………（123）

第四节　《尚书》历史主体思想 ……………（126）

　　一　历史是"人"的历史 ……………（126）

　　二　历史是"所有人"的历史 ……………（128）

第五节　《尚书》天人观念与春秋战国人文思潮 ……………（129）

　　一　《尚书》:先秦天人观念的文献源头 ……………（129）

　　二　《尚书》天人观念对春秋战国时期人文思潮的影响 ………（131）

第四章　《尚书》历史变动思想 ……………………………………（136）
　第一节　《尚书》"稽古"观念与历史因革论 ……………………（136）
　　一　《尚书》历史连续观念之体现 ………………………………（137）
　　二　《尚书》历史连续观念的影响 ………………………………（143）
　第二节　《尚书》"革命"论与循环史观 …………………………（145）
　　一　"革命"论与《尚书》……………………………………………（146）
　　二　《尚书》"革命论"的内涵及成因 …………………………（149）
　　三　《尚书》"革命论"的重大影响 ……………………………（151）
　　四　"革命"与"禅让" ……………………………………………（153）
　　五　《尚书》循环史观的内涵及成因 …………………………（154）
　　六　辩证看待《尚书》循环史观 ………………………………（157）
　第三节　《尚书》历史变动思想的两重性视角 …………………（159）
　　一　《尚书》对新旧时代嬗变的态度 …………………………（159）
　　二　《尚书》对往昔圣王时代的追慕 …………………………（162）
　　三　《尚书》历史变动观念的两重性视角 ……………………（165）
　第四节　《尚书》《周易》历史变动思想比较 ……………………（167）
　　一　《尚书》《周易》历史变动观念的相通性 …………………（167）
　　二　《尚书》《周易》历史变动观念的相异点 …………………（171）
　　三　《尚书》《周易》历史变动观念的影响 ……………………（172）
　第五节　《尚书》历史变动思想与先秦诸子历史变动观 …………（173）
　　一　《尚书》与儒家诸子历史变动观之关系 …………………（174）
　　二　《尚书》与老庄历史变动观之关系 ………………………（179）
　　三　其他诸子历史变动观念与《尚书》………………………（180）
　　四　"通变"的影响与儒家的中庸 ……………………………（183）

第五章　《尚书》历史功用思想 ……………………………………（185）
　第一节　《尚书》"忧患"意识 ……………………………………（185）
　　一　"忧患"意识源于《尚书》…………………………………（186）
　　二　"忧患"意识是一种历史意识 ……………………………（187）
　　三　《尚书》"忧患"意识的体现 ………………………………（189）

第二节　《尚书》"殷鉴"思想 ……………………………………（192）
　　一　《尚书》"殷鉴"思想内涵及价值 ……………………（192）
　　二　"殷鉴"思想的基石 …………………………………（195）
　　三　"殷鉴"的目的 ………………………………………（200）
第三节　《尚书》"先王"观念 ………………………………………（204）
　　一　《尚书》"先王"观念与历史意识 ……………………（204）
　　二　"先王"观念的成因和实质 …………………………（206）
　　三　"先王"观念的影响 …………………………………（209）
第四节　《尚书》与"资治"思想 …………………………………（212）
　　一　"资治"思想的发端与内涵 …………………………（212）
　　二　"资治"思想产生的基础 ……………………………（215）
　　三　历史功用思想与"资治"思想的价值 ………………（217）

第六章　《尚书》其他历史思想 ……………………………………（220）
第一节　《尚书》对杰出人物历史作用的看法 …………………（220）
　　一　《尚书》中的"圣王"形象 …………………………（220）
　　二　《尚书》中的"贤臣"形象 …………………………（226）
　　三　《尚书》历史杰出人物的特质 ……………………（228）
　　四　《尚书》对杰出人物历史作用的看法 ……………（230）
第二节　《尚书》家族历史思想 …………………………………（232）
　　一　《尚书》"福善祸淫"的家族历史思想 ……………（232）
　　二　《尚书》后嗣观念的特质 …………………………（236）
　　三　后嗣观念与历史意识 ………………………………（239）
第三节　《尚书》历史审美思想 …………………………………（241）
　　一　对人之品德的赞美 …………………………………（242）
　　二　对人之功业和力量的审美 …………………………（244）
　　三　对历史之功用的审美 ………………………………（246）

第七章　《尚书》历史思想的影响和当代价值 …………………（249）
第一节　《尚书》历史思想的影响 ………………………………（249）
　　一　对中国历史思想的影响 ……………………………（250）
　　二　对中国文化整体的影响 ……………………………（252）

第二节　《尚书》历史思想的当代价值 ……………………………（254）

　　一　应重新评价《尚书》的价值 ……………………………（254）

　　二　《尚书》历史思想的当代价值 …………………………（256）

结语　《尚书》历史思想的特点 …………………………………（258）

　　一　"王道"思想色彩 ………………………………………（258）

　　二　实用理性主义色彩 ………………………………………（258）

　　三　强调历史主体的统一性、和谐性 ………………………（259）

　　四　基于道德和社会变动的两重性视角 ……………………（260）

　　五　"民本"特色和宗法色彩 ………………………………（260）

参考文献 …………………………………………………………（262）

附录一　儒家后嗣观念对历史意识、宗教意识的影响 …………（291）

附录二　经史分途的"文化层级"和"身份选择"意识 …………（299）

附录三　《尚书》的教育思想及其价值 …………………………（309）

后记 ………………………………………………………………（316）

绪　论

《尚书》是中国现存最早的古代文献汇编。它所记载的时代，起于传说中的尧、舜、禹时期，终于东周的秦穆公时代。《尚书》内容涉及政治、经济、军事、地理等各个方面，但主要是各种文告和君臣们讨论政事的记录，所以，它被视为治国政典；从历史学的角度而言，它是古代史官记录史事的遗留，因而又是中国最早的史籍。

《尚书》的突出地位主要体现在三个方面。第一，从对中国史学的影响而言，作为中国史书的滥觞，《尚书》奠定了中国传统史学的根基，形塑了其基本面貌，涵盖了其基本主题。第二，从对中华民族影响的广度论，作为中国最重要的经典之一，《尚书》既曾高居庙堂之上，被最高统治者奉为治国圭臬、皇皇政典；又能深入草野之中，作为古代庠序中地位尊贵的教材，广为士子们讽诵研习。因而，《尚书》的影响辐射到各个社会阶层。第三，就对中华文化影响的深度来看，《尚书》是中国原生本土文化的第一次凝聚成书①，是此前文化成果的"集大成"，堪称"元典中的元典"；② 内涵丰厚，思想深刻，中国古代几乎所有典籍、学者都难以绝对摆脱它的思想影响。在某种意义上，《尚书》塑造了中华民族的性格。群星灿烂的中国春秋战国文化，其实也不是无源之水，而是对包括《尚书》在内的中国早期文化成果的继承和发展。

正因为如此，广义上的《尚书》研究历来是中国学术史的重要内容。在《尚书》诸多思想领域中，历史思想是一大重镇，对后世的影响尤其

---

① 夏鼐先生说："我以为中国文明的产生，主要是由于本身的发展……中国虽然并不是同外界隔离，但是中国文明还是在中国土地上土生土长的。"参见夏鼐《中国文明的起源》，文物出版社 1985 年版，第 100 页。

② 张富祥：《〈尚书〉概说》，载郑杰文、傅永军主编《经学十二讲》，中华书局 2007 年版，第 114 页。

深刻和广泛。因此,《尚书》历史思想研究是非常值得关注的重要方面。

按一般习惯,今本《尚书》可分为"今文""古文"两部分。① 关于《尚书》各部分、各篇的成书年代和真伪,历来有不同看法,甚至存在着激烈争论,迄今仍然如此。然而,回答好这两个问题,又是从事《尚书》研究的前提。因此,首先要进行必要的说明和界定。

一 《尚书》文献源流简述

作为我国最早的文献汇编,由于时代条件的限制,《尚书》从记录成篇到汇集成书,绝非一朝一夕,而是经历了很长时间的流传和不断的整理。一般认为,《尚书》最初的篇目应该远不止目前的篇数,可能有数千篇之多。只是后来由于各种原因,在流传过程中逐渐佚失,数量才大为减少。② 历史上曾流传过孔子"删《书》"的说法。但是,《尚书》学家刘起釪先生认为这种说法并不可信——因为,据文献记载,孔子在世时,就一直慨叹文献不足,他努力保存和搜集文献还来不及,哪里还会去"删《书》"?③ 刘先生的推断很有道理。不过,作为中国学术史上的关键性人物,孔子确曾编纂、整理过《尚书》,这也是可以理解和有一定依据的。由于《尚书》的崇高地位和巨大价值,在先秦时期,不只是孔子曾经研读和整理过《尚书》;诸子百家学派、各文籍几乎都曾引用过《尚书》,其中以墨、儒两家最为突出。据统计,儒墨两家著作引用《尚书》各高达数十次之多。④

不幸的是,后来由于秦始皇"焚书坑儒","焚书"时又把《尚书》

① "今文"和"古文",是指文字书写系统的不同。下文有较为详细的解释。

② 刘起釪先生说:"《尚书》篇数原来很多,达数千篇,后来损失了很多,到春秋战国时剩下不过百来篇,则这是合于事实的。"参见刘起釪《〈尚书〉源流及传本考》,辽宁大学出版社1997年版,第4页。

③ 刘起刘起釪:《尚书学史》(订补本),中华书局1989年版,第12页。

④ 刘起釪先生曾经按"今文二十八篇""古文十六篇""书序中余篇被引者""先秦逸书逸篇""引书、某书、某句、逸句"五类统计过引用情况,然后再合出总数,甚为详尽。其中,儒家中仅《孟子》就引用38次,《荀子》22次;《墨子》达47次;以文籍论,《左传》达86次之多,《礼记》亦达43次。参见刘起釪《尚书学史》(订补本),中华书局1989年版,第11—66页。另,陈梦家先生也曾经作过统计,但不如刘先生所采文籍全面。参见陈梦家《尚书通论》(外二种),河北教育出版社2000年版,第8—37页。

《诗经》列在首要的地位，并且下令民间不得私藏，因此《尚书》遭受一大劫难，篇目损失很多。延至西汉初期，古代学术文化重新受到重视，西汉朝廷下令征求古书，但是济南儒生伏生所献出的"今文"《尚书》已经仅剩下烬余二十八篇（一说二十九篇），即伏生本"今文《尚书》"。① 从刘起釪先生统计的《尚书》在先秦时期被引用的情况，伏生本《尚书》当时是流行最广的。② 而在汉代，它也最受重视，是官方承认的定本。汉武帝年间，又发现了用所谓"古文"写成的另一个《尚书》版本。这个版本，比伏生本"今文《尚书》"多出十六篇，但是它流传并不广，尤其是多出的十六篇甚至无人说解。

后来，由于西晋"永嘉之乱"，最为通行且得立于学官的伏生本"今文《尚书》"失传，后出的"古文《尚书》"十六篇亦去向不明。到了东晋时期，梅赜又献出"孔传古文《尚书》"，共五十八篇，由于篇目分合的差异，实际比伏生本《尚书》多出二十五篇。梅赜所献的这个版本，经过后世学者注疏、"音义"后，唐初孔颖达等人又进一步据此撰成《尚书正义》，经官方颁布，成为《尚书》标准本。到清代，《十三经注疏》也采用了《尚书正义》本。从此，《十三经注疏》中的《尚书正义》一直流传至今，成为最通行的版本。③

《尚书》复杂的流传经历，加上古代典籍保存条件的限制，都必然给其文本的真伪问题带来严重困扰。有关的争论，其实自先秦时代就有萌芽，④ 在以后的两千多年里，几乎从未止息过。尤其是《尚书》"今古

---

　　① 因其用当时通行的隶书体文字即"今文"写成，故称"今文《尚书》"；相对"今文"而言的书体"古文"，则各学者说法有差异，刘起釪先生认为"是指秦统一为小篆以前的大篆籀文和六国使用的文字"（参见刘起釪《尚书学史》（订补本），中华书局1989年版，第105页）。"今文""古文"实即书写文字体系之差异。

　　② 刘起釪：《尚书学史》（订补本），中华书局1989年版，第62页。

　　③ 以上所述《尚书》源流，主要参考了以下论著：周秉钧：《白话尚书》，岳麓书社1990年版，前言第1—3页；张富祥：《〈尚书〉概说》，载郑杰文、傅永军主编《经学十二讲》，中华书局2007年版，第89—103页；刘起釪：《〈尚书〉源流及传本考》，辽宁大学出版社1997年版，第4—55页；张富祥：《古文〈尚书〉辨伪方法异议》，载山东大学文史哲研究院古籍文献研究所编《古籍整理研究与中国古典文献学学科建设国际学术研讨会论文集》，2009年，第355—373页。拙作关于《尚书》的源流等问题（尤其是一些常识性问题），多综合采用以上论著的观点；至于一些需要辨明的观点，则尽量择善而从，但限于水平，未必妥当。

　　④ 张富祥：《古文〈尚书〉辨伪方法异议》，载山东大学文史哲研究院古籍文献研究所编《古籍整理研究与中国古典文献学学科建设国际学术研讨会论文集》，2009年，第355页。

文"之争,争辩极为激烈,几乎贯穿整个《尚书》研究史,余波至今不平,甚至不时掀起新的波澜。

包括《尚书》在内的经学"今古文"之争,正如张富祥先生所说,"原是由于抄传经本的字体引起的,而经本的用字及解释不同,学术上的争议自不可避免。"① 但是,由于"今文"和"古文"各有其不同的传授系统,在非常重视"师传"和"家传"的古代,就难免因产生歧解而发生争论;更加之,后来在治学异见中掺杂政治因素以及功名利禄等利害关系,使得包括《尚书》学在内的经学"今古文"之争一度非常激烈。

历史上,《尚书》"今古文之争"的基本态势大致呈现以下此消彼长之情形:

起初,由于出现和立于学官时间早、人多势众,"今文"《尚书》学在西汉绝大部分时间都处于垄断地位。至西汉末年和王莽新朝时期,刘歆得到王莽的帮助,"古文"《尚书》也被列入学官,颇有兴旺之象。但是,随着东汉的建立,"古文"《尚书》又被取消于学官并从未再被立过。虽然如此,由于自身的种种巨大缺陷,② "今文经学"逐渐受到学者们的鄙视而日逐式微。相应地,包括"古文"《尚书》学在内的"古文经学"却逐渐受到重视,研习者日众。到东汉后期,郑玄兼采今、古文,集"古文"学之大成,遍注群经,而包括《尚书》学在内的"古文经学"因而独盛;而魏晋至唐代,梅赜"古文"《尚书》出世后又一直占据正统地位并流传至今。③ 然而,对此版本的质疑,也是代有其人。

以上是对《尚书》文献源流尤其是《尚书》"今古文"之争的简单回顾。长期以来,"《十三经注疏》本"《尚书》一直是最有权威和影响力的版本。尽管不断有人对其中的"古文"部分甚至某些"今文"篇章提出质疑;然而,"古文"和"今文"部分,在目前仍在事实上共同构成《尚书》思想研究的文本基础。由于《尚书》版本源流的特殊性,有必要

---

① 张富祥:《〈尚书〉概说》,载郑杰文、傅永军主编《经学十二讲》,中华书局2007年版,第98页。

② 比如,今文经学逐渐变异为功名利禄的敲门砖,今文经学经师队伍的某些腐败现象,经书解释的繁冗和今文经学中的谶纬迷信色彩,等等。

③ 以上所述今古文之争,主要参考以下论著:张富祥:《〈尚书〉概说》,载郑杰文、傅永军主编《经学十二讲》,中华书局2007年版,第98页;刘起釪:《尚书学史》(订补本),中华书局1989年版,第114、137—156页。

对今本《尚书》各篇著作年代及可信度进行分析，作为拙著论述的依据。下文针对今本《尚书》亦即通行之"《十三经注疏》本"的篇目，对其文献性质逐次说明。

二　今本《尚书》文献界定

今本《尚书》（以最为流行的"《十三经注疏》本"为据）共五十八篇，按照年代先后顺序，分为四个部分，包括"虞书"五篇，"夏书"四篇，"商书"十七篇，"周书"三十二篇。至于"虞代"，向来就有"虞、夏同科"① 之说，因而有将"虞书"和"夏书"合二为一之做法。其篇目构成，按张富祥先生的说法是：

> 今本《尚书》仍为五十八篇，其中三十三篇与马、郑、王注本同，而另外多出二十五篇。所谓三十三篇，实指伏生本的二十九目，因从《尧典》分出《舜典》，从《皋陶谟》分出《益稷》，又分《盘庚》为三篇，故实有篇数为三十三。所谓二十五篇，是指……郑玄《书序》的古文二十四篇，移出《舜典》、《益稷》入三十三篇之数，又置换其中的十三篇，再加《泰誓》三篇，即成二十五篇。《舜典》篇的分出，可能在马、郑、王注本中已然，未必是东晋初梅赜献书时所为。②

以上是就今本《尚书》的篇目来源而言。如果从《尚书》书写的文字系统看，又可将今本《尚书》文献划分为"古文"和"今文"两大部分。今本中所谓"古文《尚书》"，即东晋梅赜"献《书》"后多出的二十五篇。除了二十五篇后出"古文"部分外，余下者即"今文《尚书》"，基本上就是指在"秦火"之后，由儒生伏生传授下来的、用汉代

---

① 所谓"虞、夏同科，虽虞事亦连夏"，见（汉）孔安国传，（唐）孔颖达等正义：《尚书正义》，北京大学出版社1999年标点本（简体字版），第20页。由于拙著引用《尚书正义》的次数繁多，故以下凡引自《尚书正义》的文字，均简注为"《尚书正义》"及其页数，而不再一一详细注明责任者、出版社和出版时间。

② 张富祥：《〈尚书〉概说》，载郑杰文、傅永军主编《经学十二讲》，中华书局2007年版，第103页。

通行的隶书写成的二十八篇（或言二十九篇）《尚书》；这部分在今本《尚书》中又被多拆分出五篇，故目前总数为三十三篇。

首先，今本的"今文《尚书》"部分，一向被认为较"古文"部分更可信，因其基本上就是汉初伏生所传《尚书》的内容，具有文献依据，受到学者们认可。顾颉刚先生在给胡适的《论今文尚书著作时代书》一文中，曾把《今文尚书》二十八篇分成三组：第一组，包括《盘庚》《大诰》《康诰》《酒诰》《梓材》《召诰》《洛诰》《多士》《多方》《吕刑》《文侯之命》《费誓》和《秦誓》十三篇，认为它们在思想和文字上都可信为真；第二组，包括《甘誓》《汤誓》《高宗肜日》《西伯戡黎》《微子》《牧誓》《洪范》《金滕》《无逸》《君奭》《立政》和《顾命》十二篇，他断定这部分应该为东周期间的作品；第三组包括《尧典》《皋陶谟》和《禹贡》三篇，他断定为战国到秦汉间的作品。① 可见，即使以认定标准较为严格的、以"疑古"著称的顾先生之眼光，仍至少承认今文《尚书》中的近一半（今文的"周书"部分再加上《盘庚》三篇）"在思想和文字上"都是可信的，其他的今文部分则成文较晚些，可能掺入一些后人的东西。

顾先生弟子刘起釪先生则与顾先生稍有不同。除赞同顾先生对前两组的判断外，刘先生又进而认为，《尧典》《禹贡》和《洪范》三篇也并不一定是战国到秦汉间的作品。刘先生认为：《尧典》应该成书于春秋孔子时，只是到后代掺入了秦汉时期的东西而已；而《禹贡》应该是西周王朝史官所作，也是到战国时不免加入一些当时的资料；至于《洪范》，则是"在商、周奴隶制盛世传下来的统治经验，到春秋之世应当时统治者的需要而整理加工编成的"。② 概言之，刘先生认为以上三篇的年代并非如顾先生所言那样晚，因而其基本材料也大致可信；当然难免后人有意无意阑入的东西在内，因而稍显"失真"。刘先生从《尚书》原文来历和流传过程两个方面着手，对今文《尚书》进行区分和研究，这种历史的观点是较符合实际的。蒋善国先生则从情理上推断说："就西晋末年《尚书》流传的情形看，不容伪《孔传》在今文二十八篇（去《太誓》计算）经文里面作伪，并且也没有作伪的必要。因此，我们很可以根据这

---

① 顾颉刚等：《古史辨》（第 1 册），海南出版社 2005 年版，第 171—172 页。

② 刘起釪：《尚书研究要论》，齐鲁书社 2007 年版，第 173、185、419 页。

点，承认今本《尚书》关于今文部分，除去《泰誓》三篇外，其余二十八篇，都是真的；最低限度，这二十八篇是汉、魏所传的古文，由唐以来学者大体认为真《尚书》。至于与今文二十八篇里面的字句，间有不同的地方，那只是汉代今、古文本身的差异关系，不发生什么真伪问题。惟这二十八篇经文，虽不象《晚书》在经文和来源方面那样使人怀疑，然而有些篇发生了作者和编作时代问题。"① 徐旭生先生同样认为："我当日觉得《尧典》、《皋陶谟》、《禹贡》诸篇《尚书》固然非当日的或离当日不远的著作，是由与后人的追记，篇首'曰若稽古'四个字已经可以证明；但是他们的记录未必无根据，记录的时期最早也或者可以溯到商朝。"② 金毓黻先生亦持大致相同的看法："或以《尧典》、《禹贡》、《甘誓》、《汤誓》四篇，皆在《盘庚》之前，而文辞易解，疑为伪作，此殊不然。试证以周秦古书，屡见称引，岂有古人未疑其伪，而今人能断其为伪者？与其直断为伪，以邻于妄，何若谓为后人追记之为得哉。"③ 其他不少学者亦持此类似看法。可见，今本"今文《尚书》"的可信性是基本得到学界公认的。④

总之，关于今本"今文《尚书》"部分，学术界的一般看法是：其中的"周书"和"商书"堪称实录；"虞书"和"夏书"部分，虽经过后人改编（或言为后人追记），但仍有其史实来源和文献依据。

今本的"古文《尚书》"部分，相较"今文"部分而言则争论更为激烈。特别是自宋代以后，关于"古文《尚书》"的"辨伪"之说竞起，学者们从语言风格、文本内容与相关文献的矛盾等各方面入手，抉发其

① 蒋善国：《尚书综述》，上海古籍出版社 1988 年版，第 133—134 页。

② 徐旭生：《中国古史的传说时代》（增订本），文物出版社 1985 年版，第 1 页。

③ 金毓黻：《中国史学史》，商务印书馆 1999 年版，第 31 页。

④ 除了上引各家说法外，还有一些学者对今本"今文《尚书》"的可信性表示认可，比如，叶林生先生言："《尚书·周书》多数是西周文献。《商书》部分也应视为西周文献……《商书》反映了西周时的观念应无问题，与《周书》一样，都是我们应当依靠的基础文献。"（请参见叶林生《古帝传说与华夏文明》，黑龙江教育出版社 1999 年版，第 14—15 页）丁山先生对虞书的史料价值亦予以充分肯定，说它们"确为国家保存若干古来传说的故闻佚事"，认为可以凭借它们追寻我国民族文化的渊源。（参见丁山《古代神话与民族》，商务印书馆 2005 年版，第 1—2 页）姜建设先生也说：不管是战国时代拟作的还是完全属于战国时代的，都"经历了一个漫长的口耳相传的传播过程，都有一定的来头，并非战国诸子的向壁虚构"。（参见姜建设（注说）《尚书》，河南大学出版社 2008 年版，第 10 页）

"伪"者代有其人。比如，宋代有吴棫《书裨传》、郑樵《书辨讹》、朱
熹《语类》、蔡沈《书集传》、陈振孙《尚书说》、王柏《书经注》和
《尚书表疑》;① 元明有吴澄《尚书叙录》、梅鷟《读书谱》和《尚书考
异》等，清代有姚际恒《古文尚书通论》、朱彝尊《古文尚书辨》、② 阎
若璩《尚书古文疏证》及惠栋的《古文尚书考》③ 等，尤其是阎若璩
《尚书古文疏证》，从许多方面进行考证，集前人《尚书》"辨伪"之大
成，而古文《尚书》之"伪"至此也似已"定谳"。而在现当代，"古史
辨"派代表学者顾颉刚先生及其弟子刘起釪先生，在《尚书》辨伪及整
个《尚书》学研究上成果迭出，影响巨大，把《尚书》学研究推进到新
水平。④

　　然而，反对把古文《尚书》判为伪书的也不乏其人、其书。在古代，
有明朝陈第《尚书疏衍》、清代毛奇龄《古文尚书冤词》、万斯同《古文
尚书辨》等为古文《尚书》辩护。⑤ 在现代，有张荫麟先生的《伪古文
尚书案之反控与再鞫》⑥ 和《评近人对于中国古史之讨论》⑦ 两文，对当
时包括对"古文《尚书》"在内的辨伪做法提出质疑。近年来，同样也有
不少学者试图替"古文《尚书》"之"伪""翻案"。较有影响者，有上
海社会科学院杨善群先生⑧和北京市艺术研究所张岩先生⑨（后者是《审

---

　　① 参见刘起釪《尚书学史》（订补本），中华书局 1989 年版，第 279—284 页。

　　② 同上书，第 324—332、346—347 页。

　　③ 参见阎若璩《尚书古文疏证》（全二册），上海古籍出版社 1987 年版；惠栋：《古文
〈尚书〉考》，清乾隆五十七年宋廷弼刻本。关于阎氏、惠氏等人的《尚书》辨伪情况概述可参
考：刘起釪：《尚书学史》（订补本），中华书局 1989 年版，第 347—359 页。

　　④ 参见刘起釪《尚书学史》（订补本），中华书局 1989 年版，第 499—514 页。

　　⑤ 同上书，第 332—333、362—370 页。

　　⑥ 参见张荫麟《伪古文尚书案之反控与再鞫》，《燕京学报》1929 年第 5 期。

　　⑦ 参见张荫麟《评近人对于中国古史之讨论》，载顾颉刚等《古史辨》（第二册），海南出
版社 2005 年版，第 199—220 页。

　　⑧ 杨善群先生的相关论文主要有：《辨伪学的歧途——评〈尚书古文疏证〉》，《淮阴师范
学院学报》（哲学社会科学版）2005 年第 3 期；《论古文〈尚书〉的学术价值》，《孔子研究》
2004 年第 5 期；《古文〈尚书〉与旧籍引语的比较研究》，《中华文化论坛》2003 年第 4 期；《古
文〈尚书〉流传过程探讨》，《学习与探索》2003 年第 4 期。

　　⑨ 张岩先生的主要相关论著、论文有：《审核古文〈尚书〉案》，中华书局 2006 年版；
《阎若璩〈疏证〉伪证考——清代考据学存在多大问题的一次检验》，见"史学评论网"，网址：
http://tbn.blogbus.com/logs/1042926.html；《〈尚书〉疑案》，"爱思想"网站，网址：http://
www.aisixiang.com/data/15622.html。

核古文尚书案》一书的作者），他们都写了一系列的论文或著作阐述自己的观点。比如，张岩先生从"考据学方法的合理限度"入手进行辨析，并利用现代化的检索工具，从"字频"相似的角度证明《尚书》"古文"部分和"今文"部分实际上具有很大的相似性、相关性，以明"古文"《尚书》之可信。①

另外，与"古文《尚书》"有关的一则新近的学术信息是：2008 年 7 月，清华大学收藏了一批得于国外的战国竹简，即"清华简"。经碳 14 测定，这批竹简的年代大约在战国中晚期。在这批竹简中有相当多的内容涉及《尚书》。清华大学成立了以清华大学"出土文献研究与保护中心"主任李学勤先生为首的团队进行整理和研究。从最近陆续公布的一些初步研究成果来看，这篇竹简中的"古文《尚书》"与今本"古文《尚书》"不同，有关专家据此推断今本"古文《尚书》"可能仍应视为"伪书"。②当然，这些研究结论仍只是初步的看法。由于目前能够见到这批竹简者仅限于该整理团队成员，故而整个学术界尚未及进行广泛和深入讨论，目前仍难以视为定论。

由上述可见，关于今本"古文《尚书》"的真伪问题争论很激烈。这看似"真""伪"截然对立的学术争论，都在某种程度上加深了学术界对《尚书》文本源流的认识，因而各有其学术贡献，都是有益的探索。不过，长期以来，对"古文《尚书》"的认识，往往似乎只有"真""伪"这两极对立的看法，要么言其必"伪"，要么言其必非"伪"。其实，如果仔细分析双方的观点，就会发现它们仍然存在着"交集"：今本"古文"《尚书》总是有相当的文献依据，并不是凭空臆想出来的"造伪"之作。

只要不从今本《尚书》全书文字必须"绝对真"或者"绝对伪"的

---

① 请参见：杨善群：《辨伪学的歧途——评〈尚书古文疏证〉》，《淮阴师范学院学报》2005 年第 3 期；张岩：《审核古文〈尚书〉案》，中华书局 2006 年版，"序言"第 6—8 页；正文第 248—312 页；附录（第 314—379 页）。

② 《清华大学藏战国竹简》（一）（二）已经出版（见李学勤《清华大学藏战国竹简》，中西书局 2010 年、2011 年版）。限于条件，笔者没能看到此书，只看到一些关于"清华简"的论文，主要有：李学勤：《清华简九篇综述》，《文物》2010 年第 5 期；廖名春：《清华简与〈尚书〉研究》，《文史哲》2010 年第 6 期；李学勤：《清华简整理工作的第一年》，《清华大学学报》（哲学社会科学版）2009 年第 5 期；刘国忠：《清华简的入藏及其重要价值》，《清华大学学报》（哲学社会科学版）2009 年第 3 期，封二、封三。

两极去立论，那么，今本"古文《尚书》"的情形无非是以下几种"身份"：

从它并非出于"造伪"的角度而言，它可能是：历史上众多《尚书》流传版本的一种或一部分；古人《尚书》讲章的遗留；"古文《尚书》的东晋辑佚本"①；

从它出于"造伪"的角度而言，它也可能是：造伪者缀辑原《尚书》的有关材料而成。

那么，我们从以上列举的四种可能性可以看出，无论是哪种"身份"，今本的"古文《尚书》"在文本上总有其文献和历史的根据。即使是出于"造伪"也是缀辑原《尚书》的材料组织而成，其基本事实可信，基本思想也与真正的《尚书》原貌没有大的悖谬。或许正基于此，张富祥先生认为："现在还没有充分而确实的理由可以证明今本的古文部分都不是汉代古文本原有的篇章。前人对《尚书》的考辨，注重今古文之别，从传本源流、古籍引文、书篇内容、文辞体格等方面论证今本古文经之伪，在方法上尚欠周密，现有的相关成果也还都不能视为定论。先秦《尚书》的编纂体制原不像通常所设想得那样整齐，各种传本的篇章类型也不一致，以往的辨伪工作在相当程度上忽视了《尚书》流传的复杂性及古代遗文的类型差异，而欲以一种标准统一《尚书》的体制是不现实的。"②

总之，既然今本《尚书》的"今文"部分基本可信，"古文"部分也绝非凭空捏造而必有其根据，至少可视为后人讲章的汇编或相关材料的辑佚之作，那么，今本《尚书》的主要思想和基本事实就都可以作为论证依据。特别是本书作为针对《尚书》历史思想整体而非某个细节进行的研究，更是不必过分纠缠于某个细节、语句。因而，本书除了"《尚书》编纂中的华夏历史意识"一章从《尚书》编纂体例和用语等方面入手寻绎历史思想外，其他各章多是就今本《尚书》文本整体，探讨其历史思想，更少涉及具体某段、某章、某句文字的"真伪"问题。因而，

---

① 江灏、钱宗武：《今古文尚书全译》（修订版），周秉钧审校，贵州人民出版社 2008 年版，"前言"第 5—6 页；在该书"前言"第 6 页明确说："我们认为'晚书'主要是《尚书》的辑佚，它补充、丰富了《尚书》的内容，具有较高的史料价值。"

② 张富祥：《古文〈尚书〉辨伪方法异议》，载山东大学文史哲研究院古籍文献研究所编《古籍整理研究与中国古典文献学学科建设国际学术研讨会论文集》，2009 年，第 355 页。

本书在研究今本《尚书》历史思想时，除个别特殊情况外，将不再区分"古文"《尚书》和"今文"《尚书》，而是将整个今本《尚书》作为立论基础。

三　《尚书》历史思想研究现状

吴怀祺先生曾说："深厚的历史意识是中华民族文化的基本内涵之一。"① 中国举世无双丰富的古代史籍即为明证。在这些史籍中，蕴含着丰富的历史思想资源。作为第一部史书的《尚书》，其历史思想更是深厚博大，影响深远。

几千年来，由于《尚书》流传历史悠久、地位崇高、影响巨大，因而研究《尚书》的著作和论文数量浩如烟海。不过，这些论著多以注疏《尚书》、考证真伪等为主，尚无专著或者专篇论文就"《尚书》历史思想"进行专题、系统研究。② 然而，长期以来，经过各个时期的学者们辛勤探索，在一些相关著作、论文中对《尚书》历史思想研究多有涉及，卓见迭出，成果颇丰，为后来者的研究奠定了坚实的基础。

（一）《尚书》历史思想研究的三阶段

《尚书》历史思想研究的学术史可以大致划分为古代、近现代和当代三个阶段。这种划分是基于以下三方面原因：一是时间顺序；二是对我国历史阶段的一般划分习惯；三是《尚书》历史思想研究本身的特点。

按照这种划分方法，第一阶段是古代，起于《尚书》产生之日，③ 迄于 19 世纪中叶。这一时期是《尚书》历史思想研究的古典时期，学术思想的"西风"尚未大规模东渐，有关研究仍多采用传统治学思路和方法，成果也较零散而不成系统；第二阶段是近现代，即 19 世纪中叶以后至新中国成立前百年左右的时间。与整个时代的学术潮流相应，这一时期

① 吴怀祺、林晓平：《中国史学思想通史·总论先秦卷》，黄山书社 2005 年版，第 117 页。
② 夏祖恩先生有《〈尚书〉创建哪些重要史观》一文（详见《福建师大福清分校学报》1996 年第 3 期），但是，此文是从"史观"角度立论，因此，无论就字面还是实际内涵而言，都与本书的选题有差异。而且，本书只是列出了作者所认为的《尚书》"史学思想"的各个方面，并没有进行深入论述。
③ 这是从理论上讲，因为《尚书》的具体成书时间难以断定。

（尤其是新中国成立前的三十年），疑古之风甚烈，以对《尚书》历史思想研究的批判性反思为主要特点。第三阶段是当代，即新中国成立以来至今的时期。特别是 20 世纪 80 年代至今，《尚书》历史思想研究进入"重新发现"和总体评价趋向相对正面的阶段。当然，这种划分方法肯定存在可议之处，但依此还是可以较清晰地显现出《尚书》历史思想研究的脉络。鉴于《尚书》历史思想研究的实际情况和笔者掌握的情况，本着"详今略古"的原则概述。

第一阶段（古代）：

中国古代的《尚书》思想研究突出地呈现"分散"的特点。《尚书》是中国古代最重要的经典之一，中国人向来注重历史，有非常强烈的历史观念。从《尚书》产生并有人研究它时起，对其历史思想的研究就已开始。几千年的《尚书》学研究文献极为浩瀚、难以穷尽。就笔者极为有限的阅读面而言，目前可以肯定的一点是：古代尚无关于《尚书》历史思想或者相近内容的专题论文或论著；有关研究成果只是散见于各种相关文献中。下面大致按时间顺序，从一些有代表性的学者或著作入手，进行粗浅概览。

在古代，《尚书》更多地被视为治国安邦的政典看待，高居于庙堂之上。不过，自从先秦诸子以来，仍有不少学者在事实上将它作为史书或史料对待，并对其中的史学思想多有阐发。《尚书》是孔子"雅言"者和经常引用的。① 孔子说："殷因于夏礼，所损益，可知也。周因于殷礼，所损益，可知也。其或继周者，虽百世可知也。"② 就情理而言，孔子这种"损益史观"，应该受到《尚书》内容及其所蕴含思想的影响，因为《尚书》是先秦时期最重要的历史读本，最能提供关于夏商周三代的历史知识。孔子对周公等"圣王"的推崇，同样与《尚书》中发达的"先王"观念相一致。此外，孔子在《礼记·经解》中所说的"疏通知远，《书》教也"③ 一句，既可以看作孔子对《尚书》教化效果的总结，也不妨视为

---

① 《论语》说："子所雅言，《诗》，《书》，执《礼》，皆雅言也。"参见（魏）何晏集解，（宋）邢昺疏《论语注疏》，北京大学出版社 1999 年标点本（简体字版），第 91 页。

② （魏）何晏集解，（宋）邢昺疏：《论语注疏》，北京大学出版社 1999 年标点本（简体字版），第 23—24 页。

③ （汉）郑玄注，（唐）孔颖达疏：《礼记正义》，北京大学出版社 1999 年标点本（简体字版），第 1368 页。

对《尚书》历史思想的概括。"亚圣"孟子对《尚书》的熟稔也是众所公认的，《孟子》一书引用《尚书》之处很多。孟子"天下之生久矣，一治一乱"① 和"五百年必有王者兴"② 的历史观念，以及"入则无法家拂士，出则无敌国外患者，国恒亡"和"生于忧患，死于安乐"③ 的"忧患"意识，④ 都是拜《尚书》历史思想之赐，因为《尚书》均包含类似思想。此外，墨家等学派同样对《尚书》历史思想作过评论，比如对"禅让"的看法，也应该与《尚书》相关。⑤ 至于此后战国末期的"五德终始说"以及董仲舒的"三统说"，更明显是接受了《尚书·洪范》的影响并加以改造的结果，其余波一直延续到魏晋时期。西汉司马迁的《尚书》学造诣很深，他的《史记》很多内容都是照抄《尚书》或者稍加改造而成。而且，《史记》编纂体例也深受《尚书》影响，比如《五帝本纪》和夏、商、周诸"本纪"的排列顺序就与《尚书》一致，这表明司马迁受到了《尚书》华夏历史意识的巨大影响。在隋代统一经学、唐初孔颖达等编撰的《五经正义》悬为功令后，《尚书正义》的官方定本地位得以确立。宋儒更是大力鼓吹韩愈首倡的"道统"说，这与"正统论"一样，都可以看作《尚书》华夏历史意识和"大一统"观念的延续和衍生物。降至近古，章学诚在前人基础上更系统而明确地提出"六经皆史"⑥ 的观点，其《文史通义》中有《书教》三篇，专门对《尚书》进行论述。章氏认为《尚书》编纂目的之一即"以示帝王经世之大略"和"垂教"后世⑦。这其实是指出《尚书》历史思想包括"先王"观念和"殷鉴"思想两方面。

　　纵览整个中国古代的《尚书》历史思想研究情况，可以概括为以下

---

　　① （汉）赵岐注，（宋）孙奭疏：《孟子注疏》，北京大学出版社1999年标点本（简体字版），第176页。

　　② 同上书，第125页。

　　③ 同上书，第347页。

　　④ "忧患"意识也可以视为《尚书》历史思想的一个组成部分。具体理由详见本书第五章。

　　⑤ 《墨子》中有："古者尧举舜于服泽之阳，授之政，天下平；禹举益于阴方之中，授之政，九州成；汤举伊尹于庖厨之中，授之政，其谋得；文王举闳夭泰颠于罝罔之中，授之政，西土服。"参见（清）孙诒让撰，孙启治点校《墨子间诂》，中华书局2001年版，第47页。

　　⑥ 章学诚：《文史通义》，上海书店出版社1988年版，第1页。

　　⑦ 同上书，第9页。

两个特点：其一，古人对《尚书》历史思想的阐发，在文籍形式上仍然呈现出零星而不成系统的状态；其二，古人对《尚书》历史思想，基本持崇信态度，并在此基础上进行自己的阐释发挥。

第二阶段（近现代）：

近现代是中国历史上极为特殊的时期。这一时期，不仅中国社会政治情势变动极为剧烈，而且，学术上的欧风美雨猛烈席卷古老的中国，深刻影响了中国学界和国人，既导致学风丕变，也开创了学术新局。这使包括《尚书》历史思想在内的中国古代学术研究呈现出与此前极为不同的面貌。虽然，这一时期仍然没有《尚书》历史思想研究方面的专著或专题论文，但是，近现代的学者们在延续古人学术思路对《尚书》的真伪继续甄别的同时，对其历史思想也有更深入的发掘。尤其是顾颉刚先生创立"层累地造成的中国古史"学说，其重要凭借就是《尚书》中的史料。顾先生认为"时代愈后，传说中的中心人物愈放愈大"，[①] 而《尚书》古圣王尧舜等历史形象的演变即典型例子。从另一方面言，这正说明，顾先生对《尚书》"先王"观念以及"古代是黄金时代"等历史观念，是持否定态度的。因而，这些也可视为顾先生对《尚书》历史思想的研究和批判。随着西方进化史观的输入，现代学者们对中国古代历史思想进行了各种各样的反思和批判；而中国古代历史思想几乎罕有不肇端于《尚书》者，所以，这些学者的论述很多都会直接或间接涉及《尚书》历史思想，从中也可窥探出他们对《尚书》历史思想的态度。比如，梁启超先生对中国古代正史是"二十四姓家谱"的批判，[②] 其实也未尝不可看成对《尚书》历史思想的间接反思。当然，这些论述和批评，既有很多真知灼见，又难免有重新评估的必要。今天，如何汲取和重新审视近现代学界前贤们关于《尚书》历史思想的观点，以更好地继承和发扬他们的学术精髓，是值得深入探讨的问题。

尽管近现代《尚书》历史思想研究出现了不小的突破，但是总起来看，从古代到近现代，学者的研究毕竟仍多集中在辨伪、考证方面，对《尚书》历史思想涉及还是较少。即使近现代的一些史学史著作对《尚书》颇多论及，但也是以谈论《尚书》编纂思想者居多，对《尚书》如

---

① 顾颉刚等：《古史辨》（第1册），海南出版社2005年版，第75—76页。

② 详见梁启超《饮冰室合集》，中华书局1989年版，第2—7页。

何看待作为客观存在的历史这一问题，很少有人涉及。

第三阶段（当代）：

降至当代，有关《尚书》的专著，比如一些通论、学术史和综述性质的著作屡现，影响较大，① 但是没有专题谈及《尚书》历史思想的篇章。另外还有朱廷献先生的《〈尚书〉研究》（台湾商务印书馆 1987 年版）；李民先生的《〈尚书〉与古史研究》（增订本）（中州书画社 1983 年版）等专著相继面世，但是，这些著作仍很少涉及《尚书》历史思想，或不以之为主题，即便有之，也较为零散。另外，2010 年 6 月，在扬州大学文学院召开了首届"国际《尚书》学学术研讨会"，从主办方在学院官方网站发布的新闻稿看，该次会议"与会代表共报告了 38 篇论文，涉及《尚书》之政治、思想、哲学、训诂、逻辑学、学术史、教育思想、语篇研究以及域外《尚书》研究等多个领域的《尚书》研究课题"，② 但没有提及"《尚书》历史思想研究"这一课题③。可见"《尚书》历史思想研究"在本次研讨会上或许是研究的盲区，至少不居于重要地位，否则不会不加列举。④

（二）当前《尚书》历史思想研究的主要成果

当然，当前学术界的《尚书》历史思想研究，仍比过去受到更多重视，不少学者在这一领域辛勤耕耘，取得了相当多的成果，开创了崭新的局面，为后学者的研究奠定了良好基础。

---

① 参见陈梦家《尚书通论》（增订本），中华书局 1985 年版；刘起釪《尚书学史》，中华书局 1989 年版；蒋善国《尚书综述》，上海古籍出版社 1986 年版；顾颉刚、刘起釪《尚书校释译论》，中华书局 2005 年版；刘起釪《尚书研究要论》，齐鲁书社 2007 年版。

② 扬州大学文学院网站，2010 年 6 月 25 日，http：//wxy. yzu. edu. cn/art/2010/6/25/art_ 2589_ 67952. html，标题：《"首届国际〈尚书〉学学术研讨会"在我校召开》。

③ 当然不排除是由于不完全列举而使得"《尚书》历史思想研究"被省略；或是"《尚书》历史思想研究"被隐含在其他课题中。但无论如何，作为中国第一部史书和最重要的经典之一的《尚书》，其历史思想在首届国际《尚书》学学术研讨会上没有被列入重要议题，恐怕是导致出现这种表述方式的重要因素。

④ 王学典先生曾指出："新时期以来，中国史学领域理论研究的演化大势是由历史理论逐渐向史学理论过渡……但历史理论与史学理论的地位在近年颠倒了过来，历史理论研究反而又成了一个薄弱环节。"这也是我们选择《尚书》历史思想进行研究的重要原因。参见王学典《"从历史理论"到"史学理论"——新时期以来中国史学理论研究的回顾与展望》，《江西社会科学》2005 年第 6 期。

　　从文献载体的不同形式看，当代《尚书》历史思想研究的成果可以从以下四个方面考索：

　　一是史学史著作。比如白寿彝、尹达、吴怀祺、瞿林东诸位先生主编或亲著的著作，对《尚书》历史思想都作了论述，而且影响深刻、广泛。二是史学理论专著。有一些史学理论专著对《尚书》历史思想研究做过深入开掘，譬如下面要谈到的刘家和等先生的著作。三是学术论文。一些学术论文在相当程度上涉及了《尚书》历史思想的内容。比如：王记录先生的《〈尚书〉史学价值再认识》（《四川师范学院学报》（哲学社会科学版）1995 年第 1 期）指出应该充分重视《尚书》的史学价值；这当然也应该包括历史思想的内容。夏祖恩先生的《〈尚书〉创建哪些重要史观》《〈尚书〉"治国论"史观刍议》（分别见《福建师大福清分校学报》1996 年第 3 期和第 4 期）两篇论文重点从史观创建的角度探讨了《尚书》历史思想；郭旭东先生的《试论〈尚书·周书〉中的"殷鉴"思想》（《史学月刊》1996 年第 6 期），王定璋先生的《〈尚书〉对历史经验的认知与总结》（《中华文化论坛》2001 年第 4 期）和游唤民先生的《〈尚书〉法先王思想及其对后世的影响》（《船山学刊》2001 年第 4 期）等论文分别就《尚书》的历史鉴戒思想和"法先王"思想进行了较为深入的探讨。何根海先生的《论五经的历史思想》（《池州师专学报》2004 年第 2 期）也涉及《尚书》历史思想。这些学者的专题探讨都使得《尚书》历史思想研究更加全面深刻。四是《尚书》研究著作和儒学类著作。这两方面的一些著作中也部分涉及《尚书》历史思想。比如游唤民先生的《尚书思想研究》（湖南教育出版社 2001 年版）和许凌云先生的《儒学与中国史学》（山东大学出版社 1992 年版）等书，虽然没有专门章节谈到《尚书》历史思想，但也论述到"先王"观念等内容。这些研究成果丰富了《尚书》历史思想研究内容，提升了研究内涵，嘉惠后学者。

　　从具体思想内容看，当前《尚书》历史思想研究较有代表性的成果和观点主要体现在以下几个方面：

　　首先是《尚书》"殷鉴"思想研究。白寿彝先生主编的《中国史学史教本》指出："《尚书》在史学萌芽时期的重要成就，是它发展了金文记载中的自觉的历史意识和历史鉴戒观念……这种重视历史鉴戒的观念，是人们对于历史和现实的关系之初步的认识，这在后来的史学中不断有所发展。"① 尹达先生主编的《中国史学发展史》也特别指出《尚书》"神意史观"的地位和演变问题，其中同样涉及"殷鉴"思想。② 瞿林东先生指出：历史鉴戒思想属于"功用论"范畴，"从历史观念上看，历史鉴戒思想不仅是中国古代历史观的重要组成部分，而且也是中国古代政治观的重要组成部分；从史学发展上看，《尚书》（尤其是其中的《周书》）所蕴含的历史鉴戒思想，对于后世史家认识历史与现实的关系，进而认识史学与社会的关系，都有深刻而久远的启示。"③ 吴怀祺先生将"殷鉴意识"与"稽古"观念结合起来，认为二者一脉相承，都属"历史盛衰总结的意识"；而"稽古"观念是"《尚书》以上天为外衣，证明历史变动是合理的"；而历史盛衰总结的意识，除了可以留下历史教训外，"还能考察一个朝代在发展过程中兴衰变动的原因"。历史教训则可以从"敬德"和"保民"两方面去考察；关乎历史兴衰的因素还包括"知稼穑之艰难"和"用人"等方面。④ 可以说，《尚书》历史鉴戒思想（"殷鉴"思想），是《尚书》历史思想中最受关注的方面。这些研究具有启发性，对《尚书》"殷鉴"思想研究非常深入。

其次是《尚书》"先王"观念研究。"先王"观念在中国历史上影响深远，具有中国特色。侯外庐先生在相关论著中，曾用相当大的篇幅谈到了"先王"观念，对其地位和影响给予极高评价。游唤民先生在《〈尚书〉思想研究》专辟一章对《尚书》"法先王"思想（亦即拙著所言之"先王"观念）进行论述。他特别指出《尚书》在"先王"观念上的文献"源头"地位："先秦诸子各家几乎都提出了法先王的主张……这就形成了中国独特的文化现象及思维模式，对后来文化的发展产生了深远影响。这种文化现象及思维模式，究其源出自《尚书》。《尚书》虽说没有正式出现'法先王'的名称，却含蕴了丰富的法先王思想。"⑤ 游先生的专章论述把《尚书》"先王"观念研究推进了一步。

再次是《尚书》历史"治道"论研究。历史中的"治道"问题是中

① 白寿彝主编：《中国史学史教本》，北京师范大学出版社 2000 年版，第 9 页。
② 尹达主编：《中国史学发展史》，中州古籍出版社 1985 年版，第 22—24 页。
③ 瞿林东：《中国史学史纲》，北京出版社 1999 年版，第 74、136 页。
④ 吴怀祺、林晓平：《中国史学思想通史·总论先秦卷》，黄山书社 2005 年版，第 227—230 页。
⑤ 游唤民：《〈尚书〉法先王思想及其对后世的影响》，《船山学刊》2001 年第 4 期。

国历史思想的重要组成部分，它可视作对历史中"兴衰""治乱"原因的探讨，或看作历史中"人的选择"问题。有不少学者对《尚书》"治道"论予以阐发，并往往和《尚书》的历史鉴戒思想结合起来，比如，吴怀祺先生在《中国史学思想通史总论先秦卷》中用较大篇幅，从"敬德""保民""用人"等方面进行了较为详尽的阐述。① 张富祥先生曾从"德治思想""民本思想""任人唯贤的思想""中道思想""轻刑思想"等方面进行论述。②

还有《尚书》华夏历史意识研究。华夏民族文化共同体历史意识（简称"华夏历史意识"）在《尚书》编纂中的体现，是《尚书》历史思想较隐蔽但又非常重要的方面。对这一意识，刘家和先生在谈到"三代观念"问题时曾经谈到过。③

张富祥先生认为"大一统"观念堪称"大义"中的"大义"，对《尚书》历史思想的重要影响予以极高评价。④ 易宁先生指出：周人已经认识到了夏、商、周三代相承及其与"天命"的关系，这是中国古代历史认同观念的滥觞。⑤ 总之，华夏历史意识是《尚书》隐含的但又非常重要的历史思想，学者们各抉精微，令人耳目一新；当然由于它在中国历史上的重大影响，还可以进一步进行系统而深入的探讨。

此外，还有一些相关研究成果没有直接以"《尚书》历史思想"为题，但是，其论述内容以《尚书》的内容为根据或者背景，这种情况比较多且零碎。

总之，从古代到当前，《尚书》历史思想研究成果累积至今，相当可观，值得后学者汲取和借鉴。学者们的筚路蓝缕、辛勤耕耘为后学者奠定

---

① 吴怀祺、林晓平：《中国史学思想通史·总论先秦卷》，黄山书社 2005 年版，第 227—233 页。

② 张富祥：《〈尚书〉概说》，载郑杰文、傅永军主编《经学十二讲》，中华书局 2007 年版，第 118—120 页。

③ 刘家和：《史学经学与思想：在世界史背景下对于中国古代历史文化的思考》，北京师范大学出版社 2005 年版，第 306—307 页；刘家和：《从"三代"反思看历史意识的觉醒》，《史学史研究》2007 年第 1 期。

④ 张富祥：《〈尚书〉概说》，载郑杰文、傅永军主编《经学十二讲》，中华书局 2007 年版，第 115—117 页。

⑤ 易宁：《中国古代历史认同观念的滥觞——〈尚书·周书〉的历史思维》，《史学史研究》2010 年第 4 期。

了良好基础、提供了有利条件。

（三）《尚书》历史思想可以进一步拓展的空间

当然，学术研究永远无止境，《尚书》历史思想研究在深度和广度上仍不乏拓展余地，总起来说，大致可以分为以下几个方面：

1. 重新认识《尚书》历史地位，加深对《尚书》历史思想重要性的认识。《尚书》在中国史学史上之所以重要，不仅因为它是中国第一部史书，还因为它是中国原生本土文化的第一次凝聚成书和最重要政典，深刻反映了中国原生本土文化的特质和华夏历史意识，在各个方面对后世中国历史思想和民族精神产生很大影响。研究《尚书》历史思想，既可以借此上窥中国原始文化及其历史思想的某些原貌，又可用它阐释中国历史精神的独特内涵，还能部分厘清中国历史思想的源流。

2. 《尚书》历史思想专题和系统研究。由于目前还没有对《尚书》历史思想进行综合、系统研究的论文或论著，因而目前有必要进行这一工作。

3. 拓展研究的广度和深度。可以从三个方面着手：第一，对《尚书》隐含的历史思想。限于论著论文的篇幅、性质等，以前的成果多只涉及历史鉴戒思想（"殷鉴"思想）等有限的、可以从文本中直接窥见的方面，不可能面面俱到；因而，其他少有涉及或尚未重点论述的方面，还有很大空间可供后来者研究。正如吴怀祺先生所说："《尚书》的史料价值，讨论得比较多，历来史家写先秦古史都要把它作为主要的材料……但是《尚书》在史学思想上的意义，人们还是注意得不够，有待我们进一步发掘。"① 确实如此。第二，可以进一步结合《尚书》所处时代以及其他有关方面进行探讨，以使研究更加立体化。第三，进一步从中国文化的根本特性上考察其原因、探讨其现代价值。比如，《尚书》历史思想的根本特征是什么，为何会形成这些特征等。

4. 《尚书》历史思想比较研究。《尚书》与其他中国典籍、西方经典以及其他文化有很大可比性，完全可以进行多方面的比较研究。比如，将

---

① 吴怀祺、林晓平：《中国史学思想通史·总论先秦卷》，黄山书社 2005 年版，第 226—227 页。顺便说明：这里吴先生所言的"史学思想"包含本书要说的"历史思想"在内。关于"史学思想""历史思想"等几组概念，在下文"概念界定"中将谈及。

以下著作进行比较：《尚书》和《周易》①，《尚书》和《圣经》，《尚书》和希罗多德《历史》，等等。

5. 在新的学术背景下、用新思路对《尚书》历史思想进行研究。当代史学经历后现代主义思潮的挑战和洗礼后，逐步形成新的学术视野，出现一些新思路。黄俊杰先生在《东亚儒学史的新视野》（华东师范大学出版社 2008 年版）中，余英时先生在《现代儒学的回顾与展望》（三联书店 2004 年版）、《中国思想传统的现代诠释》（江苏人民出版社 1989 年版）和《现代儒学论》（上海人民出版社 1998 年版）等著作中，都谈到了这方面的问题。《尚书》历史思想研究可以在这些方面有新成果。

关于我国传统历史思想（包含在下文吴怀祺先生所言"史学思想"大范畴之中）在世界上的应有地位，吴怀祺先生曾经说过："我们国家历史典籍丰富，恐怕谁也无法否认。但是要说中国史学有丰富的深邃的思想，就不是所有的人都认同这一点。在有些西方学人看来，仿佛只有他们的脑袋绝顶聪颖，能对历史提出高明的见解，而中国的史学家像傻子一样，只知道编编抄抄，一代一代编那些无穷无尽的王朝史、帝王家谱。"②这确实发人深省。在 21 世纪的时代背景下研究《尚书》历史思想，应该一方面剥除强加在中国古代传统史学上的不实之词，还原《尚书》历史思想的本来面貌，给予它应有的地位；另一方面更应该充分发掘其时代价值，彰显不朽经典的永恒价值。当然，这并非要对传统和古籍盲目推崇。本书也力求怀着对传统和历史的尊重之情进行研究，既不低估其价值，亦不虚美。

（四）本书研究旨趣

1. 研究缘起

选取"《尚书》历史思想研究"作为博士学位论文的题目，直接原因是我的博士生导师张富祥先生的推荐和鼓励。就选题本身而言，《尚书》历史思想研究的价值首先在于《尚书》的独特地位和丰厚的历史思想内涵。笔者对儒家思想一直有较浓厚的兴趣，而且这一选题将硕士和博士两个学段的专业、研究方向比较好地结合在一起。更重要的是，《尚书》研究是导

---

① 本书所说的《周易》，包括"经""传"两部分。
② 吴怀祺：《中国史学思想史》，商务印书馆 2007 年版，"后记"第 469 页。

师重点关注的学术领域之一，这为随时得到有力指导提供了良好条件。在博士研究生学业开始之初，笔者就逐步做了相关资料的搜集、阅读工作。

本书所使用或参考的文献材料大致分为以下几部分：

（1）《尚书》文本类，包括《尚书正义》（李学勤先生主编的《十三经注疏》"标点本"由众多知名学者整理、标点而成，已经在一定程度上被学界采用。这个"标点本"比较方便使用，简体字横排版更是如此。出于这种考虑，拙稿选用了标点本的简体字版）、《〈尚书〉校释译论》、《白话〈尚书〉》、《尚书校注》、《〈尚书〉易解》、《〈尚书〉译注》、《今古文〈尚书〉全译》等。

（2）《尚书》研究专著，包括《尚书学史》（订补本）、《尚书综述》、《尚书思想研究》、《〈尚书〉与古史研究》（增订本）、《〈尚书〉通论》（增订本）、《〈尚书〉研究》、《〈尚书〉入门》等。

（3）史学理论和史学史类书籍。

（4）与《尚书》有关的先秦古籍以及其他古籍。

（5）西方文化经典（如《圣经》、希罗多德《历史》等）。

（6）各类相关论文，包括期刊论文和学位论文。

（7）其他相关书籍，如哲学、社会学和人类学等方面的相关书籍。

当然，这些书籍也不可能做到"涸泽而渔"，研读、引用时也各有侧重，详略不同。

2. 术语界定

曾有不少学者对"历史思想""历史观""史学思想""史学理论""历史理论"等术语进行过论述，[①] 在此不再赘述。需要说明，拙著中的"历史思想"，特指前人对历史的思考，凡是《尚书》对历史本身的观察、感受、议论，无论是明显表露出的观点，还是隐含在文本之中的，都在探讨之列；但不包括历史编纂学的范畴。

本书力求遵循的基本研究方法是。

（1）"历史与逻辑相结合"的方法。力求客观、合理地探讨《尚书》历史思想的内涵和意义；

---

① 参见瞿林东《中国史学史纲》，北京出版社 1999 年版，第 51、64、71 页；瞿林东《中国史学的理论遗产》，北京师范大学出版社 2009 年版，第 3—6 页；蒋大椿、陈启能《史学理论大辞典》，安徽教育出版社 2000 年版，"前言"第 2 页。

（2）比较的方法。每个事物的特点只有在与其他事物的比较中才能更好地显现出来，而《尚书》历史思想的独特之处也只有在和外国同类史学典籍的比较中，才能更好地展现。正如杜维运先生所说："比较方法在历史研究上所发生的重大作用，不容否认。中西史学分头发展两千余年，有其绝相殊异处，亦有其遥相吻合处……中西古代史学的比较，在中西史学的比较研究上，尤其扮演最重要的角色。研究史学的起源以及史学原理的创获等史学史上的大问题，非自中国古代史学比较起，无法获得令人兴奋的结论。西方有些反对中西比较的学者，认为唯一可以比较的，是西方与早期的中国。中国方面已有学者初步作了中西古代史学异同的比较。中西古代史学的盛会，现在应是一个新时刻。"① 因此，本书将尽量联系《尚书》编纂和所记载的历史时代，尽量将《尚书》与中国古代典籍作比较、与外国典籍作比较，并力求得出新见解。

3. 基本思路和内容要点

鉴于《尚书》历史思想研究的实际，本书的基本写作程序可以概括为：（1）结合文本本身反映的时代和《尚书》编纂所涉及的背景，深入钻研文本；（2）尽力还原历史事实，正确挖掘思想内涵；（3）尽量进行中西比较，彰显思想特点；（4）联系当今时代，突出经典的永恒价值并探讨其局限性；（5）探求产生原因。

任何研究都必然以某种理论体系为指导，本书也不例外。本书既注意从《尚书》本文出发抽绎出其历史思想，又注意从历史思想、历史哲学②的有关范畴作为切入点对《尚书》历史思想进行研究。为了研究和结构安排的需要，将《尚书》历史思想本身的特点与历史思想基本理论框架相结合，既照顾到《尚书》历史思想的本身特点，又在每一章有所侧重。

本书的中心观点是：《尚书》是中国王官文化、史官制度的产物，是

---

① 杜维运：《中西古代史学比较》，台北东大图书公司1988年版，第6—7页。

② 关于"历史哲学"与"史学理论""历史理论"（历史思想）的关系，何兆武、陈启能先生曾有论述："在西方史学史上，很少运用'史学理论'这个术语，而是通用'历史哲学'的名称。大体说来，'历史哲学'既对作为整体的历史过程进行研究，以阐明历史过程的变化发展及其规律；又探讨历史知识的性质，研究历史学家在探索和思考史料过程中所使用的程序和范畴。因此，从研究对象和内容上来说，'历史哲学'既包括历史理论，又包含（狭义）史学理论，和广义的史学理论十分相似。"参见何兆武、陈启能《当代西方史学理论》，中国社会科学出版社1996年版，第1页。

古代政治典籍和史籍的滥觞。它突出地反映了中国原生文化的特质，其历史思想是中国农业文化背景下，带有鲜明实用理性主义①色彩的"王道"②史观。"实用理性主义"和"王道"思想是《尚书》历史思想最突出的特征。

本书要点是：与先秦时代大潮相适应，《尚书》历史思想本身就经历了"神本"色彩渐淡、"人本"意味日重的过程。它以中国古代典型农业文化和宗法制度为背景，带有浓厚的人文主义、实用理性主义和"大一统"思想色彩。在历史天人观念上：它主张"天意"反映于"人心"，"人"在历史中最终起决定作用，历史并非"神"创，所有的"人"都是历史的主体；在历史变动观念上：《尚书》不设计历史"乌托邦"，不重玄想，而是从实用理性主义出发看待历史变动，既承认历史变动的必然，又肯定往昔淳厚、古朴的境界；在历史功用思想上："殷鉴"思想、"忧患"意识和"先王"观念三者实为一体，均可视为历史思想范畴。从《尚书》编纂看，其"四代"观念突出表现了华夏历史意识和"大一统"政治观。其基本历史思想都体现了"王道"史观和实用理性主义色彩。

本书的具体思路是：第一章首先以"先秦"为视阈，探讨《尚书》与先秦文化尤其是历史思想的关系，以求合乎孟子"知人论世"之旨；第二章是从《尚书》编纂体例和用语入手，探讨华夏历史意识与"大一统"政治观；第三至五章分别从历史天人观念、历史变动、历史功用思想等方面，从内容上探讨其历史思想；第六章探讨《尚书》其他历史思想，包括家族历史思想、杰出人物的历史作用、历史审美思想；第七章讨

---

① 所谓"实用理性主义"，李泽厚先生曾经数次提到过，其中在《漫谈西体中用》中谈得最集中："所谓'实用理性'就是它关注于现实社会生活，不作纯粹抽象的思辨，也不让非理性的情欲横行，事事强调'实用'、'实际'和'实行'，满足于解决问题的经验论的思维水平，主张以理节情的行为模式，对人生世事采取种既进取又清醒冷静的生活态度。"参见李泽厚《中国现代思想史论》，东方出版社 1987 年版，第 320 页。一般认为，李泽厚先生是把"实用理性主义""课题化"的第一位学者。参见曾宇航《"实用理性"思想研究述评》，《学理论》2010 年第 22 期。

② "王道"和"霸道"是中国古代学术中非常重要的概念。有学者对于"王道"和与之相对的"霸道"进行过解释："在中国古代政治哲学中，王道，意即君主以所谓仁义治天下的政策；霸道，意即凭借武力、刑法、权术、威势等进行统治的政策。"参见朱通华《试论王道、霸道与正道》，《南京师大学报》（社会科学版）1994 年第 1 期。"王道"一词，最早出现在《尚书·洪范》中："无偏无党，王道荡荡。无党无偏，王道平平。"参见《尚书正义》，第 311 页。

论《尚书》历史思想的影响和当代价值。

4. 其他

许冠三先生在《新史学九十年》中曾论及治史的几种不同境界,① 虽然包括笔者在内的每位学者自然都向往"上焉者",但限于水平,本书必然不乏甚至多有许先生所言"等而下之"甚至"最糟者"之弊病。中国目前"正在寻求自我的本土史学"② 的时代潮流,呼唤着每一位有志者为之尽力。进行《尚书》历史思想研究,需要具备史学理论、《尚书》学、古典文献学和训诂学等多方面知识修养,要具备这些条件谈何容易,尤其对笔者而言,更是几乎不可能达到。因而,受限于个人能力、学术基础以及时间等因素,本书最有可能在以下方面存在着不足:

首先,《尚书》是中国最古老和非常难懂的典籍,如何正确理解《尚书》文本是难点。经过历代学者们的不懈努力,在解读和训诂《尚书》方面取得了很大进展,但是王国维先生也自称只读懂不过十之五六,③ 至于才疏学浅的笔者,更是难免强作解人,甚或诠释错误。

其次,由于学力、时间等方面的限制,笔者对有关《尚书》历史思想的各种材料不可能做到涸泽而渔,尤其是浩如烟海的古代史料,可能是挂一漏万;而且,虽然笔者试图在新的学术视野下、用比较方法对《尚书》历史思想作出正确的解读,但由于受限于理论水平和学术功底,只能是从较小范围、较浅层次进行比较研究。

再次,跨学科研究对研究者的学术素养提出相当高的要求,而笔者在这方面能力极为欠缺,相关基础极为薄弱,极有可能出现生硬比附、"削足适履"的情形。

还有,本书以历史思想的几个思想范畴(历史天人观念、历史变动观念、历史功用思想)为主线,同时结合《尚书》本身历史思想的表现,来安排拙著结构。这样一方面使得我们在理论体系上有所依傍,使研究思

---

① 许先生说:"史学工作者的任务:上焉者,是追求并建构放诸四海皆准的历史发展规律;中焉者,是利用中国历史材料去阐发或笺注来自西方的所谓'普遍规律';等而下之的,便是援引精粗不等、真假参错的'普遍规律'来解喻中国古今社会的演化与变革。用之失当,必然流于任意剪裁中国历史实情,以屈就抽象的公式、教条或个别论断,最糟的,是'以论代史'。"参见许冠三《新史学九十年》,岳麓书社 2003 年版,"自序"第 3 页。

② 许冠三:《新史学九十年》,岳麓书社 2003 年版,第 547 页。

③ 王国维:《观堂集林》(外二种),河北教育出版社 2001 年版,第 32 页。

路和文章结构更清晰、严谨；但另一方面又可能产生用材料去硬套理论的缺陷，显得缺少问题意识。

　　本书所探讨的题目对笔者而言，实在有不自量力之感，学术界亦必有此叹；然驽马已经上路，无法再回头，索性只有硬着头皮拉车到底，已不能再考虑拉到何处。对资质极为驽钝、学术基础非常薄弱的笔者而言，能在已有的研究基础上，稍微向前迈进一步，哪怕是极微小的一步，也需要付出艰辛和努力；即使如此，水平和时间却注定了本书仍必然存在诸多不足和错误。敬请各位方家、读者谅解并指正！对您的宽容和指教，笔者想预先说一句："谢谢！"

第一章

先秦史视阈下的《尚书》历史思想

中国文明的起源是"满天星斗"式的,这已经成为学术界的共识;[1]但是,华夏文化在中国文化中居于特殊而重要的地位,这也是毋庸置疑的事实。《尚书》就是华夏文化最重要的文献载体之一,它反映了虞、夏、商、周"四代"的历史,是先秦时期华夏文化的第一次凝聚成书。因而,探讨《尚书》历史思想与先秦历史思想潮流及整个先秦历史文化的关系,是非常有必要的。只有把它放在更为宏阔的历史背景和学术脉络中研究,才能避免孤立地"就《尚书》论《尚书》",对《尚书》历史思想的认识才会更加准确,才不至于犯"一叶障目,不见森林"的毛病。

第一节 《尚书》在先秦文化中的独特地位

《尚书》是中国最早的古籍,是先秦文化的文献源头,它的流传和成书时间跨度很大,与先秦时期在时间上有相当大的重合度,既可以说是前期先秦文化的产物,在某种程度上又塑造了后期先秦文化,因而,《尚书》与先秦文化二者关系非常密切。同时,它兼"史学之祖"和"文化圣典"于一身,也强化了它在先秦历史思想史中的地位,使其历史思想对中国历史的演进模式产生重要影响。

先秦时期是中国文化的发生期和奠基期,在整个中国文化发展过程中的地位和影响极端重要。尤其是中国作为几千年来历史文化从未中断的大国,这种历史和文化的特殊连续性,使得产生于先秦的各种文化"因子"在此后漫长历史中得以长期传承和衍化,至今仍发挥着重要影响,而《尚书》即是这些文化"因子"的最早文献载体。研究《尚书》

---

① 苏秉琦:《中国文明起源新探》,三联书店 1999 年版,第 101—128 页。

与先秦文化的关系，也有助于窥探《尚书》历史思想对后世的影响及其价值。

一　《尚书》是先秦文化的文献源头

从历史时代上看，先秦时代是中国文化的奠基时代；而从文献角度上说，最早涌现于中国学术史上的先秦文化典籍，正是中国文化生生不息的思想源头，后世之古代中国的思想基本不出其范围（佛教思想除外）。①正如王博先生所言："从某种意义上讲，奠基的时代就是创造经典的时代。此时期最重要的经典是《诗》、《书》、《礼》、《乐》、《易》和《春秋》六经，它们以'和而不同'的方式奠定了后世中华文明价值体系的基础。其次是诸子的文献，儒家的《论语》、《孟子》、《荀子》，墨家的《墨子》，道家的《老子》、《庄子》，法家的《韩非子》，兵家的《孙子兵法》等，从不同的角度呈现出华夏先民的心灵，他们对于生命和世界的看法，显示出思想领域的开放和多元。"②王博先生对包括《尚书》在内的"六经"的"最重要"地位予以肯定，并明确将包括《尚书》在内的"六经"之地位排在诸子文献之前，这个论断符合中国学术源流的实际。在"六经"中，《尚书》的源头性质最显著。《尚书》是中国的第一部正式典籍，不仅凝结了此前中国文化的成果，而且其形成和流传过程亦几乎与整个先秦时期相始终，③几乎所有的先秦其他典籍都直接或间接受其影响，被视为中国文化"轴心时代"代表性成就的诸子学说，更无不与《尚书》有关，其思想或多或少源于《尚书》或是对它的改造。

长期以来，人们习惯于借用德国思想家雅斯贝尔斯的说法，将春秋战国时期比拟为中国的"轴心时代"，于是这个时代也相应地被视为中国学

---

①　韦政通先生曾说："秦、汉以来，凭借着思考，或被哲学家们互相讨论的观念，除佛教外，很少能越出先秦的范围。朱熹的弟子陈北溪所撰《字义》（原文为单书名号——笔者注）一书，共罗聚了理学中最重要的观念 30 个，除'佛老'以外，全为先秦所固有。宋代与先秦所不同者，或许只在把理、气、太极等观念，提升到更重要的地位。象气质之性这类创新的观念，在宋代毕竟很少。"（韦政通：《中国的智慧：中西伟大观念的比较》，中国和平出版社 1988 年版，第 135 页）那么，宋代以后的元、明、清各朝更是如此。

②　王博：《奠基与经典：先秦的精神文明》，北京大学出版社 2009 年版，第 5 页。

③　"先秦"时期，从字面上看，广义上可以指秦朝以前的所有时期，当然也包括更为遥远的中国文化的起源时期比如各种史前文化时代；但是，在实际应用和一般理解中，"先秦"多指反映在先秦古籍中的、尧舜禹时代至秦朝统一中国前的历史时期。

术文化发展历程中最重要的时代。关于视春秋战国诸子文化为中国"轴心文化"之说法的缺陷，张京华先生曾经指出："……在中国文化的早期阶段，三代王官学是源，晚周诸子学是流；三代王官学是正题，晚周诸子学是反题。取消三代王官学的源头地位，而代之以晚周诸子学，其影响不只是缩短年限的问题，而恰是正题与反题的倒置，伴随而来的是中国学术各期的整体错位。凡衰世皆夸其学术，凡盛世皆贬其经术。只认同政治统一，不认同学术统一。故中国学术皆成衰世之学，而政事亦与学术无关……近代学术亦从晚清民初衰世起，故错认晚周为中国文化的原点。自从经学被'移置'到汉代，中国文化真正成了'无头'之学。① 张先生所说的"王官学"即"王官文化"。"王官文化是源，晚周诸子学是流"，可谓振聋发聩。春秋战国时期思想文化在中国学术史上的地位非常重要，这是毋庸置疑的。但必须明确的是，在此之前中国文化已经有了很长时间的学术积累，其具体成果就是各种王官文化② （包括史官文化③在内），而《尚书》就是此前王官文化学术成果的第一次集大成之作。

因此，《尚书》在中国学术史上的关键地位在于：它是中国本土原生文化的最早凝聚成型之作，是中国早期王官文化、史官文化的孑遗，是中国文化的首次"集大成"。这一"最早"的特性，和它维持几千年而不坠的至尊地位相结合，使《尚书》成为思想母体而不断衍生出各种子体，或者变异成各种其他形态的思想，成为中国思想史上的真正源头性著作。

关于中华文化源头远在春秋战国以前的看法，在学术史上可以找到很多证据。比如，孟子曾经称"孔子"为"集大成"者；④ 而李学勤先生就此曾评论说：孔子既然被称为"集大成"，那就说明在孔子之前中国文

---

① 张京华：《中国何来"轴心时代"？》（下），《学术月刊》2007 年第 8 期。

② 关于"王官文化"的性质和起源，张富祥先生说："广义的王官文化，亦即上古以王朝文化为中心的官府文化系统，决非仅始于周。"参见张富祥《从王官文化到儒家学说——关于儒家起源问题的推索和思考》，《孔子研究》1997 年第 1 期。

③ 关于"史官文化"与"王官文化"的关系，许兆昌先生说："作为王官文化的史官文化，实际上也就是一种'王官之学。'"参见许兆昌《周代史官文化——前轴心期核心文化形态研究》，吉林大学出版社 2001 年版，第 3 页。

④ 孟子说："孔子，圣之时者也。孔子之谓集大成。集大成也者，金声而玉振之也。"参见（汉）赵岐注，（宋）孙奭疏《孟子注疏》，北京大学出版社 1999 年标点本（简体字版），第 269页。该页古人的"注疏"说："孔子集先圣之大道，以成己之圣德者也"，也说明了孔子的学术思想并非无源之水而是有所继承。这是很有道理的。

化已经有了相当深厚的文化积累，"孔子以前肯定有一个学术传统"。① 而毫无疑问，这一学术传统的重要载体之一就是《尚书》。张岱年先生早就曾指出："中国思想之结胎时代实在西周。中国思想之最初的表现在《诗》及《书》……周代为吾国文化初成熟之时，所以思想表现一种沉深、雄厚、伟大、闳肆、创造、前进气息，勤奋、勇猛、而又稳重、宏阔。中国文化之根本性征，中国哲学思想之根本倾向，实在《诗》、《书》中已大致决定。"② 张先生所谓"结胎时代"和"最初的表现在《诗》及《书》"的概括，高屋建瓴，非常精辟和深刻。再如，还有学者从中华文化原初观念的生成及其演变的角度指出："在先秦早期这段漫长历史进程中，古中华文化的原初观念和思想的生成、演变、发展，是以'神——王'道德典范虚构的方式而展开的。概括地讲，先秦早期原初观念和思想展开的进程实际上经历了三个阶段……通过这一道德典范虚构体系的历史性建构，先秦早期时代实现了对古中华文化的原初思想框架和价值蓝图的奠基，这一承载古中华文化的原初思想框架和价值蓝图，就是王道主义或王权主义思想。这一思想框架和价值蓝图的具体展开途径是'以王道为目的，以民道为手段，以天道为依据'。先秦诸子的使命，不过是对这一思想框架和价值蓝图予以时代性的再打造。"③ 这种观点同样也是指出先秦诸子只是在中国"原初观念和思想"基础上进行的"再打造"而已。以上所引各学者所言都指出《尚书》的特殊源头地位。我们引以为傲的诸子百家学说，并非中华文化的"本根"，而是在以《尚书》等"六经"为代表的中华原生文化典籍基础上绽放的绚丽"花朵"。《尚书》就是中国原生本土文化中"王道主义"思想的最早载体；而由《尚书》与诸子文化之关系，也可见《尚书》的重要学术地位之一斑。

　　既然《尚书》是中国学术的重要源头性著作，那么要研究中国历史思想和中国文化的特性，《尚书》自然是无法绕开的。梁漱溟先生在60年前曾总结出中国文化的几大"极强度之个性"，包括原创性、自成体系、生命力强、同化和融合力大、绵延久长、辐射空间广大、文化成熟早

① 李学勤：《通向文明之路》，商务印书馆2010年版，第272页。
② 张岱年：《张岱年学术文化随笔》，中国青年出版社1996年版，第4页。
③ 唐代兴、左益：《先秦思想札记》，巴蜀书社2009年版，第8—9页。

且变化较小等诸方面；尤其是梁先生指出"中国文化之相形见绌，中国文化因外来文化之影响而起变化，以致根本动摇，皆只是最近一百余年之事"等，并试图探讨其形成原因①；梁先生的这些归纳和阐发至今仍有重要意义；而研究包括《尚书》历史思想在内的《尚书》思想，也对深入探讨这些问题具有不可或缺的价值。

另外，还需要对《尚书》的"史书"性质加以说明。受西方史学对史籍定义的影响，有相当长的一段时间，《尚书》仅仅被一些学者视为"档案汇编""史料汇编"之类，其"史书"资格大有被否定之虞；还有看法认为，《尚书》主体内容仅仅是政治哲学等，不一而足。《尚书》的性质问题还有进一步探讨的必要。《尚书》与《春秋》一样，都是史官撰写②以供后世人们借鉴和学习，它们同是史官文化的产物；并且是史官文化高度发达后的产物。③ 孔子对《春秋》只是稍作改编，而且从现存的《春秋》来看，甚至是非常简单的改编④，在记事的详尽等各个方面还不如《尚书》；那么为什么《春秋》是史书，而《尚书》却不是呢？这是否反映了一种误解——前代的一定不如后代的"进步"？或许这与西方进化论话语体系有关，是线性进化史观的局限性所致。文化同历史的发展一样，在某些时期不仅不是进步的，而且可能是今不如古的。因而，承认《春秋》却否认《尚书》的史书性质，是不够妥当的。在此基础上进一步而言，如果能够发掘出《尚书》历史思想的更多内涵和价值，《尚书》作为史书的地位就更加毋庸置疑了。就此而言，对《尚书》历史思想进行系统研究，也具有特殊意义。

总之，《尚书》是中国早期文化的集大成之作，它横跨从尧舜禹到秦穆公的漫长年代，思想内容与整个先秦文化声气相通，对先秦诸子和后世的学者们影响很大，奠定了中国古代学术的重要基础；同时，在《尚书》编辑过程中还渗入了编纂者所在时代的思想因子，因此说《尚书》是我们研究先秦文化的重要津梁。

---

① 梁漱溟：《中国文化要义》，上海人民出版社 2005 年版，第 7—8 页。

② 当然也可能不断经过后世学者（比如孔子）的修订。

③ 甲骨文中有关的史官记载，毋庸置疑地证实了我国史官文化的发达和成熟。参见谢保成《中国史学史》，中国社会科学出版社 2008 年版，第 37—38 页。

④ 甚至《春秋》到底是否经过孔子删削，还有争论。

二　《尚书》在先秦历史思想中的地位

古代中国是最富历史意识、历史学最为发达的国度,[①] 因而,历史思想在中国学术思想中占有重要地位,在先秦时期也是如此。《尚书》在先秦时期不仅占有中国史书之祖的崇高地位,同样是学者们所倚重的重要典籍,这二者结合在一起,使得《尚书》对先秦历史思想产生了重要影响。

首先,《尚书》兼“史学之祖”和“圣典”于一身,这强化了它在先秦历史思想中的地位。《尚书》的独特地位通过比较更为明确。古希腊文化是西方文化的一大源头,被称为西方“历史之父”的希罗多德,其名下之作《历史》,虽是西方最早的历史著作,但它对古代西方的影响远远比不上《尚书》在中国的影响,而只是局限在“书斋学术”特别是“书斋史学”的有限方面。作为西方文化另一思想源头的《圣经》,尽管影响力可能超过《尚书》,但是在一般情况下它被视为宗教典籍而非史学著作。反观《尚书》,却与《历史》和《圣经》都不同:《尚书》不仅是中国最早的文献集成和史学之滥觞,还是中国最重要的政治典籍和道德伦理著作。因此,《尚书》又兼具了《历史》和《圣经》二者的学术身份。要探讨中国文化的个性及其形成原因,作为中国第一部古籍和经典的《尚书》,无疑应该居于首要地位并具有“标本”性质,对中国民族精神和社会生活有重要影响。正基于此,有学者将《尚书》列入“世界文明的源泉”[②]。作为先秦历史思想的文献源头,《尚书》历史思想直接哺育和影响了其后的历史著作和思想家。《尚书》在先秦时期深受重视,对统治者和各派学者都有很大的影响,是他们经常诵读和研究的对象。陈梦家先生在《〈尚书〉通论》中用30页统计《尚书》在先秦的引用情况[③];而刘起釪先生在《尚书学史》中更是用50余页的篇幅详细统计并分析了

---

① 中国人最富历史意识和历史学最为发达,是世所公认的。比如,西方哲学家黑格尔和杜维运先生都曾谈及。参见黑格尔《历史哲学》,王造时译,上海书店出版社2001年版,第62、118页;杜维运《中西古代史学比较》,台北东大图书公司1988年版,第1页。

② [美]奥利弗·A.约翰逊、詹姆斯·L.霍尔沃森编:《世界文明的源泉》,马婷、王维民等译,杨恒达校,北京大学出版社2010年版,第74页。

③ 陈梦家:《尚书通论》(外二种),河北教育出版社2000年版,第8—37页。

"《尚书》在先秦时的流传情况"①。《尚书》在先秦时期的流传之广和影响之大从中可以窥见。《尚书》历史思想或明或暗地给予后世学者和著作以巨大影响，比如《春秋》"大一统"思想，《周易》的"革命"论，实际上都由《尚书》演化而来。《尚书》在史学和历史思想的影响是极为巨大和一贯的。《尚书》的重要地位理所当然地要投射到史学编纂和历史思想等各个方面。从史学角度言，《尚书》的特殊重要性还通过史学在中国的特殊地位体现出来。因为中国被公认为是最富历史观念和史学最为发达的国度，历史思想在中国历史有巨大影响，堪称中国民族精神的核心部分之一，而《尚书》思想在这核心部分中占据了重要地位。而且，先秦历史思想的基本特征在《尚书》中也多有体现。

其次，《尚书》历史思想（譬如华夏民族文化共同体历史意识、"大一统"观念）对中国历史的演进模式产生了不可忽视的影响。中国文化在相当大的程度上是按照《尚书》基本思想脉络发展演化的。《圣经》本是民族史（部族史、家族史），《历史》和《伯罗奔尼撒战争史》都是民族之间或民族国家之间的战争史，而《尚书》却是民族融合史、"大一统"国家发展史及"大一统"意识的形成史。西方历史与《圣经》和《历史》以及《伯罗奔尼撒战争史》的历史发展模式和思想何其相似！《尚书》社会和历史演进模式与中国历史也是何其相似！在某种意义上，《圣经》《历史》《伯罗奔尼撒战争史》和《尚书》分别是各自文化的产物，又通过精神的反作用，在一定程度上各自塑造了不同的历史发展和政治模式。

再次，《尚书》历史思想"由神本到人本"演变之迹相当显豁，是先秦历史思想演变的浓缩。这种演变的对应关系可以从天人观念上窥见一斑。

关于先秦历史思想，吴怀祺先生曾说："整个先秦时期的历史思想经历了一个由神本到人本的发展过程。"② 当然，也并不是说这一过程中的前期完全没有"人本"因素而后期没有"神本"因素，而只是就其程度相对而言。《尚书》本身就清晰地反映了先秦历史思想"神本"色彩渐淡、"人本"色彩日浓的过程，堪称一本"活"在文字中的、先秦历史思

<hr>

① 刘起釪：《尚书学史》（订补本），中华书局1989年版，第11—66页。

② 吴怀祺、林晓平：《中国史学思想通史·总论先秦卷》，黄山书社2005年版，第117页。

想演变的"化石"。瞿林东先生曾说:"'天'是先秦时期人们历史观念中的一个基本范畴,指的是至上之神。"① 因而,"天人关系"是判断某一历史思想属于何种性质的重要切入点。《尚书》天人观念在历史中的演变之迹非常明显,充分体现出了作为"神"的代名词的"天"之地位逐渐让位于"人"(在《尚书》中多以"民"指称②)抛开《尧典》《舜典》等具体成书时代有争议者暂且不论,单以《甘誓》《盘庚》《西伯戡黎》和"周初诸诰"为例,我们就可以清楚地看到从夏代到西周时期历史思想"神"味渐淡、"人"气日增的过程。比如《甘誓》说:

> 大战于甘,乃召六卿。王曰:"嗟!六事之人,予誓告汝:有扈氏威侮五行,怠弃三正,天用剿绝其命,左不攻于左,汝不恭命。右不攻于右,汝不恭命。御非其马之正,汝不恭命。用命,赏于祖。弗用命,戮于社,予则孥戮汝。"③

《甘誓》可以看作对夏代史实或者传说的追记,其思想和文字是基本可信的。在这里,启征伐有扈氏的理由并没有提及"人",而是通篇使用那些较为"虚"的"五行""三正"和"天命"作为理由,虽然这三者也与"人"有某些联系,但毕竟与直接提及还是有相当的距离。

历史发展到商代,在《盘庚》中,盘庚虽然也是动辄以"天命""先王"作为理由,但是,他毕竟也注意到了"人"的重要性,因而采用苦口婆心的说服策略,所谓"乃祖乃父,胥及逸勤"④。到了《西伯戡黎》中的商纣王,面对周人的强大攻势,虽然以"我生不有命在天"自我安慰,但是祖伊则非常清醒地说:"呜呼!乃罪多参在上,乃能责命于天。"⑤ 类似于祖伊批判商纣的思想,在《微子》《泰誓》和《牧誓》诸篇中也可找到一些;它们的中心意思都是批评商纣的荒淫无道和残暴。可见,在商末,"人"在历史中的作用已经受到相当的重视。

而到周初诸诰中,从周公、召公对历史的反思和一再强调要"敬德"

---

① 瞿林东:《中国史学史纲》,北京出版社1999年版,第52页。

② 同上。

③ 《尚书正义》,第173页。

④ 同上书,第233页。

⑤ 同上书,第259—260页。

"保民"可见，"人"的作用愈发凸显，"天意"成为"虚悬一格"的陪衬。

总之，《尚书》完整地反映了先秦时期历史思想的基本特征及其由"神本"到"人本"的转变过程，是其后各时期、各学派历史思想的重要源头。

第二节　《尚书》历史思想的先秦文化印记

作为先秦文化的产物和那一时期的文献记录，《尚书》全书深深烙上了先秦文化（包括物质文化、制度文化和思想文化等各个方面）的各种印记。了解这些印记的内容，可以有助于我们正确把握《尚书》历史思想的性质、特色和成因。

一　《尚书》的农业根基和周人文化印记

（一）农业文化根基

从经济基础上讲，农业经济是中国文化所植根的基础，农耕自然经济是中国古代社会经济的主体，是整个中国文化的根基所在。[①] 经济基础决定上层建筑，因而农业文化这一基本特征清楚地反映在《尚书》中。从考古和文献上看：在夏代，农业生产占据主要地位已成为共识。[②] 在商代，虽然也有相当多的畜牧业、渔业等非农业生产的种类，但是，农业在商代也始终占有最重要的位置。[③] 而周代，更是以农业开国并始终以农业立国；至于夏代以前，农业也占据重要地位。[④] 总之，在《尚书》所记载的虞、夏、商、周四代时期，农业始终是华夏大地上最重要的经济基础。这种情形反映在《诗经》、《尚书》等先秦古籍中，就是颇多农业生产生活的记载。比如，《尚书》开篇的《尧典》就记载尧"乃命羲和，钦若昊天，历象日月星辰，敬授人时。"[⑤] 在这里，制定精确历法的目的就是为

[①] 张岱年、方克立主编：《中国文化概论》（修订版），北京师范大学出版社2004年版，第26—29页。

[②] 郑杰祥：《夏史初探》，中州古籍出版社1988年版，第50页。

[③] 胡厚宣、胡振宇：《殷商史》，上海人民出版社2003年版，第235—276页。

[④] 李根蟠：《中国农业史》，台北文津出版社1997年版，第2—28页。

[⑤] 《尚书正义》，第28页。

农业生产服务，尧把它放在了至关重要的位置上，农业的地位可以想见。
至于其他篇目中关于农业的描写也常常可见，比如《金縢》：

> 秋，大熟，未获，天大雷电以风，禾尽偃，大木斯拔，邦人大
> 恐。王与大夫尽弁，以启金縢之书，乃得周公所自以为功代武王之
> 说……王出郊，天乃雨，反风，禾则尽起。二公命邦人，凡大木所
> 偃，尽起而筑之。岁则大熟。①

上文的"秋，大熟，未获，天大雷电以风，禾尽偃，大木斯拔，邦
人大恐""王出郊，天乃雨，反风，禾则尽起。二公命邦人，凡大木所
偃，尽起而筑之。岁则大熟"等语言，是典型农业社会的反映，农民和
统治者对农事的重视程度从中也可见一斑。

农业对以之为生的人群而言，影响是多方面的，其中之一就是可能造
成历史感的相对发达，中国古代就是典型的例证。由于农业生产和生活地
域的固定，使得农民更加易于对其长期生产、生活的某一地域及其出产、
风物等产生依恋感，这是人之常情，完全可以理解。更何况，由于长期生
产和生活于一地，其祖先庐墓、遗迹等，相较游牧民族而言，更加易于被
建造、保存和累积。中国古代的帝王陵、"孔林"直至一些普通中国人的
家族墓地，其规模之庞大和历史之悠久，都可以算作有力证据。祖先庐
墓、遗迹等的长期存在，又进一步使得古代农民对于这些象征着祖先和历
史的事物产生感情、引发历史性的思考。在这种情形下，生产和生活的相
对固定性，导致持续时间越长，人们对祖先的感情就越强，对历史的感受
就会更深，而这也可以用来解释，为什么古代中国这样典型农业社会历史
学相对较为发达；相对而言，古代世界历史上的游牧民族其历史学较不发
达。② 先秦时代奠定的农业经济基础对中国文化的影响非常明显，诚如有
学者所说的："在这个奠基的时代中，作为主要经济活动形式的农业承担
着至关重要的角色。农业带来了聚居和合作，带来了规范人和人之间关系

---

① 《尚书正义》，第338—339页。
② "游牧居民生存方式的特殊性和所适应环境的特殊性使得建立在这一文化基础上的政权
人口必然十分分散，注定不可能稳定，王朝之间的承接必然不连贯，在文本史料上必然表现为纷
繁复杂、谱系不连贯等特征，给历史的研究造成了重重困难。"参见罗康隆、谢景连《人类学视
野下的"游牧文明"》，《北方民族大学学报》（哲学社会科学版）2010年第3期。

的最初秩序，带来了认识自然界的永恒动力，也带来了对人和天之间关系的既现实又终极的思考……农业文明还带来了稳定的家庭和社会结构，使得中华文明表现出对血缘和家族的特别重视，强大的宗法制度无疑是其集中的体现。由此还引申出一系列重要的价值观念，如'亲亲'、'孝'和'仁'，以及修身、齐家、治国、平天下的成德门径……代表了中华文明的最高的政治理想。"① 可以说，极为典型稳固的农业经济，是造成中国古代文化特质的重要原因，② 就像引文中所列举的，《尚书》的农业文化特色也非常明显，比如对《尚书》天人观念等方面的影响等。农业经济对《尚书》及先秦历史思想的影响是多方面的，以上仅是就其重要方面而言。

（二）周人文化特色

周人文化对《尚书》思想内容和形式也起到了很大的改造作用。③ 我们可以发现，今本《尚书》，无论是"今文"部分还是"古文"部分，内容是几乎完全"农业化"的，这不仅因为《尚书》中周代文献占的篇幅最大，而且，《尚书》在流传和编纂的过程中，周代这一时期最为关键，因而受周人的影响最大，而周人正是典型的农业民族，于是在《尚书》体现的几乎全是周人农业的特色。虽然殷人是否游牧民族至今没有定论，但其曾经迁移多次却是事实，畜牧业等其他经济种类在整体经济中占有相当地位。④《尚书》几乎没有"非农业"色彩，这一方面反映出周人文化对所有《尚书》编纂者的巨大影响，也反映了周人文化在《尚书》中确实占有重要地位，此其一；其二，周人对《尚书》的影响还体现在

---

① 王博：《奠基与经典：先秦的精神文明》，北京大学出版社 2009 年版，第 3—5 页。

② 冯天瑜先生曾经专文论述"中国古代农业文明诸特征"，他指出："民族心理的务实精神，便是由农业社会导致的一种心理趋向。"（详见冯天瑜《中国古代农业文明诸特征》，《江汉论坛》1990 年第 2 期）毫无疑问，农业文明和中国的封闭的地理环境相结合，对整个中国文化的性质和基本面貌有着决定性影响。

③ 关于商周文化的异同，自从王国维先生的《殷周制度论》以来，支持王说与反对者迭有争论。相较而言，徐复观先生的看法较为稳妥：西周文化对殷商文化之间继承了很多，受到了后者的很多影响，但是，也不可否认，周初是中国文化发生了较大变化的时期，在某些方面与殷商相比还是变化很大。另外，还有一些学者也持大致相同的看法（参见李申《中国儒教史》（上卷），上海人民出版社 1999 年版，第 45—51 页；阮炜《中外文明十五论》，北京大学出版社 2008 年版，第 50—52 页）。

④ 参见胡厚宣、胡振宇《殷商史》，上海人民出版社 2003 年版，第 36—37 页。

极为突出的"人本"色彩上。正如徐复观先生所言，"殷人的精神生活，还未脱离原始状态；他们的宗教，还是原始性地宗教。当时他们的行为，似乎是通过卜辞而完全决定于外在的神——祖宗神、自然神、及上帝。周人的贡献，便是在传统的宗教生活中，注入了自觉的精神；把文化在器物方面的成就，提升而为观念方面的展开，以启发中国道德地人文精神的建立。"① 徐先生又说："周之克殷，乃系一个有精神自觉的统治集团，克服了一个没有精神自觉或自觉得不够的统治集团。先厘清了这一点，才能对《尚书》中周初的文献，作顺理成章的了解。"② 可见周人对商人文化虽颇多认同和继承，在商为共主时，其至还可能模仿商人，但殷商之际的剧变，导致周人产生了"人本"的"自觉"意识，而商人缺乏这种自觉，至少不强烈，《尚书》中的"人本"色彩主要体现了周人的观念。

　　所以，尽管《尚书》内容和写作过程涉及夏、商、周各个时代，周代与前代文化也确实存在着一定程度上的继承关系，但是《尚书》中周文化的成分最大。《尚书》受到了周人"重农"文化和周人自觉的"民本"精神的巨大影响，这些影响伴随着《尚书》成为经典和"史书之祖"，又深刻影响了中国古代历史思想的基本面貌，其中最显著者就是农业文化色彩、"敬德""保民"的"民本"意识和以嫡长子继承制为基础的宗法制度。③ 诚如有学者所言："从根性上讲，我们都是周文化的传人，我们的思维是周人的思维，我们的精神气质是周人的精神气质。"④

　　当然，由于周人文化本质上就是典型的农业文化，因而，这两者是紧

―――――――――――――

　　①　徐复观：《徐复观文集》（第三卷《中国人性论史·先秦篇》），湖北人民出版社 2002 年版，第 28 页。上述引文中的几处写法："原始性地宗教""道德地人文精神""……自然神、及上帝"，原文即是如此，这或许是徐先生特有的表达习惯，笔者未予改动。

　　②　徐复观：《徐复观文集》（第三卷《中国人性论史·先秦篇》），湖北人民出版社 2002 年版，第 31 页。

　　③　虽然有的学者指出，从现存史料如《史记》《春秋》等书中可见，以嫡长子继承制为基础的宗法制度实际上在有的国家并未得到执行（如楚国），即使在奉行周制最力的鲁国也是到了春秋时代才逐渐确立；但是，这只能说明一种新的制度的确立是需要有一个过程的，尤其是从上到下进行推行时更是如此。况且，从周天子的继承制度来看，是基本上确立了这种制度，这正是最好的证明。同时，作为天下共主的周王室对嫡长子宗法制度的实行对各国有着榜样的意义。于是，可以看到：愈往后世，嫡长子继承制就越稳固（特殊情况另当别论）。参见马育良《中国宗法制度古典形态的政治功能及其消解——中国早期国家体制危机探讨之一》，《六安师专学报》1997 年第 3 期。

　　④　阮炜：《中外文明十五论》，北京大学出版社 2008 年版，第 50 页。

密相连的。

二 《尚书》的宗法色彩和史官制度印记

中国特有的宗法制度和史官制度，对《尚书》历史思想的影响同样非常强大。当然，宗法制度和史官制度也深深渗入了古代中国人的精神世界之中。正如有的学者所说："家长制度在早期文明中的支配地位，使得中国的文化精神，中国的社会结构，中国的历史进程都获得了极大的特殊性。由此可以说，阐述这种特殊性本身，即是在追溯中国文化之源，清理中国社会之基，把握中国历史之脉。"① 不仅宗法制度可作如是观，中国独有的史官制度亦然。

第一，中国宗法制度不仅是中国古代政治制度的重要制度基础，以中国式的嫡长子继承制为基本特征，独具中国的特色，这些特色最重要的几点是：父系；继承人必须有严格的血缘关系；嫡长子的独尊地位；实际上的男性后嗣单线继承和祭祀、供养制度；强调"父慈子孝兄友弟恭"的天伦关系，等等。这就造成了中国极为严格而稳固的父系宗法制度。② 与之相联系的有"宗庙祭祀制度""封邦建国制"等方面。③ 宗法制度对中国文化的影响是多方面的，就如学者们所说，其中很重要的一方面是造成"家国同构""家天下的延续"和"家族制度的长盛不衰"。④ 反映在思想上，即一切行为和思想都以"家族"为本位。这些在《尚书》中有鲜明的反映，比如，《尚书·康诰》中说："元恶大憝，矧惟不孝不友？子弗祗服厥父事，大伤厥考心。于父不能字厥子，乃疾厥子。于弟弗念天显，乃弗克恭厥兄。兄亦不念鞠子哀，大不友于弟。惟吊兹，不于我政人得罪，天惟与我民彝大泯乱。曰，乃其速由文王作罚，刑兹无赦。"⑤ "不孝""不友""不慈""不恭"是具有典型中国式思想内涵的概念，《尚

---

① 刘广明：《宗法中国》，三联书店上海分店 1993 年版，第 3 页。

② 当然，嫡长子继承制并不是到了西周才有，而是在商代就已经有了雏形，也不是周公制定后就已经严格实行，而是因地因时而有不同。参见李学勤《古代礼制》，载谭家健主编《中国文化史概要》（增订版），高等教育出版社 1997 年版，第 9 页；蔡先金《从"宣王伐鲁"看嫡长子继承制》，《人文杂志》2002 年第 4 期。

③ 张岱年、方克立主编：《中国文化概论》（修订版），北京师范大学出版社 2004 年版，第 46—47 页。

④ 同上书，第 44—45 页。

⑤ 《尚书正义》，第 366—367 页。

书》将违反者视为"元恶大憝"，要加以严惩，这种格外强调父子兄弟
"天伦"关系重要性的思想，带有突出的中国宗法特色，其影响一直延续
至今。类似之处在《尚书》中比比皆是。在这种宗法观念指导下，人们
所有的政治措施、社会行为，几乎都是为了家族的繁衍、团结和昌盛，而
不仅仅是为了家族的某一个人或某一代。从另一角度而言这就是历史意
识。这种特有宗法制度的重要影响之一是强化了中国的祖先崇拜意识和历
史观念。因为这种单线对应的继承制（嫡长子每代只有一个），使得人们
对于每代祖先的确定感得到强化，对于后嗣的延续性也得到强化，从而使
得对于历史的延续感更加强烈，这是造成中国历史意识格外强烈的一个重
要原因。

　　第二，同样不可忽视中国独有的史官制度对《尚书》的影响。刘起
釪先生说："所有《尚书》的较早篇章，都是夏、商、周三代统治者在政
治活动中讲话的纪录。当时'君举必书'……成了我国古代统治者建立
起来的史官制度的主要职能。我国之所以特有丰富的浩瀚的史籍独步于世
界，使举世任何一个民族都赶不上，就是由我国很早的统治者就特别注意
史官职务而来的。"① 也就是说，《尚书》实为史官文化之孑遗。中国先秦
时期即已经建立的、世界上独有的史官制度，同样说明了中国古人历史意
识的发达和对历史记载的重视。

　　史官制度对《尚书》的形式和内容都有决定性影响，也是中西方史
学存在重大区别的分水岭。② 所谓"史官文化，是指以史官为主体创造出
来的一种文化形态"，③ 是从先秦时期就已经产生并很成熟的文化形态，
为中国所特有。史官文化最突出的特征就是"人文性"的早熟。正如学
者所言："史官文化的人文色彩正是上古华夏文明这一前宗教性特征的集
中体现，尤其是在史官强调'天道'，不重视神灵的学术倾向中有着突出
的反映。"④ 有学者曾言："西周王官之学创始发韧于夏商。王官之学尚非
学术，但它综合融会了前此之各种学术萌芽，又孕育启迪了以儒家之学为

---

　　① 刘起釪：《尚书学史》（订补本），中华书局1989年版，第3页。
　　② 许兆昌：《周代史官文化——前轴心期核心文化形态研究》，吉林大学出版社2001年版，第7页。
　　③ 同上书，第1页。
　　④ 同上书，第303页。

代表的私家学术，它是古代学术之摇篮。"① 这充分说明了王官之学的学术源头性质，而史官文化实质上就是王官文化之一翼，在某些方面是重合的。史官制度作为王官文化的一种，是中国独有的政治和文化制度，对中国文化基本面貌的塑造起到了很大的作用，也是造成中西文化不同的重要原因之一。由于中国的史官代替了其他文化中的祭司，其职责不是求得上天庇佑，而是通过记载君主的言行，以"慎言行、昭法式"②；这种警戒作用在某种程度上代替了西方宗教的劝诫功能；史官记录又为后世君主和政治家提供了参考和借鉴，因而史官制度对《尚书》突出影响是注重政治功效和垂鉴后世，③ 具有鲜明的实用理性精神和人文、民本思想，给中国史学以极大的影响。史官文化的重要影响和地位也进一步使得中国重视"现世"的思想色彩更加浓厚，必然以实用理性主义和民本思想为根基，而相应冲淡了对于"超越性"的渴求，君主所为，以安定国家、获得人民拥护从而稳定统治为根本目的。

　　"史官文化"的特征深深印入了《尚书》各方面，决定了其内容和形式与西方绝然不同的面貌；这种史官文化带给中国史学的印记，随着《尚书》成为国家政典和史书之祖而深深影响了整个中国文化。这既是《尚书》乃至整个中国史学与西方史学最重要的区别之一，也是西方学者长期以来对《尚书》及中国史学产生误解、曲解甚而贬低它的重要原因。④ 研究《尚书》历史思想，也应该充分注意到"史官"文化的特征（同时是中国文化的重要特征之一），才能得到正确的结论。

---

　　① 　王泽民：《王官之学与古代学术的兴起》，《临沂师专学报》1998 年第 5 期。

　　② 　张舜徽：《汉书艺文志通释》，湖北教育出版社 1990 年版，第 74 页。

　　③ 　许兆昌先生在论及周代史官文化时说："周代史官既然是政府官员，那么他的所作所为，便不能不带有鲜明的为王朝政治服务的目的。史官从事记事编史的工作，绝不是为了要保存历史资料以供学术研究，而主要是为了发挥这一行为的政治功效。史官记事编史，是一种地地道道的政治行为。周代史官记事编史的政治功能主要表现在两个方面。一是监察君臣。二是为后世立法。"许先生的论断同样适用于整个史官文化。参见许兆昌《周代史官文化——前轴心期核心文化形态研究》，吉林大学出版社 2001 年版，第 312 页。

　　④ 　参见汪荣祖《史学九章》，三联书店 2006 年版，第 94—99 页；杜维运《中西古代史学比较》，台北东大图书公司 1988 年版，第 19—28 页；杜维运《与西方史家论中国史学》，台北东大图书公司 1981 年版，第 59—65 页。

三　《尚书》祖先崇拜和"先王"思想印记

在思想观念上，影响《尚书》历史思想的因素包括两个紧密相连的方面：祖先崇拜和"先王"观念。

首先，自中国文化的发生期起，中国古代祖先崇拜观念就极为浓厚，① 这点在《尚书》中也处处可见。比如，《尚书》中夏、商、周的君主们每要实行一个重大的政治举措，一般都以对前代圣明祖先的效法为理由，比如盘庚迁殷、周公建洛等，都是如此。相反，如果谴责某一个君主，其理由往往也是批评他不能效法前人的嘉言懿行，行为有辱祖先，而祖先也会因此不再庇佑他。比如，《西伯戡黎》中对商纣的谴责说："非先王不相我后人，惟王淫戏用自绝。故天弃我，不有康食。不虞天性，不迪率典。"②

《五子之歌》中批评太康：

> 五子咸怨，述大禹之戒以作歌。其一曰："皇祖有训，民可近，不可下，民惟邦本，本固邦宁……"其二曰："训有之，内作色荒，外作禽荒。甘酒嗜音，峻宇彫墙。有一于此，未或不亡。"……其四曰："明明我祖，万邦之君。有典有则，贻厥子孙。关石和钧，王府则有。荒坠厥绪，覆宗绝祀。"③

无论是批评商纣还是批评太康，都在很大的程度上要依靠祖先的权威，而《五子之歌》表现得尤其明显，可见祖先崇拜在《尚书》中的地位是非常重要的。

其次，与"祖先崇拜"本为一体的"先王"观念也对《尚书》影响很大。对于那些古代圣王的后裔而言，效法"先王"就是崇拜祖先；而对于一般人而言，则是祖先崇拜的变相，更多道德崇拜的因素在内。祖先崇拜和"先王"观念在很大程度上是重合的。在《尚书》中，所推崇的"先王"包括尧、舜、禹、汤、文、武、周公等一系列中国历史上耳熟能

---

① ［澳］刘莉：《中国祖先崇拜的起源和种族神话》，星灿译，《南方文物》2006年第3期。
② 《尚书正义》，第259页。
③ 同上书，第176—179页。

详的伟大人物，还包括商代的盘庚、中宗、高宗武丁、祖甲等历代贤王。《尚书》对这些"先王"的推崇，通过《尚书》的传播，在中国历史上形成了强固的思想传统，对中国后世影响很大。

无论是祖先崇拜还是"先王"观念，实际上都包含"对往事和古人的回忆、追溯"这一因素在内。因而，强烈的祖先崇拜观念和"先王"观念，都使得中国的历史意识格外发达。曾有学者言，"人类社会最先出现的有体系的思想的萌芽是迷信、宗教、幻想、神话"，[①] 但中国却是历史意识产生和发达很早，这是一个特殊现象，其中就有祖先崇拜和"先王"观念格外强大的因素在内。

总之，《尚书》历史思想的各个方面，都具有中国特色和先秦文化印记：它是中国原生本土文化中"王道"文化的最早体现，是史官文化的孑遗；受到周人文化的改造；带有明显中国传统农业社会的宗法色彩和实用理性精神。而这一切，与西方史学的类似思想范畴相比，有相当大的差异。《尚书》历史思想在中国历史思想史上具有肇始之功，影响极为深远。

---

① 赵吉惠：《中国先秦思想史》，陕西人民教育出版社 1988 年版，第 18 页。

第二章

《尚书》编纂中的华夏历史意识

探寻历史著作中的历史思想，大致可以通过以下几种方式：第一，直接找出该著作中已经明白表达出的历史观念；第二，通过对文本思想内容的分析、总结，研究者自己概括出该著作的历史观念，这需要研究者自己思考、探寻；第三，通过分析历史著作对历史事实本身的叙述、编纂体例和特殊用语等，概括出著作隐含的历史观念。《尚书》历史思想研究大致可以采用以上三种方法。

作为对《尚书》历史思想第一个要点的探讨，本章首先采用第三种方式，从《尚书》编纂体例和特殊用语等方面入手，探讨《尚书》华夏民族文化共同体历史意识的起源、成因和演变，并在此基础上进一步探讨它与相关思想观念的关系及其影响。而第三章及其以下各章则基本属于第一或第二种类型。

第一节 "四代"观念与华夏历史意识

《尚书》所记载的时代，起自尧舜禹时期，终于东周秦穆公时期（春秋早期）。《尚书》既反映了这一漫长历史时期的史实和传说，又折射了它在被整理、编纂过程中的思想观念，因而《尚书》实际上可以反映出双重的历史内容。《尚书》所记载史事与编纂者及其所在时代思想之间的张力，使得我们可以借此窥见隐藏在《尚书》编纂体例和特殊用语背后的历史思想。华夏民族文化共同体历史意识，就是《尚书》历史思想中较隐蔽但又非常重要的方面，在中国历史上影响很大，值得深入探讨。

一 "华夏历史意识"相关研究成果

关于"三代"观念及其历史意蕴，刘家和先生曾经谈到："在《尚书》和《诗经》里，还未见'三代'一词。显然，在周王朝尚未终结之前，'三代'就还不能作为历史反思的一个既定的对象出现。在《左传》里，成公八年所记韩厥之言中开始提到'三代'（可见在孔子以前，'三代'观念已经出现）。"① 在论及《史记》时，刘先生进一步指出："在司马迁所著的《史记》中，首先是《五帝本纪》，随后就是夏、殷、周三个本纪以至秦、汉诸本纪。如果不看内容，人们是会有可能把五帝、三代之君误会为先后相承的统一国家的君主的。《史记》所反映的当然是大一统了的汉代的观念。中国文明自三代始，夏、商、周还不是真正的统一国家。这在今天已经为人们所公认。但是，难道司马迁的三代统一的观念就只有其自身时代的影响而没有任何历史的根据吗？不，事情并非如此简单。司马迁是历史家，他不能凭空说话，而是言必有据，尽管他的史料依据有时并不太可靠。他写夏、商、周三代本纪，所根据的是《尚书》、《诗经》、《左传》、《国语》以及先秦诸子书中的有关资料。就以'三代'的观念来说，他是有其充分的历史根据的。三代观念的源头见于《尚书》之中。传世的二十九篇《尚书》（伪古文诸篇除外）就是按虞、夏、商、周的朝代次序排列的。"② 刘先生指出：司马迁按夏、商、周顺序编排，是反映了"大一统"思想，而实际上观念的源头见于《尚书》之中；夏代应该存在过，并且夏、商两代确曾是当时的共主，这些因素正是"大一统"思想得以萌芽的最初土壤。③ 张富祥先生除了表达了与刘家和先生基本相同的观点外，又进一步认为：《尧典》和《舜典》的内容呈现为"文明进化论的断制"，《禹贡》篇"展示的是统一国家的政区设计"，这些都是"大一统"思想的体现；而"大一统"观念实堪称为"大义"中的"大义"，④ 对《尚书》历史思想的重要影响予以极高评价。易宁先生也在论文中探讨说：周人已经认识到了夏、商、周三代相承及其与"天命"关系，这是"中国古代历史认同观念"的滥觞。他还指出：许倬云

---

① 刘家和：《从"三代"反思看历史意识的觉醒》，《史学史研究》2007 年第 1 期。

② 刘家和：《史学经学与思想：在世界史背景下对于中国古代历史文化的思考》，北京师范大学出版社 2005 年版，第 306—307 页。

③ 同上书，第 306—309 页。

④ 张富祥：《〈尚书〉概说》，载郑杰文、傅永军主编《经学十二讲》，中华书局 2007 年版，第 115—117 页。

先生从金文入手，在《西周史》中也曾注意到这一点。[①] 可见，学者们都注意到了夏、商、周三代史料被依次编排所体现出的历史意识，其本身带有"大一统"和"民族认同观念"的因素，为进一步研究奠定了基础。

二 先秦古籍的"四代""三代"意识

在探讨先秦时期"四代"或者"三代"历史意识之前，需要解释"华夏族"一词的起源以及该族群的历史发展等问题。华夏族是汉族的前身，是上古时期华夏大地上的主体民族。[②] 叶林生先生曾经发表《"华夏族"正义》一文，系统梳理了华夏族的名称来历和华夏族本身的发展源流，指出："华夏族从开始便是个复合概念，不是指古代某部族；华夏族有其发生、发展的过程，至春秋战国时才开始用'华夏'作中国的代称，对远古的原始部族不能使用这个称谓。"[③]

既然华夏族在春秋战国才基本形成，那么它的前身则不能用"华夏族"这一称呼。因为中国历来以文化认同作为划分族群的最重要标准，因而在华夏族的诸形成要素中，文化同样占据主要地位。在华夏族形成之前，势必经过渐进的阶段。在这个阶段中，中华大地上的主要人群对于华夏文化的认同感与日俱增，已经具备了华夏族的胚胎或者萌芽。但是，华夏族毕竟没有正式形成，"华夏"的称呼也没有正式出现，因而不能称之为华夏族。应该找出一个比较合适的词汇，这个词汇既能在时间上涵括华夏族尚未形成、只有其胚胎甚至萌芽的时期；又能包括"华夏族"这一词语的内涵。比较妥当的做法就是使用"华夏民族文化共同体"这一概念。[④] 这既基于文化在中国古代族群形成中的重要作用，又考虑到民族本身就是一个共同体。因而，在拙著中，我们用"华夏民族文化共同体"

① 易宁：《中国古代历史认同观念的滥觞——〈尚书·周书〉的历史思维》，《史学史研究》2010 年第 4 期。

② 张富祥先生曾经提出："'华夏'一词由'虞夏'转来，上古并不存在一个所谓'华族'。"参见张富祥《东夷文化通考》，上海古籍出版社 2008 年版，第 422 页。

③ 叶林生：《"华夏族"正义》，《民族研究》2002 年第 6 期。

④ "华夏民族文化共同体"一词，其原型可见于张富祥先生的著作。张富祥先生曾说："华夏民族作为一个巨大的民族文化共同体，它的形成是和具体部族的起源决然不同的，因此对它的名称的来历也不能仅从具体部族的名称上去推求。"参见张富祥《东夷文化通考》，上海古籍出版社 2008 年版，第 422 页。

来概括华夏族的萌芽、发展乃至形成时的形态。这一族群的主要活动地域就是《尚书》所反映的中原及其周围区域,他们都认可华夏文化,构成《尚书》中虞、夏、商、周四代的历史主体。

在先秦古籍中,虞、夏、商、周四代依次排列的情形,在《尚书》中最早出现。下面将今本《尚书》的篇章目录按照先后顺序大致列出(以通行的《十三经注疏》本为据),以探讨其后的历史意蕴:

（书序（卷一））

虞书（卷二至卷五）:1. 尧典　2. 舜典　3. 大禹谟　4. 皋陶谟
5. 益稷

夏书（卷六、卷七）:6. 禹贡　7. 甘誓　8. 五子之歌　9. 胤征

商书（卷八至卷十）:10. 汤誓　11. 仲虺之……25. 西伯戡黎
26. 微子

周书（卷十二至卷二十）:27. 泰誓上　28. 泰誓中……57. 费誓
58. 秦誓

从上述可见,《尚书》的这种编排顺序与后世"大一统"王朝正史中将各主要朝代相续排列的格局相同,很显然,《尚书》将虞、夏、商、周视为四个先后相继的"朝代",它们各是那个时代的"中央王朝",而历史的主体也只有一个:华夏大地(以中原地区为中心)上的华夏民族文化共同体。这种意识,反映出《尚书》的编者将华夏大地上的所有民族视为同一民族文化共同体即华夏民族文化共同体,历史的唯一主体就是这个民族文化共同体。因而,我们可以称这种历史观念为"华夏民族文化共同体历史意识",简称"华夏历史意识"。

其实,这种虞、夏、商、周"四代"并提的现象,春秋战国的先秦古籍多有之,可以作为例证。比如,张富祥先生就曾在论文中缕列过:

《左传》庄公三十二年:"故有得神以兴,亦有以亡,虞、夏、商、周是也。"又成公十三年:"虞、夏、商、周之胤而朝诸秦,亦既报旧德矣。"又襄公二十四年:"昔之祖,自虞以上为陶唐氏,在夏为御龙氏,在商为豕韦氏,在周为唐杜氏。"又昭公元年:"虞有三苗,夏有观扈,商有女先邳,周有徐奄。"

《周礼·考工记》："有虞氏尚陶，夏后氏尚匠，殷人尚梓，周人尚舆。"

《国语·郑语》："夫成天地之大功者，其子孙未尝不章，虞、夏、商、周是也。"

《墨子·明鬼下》："昔虞、夏、商、周，三代之圣王，其始建国营都日，必择国之正坛，置以为宗庙。"

《墨子·非命下》："子胡不尚（上）考之商周、虞夏之记？"

《吕氏春秋·审应览》："今虞、夏、商、周无存者，皆不知反诸己也。"

《韩非子·显学》："殷周七百余岁，虞夏二千余岁，而不能定儒、墨之真。"①

除张先生所举之例外，②先秦古籍中还有个别将"虞夏商周"连称的例子，如：

《记》曰："虞夏商周，有师保，有疑丞。设四辅及三公，不必备，唯其人。"语使能也。君子曰德，德成而教尊，教尊而官正，官正而国治，君之谓也。③（《礼记·文王世子第八》）

鸾车，有虞氏之路也。钩车，夏后氏之路也。大路，殷路也。乘路，周路也。有虞氏之旂，夏后氏之绥，殷之大白，周之大赤。夏后氏骆马黑鬣，殷人白马黑首，周人黄马蕃鬣。……夏后氏尚明水，殷尚醴，周尚酒。有虞氏官五十，夏后氏官百，殷二百，周三百。有虞氏之绥，夏后氏之绸练，殷之崇牙，周之璧翣。凡四代之服、器、官，鲁兼用之。④（《礼记·明堂位第十四》）

---

① 张富祥：《华夏考——兼论中国早期国家政制的酝酿与形成》，《东方论坛》2003 年第 4 期。

② 张富祥先生在其他著作中也曾经列举过类似的例子。参见张富祥《东夷文化通考》，上海古籍出版社 2008 年版，第 423 页。

③ （汉）郑玄注，（唐）孔颖达疏：《礼记正义》，北京大学出版社 1999 年标点本（简体字版），第 635 页。

④ 同上书，第 944—954 页。

除了在字面上将"虞夏商周"连称的例子外，先秦古籍中还有一些关于"四代"的说法，虽然没有并提"虞夏商周"，但是其意涵与"虞夏商周"连称相同：

> 君子知至学之难易，而知其美恶，然后能博喻；能博喻然后能为师；能为师然后能为长；能为长然后能为君。故师也者，所以学为君也。是故择师不可不慎也。《记》曰："三王、四代唯其师。"此之谓乎！① （《礼记·学记第十八》）

另外还有将"夏商周"或"夏殷周"之类连称之例：

> 子张问："十世可知也？"子曰："殷因于夏礼，所损益，可知也。周因于殷礼，所损益，可知也。其或有继周者，虽百世，可知也。"② （《论语·为政第二》）
>
> 颜渊问为邦。子曰："行夏之时，乘殷之辂，服周之冕，乐则韶舞。放郑声，远佞人。郑声淫，佞人殆。"③ （《论语·卫灵公第十五》）
>
> 夏后氏五十而贡，殷人七十而助，周人百亩而彻，其实皆什一也。④ （《孟子·卷五·滕文公上》）
>
> 夏曰校，殷曰序，周曰庠；学则三代共之，皆所以明人伦也。⑤ （《孟子·卷五·滕文公上》）

当然"三代"之说则尤其多。下面分类列举。首先，《礼记》中的"三代"之说最多，请看以下几例：

---

① （汉）郑玄注，（唐）孔颖达疏：《礼记正义》，北京大学出版社 1999 年标点本（简体字版），第 1065 页。

② （魏）何晏集解，（宋）邢昺疏：《论语注疏》，北京大学出版社 1999 年标点本（简体字版），第 23—24 页。

③ 同上书，第 210—211 页。

④ （汉）赵岐注，（宋）孙奭疏：《孟子注疏》，北京大学出版社 1999 年标点本（简体字版），第 134 页。

⑤ 同上书，第 136 页。

反哭之吊也，哀之至也。反而亡焉，失之矣，于是为甚，殷既封而吊，周反哭而吊。孔子曰："殷已悫，吾从周。"葬于北方，北首，三代之达礼也，之幽之故也。①（《礼记·檀弓下第四》）

昔者仲尼与于蜡宾，事毕，出游于观之上，喟然而叹。仲尼之叹，盖叹鲁也。言偃在侧曰："君子何叹？"孔子曰："大道之行也，与三代之英，丘未之逮也，而有志焉……"②（《礼记·礼运第九》）

三代之礼一也，民共由之，或素或青，夏造殷因。周坐尸，诏侑武方，其礼亦然，其道一也。夏立尸而卒祭，殷坐尸，周旅酬六尸。曾子曰："周礼其犹醵与！"③（《礼记·礼器第十》）

肆直而慈爱，商之遗声也，商人识之，故谓之《商》。齐者，三代之遗声也，齐人识之，故谓之《齐》，明乎商之音者，临事而屡断；明乎齐之音者，见利而让。④（《礼记·乐记第十九》）

昔三代明王之政，必敬其妻子也，有道。⑤（《礼记·哀公问第二十七》）

《左传》中的"三代"之说也颇多，下面略举两例：

韩厥言于晋侯曰："成季之勋，宣孟之忠，而无后，为善者其惧矣。三代之令王，皆数百年保天之禄。夫岂无辟王，赖前哲以免也。《周书》曰：'不敢侮鳏寡。'所以明德也。"乃立武，而反其田焉。⑥（《春秋左传·成公八年》）

郑子产聘于晋。晋侯疾，韩宣子逆客，私焉，曰："寡君寝疾，于今三月矣，并走群望，有加而无瘳。今梦黄熊入于寝门，其何厉鬼

---

① （汉）郑玄注，（唐）孔颖达疏：《礼记正义》，北京大学出版社 1999 年标点本（简体字版），第 271—272 页。

② 同上书，第 656 页。

③ 同上书，第 743—744 页。

④ 同上书，第 1147 页。

⑤ 同上书，第 1376 页。

⑥ （晋）杜预注，（唐）孔颖达疏：《春秋左传正义》，北京大学出版社 1999 年标点本（简体字版），第 734 页。

也?"对曰:"以君之明,子为大政,其何厉之有?昔尧殛鲧于羽山,其神化为黄熊,以入于羽渊,实为夏郊,三代祀之。晋为盟主,其或者未之祀也乎?"韩子祀夏郊,晋侯有间,赐子产莒之二方鼎。①(《春秋左传·昭公七年》)②

《孟子》中也有"三代"之说:

孟子曰:"三代之得天下也以仁,其失天下也以不仁。国之所以废兴存亡者亦然。天子不仁,不保四海;诸侯不仁,不保社稷;卿大夫不仁,不保宗庙;士庶人不仁,不保四体。今恶死亡而乐不仁,是由恶醉而强酒。"③(《孟子·卷七·离娄上》)

还有"虞夏"连称之例:

景公与晏子立于曲潢之上,望见齐国,问晏子曰:"后世孰将践有齐国者乎?"晏子对曰:"非贱臣之所敢议也。"公曰:"胡必然也,得者无失,则虞夏常存矣。"④(《晏子春秋·卷七》)

另外,在成书年代较晚,但所涉素材多为先秦时期的古籍亦有一些例子:

公曰:"四代之政刑,论其明者,可以为法乎?"子曰:"何哉?四代之政刑,皆可法也。"公曰:"以我行之,其可乎?"子曰:"否,不可。臣愿君之立知而以观闻也,四代之政刑,君若用之,则缓急将有所不节,不节君将约之,约之卒将弃法,弃法是无以为国家也。"⑤

---

① (晋)杜预注,(唐)孔颖达疏:《春秋左传正义》,北京大学出版社 1999 年标点本(简体字版),第 1243—1246 页。

② "三代"连称,《左传》和《礼记》中尚有其他例子,此处不再多引。

③ (汉)赵岐注,(宋)孙奭疏:《孟子注疏》,北京大学出版社 1999 年标点本(简体字版),第 191 页。

④ 吴则虞:《晏子春秋集释》,中华书局 1982 年版,第 471 页。

⑤ (清)王聘珍:《大戴礼记解诂》,中华书局 1983 年版,第 164 页。

（《大戴礼记·四代第六十九》）

至于当时人们为什么有时不将"唐尧"时期专列为一代，《尚书正义》中曾有解释说：

> 正义曰：《尧典》虽曰唐事，本以虞史所录，末言舜登庸由尧，故追尧作典，非唐史所录，故谓之《虞书》也。郑玄云"舜之美事，在於尧时"是也。[1]

由于《尧典》是舜时史官所记录，因而，《尧典》中所涉及之关于尧的事情，都是由于追记而得，因而不把唐尧之时专列为一代。《尚书正义》还接着解释了"虞夏同科"之理由：

> 案马融、郑玄、王肃、《别录》题皆曰《虞夏书》，以虞、夏同科，虽虞事亦连夏。此直言《虞书》，本无《夏书》之题也。案郑序以为《虞夏书》二十篇，《商书》四十篇，《周书》四十篇，《赞》云"三科之条，五家之教"，是虞、夏同科也。[2]

《尚书正义》的理由是：虞舜和夏禹之事往往相连，很难截然分清，所以可以合为一类，故称"虞夏同科"。

总之，以上所列举古籍，除最后的《大戴礼记》外，主要内容都形成于春秋战国时代，其共同点是，都将虞、夏、商、周（或夏、商、周）视为前后相续的、统治华夏民族所居之广大区域的四个（或三个）"大一统""王朝"，历史的主体就是一个："华夏"民族文化共同体。既然先秦时期相当多古籍都有这种观念，这就反映出春秋战国时期这种观念带有相当的普遍性。而毫无疑问，在这些之中，《尚书》是最早的源头。

三 华夏历史意识的成因和影响

滥觞于《尚书》、存在并发展于先秦时代的华夏历史意识，与虞、

---

[1] 《尚书正义》，第 20 页。
[2] 同上。

夏、商、周时代的历史实际是有差距的。

考古和文献研究都表明，先秦时期，中华大地上曾经是"万国"并立，到春秋时期也有百余个国家同时存在，并不存在像后世那样的"大一统"国家。虽然当时确实存在一个"共主"，共主政权对地方政权也有一定影响力，但这毕竟不是后世的"大一统"王朝，二者不可相提并论。换言之，当时既没有出现秦朝、汉朝那样的"大一统"王朝，也没有形成统一的华夏民族。因此，就历史实际而言，《尚书》所表露出的历史意识不应该超越它所记载的那个时代，不应该反映出"大一统"王朝相继并立的观念和类似于"华夏民族为唯一历史主体"的历史意识。然而，今本《尚书》却是按照虞、夏、商、周"四代"顺序编排的，实际上，这里隐含的历史思想就是：华夏民族文化共同体及其所在的虞、夏、商、周等"大一统"国家，是历史发展的唯一主体。

那么，《尚书》这种虞、夏、商、周四代相继的编排顺序及其显现出的华夏历史意识，它们产生的原因主要包括以下几个方面：

其一，历史意识的自然扩大。有学者曾言："所谓历史意识，就是对过去的感知和理解。初级的、感知的历史意识是先天固有的，也可称作本能的、不自觉的历史意识，它来自人类最重要的本能之一：记忆—回忆。"[①] 越往远古，限于条件，人们的活动区域相对越小，其历史意识所反映的生活范围亦越小。最初，人们对于历史的认知主要还是关于自己祖先、家族或者部族发展史的记忆和回忆。吴怀祺先生在谈及原始历史意识的发展历程时曾说："为了自身的生存，远古的先民从最初仰观俯察自然变化中，产生出经验的观念，这就是原始历史意识……从图腾崇拜到远祖崇拜、近祖崇拜，反映出原始历史意识的发展。从虚幻的始祖和真实世系的结合，进而表现为对先祖的'慎终追远'，这本身就是在混沌的挣扎着向前发展的漫长的进程。如果说图腾崇拜还只是以虚构的始祖业绩鼓舞氏族的成员，那么，祖先崇拜则是追念先祖在开拓中创造出的真实业绩，从中汲取智慧和力量。"[②] 吴先生在此指出历史意识所反映的时间段会不断拉长，由切身而范围最小的"经验的观念"到"图腾崇拜""远祖崇拜"

---

① 郭小凌：《西方史学史》，北京师范大学出版社 2009 年版，第 5 页。

② 吴怀祺、林晓平：《中国史学思想通史·总论先秦卷》，黄山书社 2005 年版，第 173、177 页。

"近祖崇拜"，历史意识所反映的人群范围也逐渐扩大。但在以氏族、部落为主要生活集团的远古时期，人们历史意识的思维范围最大也不过是自己部族的发展史。随着更大人群的出现，这种历史意识所反映的范围也会逐渐扩大。在远古时期，历史意识所反映的时间段和地域范围，随着经验范围的扩大，呈现递增趋势，这是有道理的。总之，历史意识随着地域和生活范围的扩大而发展，是华夏历史意识的第一个成因。

其二，对民族和文化的认同不断加强。张富祥先生指出：华夏民族文化共同体的形成应该是一个"纵向的历史行程"，"古人对中国古史的认识也确是越往后而越往前延伸，对古史的'编年'也是逐渐清晰起来的"，在这方面"古史辨派"的观点有其合理之处。[①] 在《尚书》编纂时，华夏民族文化共同体的活动范围不断扩大，随着文化成果的累积和普及程度的提高、文献记载逐渐渗入人们的意识之中，人们对这一共同体及华夏文化的认同感越来越强，编纂者自觉不自觉地用后世已经发展得较为成熟、稳固的华夏民族文化共同体来想象他们以前的时代，认为自虞、夏以来都是如此，华夏民族文化共同体是自古以来就如此牢固结合的。于是他们不自觉地将虞、夏、商、周四代按照时间顺序进行编排，视为统一的王朝相继，历史的唯一主体就是这些王朝的人民群体：华夏民族文化共同体。很明显，这是后世学者在编纂《尚书》的过程中，将自己及自己所生活时代的历史观念渗入《尚书》中，使之被改造，从而体现为现在"四代"相继的面貌。换言之，所谓虞、夏、商、周"四代"相继的观念，实际上是在后来随着华夏民族文化共同体的滥觞与凝聚，才逐渐产生出的，这种涵盖各部族、各地域的华夏民族文化共同体的历史意识，多见于先秦古籍，它们多是春秋战国时期成书，可见这种"四代"观念也应该是春秋战国时代才形成的，是反向构筑起来的"华夏"历史系统，即由周、商、夏依次上溯而追溯至尧、舜时代。关于这点，张富祥先生曾有过较详细的论述。[②]

张富祥先生还曾在相关论文中，对华夏历史意识的形成过程，进行了较为详尽的分析和推断："纯从史学上讲，我国古代官修的编年体王朝史和诸侯国史是到西周后期才开始出现的（确切的纪年始于公元前841

---

① 张富祥：《东夷文化通考》，上海古籍出版社 2008 年版，第 422 页。
② 同上。

年），想来人们对上古历史的完整认识也应到这时才开始确立。《尚书》按虞、夏、商、周'四代'的顺序编辑，正反映了这一历史认识的程序。大概在夏、商之际，虽已可能有'夏商'的联称，而由于当时社会组织体系的松散、社会变动的无常、华夏民族共同体观念的薄弱以及历史记录的缺乏等因素，人们的'断代'观念还相当模糊。到西周时期，随着民族融合的加强、文化的进步和文献的增多，人们的共同体观念和历史观念日趋强化，才逐步对夏、商、周三代的历史有了完整的认识，并进而追加虞舜历史而构成了'四代'之称（同时也已上溯到唐尧以前）。"① 张先生这段论述从社会组织体系、民族融合、文化的进步等角度说明了"四代"意识的产生缘由。

其三，从不同的历史视角出发，可以导致产生不同的历史观念。葛兆光先生曾经指出：现代西方学者视一些原始状态下的民族为"未开化"者，认为他们都最终要像西方那样进化到"开化"状态，这种观点，其实质是要将历史中的地域差异转化为时间差异，从而造成历史发展的统一模式，亦即"西方中心"的"线性进化论"模式。② 葛先生从地域差异和时间差异的转换入手，看待历史观念的实质问题，非常具有启发性。同样，依此思路，我们可以看到：《尚书》编纂中也清楚地反映出夏、商、周是相互递嬗的三个朝代（如果算上"虞代"是四代），在此基础上建构出"华夏民族文化共同体"历史意识，③ 并进一步发展出以后的"大一统"思想。从地域和时间差异相互转换的角度看，这种思想的实质是将本来并不十分准确、并不绝对的所谓时间差异（夏商周三族有相当一段时间是并存的），转化为绝对存有时间差异（夏商周三代相继而非并立），并在此基础上建构了相同的地域意识（"华夏"大地上的统一王朝），同

---

① 张富祥：《华夏考——兼论中国早期国家政制的酝酿与形成》，《东方论坛》2003 年第 4 期。关于这种历史意识的意义，张富祥先生说："《尚书》按虞、夏、商、周'四代'的顺序编辑，典型地反映出先秦时代民族历史意识的成熟。这一种断代的系统无疑已经突破狭隘的部族国家观念，而上升为清醒的华夏国家意识，从而成为包括全民族历史行程的自觉历史分期。其意义不仅在粗略地建立起一个上古史的基本框架，更在强调了华夏民族历史的连续性及其阶段性，凸显了不断强化的民族凝聚力与向心力。"

② 葛兆光：《中国思想史》（第 1 卷），复旦大学出版社 2001 年版，第 10—11 页。

③ 除了需要特殊强调外，本书以下都将"华夏民族文化共同体历史意识"简称为"华夏历史意识"。但是，如果是其他学者的特殊称谓如"华夏认同"时，则遵从原作者的说法，不妄改动。

样也最终建构了一种历史发展的统一模式（中国"大一统"的历史发展模式），这种历史观念本身涉及历史主体和历史变动两方面的问题，并且在日后逐渐发展为了"大一统"的政治观，在中国历史上产生了极为深远的影响。

其四，民族融合的加强和国家走向"大一统"趋势的愈加明朗，提供了华夏历史意识的时代背景，强化了华夏历史意识。华夏历史意识的产生和形成经历了一个漫长的过程。越往历史的后期，这一意识就越得到强化。这种强化既和上述的历史记忆、文化进步、历史视角有关，也与历史发展中客观形势的变化有关。总体上看，从虞夏时代到商周时代，我国的政治统一性是不断加强的。① 这种政治上统一性的加强，既是文化和历史意识发展的结果，同时又是影响这二者的因素，三者交互为用，彼此影响。特别是到了春秋战国时期，虽然周天子的权威大为下降，但是，相反，列国数目锐减、整个华夏大地走向"大一统"的趋势并不因此而改变。这种日趋明朗的统一趋势，都使得华夏历史意识被不断强化。从这个角度看，华夏历史意识也是"王道"理想在新历史形势下的再现。

总之，《尚书》按虞、夏、商、周"四代"的顺序编辑，这种"四代"观念，应该是春秋战国时代才反向构筑起来的华夏历史系统，反映了华夏民族文化共同体之历史意识的成熟，也反映了《尚书》本身崇尚"大一统"的政治观。

作为古代"王道"理想在新形势下的具体表现之一，华夏历史意识对中国有不可忽视的影响，其中最重要的就是强化了中华民族的历史意识以及民族凝聚力。曾有学者言："中国历史有很强的延续性，这使中华民族的历史意识分外强烈"，② 这种说法自然有其相当道理，尤其是从整个中国历史的发展来看；但是，"中国历史有很强的延续性"与"中华民族的历史意识分外强烈"二者之间是相互为用、相辅相成。从精神的能动性这一角度而言，强烈的历史意识对中国历史的延续性同样起到很大促进作用；"大一统"观念对保持国家的统一和壮大也非常关键。《尚书》是中国文化最早的经典，更是起了至关重要的作用。这其中最重要的一点就是：华夏历史意识在政治思想上表现为极强大而独特的"大一统"政治

① 参见周谷城《中国政治史》，中华书局1982年版，第2—129页。
② 庄国雄、马拥军、孙承叔：《历史哲学》，复旦大学出版社2004年版，第35页。

观，而这种"大一统"政治观又与中国史官制度结合一起互相作用——史官制度将"大一统"政治思想转化为统一的民族意识，统一的民族意识在包括史书在内的文化典籍中又表现为"大一统"政治观，并通过政治制度和官员施于现实政治和文化，史官制度及其文化又被强化，如此循环不止。可见，华夏历史意识和"大一统"观念二者本为一体，又各有侧重，交互为用，对铸造中国"大一统"国家及其历史思想传统，对形成从未断裂的中国文化和历史这一奇迹，确是厥功甚伟。

第二节 　《尚书》历史记录与"大一统"政治观

由于《尚书》流传和编纂的时间跨度很长，加上古代文献保存和流传条件的限制，以及其他方面的原因，使得编纂者把他们所生活时代的思想观念渗入到了《尚书》之中，导致《尚书》的历史记录与它所应该反映出的历史实际并不完全相符。考察这两者之间的差异，不仅可以弄清《尚书》思想内容的原貌，还可以发掘出编纂者及其生活时代的思想倾向。

一 　《尚书》所载时代的政治状况

《尚书》所载，起于尧舜时期（这一时期渺远难考尚无定论，此处采取王玉哲先生之说为"约公元前 22 世纪到 21 世纪初[①]"），终于秦穆公时期（前 659—前 621 年），历时约 1500 年。当然，中国文化的起源要远远早于《尚书》所记载的时代。《尚书》内容所记载的 1500 年，是中国历史上非常重要的时期。有学者按照文字的有无（实际上是文字是否被发现）这一划分标准，将它归入"原史时期"，亦即需要"书面文献与地下文物并重互证"的历史时期。[②] 尧舜禹时代到盘庚迁殷之前的时期，因为学界对现存文献的可信性还存有较大争议，而出土的考古材料也比较有限，这一段的历史记载大多以传说的形式保存下来，这一段时间的历史一

---

① 王玉哲：《中华远古史》，上海人民出版社 2000 年版，第 739 页（"附录一　大事年表"）。

② 参见江林昌《中国上古文明考论》，上海教育出版社 2005 年版，第 3 页。

般被称为"中国古史的传说时代"①；相对而言，盘庚迁殷之后的历史时期尽管仍然属于原史时期，但是，这段时间的历史记载比较完整，地下文物资料也相当丰富，因而学术界的看法也比较一致。

如果再进一步，可以将这段时间细分为两个阶段：一是从尧舜时期到夏代初期；二是商周时代。②在《尚书》中，夏代从中康之后到夏桀之前是空白，因而，可以笼统地将夏启至中康时期，看成大禹时代的遗绪，归入五帝时代中，这一时期在《尚书》中实际上主要是尧舜禹时代；从夏桀亦即商汤到秦穆公都可以归入商周时代。后一个阶段即商周时期（至秦穆公），是中国文化进一步发展、日趋成熟的时期。

第一个阶段基本上与"五帝时代"相重合。这是中国历史的关键时期。张富祥先生认为，这段"传说古史上的关键阶段是司马迁首次列入正史的'五帝'时代。这一时代前后持续约五六百年，下限与古文献所记载的夏代相交叉，既是原始社会向文明社会的过渡期，也是华夏民族及华夏文化共同体形成过程中的滥觞期。"③张富祥先生认为：五帝时代经历了由"古国"到"王朝—方国"的演变，起源于朝觐和贡纳的"王朝"利用"与国制"组合成松散联邦制国家，"华夏"族在此过程中也初步形成。④纵览中国历史，我们会发现，"多元而一体，强大而兼容"这一特点，实际上一直贯穿中国历史的全过程，因而可以说：中国文化的基

---

① 徐旭生先生有《中国古史的传说时代》（文物出版社 1985 年版），此书及其基本观点向来受学界推崇。

② 张富祥先生说："在先秦学者的意识中，上述'四代'的历史实际上是分为'虞夏'和'商周'两个单元的，一为古代史，一为近代史，上引《墨子》与《韩非子》之文都表现出这种倾向。"参见张富祥《东夷文化通考》，上海古籍出版社 2008 年版，第 424 页。

③ 张富祥先生说："'五帝'时代的社会变动，表现在社会组织方面，乃是一个由原始部落、部落集团或部落体制的'古国'，经过长时期的动荡、分化和改组，逐步演变为王朝—方国体系的过程……'古国'的重组与联线则造成不同层级部落联盟的变质，并使最高层级的部落大联盟逐步蜕变为具有公认权威性的多民族、大地域国家的雏形——王朝。王朝本身起于朝觐和贡纳，王朝之国即'中国'。它实行'与国制'，把众多城邦式或非城邦式的'古国'变为名副其实的方国，由名义上的分封和实际上的'供养'关系（贡赋制）组织为'松散联邦式'的统一国家，此即夏、商、周三代的国家样式。开创这种局面的是传说的'五帝'，最后完成这一转变的是夏后杼。如果换一种说法，那么'五帝'时代又是一个民族大融合的时期。其间夷、夏、蛮、戎频繁流动，逐鹿中原，此消彼长……终于到夏王朝真正建立前后……初步形成了多元而一体、强大而兼容的华夏族。"参见张富祥《东夷文化通考》，上海古籍出版社 2008 年版，第 20 页。

④ 张富祥：《海岱文化与中原文化》，《史学月刊》2000 年第 2 期。

本面貌和特色在此阶段实际上都已经奠定。

关于第二个时期即商至东周时期，仍然不具备后世"大一统"国家的本质特征，但是华夏文化经过千百年的发展，更加日趋成熟，国家政体较第一时期更加稳定，各民族之间的联系更加紧密。不过，这一时期仍然处于国家的早期阶段，远没有达到秦汉以后"大一统"帝国的集权程度。①

总起来看，从虞夏到商周，华夏的政治制度与后世的"大一统"帝国政治制度大不相同。先秦时期我国固然存在一个"共主"及其政权，但是，这仍与后世的秦汉"大一统"王朝不可相提并论。《文史哲》编辑部曾经在 2010 年 5 月 2—3 日举办了"秦至清末：中国社会形态问题"高端学术论坛，与会专家达成的共识包括："在秦至清这一漫长的历史时期，与现代社会不同，权力因素和文化因素的作用要大于经济因素……认为自秦商鞅变法之后，国家权力就成为中国古代的决定性因素，不是社会塑造国家权力，而是国家权力塑造了整个社会。"②

早在民国时期，就有学者不按照五种生产方式来划分中国历史阶段，包括尧舜禹时期到穆公时期的《尚书》所记载的时代，而是按照当时"政教"或文化特征进行概括，以下举例进行说明。

比如，柳诒徵先生曾认为："自唐虞至周皆封建时代，帝王与诸侯分地而治。帝王直辖之地不过方千里，其势殆等于今日一省之督军、省长。然以其为天下共主，故其政教必足以为各国之模范，而后可以统治诸侯。"③ 柳先生的意思可以概括为"共主制"，虽然他同时认为"三代"时期与后代的"大一统"政治制度不同，但是也与绝对独立的国家分治制度不同，强调"帝王"的"天下共主"地位，则柳先生实质上是认为当时的中国既非各民族国家独立而无统属，也非后世的大一统国家或现代的民族国家样式。这是比较符合实际的看法。缪凤林先生则从"封建制度"演进的角度进行分析，认为："封建制度演进之方向凡四，一曰新建

---

① 参见白钢《中国政治制度史》（上、下卷），天津人民出版社 2002 年版，第 106—107、150—152 页。

② 参见《〈文史哲〉杂志举办"秦至清末：中国社会形态问题"高端学术论坛》，《文史哲》2010 年第 4 期，封二到封四。从这个论坛的题目中，也可以看出秦代被学者们公认为中国国家制度的重要分水岭。

③ 柳诒徵：《中国文化史》，上海古籍出版社 2001 年版，第 69 页。

诸侯之增加，二曰同姓封国之增加，三曰王朝与诸侯关系之由疏而密，四曰天子诸侯君臣之分之由宽而严。四者皆以中央政府权力之扩张为之基。盖中央政府权力愈扩张，则旧国之灭者众，新建诸侯，随以俱增，且得广封同姓，以为屏藩，而王朝与诸侯之关系益密，统治诸侯之法益备，君臣之辨亦益严焉。尧舜之时，封国甚少，今可考者，才十数国，自余群牧群后，虽书缺有间，疑多前世之部落。"① 可见，缪先生虽然也大致同柳先生一样将这一时期笼统称为"封建时代"，但是他也承认前期后期存有区别："尧舜之时，封国甚少，今可考者，才十数国，自余群牧群后，虽书缺有间，疑多前世之部落。"缪先生实际上部分承认尧舜时期有"部落联盟"之特点，并且指出：越往后世，"王朝与诸侯关系之由疏而密"，"天子诸侯君臣之分之由宽而严"，"统治诸侯之法益备"，道出了这一时期国家政治组织演变的重要趋势，与柳先生的看法实质上相同。

当代学者江林昌先生也根据"酋邦理论"认为"可以将上古文明时期至秦汉时期大致划分为文明起源—早期文明—文明转型—成熟文明"四期，每个时期也各有特点：第一期的五帝时代，在考古年代上属于"石、玉、铜并用时代"，在社会形态上，属于"酋邦等级制"；第二期的夏、商、西周是青铜时代；在社会形态上属于联盟共主制；第三期的春秋、战国时期是铜、铁时代，政治制度是诸侯称雄制；第四期的秦、西汉及以后属于铁器时代，属于中央集权制。② 那么，按照这种说法，《尚书》所记载的历史时期属于"联盟共主制"时代。所谓"联盟共主制"，仍然包含两方面的信息：一方面，"联盟"意味着并非后世的"大一统"国家；但是，另一方面，"共主"却意味着存在一个统一的政治中心。这与上述柳诒徵先生和缪凤林先生的看法也有共同之处。

上述学者们的看法尽管各有不同，但是比较一致的是：从五帝时代到西周时期，尤其是五帝时代，中国还处在部落联盟到早期国家的阶段，尽管出现了一定意义上的"政治中心"，"到尧、舜时期，其体制已基本具备华夏国家的雏型"，③ 不过从本质上讲，仍是属于"联盟共主"制度，

① 缪凤林：《中国通史要略》，东方出版社 2008 年版，第 30 页。

② 江林昌：《中国上古文明考论》，上海教育出版社 2005 年版，第 53 页。

③ 张富祥：《"华夏"考——兼论中国早期国家政制的酝酿与形成》，《东方论坛》2003 年第 4 期。

还不会出现如同后世那样的"大一统"样式的制度完备、集权性很高的帝制国家。而这些都与《尚书》历史记录所表现出来的"大一统"政治思想大不相同。

二　《尚书》历史记录表现的"大一统"政治观

在《尚书》所记载的历史时代，并没有形成"大一统"的国家，但是，《尚书》在编纂体例及用语上，反映出了较为鲜明的"大一统"政治观，主要体现在以下方面：

（一）编纂体例

《尚书》按照朝代先后相继的顺序编排，这不仅仅是时间顺序的问题，还隐含着一个观念：虞、夏、商、周四个朝代先后"统一"过"天下"，"天下"应是一体的，在同一时间段内，只能有一个中央王朝；一个中央王朝灭亡了，另一个中央王朝继之而起统治天下。这种思想，是典型"大一统"思想的体现。而事实上，我国三代（如果算上"虞代"是四代），并不是后来意义上的"大一统"王朝的前后相继，而是在相当长时期内，夏、商、周三代并存的，尽管当时确亦有"共主"的存在。如张光直先生所说的：夏商周三代是"互相对立的政治集团。它们之间平行而不是一脉相承的关系才是了解三代关系与三代发展的关键，同时亦是了解中国古代国家形成程序的关键。"① 而《尚书》既不是以部族史的形式，也不是以诸侯国史的形式出现，却表现为"统一国家"的发展史。在政治上也近乎一个"大一统"国家政治体制的反映。这反映出编纂者的看法是：在夏商周居住的广大区域，只能有一个"中央王朝"（反之，就只能是部族史的形式），夏商周三代是前后相继的。这实际上是将虞、夏、商、周所居的"华夏"视为一个民族文化的"共同体"，亦即后世"大一统"国家的雏形或前身。

（二）特殊用语

从一些含有政治意蕴的地理用语上，也显示出《尚书》的"大一统"政治观。比如，描写尧很有美德，用语是"光被四表"，"协和万邦"② （《尧典》）。"四表"，就是全天下，"万邦"，就是各个方国；"光被"和

---

① ［美］张光直：《商代文明》，毛小雨译，北京工艺美术出版社1999年版，第325页。

② 《尚书正义》，第25、27页。

"协和"都说明了尧的威德传遍天下，所有人都敬服。这也隐含了尧时就已经是"大一统"的意思。尧又命令羲、和二氏制定历法并传授给人们，二氏所居之地的四至分别是"旸谷""昧谷""交趾""幽都"①，这四个地方，基本涵盖了中国广大的疆域，说明作者是认为天下一统的。尧逝世后，"四海遏密八音"②（《舜典》），所谓"四海"，即整个天下，由此反映出已经将尧视为"大一统"国家的君王，全国都在为他服丧。另外，舜即位后，到全国各地巡视，先后到了东岳、南岳、西岳、北岳，这也充分表现出作者将当时的天下视为一统。再有，舜每五年巡视天下一次，各地诸侯都来朝见他并述职；舜还划定了十二个州的州界，在十二个州的名山上举行"封"的祭祀大礼，将共工、驩兜、三苗和鲧分别流放到幽州、崇山、三危和羽山这四个边远之地，最后是在巡视南方时逝世的……所有这些都暗含了"大一统"的观念：因为，"十二州"是从全国概念出发才有的行政区划；既然流放众犯的地点遍及全国各地，舜也是死在南方，这就说明，全国都在一个统一政权的统治之下。在《皋陶谟》中，皋陶、禹、舜的谈话也处处折射出《尚书》作者的"大一统"意识。比如，禹自我表白说自己"予决九川距四海"，"烝民乃粒，万邦作乂"③"光天之下，至于海隅苍生，万邦黎献，共惟帝臣，惟帝时举"④（《益稷》）。这里所谓的"九川""四海""光天之下""海隅苍生""万邦黎献"等用语，都说明了《尚书》的作者把尧和舜当成了"大一统"国家的统治者。⑤

还有，《尚书》身份用语也折射出"大一统"政治观念。这里的身份用语主要是指表明人际关系和身份的用语，它们可以鲜明地表现出作者或编者的立场和态度。比如，君主被称为"帝""王""元首"；君主自称

① 《尚书正义》，第29—30页。
② 同上书，第71页。
③ 同上书，第113页。
④ 同上书，第122页。
⑤ 当然，从另一个角度看，这些又不是完全没有根据的虚构，因为，它们"实际上都属于文明进化论的断制，而不仅是颂古之词。《尧典》篇主要记载古朴的制历授时制度，内容尚简单；《舜典》篇中所见的典章制度和礼乐文化痕迹，则相当具体而完备，显示出虞舜时期的部落大联盟政体已具备华夏国家政治结构的雏型特征，为夏代'姓族'王朝的建立和国家体制的转型奠定了基础"。参见张富祥《〈尚书〉概说》，载郑杰文、傅永军主编《经学十二讲》，中华书局2007年版，第116页。

为"朕"或"予"（周公也称"朕"，但周公当时摄政，见《洛诰》）；最高统治者去世称为"崩"（《顾命》）或"殂落"（《尧典》）。这些都是书中最高统治者的专称，虽然事实上"帝"和"朕"两个名词是到了战国时期和秦代，方成为只有最高统治者才能使用的"禁脔"，但这种现象恰恰反映出，在后世（战国乃至汉代），《尚书》编著者是将虞夏商周四代的最高统治者等同于后世"大一统"体制下的"帝王"的。还有，在《甘誓》中夏启"乃召六卿"，在《大诰》中成王说"尔庶邦君越尔御事"，"王"或"帝"均以"奉天（或上帝）命"自居，而对已经灭亡的前代则说他们背弃天命，可见，作者的"潜台词"是"天无二日，国无二主"，① 即天下只能存在一个中央政权，一个兴起了，另一个就不能再存在，只能被前者取代。

（三）人物关系

在《尧典》和《皋陶谟》中，夏、商、周三代的祖先禹、契、弃都是舜的大臣，各有其职。这是否事实暂不论，仅就《尚书》的这种提法看，其中就暗含了"大一统"思想：夏商周三代的祖先既然都曾是同事，同属一个政权，那么就可以推论出，天下本是一统，后世的夏商周三代的递嬗，只不过是中央政权的统治者发生了改变而已。

不仅如此，《尚书》在写到君臣关系时，所谈内容和形式都反映出是类似"大一统"国家的君臣关系。譬如，《尧典》和《皋陶谟》中的尧、皋陶和禹，都俨然"大一统"王朝的君臣关系，君臣之间界限分明，而不像原始部族首领的平等议事。另外，《尚书》全书基本上都是写的三个中央政权的史事和政事，或是三者之间的更替，即使是涉及其他的邦国或部落，比如《秦誓》中的秦国、《甘誓》中的有扈氏，也是将其视为属下的诸侯或臣子。《尚书》中"王"或"帝"均以"奉天（或上帝）命"自居，而对已经灭亡的前代则说他们背弃天命。在《召诰》中，召公也说："我不可不监于有夏，亦不可不监于有殷，我不敢知曰：有夏服天命，惟有历年；我不敢知曰：不其延。"② （《召诰》）而且，商推翻夏，周代替商，每个新朝代的君臣，都很自然地认为自己是代替前朝统治

---

① （汉）郑玄注，（唐）孔颖达疏：《礼记正义》，北京大学出版社1999年标点本（简体字版），第586页。

② 《尚书正义》，第399页。

"天下"的。这些都反映出《尚书》把"天下"视为"大一统"的国家。类似的地方，《尚书》中还有很多。

（四）特殊内容的折射

在《尚书》中还有一些特殊内容，可以折射出"大一统"政治观。

比如，《尚书》突出表现出中国古代特有的代表"天下之中"的"中国"① 意识，这也是"大一统"政治观的突出表现。比如在《禹贡》"九州"规划之中就蕴含着"天下之中"的观念：

> 九州攸同，四隩既宅，九州刊旅，九川涤源，九泽既陂，四海会同，六府孔修。庶土交正，厎慎财赋，咸则三壤，成赋中邦锡土姓，祗台德先，不距朕行。
>
> 五百里甸服。百里赋纳总，二百里纳铚，三百里纳秸服，四百里粟，五百里米。五百里侯服。百里采，二百里男邦，三百里诸侯。五百里绥服。三百里揆文教，二百里奋武卫。五百里要服。三百里夷，二百里蔡。五百里荒服。三百里蛮，二百里流。
>
> 东渐于海，西被于流沙，朔南暨声教，讫于四海。禹锡玄圭，告厥成功。② （《禹贡》）

由上可见：大禹在治水成功后，达到了"九州攸同""四海会同"之成效；而且，"九州"制度之外，还有"五服"制度，根据距离中央政权的远近负有不同的义务。无论《禹贡》成书年代与作者存在多少争议，但是《禹贡》里这种划分"九州"和"五服"进行统治的方法，毫无疑问带有以当时的中原地区为"中心"的强烈意味。而且，这种"九州"制和"畿服"制③对后世产生了很大的影响。这种"中国"观念在《尚书》中并非仅此一处：

---

① 关于"中国"一词含义的流变，葛剑雄先生曾经有过专文论述，在此不再详述。参见葛剑雄《古代"中国"究竟有多大》，《档案管理》2007 年第 4 期；葛剑雄《历史上的"中国"》，《新一代》2010 年第 8 期。

② 《尚书正义》，第 165—171 页。

③ 参见周书灿《九州与畿服之制起源新研》，《贵州师范大学学报》（社会科学版）2008年第 6 期；徐传武《说"九州"》，《商丘师范学院学报》2004 年第 4 期。

　　皇天既付中国民，越厥疆土，于先王肆。王惟德用，和怿先后迷民，用怿先王受命。已若兹监，惟曰欲至于万年惟王，子子孙孙永保民。①（《梓材》）

　　王命予来，承保乃文祖受命民，越乃光烈考武王，弘朕恭孺子来相宅，其大惇典殷献民，乱为四方新辟，作周恭先。曰，其自时中乂，万邦咸休，惟王有成绩。予旦以多子越御事，笃前人成烈，答其师，作周孚先。②（《洛诰》）

　　上面引文中所谓"皇天既付中国民""乱为四方新辟""万邦"此类的观念，被《逸周书》研究学者概括为"以中央御四方的政治地理图式"，"九州次序的安排具有多元一统的特征"③，都是很有道理的。由于《尚书》和《逸周书》在来源和性质上的同一性，《逸周书》中的一些思想观念在《尚书》中有明显表现。同样，《逸周书》中其他关于"大一统"的思想表现，如"……两京制、居中制外等观念成为战国以后的民族意识"，④ 对《尚书》也完全适用。⑤

　　（五）具体篇章

　　从《尚书》一些典型的篇章中也可以找到很明显的"大一统"政治观的具体例证，其中尤以《禹贡》、《尧典》和《皋陶谟》等篇目为著。

---

①　《尚书正义》，第387—388页。

②　同上书，第415页。

③　罗家湘：《逸周书研究》，上海古籍出版社2006年版，第202、203页。

④　同上书，第207页。

⑤　罗家湘先生曾对西周"两京"制的意义和影响做过分析："成王在镐京做王，周公在洛邑做'留守'，西周的东西两京就这样形成了。两京制是一种伟大的创造，它表明了整个国家的发展轴线。在西周之前可能有两京并存的情况，如商初的郑亳与西亳、商代晚期的殷都与朝歌。但在历史上形成巨大影响的是西周的两京：镐京和洛邑。汉、唐的东西两京长安与洛阳布局完全是对西周两京的重复。北宋的四京中，东京汴梁开封和西京河南洛阳仍特别重要。从西周到北宋二千余年间，中国的朝代虽然在不停地更迭，但国家的发展始终是围绕着东西轴线运转的，黄河中下游是东方文明的中心地区。只有到了南宋以后，南北两京的地位才开始凸现出来。西周两京制体现了城市分工的思想。镐京主要处理周族内部的事务，是一个宗法中心；洛邑主要处理四方之事，是一个经济中心。镐京是周人心理上的中心，代表着周族祖先留下来的传统；洛邑是周朝土地的中心，代表着周朝的未来发展。周天子在镐京祭祖，求得祖宗福佑，在洛邑祭天，祈求国运长久；在镐京治官，在洛邑治民，'和恒四方民'（《尚书·洛诰》）西周两京制为周文化提供了一个复本，使周代文明增强了抗击灾害的能力。"参见罗家湘《逸周书研究》，上海古籍出版社2006年版，第201—202页。

下面我们以最具代表性的《禹贡》为例：

《尚书·禹贡》是《尚书》中很重要而特殊的一篇。作为我国最早的一部地理著作，对后世地理学产生了很大的影响。当然，关于《禹贡》的作者问题，还存在着不同看法，但是，这仍然不妨碍我们探讨《禹贡》本身所反映出来的思想倾向。《禹贡》的主要内容是写大禹治理洪水并划分全国土地疆界的情形，其中包括天下"九州"的山脉江河分布、土质、出产以及赋税等。在《禹贡》的最后一部分，有对甸服、侯服、绥服、要服、荒服这天下"五服"的划分。

《禹贡》内容方面的"大一统"倾向我们可以从以下方面看出来：

第一，《禹贡》将天下"九州"都纳入描述范围，并且以此表现大禹通过治理洪水统一天下的功劳。全篇先写大禹"敷土，随山刊木，奠高山大川"①（《禹贡》）；然后写他疏导河流，治理好了洪水；最后写从此四方土地都可以居住，道路畅通了，"九州"从此统一。天下被划分为"九州"，这个"州"字明显不是现代意义上的"国家"之意，甚至也不是古代的"邦""国"等带有政治实体意义的名词，可见，《尚书》编者实际上是认为天下只有一个强大而地点明确的政权中心。但是，尽管当时确可能有一个"共主"存在，却很难达到《禹贡》所描写的这种统一程度。第二，天下"九州"都是在统一的领导人——大禹率领之下治理好了水患，可见作者也是将天下视为由一个中央政权管理之下的，这不正好反映出他是将天下看成"大一统"的吗？第三，全篇一再强调各地的土质、赋税和出产等方面的情况。而各州的土质和赋税都从全国对比的角度，被划分为不同等次；土产都从地方对中央的"贡物"角度描述。可见，作者心中始终存在一个统一王朝的观念，是从全国大一统的角度着笔的。第四，最为明显的是，在全篇最后，作者一再强调大禹治水成功后，"九州攸同"，"四海会同"，"东渐于海，西被于流沙，朔南暨声教讫于四海"，以华夏族所居的中原为中心，并且将天下划分为"甸服、侯服、绥服、要服、荒服"五服（《禹贡》）②，各服对中央政权所负的义务各有差异。对此，蒋善国先生在《尚书综述》中说："把全国的地方按这种棋盘式来分区定服，纯粹是一种理想；如认为是夏代的制度，那就太不实际

---

① 《尚书正义》，第133页。

② 同上书，第167—171页。

了。他是周季的理想制度，意味着大一统思想……《禹贡》用贡名篇，里面意味着大一统思想……《禹贡》里面虽没有万国来朝的气氛，却是天下一统的局面，差不多是秦始皇统一天下的时候所希望的政权统一的现象。"① 当然，对"禹贡"之"贡"，有的学者解释为"功"，意思是"（禹的）功绩"②，但这并不妨碍对《禹贡》全篇主旨的理解。所有这些，都突出表现了在《禹贡》中舜禹政权的"大一统"性质，但是，这种程度无疑是有些后人的想象所致。顾颉刚先生曾经针对《禹贡》的内容指出："古代对于禹的神话只有治水而无分州""古代有种族观念而无一统观念""古代的中国地域甚不大"，③《禹贡》的内容实际上渗入了后世人们的"一统"观念。

需要说明的是：华夏历史意识和"大一统"政治观实质上是一个硬币的两面，二者本无分别。所谓"华夏历史意识"，这是从历史思想的角度考察后得出的结论；但如若从政治观的角度看，则是"大一统"政治观的最早萌发。④ 因而，以上所言《尚书》"大一统"政治观，也完全可以视为《尚书》华夏历史意识最早萌芽的佐证。这两者实际上都体现了希望"大一统"君主以仁义统一天下、治理天下的理想。

三　《尚书》"大一统"政治观产生的基础

《尚书》"大一统"政治观之所以能够形成，并在日后发展成为根深蒂固的大树并影响深远，肯定有其历史必然性。这种必然性可以从地理环境、经济因素、文化心理等各个方面找到原因。前文中，我们已经从"历史意识"形成的角度对华夏历史意识的逐渐苗长进行了分析，这里有必要进一步对《尚书》"大一统"政治观所赖以产生和成长的基础进行剖析。大致包括封闭的地理环境、中原地区农业文明的中心地位及其辐射作用等方面。

首先，地理环境对于文化的形成而言，是非常重要的外在因素。中华

---

① 蒋善国：《尚书综述》，上海古籍出版社 1988 年版，第 201 页。

② 周秉钧：《白话尚书》，岳麓书社 1990 年版，第 36 页。

③ 顾颉刚等：《古史辨》（第 1 册），海南出版社 2005 年版，第 175 页。

④ 比如，杨念群先生就有两篇论文以"大一统历史观"为题。参见杨念群《重估"大一统"历史观与清代政治史研究的突破》，《清史研究》2010 年第 2 期；杨念群《作为话语的"夷"字与"大一统"历史观》，《读书》2010 年第 1 期。

古文明的发生、发展所处的环境是非常独特的，学术界对此拥有共识。正如有的学者所说："中华文明……是一个既广袤又相对封闭的区域……这个封闭的环境决定了中华文明自主发生的特点，它很难受到其他文明的影响……比较封闭的地理环境非常有助于形成该区域多元一体的性质。因此，一方面广袤而丰富的地理环境造就了丰富多彩的古代文明，另一方面，相对封闭的地理特点也使得这些不同的文明之间不断地交通、融合，共同构成中华文明的整体。"① 相对于古希腊文明、古埃及文明以及古希伯来文明而言，这确实是一个非常明显的不同。

其次，在经济文化方面，在古代，中原地区的农业文明在实力上要强于周边地区的其他文明，吸引力也更为巨大。因而，有学者指出："由于经济文化发展水平的不同所造成的力量悬殊，导致不同集团的地位和角色是有差异的。当他们之间的联系变得越来越不可避免的时候，这种强弱的差异就逐渐表现为权力系统上的主从关系，不同的集团以某种方式被纳入到一个共同的谱系之中。在上述的三大集团中，华夏集团无疑扮演了一个最主要的角色，以它为主体，经过不断的与东夷和苗蛮集团的融合，逐渐形成了汉族的前身——华夏族。夏商周三代王朝就是由华夏民族建立起来的政权，因此，在后来所形成的历史观念中，它也就一直居于舞台中心的位置。"② 这是很有道理的。

再次，还有学者从文化心理上分析，认为"大一统观念不是周人的发明，它是在原始的部落自大意识基础上发展起来的，夏人、商人都把自己认识的世界看作是整个天下，而这个天下是要归于一统的。但只有到了周代，随着商周民族的和解，随着周人的扩张殖民分封，大一统观念才落实为具体的王朝统治，成为社会普遍意识。从周太王'实始翦商'（《诗经·鲁颂·閟宫》）到周文王、周武王'图夷兹殷'（《度邑》），周人的目标集中在攻灭殷商，可看作是周民族与商民族的民族战争。当殷商灭亡后，周武王、周公旦等政治家很快摆脱了一家一族的狭隘利益，而从天下一统的高度来安排事务。大一统观念形塑了周人的活动空间，整合了周朝的社会力量。"③ 这种分析也很有道理。前文已经谈及，随着活动区域的

① 王博：《奠基与经典：先秦的精神文明》，北京大学出版社2009年版，第7—10页。
② 同上书，第31页。
③ 罗家湘：《逸周书研究》，上海古籍出版社2006年版，第196—197页。

扩大，历史意识所反映的范围也会逐渐被扩大，这与祖先崇拜和民族自豪感结合在一起，就很自然地产生了"我族独大"的思想，而这些又与中国特有的地理环境和农业文化相结合，发展壮大成为"大一统"思想是顺理成章的。当然，"原始的部落自大意识"或"民族独大"意识都可以从正面和负面去评价，但是，由于中国原生本土文化所特有的包容性以及其他因素，使得中国没有发展出西方那样的民族观念，这是必须加以说明的——这就像是本来没有区别的种子，在不同的文化土壤中，却分别结出了不同的果实。

总之，"大一统"政治观的形成有地理因素、经济因素和文化心理因素以及历史积淀，是中国历史演变的必然结果。虽然在秦汉以前并没有后世意义上的"大一统"帝国，但是，"联盟共主制"的本身就含有"大一统"的思想因子，而中国独特的地理环境、天人观念、宗法制度、生产方式等诸方面的因素，都使得这种"大一统"的思想因子，随着春秋战国时期经济联系的加强、民族融合的加速，统一趋势的日趋明显，而逐渐苗长为参天大树，并最终由于风云际会，到了秦代，真正的"大一统"帝国始告形成，于是，"大一统"这粒在虞、夏、商、周四代时期就已经埋下的中国文化之种子，在时代要求和人们呼唤之下，终于真正成为一棵参天大树。"秦的统一标识着我华夏民族共同体自形成而又发展到了一个新的阶段，既标识着汉民族的形成，同时又是以华夏（汉）民族为主体的大中华民族的开端"，[1] 这句话非常准确地概括出了秦代在"华夏民族共同体"（亦即拙著所言之"华夏民族文化共同体"）和"汉民族"以及"大中华民族"三者发展演变中的特殊地位。

第三节 《尚书》"大一统"观念的展开

发端于《尚书》"大一统"观念随着中国文化的发展而成熟，并对后世产生了很大的影响。在春秋战国时期，随着经济、政治联系得更加紧密和民族融合的进一步加强，"大一统"政治观有了更加明显的表现和进一步的展开。从春秋战国时期的《春秋》《公羊传》《世本》《竹书纪年》，一直到西汉的《史记》，都反映了"大一统"政治观不断发展的趋势。

---

① 张金光：《秦制研究》，上海古籍出版社 2004 年版，"自序"第 12 页。

一 《春秋》及《公羊传》的"大一统"观念

随着历史的推移，在同为"五经"之一的《春秋》中，"大一统"观念比《尚书》更加明确，而"大一统"一词最终正式出现于《公羊传》中。① 众所周知，《春秋》所反映的时代较《尚书》更为靠后，同时，相较其他几部"经书"而言，《春秋》与孔子的关系明显更为密切，经过《孔子》的写作或删改的可能性最大，因而，《春秋》思想中的"大一统"因素完全能通过深谙《尚书》精华的孔子而得到加强。

《春秋》中的"大一统"观念集中体现在"尊王"理念上。《春秋》主要是通过"尊王"，来实现"天下"主权和治权的统一，这一理念，首先就是显现在《春秋》的用语上：它在以每个鲁公纪年的同时，以年为记事的小单位，凡是每一年记事的开端，只要提到具体月份的，"月"之前都要冠以"王"字。比如：

> 隐公
>
> 元年，春，王正月。三月，公及邾仪父盟于蔑……
>
> 二年，春，公会戎于潜……
>
> 三年，春，王二月，己巳，日有食之……
>
> 四年，春，王二月，莒人伐杞，取牟娄……
>
> 五年，春，公矢鱼于棠……
>
> 六年，春，郑人来渝平……
>
> 七年，春，王三月，叔姬归于纪……
>
> 八年，春，宋公、卫侯遇于垂……
>
> 九年，春，天子使南季来聘……
>
> 十年，春，王二月，公会齐侯、郑伯于中丘……
>
> 十有一年，春，滕侯、薛侯来朝……②

类似"尊王"这样的《春秋》中的"微言大义"，虽然其中不乏后

---

① （汉）何休注，（唐）徐彦疏：《春秋公羊传注疏》，北京大学出版社1999年标点本（简体字版），第9—10页。

② 同上书，第1—64页。

人阐发的成分在内，但无论如何，它毕竟都对后世的中国产生了很大的影响，用孟子的话说，就是"昔者禹抑洪水而天下平，周公兼夷狄、驱猛兽而百姓宁，孔子成《春秋》而乱臣贼子惧。"① 很明显，在孟子看来，所谓"孔子成《春秋》而乱臣贼子惧"，用孔子的话说就是"天下有道，则礼乐征伐自天子出；天下无道，则礼乐征伐自诸侯出；自诸侯出，盖十世希不失矣；自大夫出，五世希不失矣；陪臣执国命，三世希不失矣。天下有道，则政不在大夫。天下有道，则庶人不议。"② 可见这里强调的还是"尊王"之义。春秋时期诸侯互相攻伐、兼并，礼法制度被践踏殆尽，周天子的"共主"权威荡然无存。面对这种天下无"主"的局面，孔子提出"礼乐征伐自天子出"的思想，虽然表面上是对当时混乱现实的拨乱反正，是对周天子"共主"制度的维护，却在无形中促进了当时人们渴望统一的心理，然后又加强了后世"大一统"的历史趋势。孔子要维护的周天子这"一统"的象征及其权威，在孔子及其以后的时代，已经悄悄地发生了内涵上的改变，或是经过了螺旋式的上升，成为真正"大一统"帝国出现的前奏。尤其是，"大一统"思想通过与现实政治联系较为密切的《春秋》"三传"之一的《公羊传》阐发，对后世影响很大。当然，从根本上讲，《春秋》表现的正是最为典型的"王道"理想；从历史观念上说，这就是"王道"史观。而《春秋》的这些思想因素，无疑都是对《尚书》的继承。③

《公羊传》，是《春秋》的"三传"之一，后世也被列入"十三经"。它与《左传》不同，侧重于发掘《春秋》中的"微言大义"，与政治思想的关系较为紧密，因而有学者认为它最突出的思想特色就是其"政治儒学"性质，因为"公羊家认为只有解决了制度性的焦虑，才能解决实存性的焦虑，或者说减轻实存性的焦虑。正是因为这一原因，公羊学才把

---

① （汉）赵岐注，（宋）孙奭疏：《孟子注疏》，北京大学出版社 1999 年标点本（简体字版），第 178 页。

② （魏）何晏集解，（宋）邢昺疏：《论语注疏》，北京大学出版社 1999 年标点本（简体字版），第 224 页。

③ 这点有学者已经指出。参见邓国光《〈春秋〉与"王道"——先秦学术观念的基本考察》，《中国文化研究》2010 年第 1 期。

关注的重点放在政治制度上，而不是放在生命心性上。"① 鉴于政治制度在人类社会中的关键地位，因而，在蒋庆先生所说的《公羊传》的"制度性焦虑"中，最重要的一点就是针对当时周天子共主地位丧失之后，"天下"失去了政治重心的情形，提出"大一统"思想。因而，《公羊传》开篇就说："何言乎王正月？大一统也。"② 下有注疏云："统者，始也，总系之辞。夫王者，始受命改制，布政施教于天下，自公侯至于庶人，自山川至于草木昆虫，莫不一一系于正月，故云政教之始。"③ 很明显，这里所言"王者，始受命改制，布政施教于天下，自公侯至于庶人，自山川至于草木昆虫，莫不一一系于正月"实际上就是"天无二日，土无二王"④ 的另一种表述。而《尚书》之所以将实质上并存的"三代"（或者"四代"）当成三个先后相承"大一统"王朝史来编排，同样也是暗示了一种思想：在同一个时间、同一个区域（华夏大地），不能有两个并列的政权存在，而只能有一个中心政权。也可能存在的情况是：这是后人受政治发展趋势的刺激或者启发而得出，但《尚书》创始之功绝对不可以忽视。当然，《公羊传》中"一统"的这个"王"应该是"仁义合者称王……天下归往"，⑤ 这正是"王道"思想的体现。

　　正是这些产生于《尚书》的小小萌芽，由于其本身的强大生命力（基于文化本身的合理性），逐渐成长为参天大树。在这个成长过程中，《世本》和《竹书纪年》是不可忽视的两个环节。

二　《世本》《竹书纪年》的"大一统"观念

　　不仅《春秋》《公羊传》将《尚书》"大一统"政治观进一步发扬和明确化，随着"大一统"观念的日益深入人心和走向"一统"的明朗化，到了战国后期，《世本》和《竹书纪年》这两部史书更清晰地表现出"大

<hr />

　　① 蒋庆：《公羊学引论——儒家的政治智慧与历史信仰》，辽宁教育出版社 1995 年版，第 1—3 页。

　　② （汉）何休注，（唐）徐彦疏：《春秋公羊传注疏》，北京大学出版社 1999 年标点本（简体字版），第 9—10 页。

　　③ 同上书，第 10 页。

　　④ （汉）郑玄注，（唐）孔颖达疏：《礼记正义》，北京大学出版社 1999 年标点本（简体字版），第 586 页。

　　⑤ （汉）何休注，（唐）徐彦疏：《春秋公羊传注疏》，北京大学出版社 1999 年标点本（简体字版），第 386 页。

一统"观念。

　　《世本》相传是战国时期的赵国史官所作,主要记载了自黄帝以来到春秋时列国诸侯大夫的氏姓、世系等内容,该书也经历了较为复杂的流传和成书过程,有学者说:"《世本》一书的版本流变大体分为两个阶段,即诸侯、大夫的家谱记载以至小史汇编成专书阶段和该书的整理、注释及散佚阶段。"[①] 可见,《世本》是先有基本史料,然后又由史官汇编成书,这与《尚书》有相似之处。在《世本》被汇编和整理的过程中,同样无形中渗入了当时人们的思想观念,其中最突出者就是"大一统"观念,而且这种思想与《尚书》极其相似。比如《世本》"帝系"篇,把起自黄帝终于周元王的所谓"帝王"世系,按照时间先后顺序排列,很明显,编者根据他所生活的时代,视"五帝"、夏、商直至周末都是一统朝代的相续,《世本》还将"王侯大夫谱"列于最高统治者之后,则明显带有前引《公羊传》之"大一统"含义,即所谓"臣统于君"之理。

　　战国后期另有一部史书《竹书纪年》,也反映出较为明显的"大一统"思想。与《世本》类似,《竹书纪年》则相传为战国时魏国史官所作,记载夏、商、西周直至战国时期的历史,属于编年体史书。《竹书纪年》首列"夏纪",其次为"殷纪""周纪",并随后附"五帝纪",之后为"晋纪",再后为"魏纪",这种排列顺序,较之《世本》,更加明显地表现出编者将夏、商、周视为"大一统"王朝的赓续,而将魏国及魏国之所自出的晋国也列为"纪",则反映出编者本身的思想倾向:魏国和晋国也被作者视为"大一统"中央政权(夏、商、周)的后继者,可见战国时期各国都试图统一全国的雄心壮志,"大一统"观念已经成为当时人们的强烈共识。

　　总之,《世本》和《竹书纪年》中"大一统"思想的进一步强化,是对包括《尚书》在内的思想资源的继承和发展,也是对当时政治形势的反映。之后不久,分裂战乱即将结束,而秦汉"大一统"帝国已经呼之欲出。《尚书》中萌发的"大一统"观念之芽,即将结出统一帝国的真正果实。这在西汉史学巨作、中国第一部"正史"——《史记》中有更加明显的反映。

---

① 原昊:《〈世本〉版本流变略论》,《大庆师范学院学报》2008 年第 3 期。

三 《史记》及中国通史思想之萌芽

《史记》并非横空出世，而是对此前思想资源和文化典籍的继承和发展。司马迁对古今典籍和各种史料熔铸而成《史记》，这其中就包括《尚书》以及《左传》《礼记》《孟子》等书。① 前文已述，刘家和先生指出《史记》之"三代"观念应该源自《尚书》，这正是"大一统"思想和历史意识的表现。② 如果再进一步看，《史记》之"本纪"部分，以"五帝本纪"为首，接以夏、商、周各代本纪，并以秦本纪、项羽本纪及西汉各帝本纪续之，其"一统"相续的序列更长，更加强烈地表现出"溥天之下，莫非王土。率土之滨，莫非王臣"③"天无二日，土无二王"④"大一统"政治观。所以，如果将《史记》视为"中国通史"之第一部，那么，实际上从《尚书》始，即已含有通史之萌芽。正是在《尚书》等先秦史籍的影响之下，而且也是对汉代已经实现"大一统"政治情势的反映，汉代司马迁在其巨作《史记》中进一步发展了《尚书》"大一统"思想。由于秦祚太短，因而司马迁所在的汉朝堪称中国第一个成功统治中国的"大一统"朝代，而《史记》后来被列为中国第一部正史，这个含义也具有肯定"大一统"的意味在内。故而后世新成立的朝代一定要给被它灭亡的旧朝修史，实际上就有表明自己接续"大一统"王朝"正统"的用意。从这个意义上说，"大一统"观念既是一种政治观，也是一种历史思想、历史观念。

还特别需要指出的是，发端于《尚书》的华夏历史意识和"大一统"观念，在后世直接或间接地派生出一系列中国历史和学术史上的重要概念："正统"论、"道统"论、"中国"思想（或言"中央史观"）等。这些因素互相交织、相互为用，深刻地影响了中国文化。

---

① 参见张大可《史记全本新注》（一），三秦出版社 1990 年版，"序论——司马迁和《史记》评介"第 31 页。

② 参见刘家和《从"三代"反思看历史意识的觉醒》，《史学史研究》2007 年第 1 期；刘家和《史学、经学与思想：在世界史背景下对于中国古代历史文化的思考》，北京师范大学出版社 2005 年版，第 306—309 页。

③ （汉）毛亨传，（汉）郑玄注，（唐）孔颖达疏：《毛诗正义》，北京大学出版社 1999 年标点本（简体字版），第 797 页。

④ （汉）郑玄注，（唐）孔颖达疏：《礼记正义》，北京大学出版社 1999 年标点本（简体字版），第 586 页。

第四节　《尚书》华夏历史意识与"华夷之辨"

华夏历史意识不仅与"大一统"政治观有关，还涉及"华夷之辨"这一中国古代文化中的特有话题。"华"指"华夏"民族，"夷"指"华夏"以外的其他族群，"华夷之辨"即"华夏"和其他族群之间的区分问题。如果套用现代学术术语，可以将它基本等同于"民族"论题。① "华夷之辨"思想在中国各历史区间中并非是必然的存在，而且与现代的"民族"问题之间也有相当大的差别，其中之一就是：古代"华"与"夷"的区分不像现代意义上的"民族"以血缘为重要划分根据，而是更多地从文化上区分。② 这实际上也是"王道"理想的重要体现。

另外，鉴于"华夏"的范围实际上是不断变动而且一直有争议，拙著所论述《尚书》"华夷"观念，是从广义上而言，大致相当于民族或者族群观念。因而，下文之"华"或者"夷"所指代的族群不是指"华"或者"夷"的原初意义或者严格意义。

《尚书》涉及类似"民族"思想的华夷观念散见于各篇，尤以《多方》《多士》《尧典》等篇为最集中。

一　《尚书》"华夷"观念的独特内涵

首先有必要对《尚书》"华夷"观念的内涵进行探讨。与世界上其他民族的类似文化元典中类似思想相比，其独特处主要包括以下几方面：

（一）重文化而非血缘的区分

比如，《康诰》说：

---

① 陈垣先生曾说："夷夏者，谓夷与夏之观念，在今语为民族意识。"陈垣：《通鉴胡注表微》，科学出版社1958年版，"夷夏篇之十六"，第307页。而关于"民族"这一概念的内涵及其使用中的问题，学界一直有争论。参见马戎《民族与社会发展》，民族出版社2001年版，第8、10—11页；唐建兵、陈世庆《"民族"与"族群"之辨》，《西北民族大学学报》（哲学社会科学版）2011年第1期。在《尚书》研究中，"邦国""民族""部落""家族"（或"宗族"）等概念，在很多情况下其内涵是同一的或相近的，至少是交叉的；而且，其中的各种关系错综复杂，至今仍争论很大。鉴于此，笔者本书中"民族"的内涵近于今天的"族群"，其目的是尽量减少使用中不必要的困扰。尽管这样使用也有很多问题，但目前这似乎是最好的办法。

② 详见本书后文的论述。

元恶大憝，矧惟不孝不友？子弗祗服厥父事，大伤厥考心。于父不能字厥子，乃疾厥子。于弟弗念天显，乃弗克恭厥兄。兄亦不念鞠子哀，大不友于弟。惟吊兹，不于我政人得罪，天惟与我民彝大泯乱。曰，乃其速由文王作罚，刑兹无赦。[1]（《康诰》）

这段话是周公对将要任卫国国君的卫康叔说的，其核心内容就是申明判断百姓善恶的标准，而这些百姓正是另一个民族——殷商遗民。对于殷民善恶的判断，仍然是按照"父慈子孝"等宗法制度下的道德标准进行判断，这其实就是以文化而非人种或血缘划分族群的表现。《酒诰》的意义同样在于此：周公反复强调殷商酗酒的恶俗必须改正，而只要改正，就是良民了。[2] 中国在这方面远远不如西方明显，在某些时期，甚至会变得极为淡薄，比如孟子生活的战国时代。

另外，虽然强调血缘关系的宗法制度在当时也已形成并且有很大的势力，但是，中国的宗法制度，其政治效用主要体现在政治生活和社会生活的秩序性上，即强调"爱有差等"，[3] 实际上只是起到了一个区别远近的作用，并不是说不爱亲人以外的人。所以，宗法制度从本质上说，并没有强烈的排外性。宗法制度的"爱有差等"观念，同样可以有效地运用到民族关系中间，其基本思想就是：对于本民族而言，其他民族并非是异类，也只是稍远一些的"兄弟"民族而已。

由于《尚书》以"文化"作为划分族群优劣的最重要标尺，所以各

---

① 《尚书正义》，第366—367页。

② 关于这点，刘家和先生曾经说，中国上古时期的民族思想确实有与世界其他地区相似的"夷夏之防"的思想，但是，还必须看到中国和西方的明显区别："古印度雅利安人认为，'蔑庆车'的子女被卖为奴隶是合法的。古代希腊人认为蛮族是'天生的奴隶'。这样的看法，不仅十分严厉，而且具有强调天然的种族区分的鲜明色彩。因此，在古代印度，雅利安人与非雅利安人的鸿沟长期难以解决，它表现在'种姓制度'里的一生族（非雅利安人）与再生族（雅利安人）的严格界限上。古代希腊人一直没有能够解决与'蛮族'的区分问题，甚至到了罗马时期，与蛮族的区分问题也未能解决。在这一点上，古代中国人的看法却明显不同，其结果也就不同。古代中国人也讲究民族区分，讲究文明与野蛮的区分，不过其重点并不在于天然的种族或血缘的区分，而在于文化水平的高下。在古代中国，夷与夏是可以互相转化的……尽管大舜和周文王一是东夷、一是西夷，可是在孟子书中，他们却是受到真正崇礼膜拜的华夏大圣人。这是夷可以变为夏的典范。"

③ （汉）赵岐注，（宋）孙奭疏：《孟子注疏》，北京大学出版社1999年标点本（简体字版），第378页。

民族之间的高下，都是以当时文化中的核心观念即"能否获得天命和敬德"作为判断民族、人群高下优劣的标准。显而易见，这是文化的区分，而非血缘的区隔。即使是对已经被自己战败的殷商遗民，周人也是以文化而非种族作为区分其顽劣与否的根据。同样是本于此信条，即使是自己的兄弟——管叔、蔡叔，如果冥顽不化，也在被诛杀之列；而在《洪范》中，对于曾经是敌人的殷商遗民中的贤者如箕子，周武王也亲自向他请教治国大法。由于文化是判断人群优劣的标准，那么，只要对方改变落后的或与己方不同的文化，就可以成为自己人。《酒诰》一篇，无非是希望殷商遗民改变酗酒恶习做新民。《多方》《多士》等篇目的核心思想也是希望通过教诲使得"多方""多士"听从天命。

这样，如果以血缘划分人群，人群的血缘是不能改变的，必然最终走向不同血缘族群之间的对抗；而文化是可以改变的，只要接受"教化"就可以成为此方族群的一员，这是西方和中国古代民族思想极为重要的分水岭。也正是基于此，中国在古代历史上相对较少有种族灭绝的行为。对于战败者，只要承认统治者一方文化的正当性和统治权，甚至不需改变自己的文化，就能在新政权下继续生存，甚至还格外受到优待。各族群之间的通婚和融合，也是非常普遍的。而西方却不同。因此，马戎先生进一步说："中国传统中向'蛮夷'施行的'教化'凭靠的是文化扩散和'仁政'的感召力，而不是武力传教，这是儒家文化与基督教、伊斯兰教等外来宗教的传统十分不同的特点。"[1] 但是在中国历史上，正如杨念群先生所说："真正所谓靠种族划分来建立统治合法性的一套话语，在中国历史上是非常少见的，只是在短暂的南宋、明末清初有这样一个说法。"[2] 这不能不说在某种程度上是拜《尚书》之赐。

（二）追求和睦相处

追求和平、和解、和睦及和谐是中国文化的重要特征，这里的"和"就包括以上多种意涵。在《尚书》中，追求"和"的思想体现在家庭、同寅等各方面，而"协和万邦"[3] 的民族思想是其中重要的一个方面。众所周知，在中国历史的早期（西周及其以前），在很大程度上，就是由一

---

① 马戎：《民族与社会发展》，民族出版社 2001 年版，第 10 页，注释 2。

② 杨念群：《作为话语的"夷"字与"大一统"历史观》，《读书》2010 年第 1 期。

③ 《尚书正义》，第 27 页。

个个不同的部落、民族、宗族各自构成了很多"邦国"。《尚书》华夷观念从来没有所谓的吞并意识，而是努力追求和平相处。

譬如，以下的《尚书》原文都在一定程度上表述了对"华夷"亦即所谓民族问题的看法：

> 懋乃攸绩，睦乃四邻，以蕃王室，以和兄弟。康济小民，率自中，无作聪明乱旧章。详乃视听，罔以侧言改厥度，则予一人汝嘉。[①]（《蔡仲之命》）
>
> 呜呼！猷告尔有方多士暨殷多士，今尔奔走臣我监五祀，越惟有胥伯小大多正，尔罔不克臬。自作不和，尔惟和哉！尔室不睦，尔惟和哉！尔邑克明，尔惟克勤乃事。[②]（《多方》）
>
> 又曰："时惟尔初，不克敬于和，则无我怨。"[③]《多方》
>
> 唐虞稽古，建官惟百。内有百揆四岳，外有州牧侯伯。庶政惟和，万国咸宁。夏商官倍，亦克用乂。明王立政，不惟其官，惟其人。[④]（《周官》）
>
> 曰："皇后凭玉几，道扬末命，命汝嗣训，临君周邦，率循大卞，燮和天下，用答扬文武之光训。"[⑤]（《顾命》）

"睦乃四邻""尔惟和哉""不克敬于和，则无我怨""庶政惟和，万国咸宁""燮和天下"等，都是表达了对民族和睦的追求。[⑥] 这与一些其

[①] 《尚书正义》，第 453 页。

[②] 同上书，第 464 页。

[③] 同上书，第 466 页。

[④] 同上书，第 482 页。

[⑤] 同上书，第 512 页。

[⑥] 《尚书》中有关要追求民族和睦的语句还可以见：1. "今命尔予翼，作股肱心膂。缵乃旧服，无忝祖考，弘敷五典，式和民则尔身克正，罔敢弗正，民心罔中，惟尔之中。"（《君牙》）2. "呜呼！封，有叙，时乃大明服，惟民其敕懋和。若有疾，惟民其毕弃咎；若保赤子，惟民其康乂。非汝封刑人杀人，无或刑人杀人。非汝封又曰劓刵人，无或劓刵人。"（《康诰》）3. "公，明保予冲子。公称丕显德，以予小子扬文武烈，奉答天命，和恒四方民，居师。惇宗将礼，称秩元祀，咸秩无文惟公德明，光于上下，勤施于四方，旁作穆穆迓衡，不迷文武勤教，予冲子夙夜毖祀。"（《洛诰》）4. "厥亦惟我周太王、王季，克自抑畏。文王卑服，即康功田功。徽柔懿恭，怀保小民，惠鲜鳏寡。自朝至于日中昃，不遑暇食，用咸和万民。文王不敢盘于游田，以庶邦惟正之供。"（《无逸》）分别参见《尚书正义》，第 527—528、364、412、433 页。

他民族的文化元典中动辄要搞民族灭绝的做法相比，明显更加人道和仁慈。甚至这种宽厚的民族政策可以使得其他民族心悦诚服地表示顺服，甚至盼望正义之师的到来。① 所以，我们常说"中华民族是酷爱和平的民族"，这一点从我们的元典文化时期就已经奠定了基础，其中《尚书》的教化和熏陶之功不可没。

（三）注重教化，宽严并济

《尚书》在处理民族关系的手段上首先是注重教化。比如《多士》《多方》《酒诰》等篇，就几乎通篇是周公苦口婆心的劝说：

> 周公初于新邑洛，用告商王士。②《多士》
>
> 肆尔多士，非我小国敢弋殷命。惟天不畀允罔固乱，弼我，我其敢求位？惟帝不畀，惟我下民秉为，惟天明畏。我闻曰："上帝引逸。"有夏不適逸，则惟帝降格。向于时夏，弗克庸帝，大淫泆有辞。惟时天罔念闻，厥惟废元命，降致罚。乃命尔先祖成汤革夏，俊民甸四方。③（《多士》）
>
> 周公曰："王若曰，猷告尔四国多方。惟尔殷侯尹民，我惟大降尔命，尔罔不知。洪惟图天之命，弗永寅念于祀，惟帝降格于夏。有夏诞厥逸，不肯慼言于民，乃大淫昏，不克终日劝于帝之迪，乃尔攸闻……"④（《多方》）
>
> 天惟求尔多方，大动以威，开厥顾天。惟尔多方，罔堪顾之。惟我周王，灵承于旅。克堪用德，惟典神天。天惟式教我用休，简畀殷命，尹尔多方。⑤（《多方》）

再比如，晚出的古文《大禹谟》说：

---

① 《尚书》中强调用"王道"赢得其他民族主动顺服甚至期盼解放的语句有："通道于九夷八蛮。西旅底贡厥獒，太保乃作《旅獒》，用训于王……明王慎德，四夷咸宾。无有远迩，毕献方物，惟服食器用。""乃葛伯仇饷，初征自葛，东征西夷怨，南征北狄怨，曰：'奚独后予？'攸徂之民，室家相庆，曰：'徯予后，后来其苏。'民之戴商，厥惟旧哉！""无怠无荒，四夷来王。"参见《尚书正义》，第326—327、197、88 页。

② 《尚书正义》，第421 页。

③ 同上书，第422—423 页。

④ 同上书，第456—457 页。

⑤ 同上书，第461 页。

　　三旬，苗民逆命。益赞于禹曰："惟德动天，无远弗届。满招损，谦受益，时乃天道。帝初于历山，往于田，日号泣于旻天于父母负罪引慝，祗载见瞽瞍，夔夔斋栗，瞽亦允若。至诚感神，矧兹有苗。"禹拜昌言曰："俞！"班师振旅。帝乃诞敷文德，舞干羽于两阶，七旬，有苗格。①（《大禹谟》）

　　这段文字，将"文教"和"怀柔"在民族关系处理上的作用褒扬到了无以复加的地步。这与孔子所言"远人不服，则修文德以来之"②是完全一致的，对后世产生了极大影响。

　　《舜典》中有这样一段话，实际上也是谈到民族关系的处理问题，不过这是使用了比较严厉的手段：

　　肇十有二州，封十有二山，濬川。象以典刑，流宥五刑鞭作官刑，扑作教刑，金作赎刑。眚灾肆赦，怙终贼刑。钦哉，钦哉，惟刑之恤哉！流共工于幽州，放驩兜于崇山，窜三苗于三危，殛鲧于羽山，四罪而天下咸服。③《舜典》

　　"共工""驩兜""三苗""鲧"实际上都是不同部族的首领，对他们采取的是比较严厉的"流放"惩罚，但是这并非极重的刑罚。当然，有时也会使用更加严厉的刑罚对待怙恶不悛或罪大恶极者：

　　若古有训，蚩尤惟始作乱，延及于平民，罔不寇贼鸱义，奸宄夺攘矫虔。苗民弗用灵，制以刑，惟作五虐之刑曰法。④（《吕刑》）

　　《尚书》对待异族的政策，或严或宽，因人而异；其基本原则是看对象德行的有无，无德者会予以驱逐乃至诛杀，但是有德者予以优待。比

────────────

　　① 《尚书正义》，第99页。
　　② （魏）何晏等注，（宋）邢昺疏：《论语注疏》，北京大学出版社1999年标点本（简体字版），第221页。
　　③ 《尚书正义》，第65—66页。
　　④ 同上书，第535页。

如，晚出"古文"《武成》写周武王在伐纣灭商之后的各种不同措施就是如此：

> 一戎衣，天下大定。乃反商政，政由旧。释箕子囚，封比干墓，式商容闾。散鹿台之财，发钜桥之粟，大赉于四海，而万姓悦服。①（《武成》）

有时，对于已经灭亡的敌国之王族，周武王不仅并无芥蒂，相反，往日敌族中有德的贤能之士，他礼贤下士，殷勤求问治国大计：

> 惟十有三祀，王访于箕子。王乃言曰："呜呼！箕子，惟天阴骘下民，相协厥居，我不知其彝伦攸叙。"②（《洪范》）

甚而至于，基于"不绝人之祀"的原则，作为有德之君，还要封建原敌国的子孙，使之能够延续对其祖先的祭祀。比如，周对于灭亡的殷商贵族，不仅没有赶尽杀绝，而是初封商纣王之子武庚继承商祀，在武庚叛乱被杀后，又封商纣庶兄微子继殷商之后，当然，其基本原则仍是唯有德者能居之。《微子之命》虽然晚出，但是其基本事实并无悖谬：

> 尔惟践修厥猷，旧有令闻，恪慎克孝，肃恭神人。予嘉乃德，曰笃不忘。上帝时歆，下民祗协，庸建尔于上公，尹兹东夏。钦哉！往敷乃训，慎乃服命，率由典常，以蕃王室。③（《微子之命》）

《尚书·洪范》"小序"也说："武王胜殷，杀受，立武庚，以箕子归，作《洪范》。"④（《洪范》"小序"）另外，《酒诰》《多士》《多方》等多篇文献也都体现了这种思想。

可见，作为战胜者的周统治者，对殷商遗民，并没有表现出什么

---

① 《尚书正义》，第293—294页。
② 同上书，第297页。
③ 同上书，第354页。
④ 同上书，第296页。

"种族歧视"的情绪，相反，他们明确要求本族统治者要"保殷民"，即"保"自己过去的敌人，现在的被征服者："汝惟小子，乃服惟弘王，应保殷民，亦惟助王宅天命，作新民。"①（《康诰》）又说："封，有叙，时乃大明服，惟民其敕懋和。若有疾，惟民其毕弃咎。若保赤子，惟民其康乂。非汝封刑人杀人，无或刑人杀人。非汝封又曰劓刵人，无或劓刵人。"②（《康诰》）不仅如此，甚至，还要将久已亡国的大禹和舜的后代找出来，分别封建杞国和陈国，③ 这些都是极为宽厚的。

这种民族政策，不可谓不宽大，而且贯穿了推己及人的"恕道"意识，是非常伟大、弥足珍贵的。我们甚至可以说，毛泽东同志制定的新中国优待少数民族的政策，恐怕也受到了《尚书》的影响，因为，众所周知，毛泽东同志熟读中国史书，对中国历史有极卓绝的见识。

（四）"地域差序格局"色彩

费孝通先生谈到中国乡村的人际关系时，曾经用"差序格局"的名词来形容，并且评论说："……这是种差序的推浪形式，把群己的界线弄成了相对性，也可以说是模棱两可了。"④ 其实，《尚书》民族关系也是"差序的推浪方式"，而且，民族之间的界限也是"相对"的和"模棱两可"的，只不过，这种"差序格局"是以地域远近来划分的。这种"群己界限"的"相对性"和"模棱两可"，不仅不是缺陷，其实正是中国文化"华夷"观念的优越之处。《禹贡》对"五服"的划分，就足可以证明这一点。而《舜典》中的流放四凶于"四裔"，实际上可以看作是用流放到"教化"不足的边远地区以示惩罚。马戎先生曾从中欧对比的角度对此有过论述："这里有点像费孝通教授在描述中国乡土社会人际关系时所使用的'差序格局'观念，从'天子脚下'的中原地区核心族群到偏远地区的'蛮夷'之邦，'教化'的程度逐层淡化，认同的层次也逐次淡化，但各个层次都在一个'天下'的范围内。从这种意义上讲，欧洲各国始终没有走出'战国时代'，在欧洲大陆上一直存在着多元化的政治、经济、文化中心，这是欧洲族群观的基础。"⑤ 这种地域差序格局的形成，

---

① 《尚书正义》，第362页。

② 同上书，第364页。

③ 张大可：《史记全本新注》，三秦出版社1996年版，第38、970、974页。

④ 费孝通：《乡土中国》，北京出版社2005年版，第38页。

⑤ 马戎：《民族与社会发展》，民族出版社2001年版，第10—11页。

从根本上讲，也是宗法制度的折射，因为其核心观念，同样是"爱有差等"。关于这点，在后文即将详论。

那么，这种"华夷"观念反映到历史思想上，就很难说是历史主体的"一元"论。因为，这种观念从来没有视"华夏"为历史的唯一主体，"华夏"永远是开放的系统，不断接纳新的族群加入，因而，这不是历史主体的"一元"论。

二　《尚书》"华夷"观念的成因

《尚书》之所以有上述的华夷观念，主要是以下几个方面的原因：其一，《尚书》秉持的是一元的"至上神"信仰和敬德才能得天命的观念；其二，"大一统"的思想观念；其三，宗法观念的根深蒂固。这三个方面是互相联系、缺一不可，共同造成了《尚书》乃至整个中国古代的华夷思想。

（一）天人观念方面的原因

从天人关系上看，《尚书》秉持的是一元"至上神"信仰和"敬德"才能得"天命"的观念。这些涉及宗教信仰和文化心理因素。

第一，唯一的至上神导致《尚书》倾向于一个历史主体。"神"实际上折射了"人界"，"神"的性质反映了"人"的期盼和心愿，这是宗教学的一个重要原理。[1]但是，反之，当这种宗教意识一旦形成，又反过来影响了"人"的心理。由于至上神是唯一的，那么，相应而言，这个世界上的统治者也应该是唯一的，而在上古人民看来，这个世界就是以华夏大地为中心的"天下"。

第二，"唯一的至上神"和"敬德"才能得"天命"，使得"人"之"德"成为判断一个族群是否教化的重要标准。《尚书》中的至上神是"唯一"的，但这个"唯一"的至上神，并不是某一人或某一族的独占之神，这是《尚书》与西方和其他民族的神人关系或"天人关系"的最大和最根本的不同。华夏族不以独占"上帝"的民族（"上帝的选民"）出

---

① 参见吕大吉《宗教学通论新编》，中国社会科学出版社1998年版，第63—73页。吕大吉先生在书中引用了马克思和恩格斯的有关论述，比如恩格斯的话："一切宗教都不过是支配着人们日常生活的外部力量在人们头脑中的幻想的反映，在这种反映中，人间的力量采取超人间的力量的形式。"再比如马克思的话："国家、社会产生了宗教即颠倒了的世界观，因为它们本身就是颠倒了的世界。"

现，而是怀抱"敬德"才能得"天命"的思想观念。这里隐含的意蕴是：无论是谁，只要具备"德"，就能获得"天"的青睐。这种观念淡化了族群划分中"血缘"观念和地域区隔，使得"民族"的内涵以充满人文理性色彩的"文化"为标准，直接影响了整个中国文化的走向，也同样影响了《尚书》的民族思想。这里隐含的逻辑是：由于唯一至上神对应着"唯一的人"（最高统治者）或"唯一的族群（民族、宗族等）"，那么，在这个世界上，唯有得到唯一至上神青睐的"唯一的人"或"唯一的族群"才有资格统治"天下"。但是，这个"唯一的人"是这唯一至上神的唯一"长子"，并非"唯一的儿子"即"独子"，其他人、其他民族同样是这唯一至上神的儿子，只不过"长子"更有"德"罢了。笔者统计出，《尚书》以"天的元子"释"天子"之意的，有以下三处：

（1）诰告庶殷，越自乃御事。呜呼！皇天上帝，改厥元子，兹大国殷之命。惟王受命，无疆惟休，亦无疆惟恤。呜呼！曷其奈何弗敬？[1]（《召诰》）

（2）呜呼！有王虽小，元子哉！其丕能诚于小民，今休。王不敢后用，顾畏于民碞。[2]（《召诰》）

（3）尔尚明时朕言，用敬保元子钊，弘济于艰难，柔远能迩，安劝小大庶邦。思夫人自乱于威仪，尔无以钊冒贡于非几。[3]（《顾命》）

"皇天上帝，改厥元子……惟王受命""有王虽小，元子哉""用敬保元子钊"等，都说明"元子"指最高统治者。可见，"天子"在《尚书》中确实是"天之元子"，而非"天之独子"。可见，统治者不能独占上帝，而与人共同拥有。统治者与非统治者是如此关系，在族群关系上，同样是如此。这是与古希伯来文化中上帝独青睐和保护犹太人截然不同的。

因而，在天下众多的"人"和族群中，谁能得到唯一至上神的青睐和拣选，关键在于其能否"敬德"。显而易见，中国的"天命观""民族

---

① 《尚书正义》，第394页。
② 同上书，第396—397页。
③ 同上书，第497—498页。

观"和古代希伯来民族的"独一选民观"的相似之处在于：都承认至上
神是唯一的（同时也是至善的）；不同之处在于：古代希伯来民族认为无
论时空如何改变，唯有希伯来民族是这唯一至上神的选民，而中国人则认
为这唯一至上神的"选民"（借用希伯来的词汇以作比较）是可以随着德
行的有无而变化的，但是，中国人又强调，在一个时间和空间内，只能有
一个"选民"。正是基于此，所有的中国统治者都认为自己得到了"天
命"，但是都不认为只有自己才有得天命的资格。再次，唯一的"至上
神"信仰又使得民族的凝聚力和向善性格外强烈。因此，中华民族（以
汉族为主体）和希伯来民族这两个民族可以说都是历史不断绝，都保持
了自己文化的连续性，而古代的犹太人因为其思想的排他性，而导致产生
"反作用力"，反而因此不断被其他民族排斥，在历史上多次失去了国土。
而中华民族的民族思想却因为相对具有更多的包容性和开放性，从而使得
自己的族群不断壮大。

"敬德以得天命"这是《尚书》民族思想的思想基础，这种观念在
《尚书》中随处可见：

　　三旬，苗民逆命。益赞于禹曰："惟德动天，无远弗届。满招
损，谦受益，时乃天道。帝初于历山，往于田，日号泣于旻天于父母
负罪引慝，祗载见瞽瞍，夔夔斋栗，瞽亦允若。至诚感神，矧兹有
苗。"禹拜昌言曰："俞！"班师振旅。帝乃诞敷文德，舞干羽于两
阶，七旬，有苗格。①（《大禹谟》）
　　无怠无荒，四夷来王。②（《大禹谟》）
　　德懋懋官，功懋懋赏。用人惟己，改过不吝。克宽克仁，彰信兆
民。乃葛伯仇饷，初征自葛，东征西夷怨，南征北狄怨……德日新，
万邦惟怀。志自满，九族乃离。王懋昭大德，建中于民，以义制事，
以礼制心，垂裕后昆。予闻曰："能自得师者王，谓人莫己若者亡。
好问则裕，自用则小。"呜呼！慎厥终，惟其始。殖有礼，覆昏暴。
钦崇天道，永保天命。③（《仲虺之诰》）

---

① 《尚书正义》，第99页。
② 同上书，第88页。
③ 同上书，第197—199页。

"凡我造邦，无从匪彝，无即慆淫，各守尔典，以承天休。尔有善，朕弗敢蔽。罪当朕躬，弗敢自赦，惟简在上帝之心。其尔万方有罪，在予一人。予一人有罪，无以尔万方。呜呼！尚克时忱，乃亦有终。"① (《汤诰》)

夏王弗克庸德，慢神虐民。皇天弗保，监于万方，启迪有命，眷求一德，俾作神主。惟尹躬暨汤，咸有一德，克享天心，受天明命，以有九有之师，爰革夏正。非天私我有商，惟天佑于一德。非商求于下民，惟民归于一德。② (《咸有一德》)

以上引文虽都是晚出的"古文《尚书》"，但我们如果单纯看其思想内容，则可见其确实以"敬德"要求统治者，并且要求统治者宽以待人，严于律己，其目的是使"远人"来归，这是以人为本的表现。孔子在《论语》中说的"故远人不服，则修文德以来之。既来之，则安之"③，同样是继承了《尚书》的这些思想。

（二）华夏历史意识和"大一统"政治观的强化作用

《尚书》中包含萌芽的华夏历史意识和"大一统"政治观，又进一步强化了《尚书》民族思想中的包容意识。"大一统"观念实际上也导源于中国古代特有的唯一的、不完全人格的至上神信仰，它不以"神"为本，而以"民"为本；它不狭隘地排外，却大度地包容；它追求和睦，不崇尚血腥；它放眼长远，不计较一时；它永远敞开胸怀吸收其他族群加入，从不拒绝任何人慕义来归；它既往不咎，不纠缠过去——因为，"大一统"的核心理念就是"天下一家"，"江山一统"。既然如此，那么，"大一统"政治观中的这些博大思想因素，由于"大一统"观念对民族思想的统领地位，而使得《尚书》民族观念愈发显得开放、从容和宽厚。正是这种"大一统"观念，才使得《尚书》的民族观念具有更大的包容性。关于这点，马戎先生也曾指出："中国人的族群观与天下观密切联系……中国传统观念不但没有把已经'归化'的各族群排斥在'中华'之外，

① 《尚书正义》，第201页。

② 同上书，第216页。

③ （魏）何晏等注，（宋）邢昺疏：《论语注疏》，北京大学出版社1999年标点本（简体字版），第221页。

而且实质上把尚未归化的族群也没有排斥在'天下'这个一体的格局之外。"① 马先生所说的"天下观",从某种意义上讲就是"大一统"观念的代名词。当然,华夏历史意识、"大一统"政治观和"华夷之辨",这三者有着密切联系,既交互为用、互相影响,又在内涵上有很多的相通甚至相同之处。

(三)中国式宗法观念与"华夷"观念的联系

影响《尚书》"华夷"观念的另一个重要原因,是中国式宗法思想观念的分外强大。《尚书》地域差序格局观念,实际上是宗法制度在民族关系上的折射。在宗族中,人们之间的关系依照血统分出远近,那么,在《禹贡》中按照地域划分远近也就不足为奇了。这其中的逻辑是:在农业社会中,血统越近,居住得就越近;而居住得远的民族,自然就是"教化"不足的民族,地域越遥远,教化越不足。从这里,我们可以清楚看到宗法制度"爱有差等"观念对《尚书》"华夷"观念即民族思想的影响。

当然,在《尚书》中也有不同民族、族群之间的征伐,② 但是这些都不是其思想的精髓和独特之处,也不对中国后世有根本性的影响。

三 《尚书》"华夷"观念的历史影响

作为中国最早和最重要的经典之一,《尚书》中的各种思想在后世几乎都起到了"范型"的作用,其"华夷"思想亦不能外。对此,我们应作辩证看待。

一方面,追求"和",重文化而不重血缘,在历史上促使中华民族吸收新鲜成分而不断壮大,使各民族能够相对友好地相处,同时,中华民族也因此养成了崇尚和平的民族心理。这些都是我们应该引以为傲和发扬光大的伟大精神遗产。正是基于这一传统,伟大先哲孔子曾经说:"言忠信,行笃敬,虽蛮貊之邦,行矣。言不忠信,行不笃敬,虽州里,行乎哉?"③ 另外,在《论语》中还有类似的话,《论语注疏》曰:

---

① 马戎:《民族与社会发展》,民族出版社 2001 年版,第 10 页。

② 比如:"蛮夷猾夏,寇贼奸宄。""徂兹淮夷、徐戎并兴。"分别见《尚书正义》第 75、562 页。

③ (魏)何晏等注,(宋)邢昺疏:《论语注疏》,北京大学出版社 1999 年标点本(简体字版),第 208 页。

子欲居九夷。（马曰："九夷，东方之夷，有九种。"）或曰："陋，如之何?"子曰："君子居之，何陋之有?"（马曰："君子所居则化。"）

[疏]"子欲"至"之有"。正义曰：此章论孔子疾中国无明君也。"子欲居九夷"者，东方之夷有九种。孔子以时无明君，故欲居东夷。"或曰：陋，如之何"者，或人谓孔子言，东夷僻陋无礼，如何可居?"子曰：君子居之，何陋之有"者，孔子答或人言，君子所居则化，使有礼义，故云何陋之有。①

《论语注疏》这一段文字是对《尚书》华夷观念的最好诠释之一：即使是中国最伟大的"圣人"孔子，也不认为"九夷"为"异类"，此其一；其二，君子可以用教化的方式将任何"夷"变为有教养的人民。也正是基于这种思想，《论语》里还有这样的话："死生有命，富贵在天。君子敬而无失，与人恭而有礼，四海之内皆兄弟也。君子何患乎无兄弟也?"②"四海之内"，当然不仅限于华夏区域。可见，在先秦时期，华夷观念是相当的淡薄，既然教化的有无是区分族群的唯一标尺，那么，由于教化是随时可以施行并见效的，因而，在先秦时的华夏先民看来，"夷"本来就不是什么不可接触的"异类"或"他者"，而是随时可以成为"我们"中间的一员的。这与西方的种族主义和狭隘民族主义相比，其境界何啻天壤！

当然，从另一方面看，在民族关系上过分追求"和"，有时也会造成无原则的妥协和退让，如两宋时期的民族政策就是如此，但这也是"君子常失于厚"③之过，而这种过错的原因是过于宽厚和容忍，与过于残忍之过错自不可同日而语。另外，如果片面强调文化的区隔，在某些时候又容易形成虚骄的文化优越感和"天朝上国"意识。但是，《尚书》"华夷"思想对中华民族的作用主要还是正面的。当然，随着历史的演进，

---

① （魏）何晏等注，（宋）邢昺疏：《论语注疏》，北京大学出版社1999年标点本（简体字版），第118页。

② 同上书，第159页。

③ 《论语集注·里仁篇》有："人之过也，各于其类。君子常失于厚，小人常失于薄；君子过于爱，小人过于忍。"参见（宋）朱熹《四书章句集注》，中华书局1983年版，第71页。

特别是《春秋》和"公羊学"对"夷夏之防"的重视超过了《尚书》，那是特殊历史时期的产物，需要结合时代进行具体分析，已经不是《尚书》一书所能涵括的了。

第五节　华夏历史意识、"一元"
史观及现代民族意识

《尚书》编纂中所体现出的华夏历史意识与历史主体的"一元"史观①和狭隘民族主义意识是否相同？在现当代，随着学术的新发展不断提出新问题、新观点，虽然这些相关论点不是专门针对《尚书》历史思想而发，但与《尚书》历史思想仍有相当大的相关性，辨析清楚这些问题也有助于更深刻地理解《尚书》华夏历史意识。

一　与华夏历史意识相关的观点

与《尚书》华夏历史意识相关的、近现代的几种观点，主要来自王明珂先生、杜赞奇教授以及更早时期的"古史辨"派诸学者。

王明珂先生在以《华夏边缘：历史记忆与族群认同》为代表的一系列著作中，② 系统阐述了对"华夏民族"形成原因的看法："生活在资源竞争与分配关系多变的现实社会中，为了个人或群体利益，个人经常强调或调整自身的认同体系，这个过程，与个人社会记忆的累积与调整互为因果。"③ 王先生的观点有两个地方值得注意：一是，他从利益角度考虑族群的选择和归属问题；二是，他指出认同体系是随着利益的选择而经常变化的。

---

① 按《史学理论大辞典》的说法，"历史一元论是主张世界、历史只有一种本原或实体的历史哲学"（蒋大椿、陈启能：《史学理论大辞典》，安徽教育出版社 2000 年版，第 1 页），那么，"一元"史观之"元"既可以指历史主体的"一元"，也可以指历史本原的"一元"。本书指前者。

② 除了下文要提及的《华夏边缘：历史记忆与族群认同》外，王先生的有关著作还有：《羌在汉藏之间：一个华夏边缘的历史人类学研究》，中华书局 2008 年版；《英雄祖先与弟兄民族：根基历史的文本与情境》，中华书局 2008 年版；《游牧者的抉择：面对汉帝国的北亚游牧部族》，广西师范大学出版社 2009 年版。

③ 王明珂：《华夏边缘：历史记忆与族群认同》，台北允晨文化实业股份有限公司 1997 年版，第 420 页。

　　曾有学者指出，王先生的治学理路其实与"古史辨派"有很大相似："王明珂在书中对羌人概念漂移的分析，对太伯奔吴的梳理，与顾颉刚层层剥离古史的研究方法可谓是一脉相承……王明珂先生的研究方法，可谓是对顾颉刚先生'层累地造成的中国古史'的剥离式研究方法的继承。"①早在20世纪上半叶，顾颉刚先生在《古史辨》中就曾经提出"层累地造成的古史"观点，从古史形成的方法论角度探讨过类似问题，其中之一就是对中国古史统一性的质疑，比如，具体表现为尧、舜、禹的关系问题等。②顾颉刚先生依据"传说古史中的人物形象被逐渐层累放大"得出结论，其从历史"记忆"角度切入则与王明珂先生相似。

　　另外，印度裔美国籍学者杜赞奇教授在《从民族国家拯救历史：民族主义话语与中国现代史研究》中提出："民族历史把民族说成是一个同一的、在时间中不断演化的民族主体，为本是有争议的、偶然的民族建构一种虚假的统一性。这种物化的历史是从线性的、目的论式的启蒙历史的模式中派生出来的。"③杜赞奇教授的这种观点，除了从西方历史观的角度解释这种"统一性"外，其实质亦与上述两者有相似之处，同样倾向于将"历史主体"的"同一"视为"虚假"的、人为的。不仅如此，杜赞奇教授更认为这是"偶然的""有争议的"。

　　上述王明珂先生、杜赞奇教授的观点各有其合理性，但是又不能完全否认华夏历史意识的合理性。

二　文化在民族意识形成中的作用

　　关于王明珂先生和杜赞奇教授的观点，主要有以下几点需要进一步讨论：

----

　　① 曾穷石：《古史辨与〈华夏边缘〉背后的遗产》，《西北民族研究》2008年第2期。

　　② 顾颉刚先生曾经自述说："把《诗》、《书》和《论语》中的上古史传说整理出来，草成一篇《最早的上古史的传说》为宜。我便把这三部书中的古史观念比较看着，忽然发见了一个大疑窦——尧、舜、禹的地位的问题！……因为得到了这一个指示，所以在我的意想中觉得禹是西周时就有的，尧、舜是到春秋末年才起来的。越是起得后，越是排在前面。等到有了伏羲、神农之后，尧、舜又成了晚辈，更不必说禹了。我就建立了一个假设：古史是层累地造成的，发生的次序和排列的系统恰是一个反背。"参见顾颉刚等《古史辨》，海南出版社2005年版，第29页。

　　③ ［美］杜赞奇：《从民族国家拯救历史：民族主义话语与中国现代史研究》，王宪明、高继美、李海燕、李点译，江苏人民出版社2008年版，"中译本序"，第2页。

（一） 文化的作用不应忽视

首先，不能过分夸大经济因素的作用，却相应地忽视了思想文化因素的作用，以及在这背后反映出的人们对历史发展中民族身份的自发选择。

王明珂先生特别指出经济资源的争夺对华夏民族意识形成的重要性，王先生就此提出问题并自己回答说："我们终须面对的问题是：华夏的边缘如何形成与变迁？"关于这一点，我认为，（1）特定环境中的资源竞争与分配关系，是一群人设定族群边界以排除他人，或改变族群边界以容纳他人的基本背景；（2）这种族群边界的设定与改变，依赖的是共同历史记忆的建立与改变；（3）历史记忆的建立与改变，实际上是在资源竞争关系下，一族群与外在族群间，以及该族群内部各次群体间对于'历史'的争论与妥协的结果。"①

上述王先生的说法，既有其合理的一面，但是也要注意到其可能矫枉过正的一面。正如有的学者所言："将'谁是中国人'的理解止步于理解华夏主体民族之汉族形成的过程，王先生在此显然落入了传统族群研究中一个国家一个民族的认识框架。这种认识论沿袭了近代以来中国学界历史叙述中的西方框架，使得学者研究中国历史论题时，摆脱不了西方根据自身的历史发展制造出的阐释逻辑，认为中国历史的主体由同一种族构成，有着明确疆域的民族国家朝着现代性的目标不断地向前进化。就这样，民族主义和现代性合谋吞噬掉了诸多中国历史的本相。"② 这种分析是很有道理的，因为，我们不能用西方的逻辑去硬套中国古代的历史。③

在此，不妨倒过来追问：王先生所说的三条原因（即"特定环境中

---

① 　王明珂：《华夏边缘：历史记忆与族群认同》，台北允晨文化实业股份有限公司 1997 年版，第 410 页。

② 　伍婷婷：《谁是"中国人"——评〈华夏边缘〉》，《西北民族研究》 2008 年第 2 期。

③ 　有学者指出先进族群文明体系的高度成熟性导致产生压力，迫使文化落后民族主动调整族群认同。这种"压力"说也有其道理，但是，文化落后民族不一定就能感受到这种"压力"（比如元代蒙古族之于华夏文明），有的是毫不犹豫地毁灭了成熟文化（比如蛮族之于罗马文明）。因而，这种说法也有不妥之处。"压力"说的原话是："比如，蒙古人或满人的祖先历史记忆……是什么让他们如此急于认同'华夏'？这自然可以归结为是一种历史心性，但是，作为新的帝国统治者，这种选择背后还隐藏着其他因素，诸如政治、经济这样的客观原因：蒙古人和满人不得不面对一个有别于自己、已经高度成熟的文明体系，并在这种压力之下，维系整个帝国的运作。因此，如果我们把族群认同问题放入更广阔的历史场景下去考虑的话，单纯用历史记忆之法恐怕是不够充分的，不足以阐释关于'中国人'这一族群认同的多种面向。"参见伍婷婷《谁是"中国人"——评〈华夏边缘〉》，《西北民族研究》 2008 年第 2 期。

的资源竞争与分配关系""共同历史记忆的建立与改变""一族群与外在族群间，以及该族群内部各次群体间对于'历史'的争论与妥协"①），在其他民族文化中也必然存在，至多只有程度上的差异；那么，为什么只有中国融合形成了历史悠久、人口众多的中华民族？从地理环境、农业经济的相对优越性等方面去寻找原因，固然有其道理，但是，华夏文化从一开始就具有的追求和平、海纳百川的胸襟和特质，是其他民族慕义向道、主动认同并归属的一个重要原因。文化的博大所导致的吸引力，是华夏民族不断扩大的重要原因。

不可否认的是，在世界历史和现实生活中，固然存在像王明珂先生所言为了经济和资源而改变历史认同的例子，但是，在中国历史上，却存在着更多的反面例子，那就是出于对文化的认同和向往而选择了主动认同华夏文化。②

换言之，除了经济和资源等物质因素外，还应该看到文化等其他方面的客观原因，比如中国原生本土"文化"（亦即后来中国文化主体的"华夏"文化）的特殊魅力。而这种文化，一言以蔽之，就是"王道"思想。"华夏"之所以没有"主观选择更狭义的共同'文化'与'历史'来造成较小范围的华夏"，重要原因就在于华夏文化本身所特有的极大包容性、和平性，是当时人们基于生存和发展"最大合理性"，对自身民族身份和对历史发展方向的自发选择。正是由于具有"最大的合理性"，华夏民族、汉族、中华民族才会不断壮大，中国的历史才会保持足以为自豪的连续性。

具体说来，有三点应该注意："华夏"的边界并不固定，而是不断变化的，此其一；"华夏"的划分标准是"文化"而非血缘，而且这种文化不带有排外性，与排外、狭隘的宗教观念大不相同，此其二；华夏的扩大和融合，是基于和平的理念，这是文化吸引力的重要表现，此其三。这一切，都可以从《尚书》寻觅答案。比如，《大禹谟》中说：

---

① 王明珂：《华夏边缘：历史记忆与族群认同》，台北允晨文化实业股份有限公司1997年版，第410页。

② 参见陈连开《中国民族史纲要》，中国财政经济出版社1999年版，第2—4页。该书第4页说："汉族是稳定的具有强韧生命力和巨大涵化力的民族。"

允若兹，嘉言罔攸伏，野无遗贤，万邦咸宁。稽于众，舍己从人，不虐无告，不废困穷……帝德广运，乃圣乃神，乃武乃文。皇天眷命，奄有四海，为天下君……戒哉！儆戒无虞，罔失法度。罔游于逸，罔淫于乐。任贤勿贰，去邪勿疑。疑谋勿成，百志惟熙。罔违道以干百姓之誉，罔咈百姓以从己之欲。无怠无荒，四夷来王……德惟善政，政在养民。水火金木土谷惟修，正德、利用、厚生惟和，九功惟叙，九叙惟歌。戒之用休，董之用威，劝之以九歌，俾勿坏。①

很明显，这里的"四夷来王"不是通过暴力征服，而是通过"敬德""养民"而达到的；"来"字所体现出的归附行为的主动性，更显现出华夏民族观念的伟大胸怀和吸引力。这种可贵的非暴力、非种族观念，使中国历史上民族融合是较为自然和谐的凝成过程，而不是用暴力或诈伪换得，其中"王道"思想文化的作用为功尤巨。②

而正如王明珂先生自己所言："我并不完全否认文化传播、接触与融合所造成的'文化相似性'在华夏形成上的重要，特别是在商周之际，逐渐被黄河、长江中下游各社会上层人群接受的共同文字书写系统，与由此传递的历史记忆，成为凝聚华夏的文化共性基础。但是，这种客观的'文化相似性'以及由共同文字所传播的历史记忆，只是华夏主观选择共同'文化'与'历史'的客观基础。也就是说，在此客观基础上，华夏也可能主观选择更狭义的共同'文化'与'历史'来造成较小范围的华夏。"③ 而王先生的这段话，正好说明：华夏之所以没有"主观选择更狭义的共同'文化'与'历史'来造成较小范围的华夏"，原因正在于华夏文化母体中先天具有的博大胸襟和气度。

可见，《尚书》之所以形成华夏历史意识，确实有其现实和历史的因

---

① 《尚书正义》，第86—89页。

② 杨念群先生在谈到"大一统"思想与清代政治史的关系时说过："如果我们把'大一统'不仅简单地理解为地域的四处扩张或中央政府由上而下对不同少数民族地区实施行政化的管理过程，同时也是对不同的族群文化采取吸收融汇乃至兼容并蓄政策的话，清代政治史研究的格局与深度都将发生重要的改变。"

③ 王明珂：《华夏边缘：历史记忆与族群认同》，台北允晨文化实业股份有限公司1997年版，第409页。

素，是中国文化中本有的，而非外在的"嫁接"甚至强行改造。张富祥先生曾经说："民族和文化的融合是一个长期而复杂的自然过程，人工性的强制措施不起决定性的作用。"①中国历史多年不断，中华民族虽然久经沧桑却始终能枝繁叶茂，其原因就在于这主要是自然而非人为的融合。关于"华夏"民族意识亦即华夷意识的包容性、和平性，在上一节中已经详细分析。

（二）不可夸大"人为"或"恶意"因素

对于华夏民族意识的形成，不能过分夸大形成过程中民族记忆中故意乃至恶意"制造"历史的因素。

无论王明珂先生还是杜赞奇教授，对于历史被记忆"虚构"的成分似乎过于夸大，这是值得反思的。我们既不能否认任何"历史"都有用"记忆"人为建构的因素在内，但是，我们同样不能将所有的历史都视为某些人为了达到某一目的而恶意"制造"甚至篡改历史。发掘历史的真实是历史学家的第一职责，但是，探讨形成这种历史的合理性，同样也是历史学家的任务。基于此，我们必须充分认识到：华夏历史意识能够在中国自然产生、发展并深入人心，具有很大的客观合理性。华夏历史意识的精神实质和客观效果都是正面和积极的，是值得我们深入思考和总结的历史思想遗产。在历史中，由于民族记忆的主观性，有可能窜改族源，这是有一定道理的。但是，也不必将华夏民族意识形成过程中"人为"或"故意"的成分看得过重甚至完全视为"人为""故意"；而且，即使是故意或人为的，也未必带有不可告人的目的，而是有可能出于对民族文化的自豪感和认同。对于这点，钱穆先生有过论述："中国人常把民族观念消融在人类观念里，也常把国家观念消融在天下或世界的观念里。他们只把民族或国家当作一个文化机体，并不存有狭义的民族观或狭义的国家观，'民族'与'国家'都只为文化而存在。因此两者间常如影随形，有其很亲密的联系。'民族融和'即是'国家凝成'，国家凝成亦正为民族融和。中国文化，便在此两大纲领下，逐步演进。就西方而言，希腊人是有了民族而不能融凝成国家的，罗马人是有了国家而不能融凝为民族的。直到现在的西方人，民族与国家始终未能融和一致。中国史上的'民族融和'与'国家凝成'之大工程，很早在先秦时代已全部完成了。而且

---

① 张富祥：《海岱文化与中原文化》，《史学月刊》2000年第2期。

又是调和一致了。"① 钱先生经过与古希腊和古罗马的比较，指出中国人"并不存有狭义的民族观或狭义的国家观"，因为二者"都只为文化而存在"，是非常有说服力的。② 而这种文化的实质就是主张仁义、"德治"的"王道"文化。这在西方和其他民族的文化中是没有的。

总之，对中国文化本身的博大、宽容等特点对形成华夏民族文化共同体历史意识的作用，我们应该有充分的认识，绝不可忽视或否认。③ 我们不宜用西方民族主义史观去类比中国历史上的类似问题，不应忽视中国特有的文化背景以及在此基础上形成的特有的民族心理。

三 中西民族意识的不同文化背景

那么，为什么《尚书》华夏历史意识、"大一统"思想与西方的民族观念如此不同呢？

（一）独特的"天下"观

首先，从历史文化渊源上看，《尚书》所反映的华夏历史意识，实际上与中国独有的"天下"观及其维护"天下"秩序的手段和目的等因素紧密相连。正如张启雄先生所言："'中华世界帝国'……是由华夷所共同构成的东亚共同体……在'王化思想'下，透过'教化'的手段，勉力达成均质社会的目标。"④ 张启雄先生所说的"中华世界帝国"即"天下"，维护其秩序的手段是"教化"而非西方的"武力征服"；建立这一

---

① 参见钱穆《中国文化史导论》（修订本），商务印书馆 1994 年版，第 23—24 页。原文即"融和"而非"融合"。

② 著名社会学家、民族学家马戎先生的看法与钱穆先生基本一致，他认为："在族群、部落划分方面，中国强调的是'文化'（以儒家思想为参照系）而非'体质'，甚至并不重视语言差异……中原地区的'教化'也是中国各民族文化交流和融合而形成的结果。中国的传统是'以文化为本'，把天下所有的人群分为'化（教化）内'和'化外'两类，强调'有教无类'，通过'教化'使'生番'成为'熟番'，成为'天朝臣民'，并最终实现理想中的'大同世界'。"参见马戎《民族与社会发展》，民族出版社 2001 年版，第 10 页。

③ 葛剑雄先生也曾经谈到：由于重文化而非重血缘、土地、财产，中国的"大一统"从不想称霸世界。他说："在我们祖先的眼中，这样的统一并不限于他们的国家、他们的民族，而是应该包容整个世界；之所以没有做到，并不是没有可能，而是没有必要，因为在统一范围之外的已经不是文明社会。"参见葛剑雄《统一与分裂——中国历史的启示》，生活·读书·新知三联书店 1994 年版，"引言"，第 5—6 页。

④ 吴志攀、李玉：《东亚的价值》，北京大学出版社 2010 年版，第 143 页。

秩序的目的是要"达成均质社会"而非一个民族压榨其他民族（殖民），① 这都是中西方文化中截然不同的地方。

（二）宗教因素

华夏民族意识对中国历史和民族性格的塑造作用，可以通过与西方比较后看得更为清楚。这主要可以从基督教试图在欧洲建立统一的教权及政权的过程看出。在西方，基督教在某些时期曾有着超越民族的权力，在这方面，其理念与"大一统"政治观有类似之处，而且它确实也曾经试图建立跨民族的"政权"，② 但是，其结果却是徒劳无功。这其中的原因值得思考。基督教对欧洲各民族而言，毕竟是一个外在的因素，而非生于民族内部的自然生成的文化成果和政治理想。是先有基督教，而后才有基督教的企图"统一""世界"（即当时的欧洲及其附近地区）。而且，由于基督教本身的特点，西方还形成了一种特有的"二元史观"，就像王晴佳先生所言："尽管人与上帝相比较是卑下至极，但这主要是一种历史观念。在具体的历史写作中，基督教史学家还是不能回避人的活动。实际上，他们花了很大力气记述人间的变迁。显然尽管天堂妙不可言，但毕竟无法在上面花费大量的笔墨。于是，在中世纪的大部分史学著作中，世俗的历史与神灵的历史往往是平行的，尘世与天国尽管对立，却又相互依赖，无可分离。这种'二元化'的倾向，是西方史学的独特现象，也是神学史观所培育出来的一个产物。"③ 在西方的世俗理念中，并不必然要存在一个世上的统一"王国"，这就造成了西方在"世俗的历史与神灵的历史"的对立。这种"二元"史观是中国文化里所没有的。而以《尚书》为重要代表的中国文化，则坚决相信：世俗世界也需要一个"一统"国家存在，这与西方截然不同。更重要的是，基督教文化中还含有颇多的民族主义因素，我们可以通过《圣经》看得很清楚。《圣经》，尤其是《旧约》中，有相当大的篇幅记载的是犹太民族发展史；而且《旧约》中的民族"独大"意识非常强大。"民族史"和"民族独大"这二者对浸润于基督教文化中的各民族来说，都会有很强烈的心理暗示和影响。因而时

---

① 吴志攀、李玉：《东亚的价值》，北京大学出版社 2010 年版，第 146 页。

② 参见唐逸《基督教史》，中国社会科学出版社 1993 年版，第 103—105 页。

③ 王晴佳：《西方的历史观念：从古希腊到现代》，台北允晨文化实业股份有限公司 1998 年版，第 86 页。

至今日，即使欧洲建立了欧盟，但是它充其量不过是各民族国家的松散结合体而已，与中国古代"大一统"国家有非常大的差距。《尚书》和中国文化中向来缺乏如杜赞奇教授所说的排他性很强的、现代意义上的"民族意识"。

（三）不同历史背景

从民族意识产生的原因看，近现代以来中国才具有的类似西方的民族观念，是近现代史上中国面对西方挑战、侵略乃至吞并危险时，一种自然的应激反应的产物。[①]

虽然《尚书》"华夷"意识开启了中国古代"华夷"观念之先河，但是不能说中国古代就有现代意义上的"民族"意识。在近现代学术中屡被称引的章太炎等人的"民族"意识，实际上是在中国经历数千年来从未有之变局之后，自觉或不自觉地从西方引用过来的观念。究其成因，这些意识是面对西方入侵和中国有被分割、吞并之危险时的"应激"反应，或者说一种自我保护，是自觉或不自觉地"以子之矛攻子之盾"。[②]西方用民族主义的旗帜组织他们的人民大肆侵略扩张、殖民，视其他族群为"他者"，这就迫使本来没有这种意识的中国人只好以民族主义唤醒民众，以对抗西方民族主义的压迫。[③]另一方面，即使章太炎先生等引用了中国古籍若干事例来论证他们的观点，也只在某种程度上是"旧瓶装新酒"，这些古代典籍中的材料已经被赋予了新的时代内涵，已不一定是其

---

① 参见胡涤非《民族主义在近代中国的起源及其表现形态》，《晋阳学刊》2004 年第 2 期。印度在这方面也与中国相近。参见［印度］泰戈尔《民族主义》，谭仁侠译，商务印书馆 1982 年版，第 56 页。

② 蒋庆先生说："在中国，在印度，这些所谓的'殖民地半殖民地'的国家，在像西方学习之前，本来是没有民族主义的。印度是一个不重政治的民族，没有民族主义；中国古代的知识结构中，也没有'民族国家'的概念，因而也没有民族主义。中国古代奉行的是天下主义，天下主义是建立在'天下一家'的道德观念上，而不是建立在弱肉强食的社会达尔文主义规则上。就是在西方，民族国家也是近代的产物。西方在帝国主义、殖民主义时代，通过军事侵略掠夺殖民地，激起殖民地半殖民地国家的反抗。怎么反抗？就需要学习西方的民族主义。在这里，非西方的国家学习西方的民族主义是为了反西方，为了自保，因而非西方国家的民族主义具有某种合理性。"参见蒋庆《以王道政治超越民族主义——蒋庆先生答北京中评网记者》，来自"豆瓣社区"，网址：http://www. douban. com/group/topic/11098003/。

③ 当然，民族主义在中国的渊源和历史，绝非一句话可以涵括。这里只是相对而言。至于中国历史上的特殊时期诸如宋元之际、明清易代之时是否有民族主义、与现代民族主义意识有何区分等问题，那需要专文探讨。

本来含义。

杜赞奇教授用西方文化和政治理念考察中国民族意识的形成，是带有局限性的。在《从民族国家拯救历史》中，他将西方民族国家形成过程和规律泛化到中国和印度历史之中。尽管他也部分地承认，中国是被迫应对西方挑战和侵略，从而建立起自己的民族国家，但是他未必能认识到，现在比利时南北方、加拿大的魁北克省①，即使没有面临外在的挑战，他们也可能走向独立，就像捷克斯洛伐克很正常地分裂为捷克和斯洛伐克一样，因为，它们确实都相信自己是一个异他的"民族"。他所持的观点，是自觉不自觉地用西方民族主义的产生和发展的模式去想象中国民族主义，这是不对的。我们不能用某一种固定的模式去框范不同的历史发展模式：既不能用中国的"大一统"发展模式去理解西方，同样也不能戴上西方民族主义历史意识的有色眼镜去看待中国历史。我们应该充分注意到各国、各种文化的不同点，从历史实际出发。

那么，历史的主体到底是"一元"（"华夏"唯一）的还是"多元"（"华夷"并存）的？这其中有无明显的界限？这就涉及《尚书》与"一元"史观及现代民族意识的关系问题。笔者认为，《尚书》对这个问题，实际上是倾向于最大程度的包容，"华夷"并没有绝对的界限，也就说，《尚书》认为历史的主体是普天之下的所有人民而非只有"华夏"，这与西方和现代意义上的民族意识是有着很大不同。

葛剑雄先生曾经纠正说，中国历史上并非统一占据主流地位，②这是从范围和数据上的进一步精确校正，亦确有其理（当然，葛先生用现在的疆域来框定整个中国历史时代，并从此出发去判断统一和分裂，亦有可议之处）。但是，从民族心理和期待上看，却正如张富祥先生所言："'四海之内若一家'的理念便自然产生、与时俱进而不绝如缕……而到《尚

---

① 关于比利时可能存在的分裂危险，参见"中国网" 2010 年 4 月 23 日新闻《媒体称比利时两大语言区争端可能导致国家分裂》，网址：http：//news. china. com. cn/txt/2010 – 04/23/content_ 19892129. htm。而加拿大魁北克省的独立倾向是长期众所周知的事实。参见新浪网新闻中心 2006 年 11 月 29 日新闻《266:16 加议会同意魁北克建国中国，批评者认为助长分裂，一华裔部长因反对议案辞职》，网址：http：//news. sina. com. cn/o/2006 – 11 – 29/021010632120s. shtml。而且，正如杜赞奇教授在《从民族国家拯救历史》一书第 15 页中所说的，魁北克省内部同样也面临着另一个"他者"的挑战。

② 葛剑雄：《统一与分裂——中国历史的启示》，三联书店 1994 年版，第 83—100 页。

书》、《左传》等书中，'华夏'二字的联称也已习见。由此造成的心理定势便是认为统一是正常而合理的，分裂则是背理而反常的……"① 而顾颉刚先生曾经在《中华民族是一个》中大声疾呼："在我们中国的历史里，只有民族的伟大胸怀而没有种族的狭隘观念！我们只有一个中华民族，而且久已有了这个中华民族！"②

《尚书》倾向于最大程度的包容，"华夷"以文化为划分标准，并没有绝对的界限，而作为标准的文化又具有人文性和包容性，这些都是"王道"思想的体现。《尚书》认为历史的主体是普天之下的所有人民而非只有"华夏"，这与西方和现代意义上的民族意识有着很大不同的，不可简单地将之等同于历史发展主体的"一元"史观。

四　华夏历史意识的影响和价值

华夏历史意识与"大一统"观念实际上是一个硬币的两面，二者在某种程度上就是同一个事物。这二者都发端于《尚书》，在中国历史上产生了重要影响。

葛剑雄先生曾用充满诗意的语言，谈到我国拥有的"大一统"思想文化遗产："我们拥有一项举世无比的遗产——统一，历史悠久的统一：统一的文字、统一的纪年、统一的……甚至统一的思想。这是一项多少人曾经为之奋斗、为之牺牲、为之讴歌、为之自豪的伟大事业，也是现代中国人赖以安身立命并且不得不接受的遗产。如果我们再深入地观察一下历史，还可以发现，在我们祖先的眼中，这样的统一并不限于他们的国家、他们的民族，而是应该包容整个世界；之所以没有做到，并不是没有可能，而是没有必要，因为在统一范围之外的已经不是文明社会。这种观念统治着我们这个国家和我们的人民长达二千余年，至今还存在于一些人的心灵深处，引起一些人的追忆，令一些人陶醉。"③ 葛先生的这段话，既说明了"大一统"思想在中国历史和文化中至今不衰的重要影响，又部分说明了它的非掠夺、非扩张、以文化为根基的独特内涵。这是一份弥足珍贵

---

① 张富祥：《〈尚书〉概说》，载郑杰文、傅永军主编《经学十二讲》，中华书局 2007 年版，第 117 页。

② 刘梦溪主编，顾潮、顾洪编校：《中国现代学术经典·顾颉刚卷》，河北教育出版社 1996 年版，第 785 页。

③ 葛剑雄：《统一与分裂——中国历史的启示》，三联书店 1994 年版，"引言"第 5—6 页。

的思想遗产，尤其是在面对存在着许多民族主义纷争的当今世界，这种不尚武力、不求占有对方土地和资源，不求奴役对方人民的思想，具有永恒的价值。而这种"统一"的思想最早滥觞于《尚书》的华夏历史意识。

正因为中国人只有"天下一统"意识而没有现代"民族国家"观念，以文化而不以种族、血统区分人群，追求和平而不热衷暴力，我们对中国历史上的一些独特现象就可以有更好的解释。比如，正是由于中国传统观念中只有"天下"而没有现代意义上的"民族国家"，其概念和范围都宽泛而模糊，中国文化中的"国家"才向来以"家国同构"著称；故当外族入侵时，不是为了现代意义上的国家而战，而是为了忠于君主或者保护家族而战。再具体到一些例证上，比如明朝虽然已经占领、统治了安南，却因为"得不偿失"而主动放弃；① 近代史上所谓"顽固派"的"天朝上国"意识，② 甚至晚清时期李鸿章主张放弃新疆等现象，③ 如能就其思想来源去考虑，就相对较好理解。④ 这实际上也是一种"天下"意识和"王道"思想的反映，有其深厚的思想根源。

华夏历史意识、"大一统"观念及"天下"观，与后世"世界政府"意识极其相似。它们不以血统和种族划定人群和国界，在种族冲突和民族问题不断出现的当代社会，愈发凸显出非常宝贵的思想价值。

当然，对华夏历史意识和"大一统"观念以及整个的"王道"史观，我们应该辩证看待。既不应该无视历史渊源和它的宝贵内涵，又不应该无视当前的时代背景，陶醉在虚幻的文化中而任人宰割、丧失权益。同时，在当今时代背景之下，如果能充分发掘华夏历史意识、"大一统"观念以及"华夷"观念中的积极因素，对矫正狭隘民族主义的弊端，也具有积极意义。

---

① 王伟：《明代士大夫的天下观：以1368—1428年中越关系为中心》，《求索》2010年第12期。

② 参见胡维革《天朝意识与近代中国学习西方的坎坷历程》，《长白学刊》1993年第1期；袁伟时《难于逾越的"天朝上国"思想堡垒》，《文史参考》2011年第3期。

③ 参见丁三《从"边疆"到"西部"》，《时代教育（先锋国家历史）》2009年第2期。

④ 当然，这样说并非意味着笔者赞同"天朝上国"意识和李鸿章的看法。

第 三 章

《尚书》"天人"历史观念[①]

庞朴先生曾说:"广义地说,一切学问都是天人之学。"[②] 张岱年先生也说:"天人关系论,是人生论之开端。由宇宙论到人生论,第一步便是天人关系论。天人关系论,即是对于人与自然或人与宇宙之关系之探讨。天人关系论之开端问题,是人在天地间或宇宙间之位置之问题。"[③] 任继愈先生亦称之为"哲学上的永恒主题"。[④]

同样,历史中"天"与"人"的关系问题、历史的本原问题即"历史从哪里来"的问题,以及历史主体的问题,也是历史思想中首要和基本的问题。作为中国身兼史书"鼻祖"和最重要典籍于一身的《尚书》,其中的天人观念意涵丰厚,对后世影响也极大,既是《尚书》历史思想的重要组成部分,同时也构成了《尚书》历史思想的基础。在前两章中,也有部分章节涉及《尚书》天人观念,但是未能详细论述。鉴于天人观念在《尚书》历史思想中的前提性地位,本章将进行较为详尽和深入的探讨。

第一节 《尚书》论"天"及"人"

目前学术界较为一致的看法是:从夏代到商代再到周代,"人"在天人关系中的地位是不断提升的,但是"帝" (商代至上神的代名词)

---

① 从广义上看,历史中"天"与"人"的关系问题,也包括历史的本原问题和历史主体的问题(甚至还包括历史变动观念的某些方面等)。为了本章标题上表述的方便,我们在章标题中将这三者统称为"历史天人观念",即历史思想中关于天人关系的内容。但在各节中为了明晰起见,还是尽量分开论述。

② 庞朴:《庞朴文集》(第一卷《六家浅说》),山东大学出版社 2005 年版,第 353 页。

③ 张岱年:《中国哲学大纲》,中国社会科学出版社 1994 年版,第 181 页。

④ 任继愈:《天人之际》,上海文艺出版社 1998 年版,第 3—4 页。

"天"（周代至上神的主要代名词）作为至上神的基本性质并没有改变。其实质是"天人合一"的关系；"敬德保民"是得到"天命"的关键；《尚书》天人观念带有浓厚的人本色彩和中国传统文化的独特印记等。① 但是，关于《尚书》天人观念的本质、具体内涵、成因以及与西方文化元典天人观念的比较等方面的问题，仍然有必要进一步探讨或有待厘清。

一　《尚书》天人观念之体现

《尚书》中的"天"和"人"各有多种意义。顾颉刚先生在《尚书通检》中统计的结果是："人"出现了 247 次，"天"出现了 278 次，"民"出现了 276 次。② 而《尚书词典》则统计"天"出现了 183 次，其含义有五种："上帝；有意志的天"（118 次）、"天宇"（2 次）、"神灵所在的'天庭'、天上"（2 次）、"天命、天意"（1 次）、"天气、有'神灵'支配的自然现象"（2 次），剩余的属于合成词（即"天"和其他字组合成固定的词）。③ 在下文的论述中，主要仅是就第一种意义的"天"（"上帝；有意志的天"）而言。

《尚书》天人观念可以从以下方面考察：

（一）社会生活方面

先王有服，恪谨天命，兹犹不常宁，不常厥邑，于今五邦。今不承于古，罔知天之断命，矧曰其克从先王之烈？若颠木之有由蘖，天其永我命于兹新邑……予迓续乃命于天，予岂汝威？用奉畜汝众……肆上帝将复我高祖之德，乱越我家。朕及笃敬，恭承民命，用永地于新邑。肆予冲人，非废厥谋，吊由灵。各非敢违卜，用宏兹贲。④（《盘庚》下）

高宗肜日，越有雊雉。祖己曰："惟先格王，正厥事。"乃训于

① 参见潘兴《〈尚书〉中的天及天人关系问题》，《烟台师范学院学报》（哲社版）1999 年第 2 期；张瑞雪《天人关系新论——先秦"天"的观念演进及儒家对天人关系的思考》，《哈尔滨工业大学学报》（社会科学版）2005 年第 5 期；吕华侨《天人关系新论》，《船山学刊》2005 年第 4 期。

② 顾颉刚主编：《尚书通检》，书目文献出版社 1982 年版，第 6、39—42、66—68 页。

③ 周民：《尚书词典》，四川人民出版社 1993 年版，第 221—223 页。

④ 《尚书正义》，第 225—244 页。

王。曰："惟天监下民，典厥义。降年有永有不永，非天夭民，民中绝命。民有不若德，不听罪。天既孚命正厥德。乃曰：'其如台。'呜呼！王司敬民，罔非天胤，典祀无丰于昵。"①（《高宗肜日》）

可见，"人"在生活中必须遵守"天"的命令，"天"时刻监视着"下民"，人民必须注意要有好的品德；"人"的寿命之长短决定于自己的品德，上天是至善的，不是它让"人"夭折，而是"人"自己招致；而且，所有的"人"都是"天"的后代。

（二）政治方面

有扈氏威侮五行，怠弃三正，天用剿绝其命。②（《甘誓》）

非台小子，敢行称乱。有夏多罪，天命殛之……夏氏有罪，予畏上帝，不敢不正。今汝其曰："夏罪其如台。"夏王率遏众力，率割夏邑。有众率怠弗协，曰："时日曷丧？予及汝皆亡！"夏德若兹，今朕必往。③（《汤誓》）

呜呼！皇天上帝，改厥元子，兹大国殷之命。惟王受命，无疆惟休，亦无疆惟恤。呜呼！曷其奈何弗敬？天既遐终大邦殷之命，兹殷多先哲王在天，越厥后王后民，兹服厥命。厥终智藏瘝在。夫知保抱携持厥妇子，以哀吁天，徂厥亡出执。呜呼！天亦哀于四方民，其眷命用懋。王其疾敬德，相古先民有夏。天迪从子保，面稽天若，今时既坠厥命。今相有殷，天迪格保，面稽天若，今时既坠厥命。今冲子嗣，则无遗寿耉。曰其稽我古人之德，矧曰其有能稽谋自天？④（《召诰》）

天聪明，自我民聪明。天明畏，自我民明威。⑤（《皋陶谟》）

禹曰："都！帝，慎乃在位。"帝曰："俞。"禹曰："安汝止，惟几惟康，其弼直，惟动丕应徯志。以昭受上帝，天其申命用休。"⑥

---

① 《尚书正义》，第 256—257 页。
② 同上书，第 173 页。
③ 同上书，第 170—180 页。
④ 同上书，第 394—396 页。
⑤ 同上书，第 109 页。
⑥ 同上书，第 115 页。

（《益稷》）

西伯既戡黎，祖伊恐，奔告于王。曰："天子，天既讫我殷命，格人元龟，罔敢知吉。非先王不相我后人，惟王淫戏用自绝。故天弃我，不有康食。不虞天性，不迪率典。今我民罔弗欲丧，曰：'天曷不降威？大命不挚？'今王其如台。"王曰："呜呼！我生不有命在天？"祖伊反曰："呜呼！乃罪多参在上，乃能责命于天？殷之即丧，指乃功，不无戮于尔邦。"[1]（《西伯戡黎》）

惟天地万物父母，惟人万物之灵。亶聪明，作元后，元后作民父母。今商王受，弗敬上天，降灾下民。沈湎冒色，敢行暴虐，罪人以族，官人以世，惟宫室、台榭、陂池、侈服，以残害于尔万姓……商罪贯盈，天命诛之。[2]（《泰誓》上）

由上可见，《尚书》中的"天"会"剿绝"某些统治者的"天命"，其原因是他们"威侮五行，怠弃三正""多罪""率遏众力，率割夏邑。有众率怠弗协""淫戏用自绝""沈湎冒色，敢行暴虐，罪人以族，官人以世，惟宫室、台榭、陂池、侈服，以残害于尔万姓"，而所谓的"弗敬上天"只是虚悬一格而已，真正决定君主"天命"有无的是民众，因为"天聪明，自我民聪明。天明畏，自我民明威"，否则，自恃"我生不有命在天"只是徒然："罪多参在上，乃能责命于天"？可见，《尚书》中"天"并非为君主所独占，而是恰恰相反，以"民意"为依归。这些都体现了"仁义"治国的理想，是典型"王道"政治的思想。

二 《尚书》"天"之特性

我们有必要先探讨一下《尚书》中的"天"的特性，因为，在《尚书》中，作为至上神的"天"或"帝"，具有与西方不同的特性；这种特性，直接奠定了《尚书》天人观念和历史思想的基本模式。

在《尚书》中，表示至上神的词汇有"天"或"帝"等不同的表达

① 《尚书正义》，第259—260页。
② 同上书，第270—273页。

方式，而以"天"为多，① 下文将以"天"统称之。问题是："天"或"帝"是否创世之神？这些至上神是否完全意义上的"人格神"？弄清这两个问题非常重要，因为直接关系到对《尚书》天人观念的性质和《尚书》其他思想的定位等方面的问题——因为，"天"是否创世之神及其人格化与否，直接影响着世界与"人"的来源、"天"对"人"控制力的大小和"人"对它的"臣服"程度问题。

（一）唯一至上神

《尚书》中的"天"是唯一的至上神，至少从历史思想的角度看是如此。② 关于这点，在上一章谈到"华夷之辨"时曾经涉及，在此还有必要进一步阐明。尽管《尚书》中也写到舜祭祀山川群神，但是，对世界和历史起根本决定作用的，仍然只有一个。因而，《尚书》作为中国的第一部经典，奠定了中国唯一至上神信仰的基础。唯一至上神信仰的优点在于，它杜绝了多神教中的其他神一起来"左右"和滥用至上"神权"的可能；而且即使这个至上神滥用其"神权"，也毕竟只有一个，远比多神更好"应付"和理解，从而减轻了"人"的精神负担；同时，相较于多神教中各"神"纷争给"人"的精神造成的困扰（其实"神"的纷争正好折射了信仰他的"人"的纷争）而言，一个至上神也是"人"的精神生活更淳朴、健康和理性的表现。正是在这个意义上，正如顾准先生所言："一神教比多神教严肃得多。"③

《尚书》至上神"天"（或"帝"）的唯一性，就使得人们只需做到一点：通过个人的美好德行获得他的眷顾，而无须担心其他。这就使得人们的精神负担大为减轻，从而也更加理性。这对整个中国文化都产生了很大的影响，避免了多神崇拜的一系列弊端。由于看到了中国文化中的"一神论"因素及其巨大作用，才有外国学者充满钦佩之情地说："中国

---

① "帝"在《尚书》中作"上帝、天"的情形仅有36次。参见周民《尚书词典》，四川人民出版社1993年版，第43页。

② 虽然《尚书》中并不是只有一个"神"，也是属于"多神教"，但是毕竟只有一个至上神，而且这个至上神的作用是其他"神"所无法匹敌、根本不在一个层次上的。不像希腊神话中的宙斯，虽然是"主神"，但是其他"神"也神通广大，甚至可以和他放手一搏，争夺"至上"的地位。从历史思想的角度看，对历史起决定作用或左右历史进程的"神"，《尚书》中也只有一个至上神"天"。

③ 顾准（遗著）：《基督教、希腊思想和史官文化》，《晋阳学刊》1981年第4期。

虽不属于基督教派,但在其上古史和经典著作中有着一神论的渊源,中国文明世代以其最古老的特色、深入地融合一致不断繁荣与发展。"①

(二)非创世、非造人之"至上神"

《尚书》中的"天"或"帝"不是创世之"神",也不是造人之"神"。《尚书》全书没有任何"神创造了世界"或"神创造了人"等表述——无论是明确或隐含的,都没有。实际上,《尚书》是直接把这个世界的一切当成"本来就存在、就如此"的客观存在进行描述和判断的。比如,《尚书》的开头两篇是《尧典》和《皋陶谟》,它们开篇的四个字是相同的:"曰若稽古"。这四个字的含义可以从两方面去探究:第一,"古"(历史)是本来如此的客观存在,不依附于任何外物或神灵,其存在不可置疑;第二,"古"可"稽",即意味着历史是可知的,是"人"可以认识和把握的。那么,在此意义上,历史应该是一个物质的存在,同时,它也不是"神"的创造,也不依附于"神"。这甚至可以说是一个带有一定"唯物"色彩(至少不是"神创"论)的历史本原思想。请看《召诰》中的一段,其含义就是如此:"相古先民有夏。天迪从子保,面稽天若,今时既坠厥命。今相有殷,天迪格保,面稽天若……"②——"古"(即历史)是可"相"(观察)的,就说明历史是个客观存在——尽管历史的发展有时是"天命",但是历史并非产生于"天命"。因此,《尚书》认为"历史"并非"神创",世界万物亦然。

既然世界非"天"或"帝"所创,那么,它们对人而言所具有的"权威"感就较《圣经》中的"上帝"大打折扣;何况,《尚书》归根结底是将改造这个世界的力量赋予了"人"本身呢!在《禹贡》中是以禹为杰出代表的"人"们自己用智慧和劳动制服了不可一世的洪水;同样,从周初诸诰中可以看到,周公等贤哲所一再申明的道理就是"天命"决定于"人"自身"敬德保民"与否,而不是"上帝"的恩赐或心血来潮。

---

① [意大利]阿马萨里:《中国古代文化:从商朝甲骨刻辞看中国上古史》,刘儒庭等译,社会科学文献出版社 1997 年版,"就再版致中国读者",第 IV 页。另见房志荣《儒家思想的"天"与〈圣经〉中的"上帝"之比较》,载刘小枫主编《道与言:华夏文化与基督文化相遇》,三联书店上海分店 1995 年版,第 519—520 页。

② 《尚书正义》,第 396 页。

（三）非完全人格的至上神

《尚书》中的"天"是完全意义上的人格神吗？这同样关系到《尚书》天人观念的定性问题。诚然，《尚书》中的"天"可以表现出其有意志的一面，比如，《皋陶谟》就明确说："天叙有典，敕我五典五惇哉！天秩有礼，自我五礼有庸哉！同寅协恭，和衷哉！天命有德，五服五章哉！天讨有罪，五刑五用哉！政事懋哉！懋哉！"①　"天"可以"叙有典"（指"规定人与人之间的常法"②）、"秩有礼"（指"规定人的尊卑等级"③）、"讨有罪"，自然是有意志的；但是，《尚书》中的"天"的意志又不是明白表达的，其中的突出一点就是，"天"从来不会直接发号施令，不会"说"，"人"不能直接听到他的命令，而是需要"人"运用其他手段（比如通过占卜和总结历史教训等手段）去领悟。遍观《尚书》全书，确实找不到一处"天"直接"说"，而"人"直接领受其命令的地方。而在《圣经》中的上帝，则是多次明确地"说"出自己的意见和指示，比如"创世记"中"神"多次"说"话；而在"出埃及记"以及"马可福音"等篇中，摩西、耶稣等不止一次地直接领受过上帝的命令。④《圣经》中其他地方也有很多类似"上帝"直接"说"的地方。而在《尚书》中，这个中国的至上神——"天"或"帝"从来不直接"说"什么。既然不直接"说"，"人"就无从去"听"，于是，就靠占卜去判断，去揣摩，去思考，或者通过历史自己去总结经验教训。有学者论述说："值得注意的，是殷人的卜问方式：首先由贞问者向上帝做祷告，然后用火烧烤龟甲骨或猪牛等的肩胛骨，再由巫师通过辨认骨面的裂纹判认上帝的意旨。这里领受上帝意旨的途径是占卜者的'观'与'看'，而不是'听'。"⑤　这种"观"与"看"的"领受上帝意旨的途径"，同样是《尚书》中的接受"天意"的方式，在《大诰》《金縢》等很多篇目中都可以找到通过占卜窥知"天意"的例子。

---

① 《尚书正义》，第107—108页。

② 周秉钧：《白话尚书》，岳麓书社1990年版，第22页。本书所用的《尚书》现代文解释均依此书。

③ 周秉钧：《白话尚书》，岳麓书社1990年版，第23页。

④ 参见《圣经》"创世记""出埃及记""马可福音"。中国基督教协会印发：《圣经》（和合本"神"版），中国基督教协会1996年版，《旧约》第1—36、53—93页，《新约》第38页。

⑤ 冯达文、郭齐勇：《新编中国哲学史》（上册），人民出版社2004年版，第13页。

关于"听"与"看"（以及"领悟"）的区别，前辈学者在谈到中国传统文化起源时期的特点时曾有过精要的论述："'观'的文化传统与'听'的文化传统的区别，表征重理性与重信仰的不同文化传统的区别……他创设八卦的目的，为'以通神明之德'，此'神明'依易传只作'妙运万物'解，'德'作'得'解。'通神明之德'即'类万物之情'，把握万物生生不息的奇妙变化的真实情况。这也是在走向人的真实理性。"① 这个分析是非常有道理的。"听"与"看"的两种不同"天人"交际方式，非常明显地表现出了中西文化的不同。中国"天"的这种特点对中国传统文化影响很大。孔子就曾经说过"天何言哉？四时行焉，百物生焉。天何言哉？"② 虽然，孔子这里的"天"可能还带有"自然之天"的意味，但是，也多少反映出中国人思维方式与"天人"交际方式之间的特殊关系。

总之，由于"天"不直接"说"，不直接对"人"发号施令，其"人格神"的完整性就大打折扣，从而也使得"天"对"人"的直接影响力大为减弱，为"人"理性的发挥和发展留下了较为广阔的空间。与《圣经》中的"上帝"动辄直接发言指示而"人"不能稍有违逆相比，中国的古人很明显具有更多的自主权。也正是由于"天"不能直接说，所以"人"不能直接"听"到"天"的指示，而是只能运用一些外在的手段来感悟或者探测，有时，在总结历史经验时，实际上是完全抛开了外在迷信的程序或者其他手段，而是诉诸理性的思考，得出了理性的结论，这是《尚书》中"不完全的人格神""神格"所造成的中国理性早熟的结果。所以，有学者总结说："显然，没有'创世'的观念，没有'听'的观念，都预示着中国文化的源头开启的实为一'理性'走向。"③ 这是非常有道理的。

第二节 《尚书》天人关系论

《尚书》"天"的特性在某种意义上决定了《尚书》天人关系的性

---

① 冯达文、郭齐勇：《新编中国哲学史》（上册），人民出版社 2004 年版，第 5 页。

② （魏）何晏等注，（宋）邢昺疏：《论语注疏》，北京大学出版社 1999 年标点本（简体字版），第 241 页。

③ 冯达文、郭齐勇：《新编中国哲学史》（上册），人民出版社 2004 年版，第 13 页。

质，也决定了它的天人观念的特点。《尚书》天人关系具有人本性、原始的平等性和和谐性。另外，《尚书》天人关系也经历了一个演变过程。

一　《尚书》天人观念的演变

与整个先秦时期一样，《尚书》天人观念也经历了一个动态演变的过程。从《尚书》中，可以看出其天人观念由"神本"到"人本"转变的大致轨迹。《尚书·吕刑》和《国语·楚语下》中都有"绝地天通"的记载①，其结果是"使神人交往变得更加复杂化和神圣化"②，同时使得普通人失去和"天"沟通的权利。商代对于"神"意的迷信远远超过周代，从《尚书》中可以大致看到这种差别。像在"商书"部分的《盘庚》中，盘庚动辄还要搬出"天"和"先王"之神灵压服大众，③对于"人"自身的力量和尊严，并没有认识到；而到了反映商末史实的《西伯戡黎》中，纣还自恃"我生不有命在天"，对周人的威胁视若无睹，④可见，纣之前的商代，基本上还是处于"神本"时期。这从甲骨文中也可以得到印证。而到了殷周之际，特别是易代之际的剧变引发人们的思考，"人"和"民"的力量就越被发掘出来。商代到西周初年的"天"的绝对主宰地位；越到后期，"人"的色彩越明显。这基本上成为学术界的共识。作为夏商至周代历史的反映，《尚书》也必然反映了这一历史演变的过程。换言之，《尚书》中天人观念的内涵经历了一个动态演变的过程，而不是始终如一的。

二　《尚书》天人关系的特点

总起来看，《尚书》的天人关系具有人本性、原始的平等性以及和谐性。

（一）人本性

如上所述，《尚书》中的至上神不是"创世"之神，也不是完全意义

---

① 《尚书正义》，第 539 页；徐元诰撰：《国语集解》，王树民、沈长云点校，中华书局2002 年版，第 512—515 页。

② 宇汝松：《试论中国古代宗教崇拜对象及天人关系之演变》，《兰州大学学报》（社会科学版）2002 年第 6 期。

③ 《尚书正义》，第 223—245 页。

④ 同上书，第 260 页。

的人格神，这本身就表现出，中国文化元典中的"人"，与西方相比，具有更多的自主权和理性思考的空间。然而，无论是被看做"天人合一"还是"天人相交"，《尚书》天人关系都是以"人"为主导的，换言之，是"人本"的。这主要体现在以下几个方面：

首先，"天"实际上并不直接表现其意志，而是需要通过"人"的各种验证手段来领悟和解说，这实际上为"人"主观能动性的发挥留下了广阔的空间。①

其次，"人"可以在天人关系的机制中运用"敬德保民"来改变"天"的态度，这实际上使得"人"在天人关系中把握了主导权。例如，反映商朝末年史实的《西伯戡黎》，就通过祖伊和商纣王的对话，否定了纣王的"我生不有命在天"的言辞，而论证了"天命"不会无原则地长期眷顾某一个人或族群，而是要看这个人或族群能否不"淫戏"、能否无"罪"，纣王既然"淫戏用自绝"，"故天弃我，不有康食。不虞天性，不迪率典。今我民罔弗欲丧"，就不能"责命于天"了。② 而在《大禹谟》中，禹誓师时指出"天降之咎"的原因是："蠢兹有苗，昏迷不恭，侮慢自贤，反道败德君子在野，小人在位，民弃不保"，所以他"肆予以尔众士，奉辞罚罪"。③ 同样的情形从《甘誓》中也可看到：启讨伐有扈氏的理由是后者"威侮五行，怠弃三正"，而"天用剿绝其命"。④《尚书》这种天人关系用其原文来简要概括其含义就是："天叙有典，敕我五典五惇哉！天秩有礼，自我五礼有庸哉！同寅协恭，和衷哉！天命有德，五服五章哉！天讨有罪，五刑五用哉！政事懋哉！懋哉！天聪明，自我民聪明。天明畏，自我民明威。"⑤（《尚书·皋陶谟》）尤其是"天聪明，自我民聪明。天明畏，自我民明威"一句，非常精警。这种意思在《泰誓》里以大致相同的形式表示出来："天视自我民视，天听自我民听。"⑥（《泰誓》中）

以上特点，我们可以从《尚书》文本看得很清楚：比如，即使是反

---

① 在上文谈到"华夷之辨"时，曾经涉及类似问题。
② 《尚书正义》，第259—260页。
③ 同上书，第97页。
④ 同上书，第173页。
⑤ 同上书，第104—110页。
⑥ 同上书，第277页。

映商代内容的较早期的《尚书·高宗肜日》："高宗肜日，越有雊雉。祖己曰：'惟先格王，正厥事。'乃训于王。曰：'惟天监下民，典厥义。降年有永有不永，非天夭民，民中绝命。民有不若德，不听罪。天既孚命正厥德，乃曰："其如台？"'呜呼！王司敬民，罔非天胤，典祀无丰于昵。'"① 注意，这里的中心观念，仍是强调"民"的自主地位，即所谓"非天夭民，民中绝命"；这里的"天"表面上起到"监"的作用，但是人的祸福实质上还是操于己手。再如，虽然有时《尚书》也会谈到"天"的意志，如："天叙有典，敕我五典五敦哉！天秩有礼，自我五礼有庸哉！同寅协恭和衷哉！天命有德，五服五章哉！天讨有罪，五刑五用哉！政事懋哉！"（《皋陶谟》）但是，此处之"天"应该是"天道"即"历史规律"的代名词，它在冥冥中发挥作用，不可窥测其意旨，但又可以"敬德"换得其眷顾，它是客观存在，近于"律法"而非"上帝"。换言之，人力通过"敬德"可以掌握社会历史的规律。并且，"天意"（"神"的意志）和祖先神灵的意志要通过现实中的"人"才起作用；而且"人"可以用自己的行动挽回"天命"。反面的例子就是前引《尚书·西伯勘黎》中商纣王的作为：祖伊批评商纣王"我生不有命在天"的错误论调，其立论依据就在于"人"的"罪"如果多了，"天命"是不足恃的！可见，即使在商末，"人"在社会历史中的决定性地位也已经被充分认识到了。所以，有学者论述说："在中国传统文化中，'天'与'命'常常被合称为'天命'。'命'或'天命'是一个比较复杂的概念，如果剔除其原始的宗教界定，则其含义大致接近于必然性……主体的力量和权能首先表现于道德实践的过程。作为超越了自然状态的存在，人具有选择行为的能力，并能自觉地坚持和贯彻道德原则……"② "天""大致接近于必然"，"人具有选择行为的能力"，在《尚书》中都有非常明显的表现。另外，有时在《尚书》中，"天"或"天命"甚至仅仅是自己达到某种目的堂而皇之的理由而已，如盘庚迁都时对臣民的谆谆告诫就是如此。反映商初史实的《汤誓》也说："有夏多罪，天命殛之。"③ 同样也

---

① 《尚书正义》，第 254—257 页。

② 张岱年、方克立：《中国文化概论》（修订版），北京师范大学出版社 2004 年版，第 309—310 页。

③ 《尚书正义》，第 190 页。

说明了"天命"来自德行的有无，只是"德"这个词汇未被使用而已。反映商朝中后期史实的《高宗肜日》将"天"与"下民"的关系表达得很清楚："惟天监下民，典厥义。降年有永有不永，非天夭民，民中绝命。民有不若德，不听罪。天既孚命正厥德。"① 这里，明确将"德"作为获得"天命"的条件。

对于统治者来说，"敬德"的基本内容就是"保民"。《皋陶谟》明确概括说："天聪明，自我民聪明。天明畏，自我民明威。达于上下，敬哉有土！"② 其意义是："上天的视听依从臣民的视听。上天的赏罚依从臣民的赏罚。天意和民意是相通的，要谨慎啊，有国土的君王！"③ 将"民意"与"天意"几乎同一了。晚出《泰誓》也直接将"民意"判定为"天意"的晴雨表和媒介："天矜于民，民之所欲，天必从之""天视自我民视，天听自我民听。"④ 二者意旨相同。当然，《尚书》所倡言的"敬德保民"以赢得"天意"，主要是针对最高统治者说的。

正是基于这种思想，《泰誓》从反面谴责了商纣王的种种暴行："今商王受，狎侮五常，荒怠弗敬。自绝于天，结怨于民。斩朝涉之胫，剖贤人之心，作威杀戮，毒痡四海。崇信奸回，放黜师保，屏弃典刑，囚奴正士，郊社不修，宗庙不享，作奇技淫巧以悦妇人。"⑤ 所以，敬德保民的周武王获得了"天命"，才奉行天意讨伐商纣并取而代之。晚《书》中的《咸有一德》总结"天""德""人"三者之间的关系说："非天私我有商，惟天佑于一德。非商求于下民，惟民归于一德。德惟一，动罔不吉。德二三，动罔不凶。惟吉凶不僭在人，惟天降灾祥在德。"⑥ 进一步明确了"德"在"人"获得"天命"中的途径作用。有学者说《尚书》中是"天心与民心合而为一"⑦，即是此理。

关于周初以周公为代表的统治集团对"敬德保民"以求得"天命"

① 《尚书正义》，第 256 页。
② 同上书，第 110 页。
③ 周秉钧：《白话尚书》，岳麓书社 1990 年版，第 23 页。
④ 《尚书正义》，第 273、277 页。
⑤ 同上书，第 279—280 页。
⑥ 《尚书正义》，第 216 页。
⑦ 成惕轩：《论天人之际》，载刘德汉等著《尚书研究论集》，台北黎明文化事业公司 1981 年版，第 21 页。

并保持其统治长治久安的历史意义，有学者论述说："'德'的发现……首先就意味着，周人正式地思考并提出了一个关于统治权力在道义上的正当性问题……然而自夺得政权后，作为成功的经验，惟有德——承认他人、他族生存的权利与给予一定的位置——才能有人有土，即才能确保本族的统治权力而不失，终于成为中国传统政治的一条重要古训……'天'的自然生殖的色彩、人格神的身份也被淡化了。'天'被赋予了一种价值理性的品格……在此后的中国传统里，'天'成为终极性的价值源头，周人实启其端。"① 可以说，本来"帝"或"天"的"神格"就不完全，"德"的被发现和强调，更是使得其"人格神"的色彩进一步消退。

"人"的主导地位还体现在："人"对"天"并非毕恭毕敬的态度，而且可以敬而远之、怀疑甚至否定"天命"。虽然确实是《咸有一德》明确地提出"天难谌，命靡常"② 的口号，但是在《尚书》中还不乏类似的表达。比如，《召诰》中说："我不可不监于有夏，亦不可不监于有殷。我不敢知曰，有夏服天命，惟有历年。我不敢知曰，不其延，惟不敬厥德，乃早坠厥命。我不敢知曰，有殷受天命，惟有历年。我不敢知曰，不其延，惟不敬厥德，乃早坠厥命。今王嗣受厥命，我亦惟兹二国命，嗣若功……王其德之用，祈天永命。其惟王勿以小民淫用非彝，亦敢殄戮用乂民，若有功，其惟王位在德元。小民乃惟刑用于天下，越王显……我非敢勤，惟恭奉币，用供王能祈天永命。"③ "我不敢知曰"的反复表达，固然是总结历史经验教训后的感慨，其实也不乏对以往被人们过分迷信的"天命"的怀疑。更为典型的例子是《洪范》中有关"卜筮"的规定：

> 立时人作卜筮，三人占，则从二人之言。汝则有大疑，谋及乃心，谋及卿士，谋及庶人，谋及卜筮。汝则从，龟从，筮从，卿士从，庶民从，是之谓大同。身其康强，子孙其逢吉。汝则从，龟从，筮从，卿士逆，庶民逆，吉。卿士从，龟从，筮从，汝则逆，庶民逆，吉。庶民从，龟从，筮从，汝则逆，卿士逆，吉。汝则从，龟

---

① 冯达文、郭齐勇：《新编中国哲学史》（上册），人民出版社2004年版，第14页。
② 《尚书正义》，第215—216页。
③ 同上书，第399—402页。

从，筮逆，卿士逆，庶民逆，作内吉，作外凶。龟筮共违于人，用静吉，用作凶。① （《洪范》）

在上述引文中，有好多地方值得注意："有大疑"时，首先是自己思考，其次是和卿士商量，再次是和庶人商量，最后才"谋及卜筮"，② 可见，在《洪范》所反映的那个极为遥远的时代，在别的民族还在一心问"鬼神"的时候，我们的古人只是将卜筮（实际上是虚无缥缈的"天意"）放在最后作为参考。在这段文字的后面，列举了若干种情况，占卜也从来不起决定作用，可见"人"在《尚书》中的地位非常重要。

而且，与西方文化经典迥异的是，在《尚书》中，无论在何种情况下，"天"从来没有直接站出来指手画脚，相反，倒是人们在用自己的行动决定着自己的未来和祸福。而西方却不然，《圣经》中的"上帝"拥有对人类绝对的权威，生杀予夺，全在于他；而人，在他面前只有俯首帖耳的份儿。这点《圣经》中几乎俯拾皆是。因此，台湾学者龚鹏程先生指出，中国古代是"特殊的神人关系"，主要特点是"非超越性的天帝""非奉诚待救的人"和"自然自在之天道"。③ 所谓"非超越性的上帝"，即没有对"人"命运的绝对权力；"非奉诚待救"，说明"天""不言"而"人"可自主自救自强；"自然自在之天道"，即与非神创之观念相似。可见，中国文化的这"特殊的神人关系"，在《尚书》中皆可以溯得其源头。

总之，"天命"由于"人事"，那么，最后的决定权实质上还是操于"人"之手，亦即"人"在天人关系中最终起决定作用。从《尚书》中可见，无论是商代还是周代，"人"（与"神"相对，包括统治者和被统治者），一直是被视为在历史中起主导作用的，"天"（即"神"）只是

---

① 《尚书正义》，第314—315页。
② 关于"谋及卜筮"，有的学者认为是"再与卜筮官员商量"（参见周秉钧《白话尚书》，岳麓书社1990年版，第97页），不过，笔者认为似乎理解为"用卜筮作参考"为妥，正如《尚书正义》注疏云："将举事而汝则有大疑，先尽汝心以谋虑之，次及卿士众民，然后卜筮以决之。"详见《尚书正义》，第314页。
③ 龚鹏程：《中国传统文化十五讲》，北京大学出版社2006年版，第101页。

"人"的工具而已。① 关于这一点，刘家和先生认为，殷人和周公，尽管一为"迷信的天真"，一为"理性的天真"，但是，实质上，都是以为"人的意志能够主宰历史"的，② 都视"人"为对"天"有决定作用的因素。尽管有时表面上看来"神"是高高在上的，其实，"神"是虚悬在上的，并不起实质作用。就此，刘家和先生说："人本思想只是告诉人，在这种关系中不能忘记了人是根本，即使你信神，那么目的也是人而非神。"③

综上所述，从"天意"的探知方式、"人"对"天"的态度等方面看，《尚书》的天人关系以人为主导的，具有"人本"性质。

（二）原始平等性

《尚书》的天人关系中还体现出"人"在这种关系中的平等性。"天"并非某个"人"或者某些"人"的独占，而是每个人都有权利。

我们还可以从"天子"一词意义的演变中窥见这种平等性。④ "天子"这个词是中国历史文化中极为常见的，在古代社会的中后期以及现在的一般理解中，它的意思是"天的儿子"，专指最高统治者；但是，由于最高统治者的地位在古代中国具有排他性和唯一性（所谓"天无二日，土无二王"⑤），所以，准确地说，人们一般理解中的"天子"实际上是指"天的（唯一的）儿子"，或者说是"天的独子"。长期以来，人们的原意或者潜意识里实际上也是以"天的独子"理解"天子"，只不过没有太注意其中的微妙之处罢了。

因为，《尚书》确是我国现存最早的一部书籍，而"天子"又最先出现在《召诰》等篇目中。而且，《召诰》等周初诸诰又是整部《尚书》中最为可靠的文献。总计在《尚书》中共有以下几处地方出现了"天子"一词：

---

① 当然，商周不同时期对于"天"的崇信程度有所差别。请参见本节"《尚书》天人关系的演变"部分。

② 刘家和：《史学、经学与思想：在世界史背景下对于中国古代历史文化的思考》，北京师范大学出版社 2005 年版，第 54 页。

③ 同上书，第 357 页。

④ 在本书"《尚书》'华夷'观念的成因"部分，已经指出了"天子"一词在《尚书》中的含义是"天之元子"而非"天之独子"之义，这说明，并非最高统治者才是"天"之子。

⑤ （汉）郑玄注，（唐）孔颖达等正义：《礼记正义》，北京大学出版社 1999 年标点本（简体字版），第 1403 页。

1. 尔众士同力王室，尚弼予钦承天子威命。火炎崐冈，玉石俱焚。天吏逸德，烈于猛火。歼厥渠魁，胁从罔治。① （《胤征》）

2. 天子惟君万邦，百官承式，王言惟作命，不言臣下罔攸禀令。② （《说命》上）

说拜稽首，曰："敢对扬天子之休命。"③ （《说命》下）

3. 西伯既戡黎，祖伊恐，奔告于王。曰："天子，天既讫我殷命，格人元龟，罔敢知吉。非先王不相我后人，惟王淫戏用自绝。故天弃我，不有康食。不虞天性，不迪率典……"④ （《西伯戡黎》）

4. 凡厥庶民，极之敷言，是训是行，以近天子之光。曰天子作民父母，以为天下王。⑤ （《洪范》）

5. 周公若曰："拜手稽首，告嗣天子王矣。"⑥ （《立政》）

6. 敢敬告天子，皇天改大邦殷之命，惟周文武，诞受羑若，克恤西土。⑦ （《康王之诰》）

由以上《尚书》引文可见，"天子"确实是在《尚书》中频频出现。即使抛去晚出的、真伪尚有争议的"古文"《尚书》诸篇（《胤征》《说命》）不计，仍有《西伯戡黎》《洪范》《立政》以及《康王之诰》（即"今文"《顾命》的后半部分）中出现了这个词汇。由于"今文"《尚书》是公认的中国最早的书籍，因此，"天子"一词最早出于《尚书》应该是无疑的。在前文已经分析过，"天子"的初始义应该是"天的元子"即"天的嫡长子"之意。

很明显，在最初《尚书》所记载的时代，用"天子"称最高统治者

---

① 《尚书正义》，第 185 页。

② 同上书，第 247 页。

③ 同上书，第 254 页。

④ 同上书，第 259 页。

⑤ 同上书，第 312 页。

⑥ 同上书，第 467 页。

⑦ 同上书，第 519 页。

只是"天之元子"的简称。① 最高统治者既然只是"天之元子",而非后来一般理解的"天的(唯一的)儿子",那么,这就意味着其他人也都是"天"的儿子,而最高统治者只是具有"元子"的某些优先权而已。这反映了人类文化早期原始的平等性。到了后来,随着君主专制制度的不断加强,"天子"才成了最高统治者的"禁脔",成为"单数名词",具有排他性和唯一性,别人,包括王族、皇族及其他贵族在内,更包括广大的人民群众在内,都再也没有成为"天之子"的权利。

不仅从"天子"一词的含义中,我们可以看到《尚书》中天人关系在最初时所具备的原始平等性;从《尚书》其他具体内容中也可以窥见。比如,在《盘庚》中,盘庚对于臣民苦口婆心地劝说,臣民们也颇多不满甚至不合作,② 这种"君臣"关系的平等性与天人关系上的平等性是一致的。

(三) 和谐统一性

《尚书》中"人"对"天"是敬畏的,而"天"对有"德"之"人"的眷顾及其绝对公正、仁慈,"惟上帝不常,作善降之百祥,作不善降之百殃。尔惟德罔小,万邦惟庆。尔惟不德罔大,坠厥宗。"③(《伊训》)可谓"天对人类的嘉惠和惩罚一本大公绝无偏倚"④,《尚书》"上帝"这种以善恶为唯一取舍标准而且始终如一的形象,贯穿《尚书》始终,没有冲突;而且整个中国历史这种理念都是居于主导地位。

这与古希腊和古希伯来文化中的至上神形象都不同。古希腊神话中的至上神宙斯,不只是反复无常的,而且其本身就不是至善的,他嫉妒、充

---

① 正如郑慧生先生所说:"'天子'一词,产生于西周。西周之前,商人不称'天子'。在商代甲骨卜辞、铜器铭文和有关历史文献中,没有'天子'一词出现。《史记·殷本纪》说:'汤既胜夏……于是诸侯毕服,汤乃践天子位,平定海内。'司马迁的这种说法,乃是根据后人的观念称呼古人的。在卜辞里,商王称'王',称'余一人'。《商书·盘庚篇》里盘庚也自称'予一人',不称'天子'。"具体最早出自哪部书,郑先生没有说,但是,从郑先生首先引用《尚书·召诰》来看,他似乎也认为"天子"最早出自《尚书》的。参见郑慧生《"天子"考》,《历史教学》1982 年第 11 期。

② 《尚书正义》,第 223—245 页。

③ 同上书,第 206 页。

④ 成惕轩:《论天人之际》,载刘德汉等著《尚书研究论集》,台北黎明文化事业公司 1981 年版,第 18 页。

满情欲、没有原则，因为自己的喜怒而使得世人受累。①《圣经》中的上帝，就因为自己与撒旦打赌，就可以使得毫无瑕疵的义人约伯家破人亡、受尽磨难和折磨。②

《尚书》中的天人关系还体现在对历法的重视以及高度成就上。《尧典》等篇章中很多关于历法及其重要性的记载：

> 乃命羲和，钦若昊天，历象日月星辰，敬授人时……期三百有六旬有六日，以闰月定四时，成岁。允厘百工，庶绩咸熙。（《尧典》）

> 惟时羲和，颠覆厥德，沈乱于酒，畔官离次。俶扰天纪，遐弃厥司。乃季秋月朔，辰弗集于房，瞽奏鼓、啬夫驰，庶人走。羲和尸厥官，罔闻知，昏迷于天象，以干先王之诛。政典曰："先时者杀无赦，不及时者杀无赦。"③（《胤征》）

上引《尧典》文字表明尧把"敬授人时"作为施政之首要举措，可见历法对于古代先民生活的重大意义；而《胤征》则反映出"昏迷于天象""先时""不及时"作为罪行的重大，从侧面反映出精确历法在《尚书》中的重要性。

为什么《尚书》及中国古代时如此重视历法？有学者曾经分析中国古代历法的成就及其成因说："中国在天象记录方面的连续性、完备性和准确性，世界上没有任何其他地方可以相比。"④ 因为，"中国古代认为天的运动法则规范着世间的一切变化，人类的一切活动只有效法于天，才能达到理想的目的。因此天文学家们在密切观察种种天象变化的同时，一面又密切注视着年成的丰歉、灾疫的起落、社会的治乱以及人事的沉浮。连

---

① 折鸿雁：《古希腊神话：英汉对照》，西北工业大学出版社 1999 年版，第 3—6 页。

② 中国基督教协会印发：《圣经·旧约》（和合本"神"版），中国基督教协会 1996 年版，第 484—509 页。

③ 《尚书正义》，第 28—31、183 页。

④ 张岱年、方克立：《中国文化概论》（修订版），北京师范大学出版社 2004 年版，第 125 页。关于中国历法以农业为本的特点，谭家健先生说："中国是一个农业古国，古人对于时间概念的认识和划分，往往以农作物的生长成熟期为标准。" 参见谭家健《古代岁时历法》，载谭家健主编《中国文化史概要》（增订版），高等教育出版社 1997 年版，第 128 页。

续、丰富的天象记录，只是探寻天人之间联系奥秘的资料。数学的尖端成就始终与天文学高度发达的测天技术和大规模的测天活动为伍，最终服务于历法的改进，以至形成一门综合性的'历算之学'。"① 这是很有道理的，但是，"探寻天人之间联系奥秘"既是历法备受重视的重要原因，也反映出天人关系的性质："天"是可测的，天人关系可以通过"人"的努力达到某种程度上的和谐。这折射出《尚书》及中国古代天人关系的和谐性、人文性和理性，它没有像其他文化那样，既没有把"天"置于不可知的地位，也没有把对天人关系的主要兴趣反映在"占星术"等虚妄的事情上，而是落实于人类的生活、服务于人类的生活。

总之，《尚书》天人关系是以"人"为中心的；但又是对"天"持敬畏态度的；"人"与"天"的关系是和谐一致的；"天"对"人"不具有直接操纵性和残忍性；"人"对"天"也不具有进攻性和反抗性。

三 《尚书》天人观念的成因

首先，《尚书》天人观念是中国式经验观察和体悟的结晶，明显带有中国传统文化的独特色彩。

所谓"中国式经验观察和体悟"，指的是根植于对现实生活（而非彼岸世界）强烈关注基础之上的观察和体悟。中国文化的一个突出特点就是追求现实生活的完善和幸福而不像其他文化那样寄希望于"天堂"或"来世"，在佛教尚未传入中国的春秋更是如此。换言之，这就是实用理性主义思想。这与《尚书》所反映时代以及整个中国历史上中国人的宇宙观有关。钱穆先生说："西方人常看世界是两体对立的，在宗教上也有一个'天国'和'人世'的对立。在中国人观念里，则世界只有一个。中国人不看重并亦不相信有另外的一个天国，因此中国人要求永生，也只想永生在这个世界上。中国人要求不朽，也只想不朽在这个世界上……因此，在西方发展成为宗教的，在中国只发展成'伦理'。"② 正如学者所论："中国的宗教观念"是"天国就在此岸"，③ 即中国人在现实生活中

---

① 张岱年、方克立：《中国文化概论》（修订版），北京师范大学出版社 2004 年版，第 137 页。

② 钱穆：《中国文化史导论》（修订本），商务印书馆 1994 年版，第 18—19 页。

③ 魏光奇：《天人之际：中西文化观念比较》，首都师范大学出版社 2000 年版，第 91 页。

寻找幸福，而不是像其他民族那样寄希望于缥缈虚无的天国。纵观《尚书》，没有一丝一毫的"来世"意识；相反，都是对现实生活的关注、对子孙万代的深谋远虑和对历史经验教训的总结记取。比如，周初诸诰中的《无逸》《酒诰》《大诰》等篇的主题都是通过总结历史经验教训以求有利于现实生活；而《尧典》《皋陶谟》《禹贡》等篇都充满了对现世生活的关注。

其次，另一个重要原因就是长期历史经验总结的结果，主要是周初统治者"以殷为鉴"的结果。在商代时期，商人逐渐发现，由于"商代原本是个流动性很强的游牧氏族，没有统一的信仰的主神，这很不利，于是创造出上帝（帝）和祖先神作为全民共同信仰的两个大神，王室的先公先王能替上帝管理世间一切"；① 而到了周代，同样是由于"周朝统治者从殷亡周兴的现实变革中认识到，昊天上帝并不将它的钟爱——天命一劳永逸地赐予某个家族。"② 于是，周人发现只有"敬德""保民"才能真正得到"天命"。

再次，《尚书》天人观念还与宗法制度相关联。《尚书》天人观念强调"人"应该"敬德"才能得到"天"的眷顾，这与宗法家庭中父子关系非常相近；实际上，"天人"关系可以说是现实社会中的"父子"关系的折射。准确地说，主要是周代以嫡长子继承制为基础的宗法制度的折射。因为《尚书》主要是周代思想意识的反映。《尚书》历史本原和历史主体思想的产生有其特殊原因，根本上在于中国历史文化的实用理性主义特色，同时是宗法观念影响的结果。

第三节 《尚书》历史本原思想

"历史"最初是从哪里产生的？对此问题，《尚书》没有直接提出，当然也不会直接作出回答。但从全书中可以看出或感受到：《尚书》对历史本原的看法，没有像西方《圣经》中那样的"神创论"色彩。

---

① 孟世凯：《商史与商代文明》，上海科学技术文献出版社2007年版，第152页。
② 何新：《大政宪典——〈尚书〉新考》，中国民主法制出版社2008年版，第10页。

一　《圣经》"历史神创"论

《圣经·旧约·创世纪》中说：

> 起初神创造天地。地是空虚混沌。渊面黑暗。神的灵运行在水面
> 上。神说，要有光，就有了光。神看光是好的，就把光暗分开了。神
> 称光为昼，称暗为夜。有晚上，有早晨，这是头一日……神说，天上
> 要有光体，可以分昼夜，作记号，定节令，日子，年岁。并要发光在
> 天空，普照在地上。事就这样成了。于是神造了两个大光，大的管
> 昼，小的管夜。又造众星。就把这些光摆列在天空，普照在地上。管
> 理昼夜，分别明暗。①

由上述引文可见，《圣经》认为，是"神"创造了世间万物以及时间
和空间，历史也就从昼夜初分（也就是时间产生）的这一刻开始，因此，
理所当然，历史是"神创"的，历史的本原是"神"。

二　《尚书》"历史非神创"思想

但是，《尚书》却没有将世间万物以及时间、历史看作是"神"的创
造，而至少"默认""历史"是本来就已存在的客观事物。《尚书》全书
没有任何地方表露出"历史是神创的或者世界是神创的"观念，尽管它
有时也会谈到"天"或"天命"，但是这里的"天"或"天命"不是历
史的本原，而顶多是统治者声称的、在历史过程中的发号施令者、暗示者
甚至参与者而已。"创造者"不等于"发号施令者"，更不等于"暗示
者"和"参与者"。这是与《圣经》"创世说"明显不同的一点。②

《尚书》历史本原论没有"神创论"色彩，可从以下几个方面看
出来：

---

① 中国基督教协会印发：《圣经·旧约》（和合本"神"版），中国基督教协会 1996 年版，
第 1 页。

② 当然，在中国古籍中，"天"的内涵有多种解释，往往相差很远，比较全面的概括是冯
友兰先生的说法，认为"天"有"天空""至上神""命运之天""自然之天""义理之天"等
五种意义。参见冯友兰《中国哲学史新编》（上卷），人民出版社 1998 年版，第 103 页。另外，
在《尚书》中，"天"的含义并不相同，目前也有争论。

首先,《尚书》的开头两篇是《尧典》和《皋陶谟》,它们开篇的四个字是相同的:"曰若稽古"。这四个字的含义可以从两方面去探究:第一,"古"(历史)是本来如此的客观存在,不依附于任何外物或神灵,其存在不可置疑;第二,"古"既然可"稽",那么"人"可以认识和把握历史。因而,历史应该是一个物质的存在,它也不是"神"的创造,也不依附于"神"。这是一个很明显的唯物主义的历史本原论。我们可以看《召诰》中的一段,其含义就是如此:"相古先民有夏,天迪从子保,面稽天若;今时既坠厥命。今相有殷,天迪格保,面稽天若;今时既坠厥命。今冲子嗣,则无遗寿耇,曰其稽我古人之德,矧曰其有能稽谋自天?"——"古"(即历史)是可"相"(观察)的,就说明历史是个客观存在——尽管历史的发展有时是"天命",但是历史并非产生于"天命"。张光直先生曾经说:"所谓'创世神话',则在东周以前的文献中未存记录。"① 正与《尚书》相合。

其次,《尚书》对"历史是一个本来就有的客观存在"的肯定,还体现在《尚书》对历法规律的承认和运用上。

中国古代在天文历法上的成就很高:"中国在天象记录方面的连续性、完备性和准确性,世界上没有任何其他地方可以相比。"② 对此,有学者认为,中国古代对历法的重视是出于"天人感应"的观点:"中国古代认为天的运动法则规范着世间的一切变化,人类的一切活动只有效法于天,才能达到理想的目的。因此天文学家们在密切观察种种天象变化的同时,一面又密切注视着年成的丰歉、灾疫的起落、社会的治乱以及人事的沉浮。连续、丰富的天象记录,只是探寻天人之间联系奥秘的资料。"③ 还有看法认为《尧典》和《胤征》中的相关记载是自然神崇拜的表现。④ 上述说法是很有道理的,但是,将观察天象的目的归结为仅仅是"探寻天人之间联系奥秘"或是自然神崇拜,可能还有些不全面。我们认为,从《尧典》来看,观察天象,对古人来说,还是安排生产、生活的必要

① 张光直:《中国青铜时代》,三联书店1983年版,第265页。
② 谭家健:《古代岁时历法》,载谭家健主编《中国文化史概要》(增订版),高等教育出版社1997年版,第125页。
③ 张岱年、方克立主编:《中国文化概论》(修订版),北京师范大学出版社2004年版,第137页。
④ 参见宋镇豪《夏商社会生活史》,中国社会科学出版社1994年版,第468—469页。

手段，也是对历史存在和延续性的重视，是追溯历史的需要。这点在《诗经》等中国古籍的篇章中也有体现。换言之，中国古代对历法极为重视并有很高成就的另一个重要原因是：中国古人对现实生活、历史和客观世界格外重视（而不像西方那样极为重视彼岸世界），他们相信历史和时间是确定无疑地存在，并且有着它自己的运行规律（当然这个规律的内容在不同时代是有所不同的），自古以来都是如此，与人类的现实生活息息相关，而不是什么"神"的创造或者神秘难测，就像《尧典》中"乃命羲和……允厘百工，庶绩咸熙"① 这段文本所描述的，尧命令羲和等人测量天象、制定历法，并且说明其目的是正确把握时间运行的规律，使世人的生活更加兴盛。现在看来，制定或掌握历法的实质，不妨可以看做是对时间进行准确把握和划分，其最终目的，不妨从两方面考虑：其一，是为了合理安排现实生活（主要是农事的需要），这是物质生活的需要，关于这一点，学者们有较为深刻的论述和一致的看法；② 其二，是为了准确感知时间和追溯历史并延续到未来，是灵魂超越的渴求，这点却少有人注意到。众所周知，时间就是构成整个宇宙的维度之一，是一个从古到今连绵不断的"流程"，它由历史、现在和未来组成，这三段是紧密相连而又可以相互转化的。中国古人不重视彼岸世界的永生，他们把永生的希望转化成了子孙万代的永远延续。在他们看来，时间就是从祖先到本身再到子孙万世的过程，这一点对于中国人来说格外重要（中国的"孝"文化卓立于世界而大不同于其他民族，就是突出表征）。从这点可以看出中国古人重视历法的另一个重要原因：历法是准确掌握时间所必须，而只有准确掌握时间才能准确把握世系的传承，也就是只有这样才能掌握家族历史的发展脉络，而越往遥远的中国古代，家族历史与民族和国家历史就越密不可分。中国古代特别重视了历法并取得了很大成就，这实际上也折射了中国古人对于历史的重视。

再次，《尚书》历史本原观是充满了自觉的理性原则和人本色彩的，亦即历史就是从人类的理性成熟时产生并开始的，并且历史可以促进人的

---

① 《尚书正义》，第28—31页。

② 参见宣焕灿《从〈尚书·尧典〉看中国早期历法的功能——与〈天学真原〉一书的一点商榷》，《中国科学院上海天文台年刊》1999年第20期；谭家健《古代岁时历法》，载谭家健主编《中国文化史概要》（增订版），高等教育出版社1997年版，第122、128页。

进步，而非"神意"的体现。

《尚书正义》"孔安国序"说：

> 古者伏牺氏之王天下也，始画八卦，造书契，以代结绳之政，由是文籍生焉。伏牺、神农、黄帝之书，谓之"三坟"言大道也。少昊、颛顼、高辛、唐、虞之书，谓之"五典"，言常道也。至于夏、商、周之书，虽设教不伦，雅诰奥义，其归一揆。八卦之说，谓之"八索"，求其义也。九州之志，谓之"九丘"。丘，聚也。言九州所有，土地所生，风气所宜，皆聚此书也。①

这段论述说明，《尚书》所记载的历史内容是人类文明产生后的产物。康德曾经说过："……因为这件事并不需要虚构，而是可以根据经验来加以推论的；只要我们假定人类的行为在其最初起源时就正如我们目前所发现的一样，既不更好些也不更坏些，——这个假设是符合自然界的类比的，并且不会带来任何冒险的成分。……假如我们不想臆测过份，那末我们就必须以人类理性根据此前的自然原因所无法推论的东西作为开端，也就是说以人类的存在作为开端；而且又须以人类业已成熟作为开始。"②

三 《尚书》"历史非神创"思想的成因

为何《尚书》没有将历史的本原推究到"神"？重要原因之一就是中国文化中理性的早启。从《尚书》与西方渊源于《圣经》的基督教文化的相异之处，我们可以窥见一二，有学者曾经作过论述：

> 在世界各国历史上，都有对人类产生、人类文明的看法。例如，广泛流行于欧美的基督教文化，认为文明起源于上帝的创造……与此完全不同的是，在中华民族的观念中，文明的产生有另外的线索……中国古代关于伏羲氏、神农氏和黄帝的传说，大体上反映了上古时代的中国文明由渔猎到农业而后又进入更高阶段的进程，古代中国人在对于这个进程的理解上，不是依赖于"神"，而是依赖于"人"，不

---

① 《尚书正义》，第1—7页。
② ［德］康德：《历史理性批判文集》，何兆武译，商务印书馆1996年版，第59—60页。

是依赖于超人的力量，而是依赖于探索和劳动……由于中国传统文化自先秦就具有摆脱神学独断的特点，所以在中国历史上，未出现过像欧洲中世纪基督教神学占领思想统治地位的"黑暗时代"（the dark ages）。①

这段话很精辟地说明了中国和西方在文明产生过程中的不同之处，即西方将文明的产生推源至"神"，而中国则是归根到"人"。其实，从某种意义上说，文明的产生就是人类历史的开始，因而，这段话同样可以看作对中西方历史本原论不同之处的论证。

《尚书》中暗含的这种对历史本原的判断依据，恰好可以用西方哲学家雅斯贝尔斯的话进行说明，那就是所谓历史是本来就"清清楚楚地占有它的位置"，"它具有交流人性和延续人性的现实性和必要性"。②《尚书》的作者也是将历史视为不容置疑的客观存在，并且认为它是有价值的，尤其是在历史鉴戒方面。

雅斯贝尔斯曾经说：人类在文化初期描绘历史时，都是神学的历史起源论和发展观。③ 但是，在这里，雅斯贝尔斯以西方历史哲学的发展特征，去描述全世界的历史意识，未免犯了以偏概全的毛病。他的观点至少不能概括《尚书》和中国文化的精神。比如，他所说的"神学"特征的种种方面，在《尚书》中表现得极为淡薄，在历史本原论上，《尚书》甚至已经完全超越了"用神学概念描绘"的阶段，而只是在历史变动论上

---

① 张岱年、方克立主编：《中国文化概论》（修订版），北京师范大学出版社2004年版，第279页。

② 雅斯贝尔斯的原话是"我们就将形成一个历史观念，它认为具有历史意义的事物是：首先，这种意义作为一个唯一性的历史事件，在人类历史的共同的唯一的总进程中清清楚楚地占有它的位置；其次，它具有交流人性和延续人性的现实性和必要性。"参见［德］雅斯贝尔斯《历史的起源与目标》，魏楚雄、俞新天译，华夏出版社1989年版，第8页。

③ 雅斯贝尔斯说："自远古以来，人类就试图向自己描绘历史整体：首先是用神学概念描绘（用叙述神统的史诗和人类在其中拥有命定地位的宇宙起源学说）；接着是用神学活动的概念描绘，神学活动通过世界政治的决定性事件而起作用（先知们的历史想象）；然后是用一个启示的过程，它从创世和人类堕落到世界末日和末日审判，一直贯穿整个历史过程（圣奥古斯丁）。当历史意识将自身建立在经验主义的基础之上并单单建于此上时，它被根本改变了。从中国到西方，文明在一切地方诞生。关于那种文明的自然起源的描述，虽然实际上仍然是传说性的，但在意向上已是以经验为依据了。"参见［德］雅斯贝尔斯《历史的起源与目标》，魏楚雄、俞新天译，华夏出版社1989年版，第3页。

具有某些"神学"色彩而已；相反，"以经验为依据"这一点在《尚书》中却表现得非常突出。《尚书》对历史本原的看法，其经验主义色彩较为浓厚而没有"神创"色彩，实质是承认历史是客观的存在，至于历史的本原是什么，则可以搁置不论。这与孔子"未知生，焉知死"（《论语·先进》）的思维方式有异曲同工之妙——对"生"（现实）的关注和承认是第一位的，至于"生"的对立物，可以置之暂且不论。

中国史学没有经历雅斯贝尔斯所言的那三个神学发展阶段，而且对历史本原的看法也没有表露出"神创"的意味。其中原因，就在于中国文化实用理性主义的发达。李泽厚先生在《中国古代思想史论》中曾强调中国文化中历史意识的发达和中国实用理性的关系："主客体的对立和人我之分在中国古代哲学中并不占重要地位，唯物唯心之争就远未获有近代西方哲学认识论上的巨大意义。就整体说，中国实用理性有其唯物论的某些基本倾向，其中我以为最重要的是它特别执着于历史。历史意识的发达是中国实用理性的重要内容和特征……到荀子、《易传》，则将这种历史意识提升为贯古今通天人的世界观。把自然哲学和历史哲学铸为一体，使历史观、认识论、伦理学和辩证法相合一，成为一种历史（经验）加情感（人际）的理性，这正是中国哲学和中国文化一个特征。"① 李先生在此指出中国实用理性主义有"唯物论的某些基本倾向"。其实，这种"唯物"而非"神创"的特色，同样也反映在《尚书》及整个中国史学的历史本原论上。

李先生所言"人"的理性（而不是"神性"色彩）发达得早，又特别注重现实生活（而不是彼岸世界），这就是中国实用理性的特点；而实用理性又造成了中国古人历史意识的格外发达；另外，"把自然哲学和历史哲学铸为一体"，也是中国哲学和中国文化的重要特征。以上各点，在《尚书》中都有明显反映。与此相反，在《圣经》这一作为西方文化源头之一的希伯来文化经典中，神性色彩却格外浓厚；即使是西方文化另一源头的希腊文化也是如此。在《圣经》中，是上帝"创造"了这个世界的一切所有（包括时间），当然，上帝也"创造"（或言"产生"）了历史；换言之，历史就起源于上帝，上帝是历史的本原。这种观念一直笼罩着西

---

① 李泽厚：《中国古代思想史论》，人民出版社 1985 年版，第 305 页。"历史意识的发达"下的着重号是原书所加。

方的史学界，经过圣奥古斯丁的《上帝之城》仍然是如此[①]，甚至到了雅斯贝尔斯，其著作仍然充满了神学色彩[②]。

总之，在《尚书》中，历史的本原不是"神"，而是一个自在的客观事物，这是《尚书》历史本原论的基本内涵所在，这与中国的实用理性思维方式有关，也因此奠定了与西方不同的历史哲学的基础。对后世影响很大，比如孟子的天人观念（所谓天意以民意显现的观点）等，即由此而来。

第四节 《尚书》历史主体思想

尽管"历史主体"概念较为复杂，但是，"如果就人类的整体来说，人和历史主体却应该是同一的，人的形成即历史主体的出现。"[③] 而判定历史的主体是"神"还是"人"（或者说，历史中的"人"是否处于"神"的操纵之下），这是判断历史思想是"神本"还是"人本"的重要标尺。

对此问题，《尚书》的回答是显而易见的：历史的主体是"人"。虽然确实"天"在《尚书》中有相当大的影响力，但是这种"天"不是历史的主体，甚至连说成"主宰"都很牵强。而且，历史的主体不是某一部分特定人群（比如被神化的统治者），而是包括了被统治者在内。通观《尚书》全书，以"王"为代表的统治者和广大人民，同被看作历史的主体。类似之处，《尚书》中俯拾皆是。

一 历史是"人"的历史

首先，在《尚书》中，历史是"人"的历史，而不是"神"的历史。

在《尚书》中，"人"的活动和思想构成历史的内容，至少是最主要的最基本的内容，"神"只有因为相对"人"才存在，并为"人"的存

[①] 全增嘏：《西方哲学史》（上册），上海人民出版社 1985 年版，第 283—284 页。

[②] ［德］卡尔·雅斯贝尔斯：《智慧之路》，柯锦华、范进译，中国国际广播出版社 1988 年版，第 25—34 页。

[③] 万斌、王学川：《历史哲学》，社会科学文献出版社 2008 年版，第 178—179 页。

在"服务";总之,"历史"因"人"才成其为历史,换言之,历史是因"人"而存在的,"人"是历史中绝对的主角。尽管《尚书》中不乏反映商代历史的文献,但是,与甲骨文文献中折射出的动辄杀人以祭神的行为形成鲜明对比的是,在《尚书》中,"神"并非历史的主体,其作用不是支配性的;相反,"人"处于历史的主体地位。即使有时表现出了"神"的影响力,也是要通过"人"来表现的,"神"实质上是个陪衬的角色。"神"(在《尚书》中用"天"表示)只是在作为"历史规律""历史必然性"的代名词时才出现,从来没有一处"神"出来直接表现其主体地位。当然,这也是有局限性的,正如刘家和先生说:"在这里,我们还可以看到一种悖论(paradox):本质实为民心的'天意'……原是一种起调节作用的理性,可是它的实现却只能在暴力的革命中才能完成。自从《诗》《书》叙述商革夏命、周革商命以下,大多数改朝换代都是这样实现的;一些以'禅让'为名的篡权夺位,实际也是以暴力为其后盾的。在这样的历史里,我们可以清楚地看到古代以天为中介的民本思想的局限性。"①

还有学者对周代的天命观从宗教学的角度做过剖析:"两周哲人对天命的信仰从表面上看还披着神意的外衣,但从实际上看'天'已被看作是最高道德、最高正义的终极存在,'以德配天'就是圣哲们对这个终极存在的精神追求。这种宗教精神与其说是崇拜天,不如说是崇拜天所代表的道义权威。"②

《尚书·召诰》说:"我不可不监于有夏,亦不可不监于有殷。我不敢知曰,有夏服天命,惟有历年;我不敢知曰,不其延。惟不敬厥德,乃早坠厥命。我不敢知曰,有殷受天命,惟有历年;我不敢知曰,不其延。惟不敬厥德,乃早坠厥命。今王嗣受厥命,我亦惟兹二国命,嗣若功。"——对"天命",曰"不敢知曰",只应该吸取"有夏""有殷"的教训,要"敬德"保民才可以啊!即使是虞书、夏书和商书部分,也没有将"神"置于藐视或高居人类之上的话语。而且,越到后期,《尚书》中"人"的地位就越高,这已是学术界的共识。

---

① 刘家和:《史学、经学与思想:在世界史背景下对于中国古代历史文化的思考》,北京师范大学出版社 2005 年版,第 368 页。

② 黄海德、张禹东:《宗教与文化》,社会科学文献出版社 2005 年版,第 198 页。

二 历史是"所有人"的历史

《尚书》中的历史不是"神"的历史，而是"人"的历史；它不仅仅是统治者或者其他少数人的历史，也是"所有人"的历史。

在《尚书》中，历史的主体包括统治者和被统治者在内的所有人，而不仅仅是少数的统治者。这表现出了突出的"民本"色彩。《尚书》认为，历史是所有人共同创造的。

比如，《盘庚上》说："古我先王暨乃祖乃父胥及逸勤，予敢动用非罚？世选尔劳，予不掩尔善。兹予大享于先王，尔祖其从与享之。作福作灾，予亦不敢动用非德……邦之臧，惟汝众；邦之不臧，惟予一人有佚罚。凡尔众，其惟致告：自今至于后日，各恭尔事，齐乃位，度乃口。罚及尔身，弗可悔。""古我先王暨乃祖乃父胥及逸勤"是对历史主体的形象概括：不止是"先王"，作为"乃祖乃父"的百姓以及他们的后代，同是历史的主体。"作福作灾，予亦不敢动用非德""邦之臧，惟汝众；邦之不臧，惟予一人有佚罚"，可见对民众是何等敬畏！虽然也有"自今至于后日，各恭尔事，齐乃位，度乃口。罚及尔身，弗可悔"，却是任何政治制度下都有的正常规劝，算不得过分的威吓。

再如《尚书·酒诰》说："在昔殷先哲王迪畏天显小民，经德秉哲。自成汤咸至于帝乙，成王畏相惟御事，厥棐有恭，不敢自暇自逸，矧曰其敢崇饮？……古人有言曰：'人无于水监，当于民监。'今惟殷坠厥命，我其可不大监抚于时！""在昔殷先哲王迪畏天显小民"，"小民"可畏啊！"人无于水监，当于民监"——如果不把"民"（即百姓）当成历史主体，何至于大呼"无于水监，当于民监"！而这还是西周初年的周公所言，至于在这之后的，其以"民"为历史主体的思想更加明显。

这说明，《尚书》认为，历史是以人民为主体的，人民的爱憎决定了历史的方向。这种历史主体观在中国长期历史中一直没有改变，从《五子之歌》的"民为邦本，本固邦宁"① 到《孟子·尽心下》的"民为贵、

---

① 《尚书正义》，第 177 页。

社稷次之、君为轻"①，再到《荀子·王制》②、《荀子·哀公》③ 以及魏征的"君舟民水"论④，无不带有如此色彩。这种民本观念，对中国的历史观念和政治哲学影响很大。而且，它与马克思历史哲学所认为的"现实的人是历史的真正主体"⑤ 相比较，具有相当大的一致性，体现出鲜明的唯物主义精神。

总结本节，"历史本在""君民同为历史主体"和"民为神主"是《尚书》历史本原论的主要内容，具有与《圣经》等西方早期文化经典完全不同的特点；在中国历史上，这对中国的历史哲学和政治思想产生了巨大影响。但是，这并不是说要否定少数杰出人物在历史中的重要作用，也不是否认"神意"会在某些地方被人们有意无意地当做"幌子"来论证各种合理性。

第五节 《尚书》天人观念与
春秋战国人文思潮

《尚书》作为现存中国最早的史书和经典，一直受到各阶层人们的重视，传播广泛。前已述及，《尚书》被直接和间接引用的情况很常见。同时，由于它作为政治经典的地位，具有更加独特的影响。天人观念是中国古代学术思想的基石。作为源头性著作，《尚书》天人观念对后世包括春秋战国时期产生了相当大的影响。

一 《尚书》：先秦天人观念的文献源头

《尚书》是中国最早的文献，是早期文化的集大成，它在几乎所有的中国原生文化观念中都处于源头位置，整个先秦时期的文化也应该多溯源于

---

① （汉）赵岐注，（宋）孙奭疏：《孟子注疏》，北京大学出版社1999年标点本（简体字版），第387页。

② 《荀子·王制》中有："君者，舟也；庶人者，水也。水则载舟，水则覆舟。"参见（清）王先谦撰，沈啸寰、王星贤点校《荀子集解》（全二册），中华书局1988年版，第152—153页。

③ 《荀子·哀公》中有："君者舟也，庶人者水也。水则载舟，水则覆舟；君以此思危，则危将焉而不至矣！"请参见（清）王先谦撰，沈啸寰、王星贤点校《荀子集解》（全二册），中华书局1988年版，第544页。

④ （唐）吴兢：《贞观政要》，骈宇骞、骈骅译，中华书局2009年版，第14页。

⑤ 庄国雄、马拥军、孙承叔：《历史哲学》，复旦大学出版社2004年版，第82—84页。

《尚书》，天人观念也不例外。关于这点，在谈到《尚书》与先秦文化的关系时，已经有过一些论述。我们必须首先明确《尚书》在天人观念上的源头地位，在此基础上探讨《尚书》对春秋战国时期人文思潮的影响。

春秋时期人文主义思潮的出现是学术界的共识。比如，有学者指出："春秋时期的思想家根据自己对自然、社会、人生的理解，已从殷周时期原始神学观、天命观的束缚中解脱出来，开始用理性的眼光去审视现实社会政治问题，提出了各种各样的学说，对传统的神人及天人关系进行新的理性思考……就对人及人事的重视和肯定来说，表现为人本主义思潮（或称'以人为本'思潮）的出现。"①

春秋战国时"重人事，轻鬼神"的思潮，是由于两方面的原因：既是当时社会动乱激荡迫使思想家和学者们去思考解决方略的结果，也是中国上古以来传统人文思潮发展的产物，其中有些思想资源应是来自《尚书》。关于这点，学者们也有过相当多的论述，取得了很多共识。比如，吴怀祺先生谈到从商代经西周到春秋战国时期"天"的地位时，明确指出《尚书》中对于"天命"的怀疑"对诸子的思想产生了较为深刻的影响"。② 吴先生指出：春秋战国时期的人文思潮是受到《尚书》影响的结果，所言非常中肯。

而且，《尚书》天人观念、历史本原思想和历史主体思想，本身也反映了上古王官文化从"神本"走向"人本"的过程。《尚书》所记载的历史时代，恰恰是中国上古王官文化"神"的色彩渐淡、"人"的意味日浓的时代，亦即"天"的地位日逐让位于"人"的时期。③

---

① 王杰：《春秋时期人文思潮思想述评》，《山东社会科学》2000 年第 5 期。

② 吴怀祺、林晓平：《中国史学思想通史·总论先秦卷》，黄山书社 2005 年版，第 227 页。

③ 张富祥先生曾说："上古王官文化起于原始宗教祭祀，至商周之际渐由'神本'转向'人本'。西周巫官衰而史官兴，典章文献的制作、整理和保存远超于前代，王官文化日益摆脱神学独断，成为特定历史条件下儒学发生的文化主源……这样说来，西周王官文化也即是史官文化。史官文化当然也不纯是'人本'主义的，它在当时历史条件下并不能彻底摆脱宗教神学的羁绊，但它的基本性格与神学独断不相容。因此它一面试图把神权下放到人间，致力于将'神话'历史化；一面又在不排除'天道'的前提下，把广义的礼制所包含的习惯法规提升到经典的高度，使之成为融合'天理'与'物理'而赋予普遍价值的自然法。这就使导源于先周'德治'主义、贤人作风的'敬德保民'思想和'人本'观念日益凸显起来，传统的'天道'观念被置之虚位，从而最终激发了重人事、轻鬼神的思潮在春秋时期的渐次风行。"参见张富祥《从王官文化到儒家学说——关于儒家起源问题的推索和思考》，《孔子研究》1997 年第 1 期。

这一切都说明：《尚书》是春秋战国时期人文思潮的文献源头。

二 《尚书》天人观念对春秋战国时期人文思潮的影响

《尚书》在春秋战国时期，广为人们征引，可见其影响之一斑。《尚书》本有的人文思想因子到了春秋战国时期得到了滋长，这都可以概括为一点："天"的地位逐渐降低，而"人"的地位逐渐升高。有多位学者曾经统计过先秦时期文籍引用《尚书》的情形，因而，探讨《尚书》对春秋战国时期人文思潮的影响，有说服力的做法是分析春秋战国时期引用《尚书》的情况来看其思想倾向。以统计最全的刘起釪先生《尚书学史》为根据，从春秋战国时期人们引用《尚书》情况可以发现，引用内容反映人文、理性、民本思想的内容占了相当大的比例：

（一）怀疑"天命"

《左传·成公十六年》和《左传·襄公二十三年》两次引用《尚书》"惟命不于常"；（第19页）[1]《国策·魏策三》须贾亦引用此句。（第19页）另外，《礼记·大学》亦引《康诰》"惟命不于常"。（第20页）

《《左传·僖公五年》引"皇天无亲"。（第31页）

由以上春秋战国时期对《尚书》的引用可见，《尚书》对"天命"表示怀疑实质上意味着肯定"民"在历史的巨大作用，反映出《尚书》对这一时期人们的巨大影响，也反映出先秦时期"天"的地位日逐虚化、下降，甚至受到轻视；而"人"的地位逐渐升高。

（二）"德"的凸显

比如：

《荀子·君道篇》引"惟文王敬忌"。（第19页）

《荀子·正论篇》引"克明明德"。（第19页）

《荀子·君子篇》引"凡人自得罪"。（第19页）

《荀子·成相篇》引"明德慎罚"。（第19页）

---

[1] 参见刘起釪《尚书学史》（订补本），中华书局1989年版，第19页。本节所用春秋战国时期引用《尚书》之内容皆据《尚书学史》（第14—61页），不再一一加脚注，而是以文内注的方式在引文后用括号注明《尚书学史》页码；但是为了明白起见，笔者有时在需要的时候将补足所出的古籍书名或作其他改动。

《左传·成公二年》引《周书》"明德慎罚"。（第 19 页）

《礼记·大学》引《康诰》"克明德"。（第 19 页）

《礼记·表记》引《甫刑》"敬忌而罔有择言在躬"。（第 21 页）

《孟子·公孙丑上》引《太甲》"天作孽，犹可违；自作孽，不可活"。（《孟子·离娄上》和《礼记·缁衣》亦曾引用）（以上皆第 27页）

《礼记·表记》引《甫刑》"德威惟威，德明惟明"。（第 21 页）

《墨子·非命下》引"恶乎君子，天有显德，其行甚章。为鉴不远，在彼殷王。谓人有命，谓敬不可行。谓祭无益，谓暴无伤。上帝不常，九有以亡。上帝不顺，祝降其丧。惟我有周，受之大商"。（第 30 页）

《左传·僖公五年》引"民不易物，惟德系物。"（第 39 页）①

必须指出，上述引文"德"多与"敬"字连用，这个"敬"字就凸显出"人"的主体性而非"天"之作用。晁福林先生曾经指出："先秦时期的'德'观念经历了三个阶段，一是天德、祖宗之德；二是制度之德；三是精神品行之德。在很长的历史时期内，'德'观念都没有能够摆脱天道观念的影响。'德'观念走出天命神意的迷雾是西周时代的事情，然而将它深入到人的心灵的层面则是春秋战国时期思想家们的贡献。中国古代思想主要是关注人的自身能力的认识与开发，寻求人与自然以及人与人之间关系的和谐与平衡。"②"德"地位日益凸显出"人"之作用，《尚书》书中即有其例，而其对春秋战国时期人文思潮的影响亦颇有力焉。

（三）以民为本

《国语·周语中》引用《泰誓》"民之所欲，天必从之"。（第 28 页）《国语·郑语》（第 28 页）《左传·襄公三十一年》（第 29 页）和《左传·昭公元年》（第 29 页）亦引用。

《左传·成公八年》引《周书》"不敢侮鳏寡"。（第 19 页）

《荀子·宥坐篇》引"义刑义杀"。（第 19 页）

《国语·晋语十五》引《周书》"怨不在大，亦不在小"。（第 18 页）

《吕氏春秋·君守》引《洪范》"惟天阴骘下民"。（第 18 页）

---

① 《尚书正义》作"人不易物，惟德其物"，第 327 页。

② 晁福林：《先秦时期"德"观念的起源及其发展》，《中国社会科学》2005 年第 4 期。

《孟子·滕文公上》引"古之人若保赤子"。（第 19 页）

《荀子·臣道篇》"若养赤子"为"若保赤子"稍加改变而来。（第 19 页）

《礼记·大学》引《康诰》"如保赤子"。（第 20 页）

《礼记·缁衣》引《康诰》"敬明乃罚"。（第 19 页）

《孟子·万章上》引《泰誓》"天视自我民视，天听自我民听"。（第 30 页）

《逸周书·和寤篇》引"小人难保"。（第 20 页）

《孟子·梁惠王下》引"闻诛一夫纣"。（第 30 页）

《礼记·缁衣》引"夏日暑雨，小民惟曰怨；资冬祁寒，小民亦惟曰怨"。（第 31 页）

《国语·周语上》引《盘庚》"国之臧则惟汝众"。（第 17 页）

《论语·为政篇》引"周有大赉，善人是富。虽有周亲，不如仁人。百姓有过，在予一人"。后四句亦见《墨子·兼爱中》。（第 38 页）

《论语·为政篇》引"所重民食丧祭，宽则得众，信则民任。"此外《述而》篇云："《诗》、《书》执礼，皆雅言也"。系称述《书》而非引《书》，故不列。（第 38 页）

《国语·周语中》引"民可近也，而不可上也"。（第 38 页）

由以上春秋战国时期文献在《尚书》"民本"思想方面的引文数量之大，可以清楚地看出《尚书》中的"民本"意识对春秋战国时期的重要影响。

（四）"仁""礼""仁政"等概念的产生和流行

除了上述引文外，一些重要的思想学说在春秋战国时期得以成熟并对后世产生巨大影响，比如孔子的"仁"学、"礼"学思想，孟子的"仁政"学说等；它们既是这些伟大思想家们在时代激荡下的思想产物，也是对包括《尚书》在内的中国原生文化继承和发展的结果。

以孔子"仁"学和"礼"学思想为例：虽然在《尚书》中只出现了五次"仁"字，且有四次是在"今文"《尚书》中；[①] 但是，孔子

---

① 这五次分别是："克宽克仁，彰信兆民"（《仲虺之诰》）；"民罔常怀，怀于有仁"（《太甲下》）；"虽有周亲，不如仁人"（《泰誓中》）；"予小子既获仁人，敢祗承上帝，以遏乱略"（《武成》）；"予仁若考能，多材多艺，能事鬼神"（《金縢》）。

"仁"学并非无源之水、无本之木，而是孔子对以前中国学术中相关成分的发展和创造性转换，① 其中就包括《尚书》的内在思想。有学者指出："孔子的'仁'……是从我国先秦时期关于……'人'的观念演变而来。孔子的思想以仁为核心。但……'仁'的范畴的提出，也并非始于孔子。《诗》、《书》中均有仁字出现……可以说，春秋时期，'言仁必及人'已成为一种新的时代思潮，'仁'与'人'更加紧密地联系在一起。这为孔子建立仁学思想体系，奠立了历史文化基础。孔子的真正贡献在于，第一次把仁作为道德的最高准则，被提升为一种普遍的价值原则，多方面多层次地阐述了'仁'的丰富内涵。"孔子"礼"学也是如此。② 至于孟子的"仁政"学说，则更可以从《孟子》频繁引用《尚书》和歌颂周文王的字里行间，清楚感受到《尚书》思想对孟子的巨大影响。

以上例证至少可以说明两点：其一，《尚书》在春秋战国时期影响很大，因而被广为引用；其二，引用者多注意它的人文、"民本"性质，这正说明《尚书》本身的思想资源发挥了潜移默化的作用。

当然，如果具体言之，《尚书》对春秋战国时期人文思潮的影响还可从以下很多方面找到印记，比如"先王"观念、"敬德保民"观念、历史鉴戒思想、事鬼神不如听民意等。这些在其他章节中还有涉及。

当然，春秋战国时期的某些思潮并非人文性质。比如韩非子在从《尚书》等著作中看到社会物质生活和进步的同时，还恶性地发展出了君主专制意识。或许正是在这个意义上，庄子才说："天下大乱，贤圣不明，道德不一。天下多得一察焉以自好。譬如耳目鼻口，皆有所明，不能相通。犹百家众技也，皆有所长，时有所用。虽然，不该不遍，一曲之士也。判天地之美，析万物之理，察古人之全。寡能备于天地之美，称神明之容。是故内圣外王之道，暗而不明，郁而不发，天下之人各为其所欲焉以自为方。悲夫！百家往而不反，必不合矣！后世之学者，不幸不见天地

---

① 参见王立新《孔子的仁、礼观念并及儒家的历史命运》，《湘潭大学社会科学学报》2002 年第 5 期；杨翰卿《关于"道"、"仁"两个观念渊源的考察》，《中华文化论坛》1997 年第 3 期。

② 王立新：《孔子的仁、礼观念并及儒家的历史命运》，《湘潭大学社会科学学报》2002 年第 5 期。

之纯，古人之大体。道术将为天下裂。"① 所谓"道术将为天下裂"，"不幸不见天地之纯，古人之大体"，《庄子》在这里所批判的倾向，或许可以理解为就是对《尚书》等原初文献中蕴含的中国原生文化中淳朴、博大人文精神的背离。

---

① （清）郭庆藩撰：《庄子集释》，王孝鱼点校，中华书局 1961 年版，第 1069 页。

第四章

《尚书》历史变动思想

历史变动观念是历史思想的重要方面，甚至是历史思想中最易为人所知和受到重视的一面，这也是过去历史著作多以编年体面世并较受欢迎的重要原因。人们往往习惯于从历史的变动中看到历史的意义和发展趋势，并试图从中预知未来的走向。同样，在《尚书》中也蕴藏着丰富的历史变动观念，这些观念独具特色，并对后世中国史学和中国文化整体产生了重要影响。

第一节 《尚书》"稽古"观念与历史因革论

《尚书》首篇《尧典》以"曰若稽古"开篇，说明《尚书》以"稽古"为其写作目的之一；同时，也使得《尚书》相较于西方历史古籍（如《圣经》）而言，对历史变动的看法更加理性，因为这些历史变动观念来自对历史的考察，所谓"稽古"，正是"查考（或考察）往事"之义。① 吴怀祺先生曾说："《尚书》的稽古观念，首先说明历史变动是合理的。由夏商周，进而上溯到尧、舜，几千年中发生了一系列的变动，这些变动是合乎天意的，这是《尚书》的中心观念之一。"② 所谓"因"指"延续"，"革"指"变革""改变"。《尚书》的"稽古"观念与历史因革论，主要就是关于历史变动的看法，强调历史的连续性。《尚书》认为历史是连续和盛衰的交替，这是历史的"常态"；同时，历史的"非常态"变动是通过"革命"的形式实现的，这是中国古籍中"革命"论的最早出现，对后世影响很大；而《易传》中的"汤武革命"论的提出实际上要晚于《尚书》。

---

① 周秉钧：《白话尚书》，岳麓书社 1990 年版，第 2、12 页。
② 吴怀祺、林晓平：《中国史学思想通史·总论先秦卷》，黄山书社 2005 年版，第 227 页。

一 《尚书》历史连续观念之体现

历史总是出于变动之中；但是，相对而言，历史变动过程之表现亦有"常"与"变"之分，二者可分别称为历史的"常态"和"非常态"。钱穆先生曾对过分看重"变"即"非常态"的历史观提出批评，他认为：中国的传统文化和史学中最重要历史思想之一就是重"常"，而非重"变"；而袁枢的《通鉴纪事本末》一出，则变成了重"变"，将历代改朝换代之血雨腥风、阴谋诡计等种种人性反常行为、将"动""变"和"乱"作为历史之主题。这种以"不常"为"常""重变不重常"的历史思想，使得很多史书被写成"相斫书"①，这样看来，重"变"的倾向在历史观方面应属错误导向。与钱穆先生这种观念属于同调的是杜维运先生，他大力提倡"柔美的史学"，可看作对忽视基本人性和历史常态（比如和平时期、稳定生活等）的反动。②

历史的连续性实际上就是表现了历史中"常"的一面。在《尚书》中，历史主要呈现为连续的特征，这正是《尚书》历史变动观的体现。对历史连续性的不同重视程度，实际上分别体现了不同的历史观和文化态度。而中国文化对历史连续性和传承的重视程度，可以说是罕有其匹。此处所说的"连续"，是就其最一般的意义而言：将历史看成前后相承的一个整体。"历史是连续的"这种观念，是《尚书》首要和基础性的历史变动观，虽然这种观念不很为人们关注，甚至往往被认为是极简单或不言自明的道理。③ 实质上，这种历史观有着深刻的内涵，对中国后世史学思想和民族心理也产生了很大的影响。从《尚书》的成书过程看（无论是哪种说法），其本身就是历史传承的产物，是历史连续性的表现。

《尚书》的历史连续观念主要表现为以下几个方面：

（一）时间本身的连续性

首先是《尚书》注意到了时间本身的连续性特点。如昼夜的交替、季节的变换、旧岁新年的相继、年龄的增长等。这是最直接、最浅显的时间连续性，也是时间连续和历史连续的本质意义，是其他历史连续性的基

---

① 钱穆：《中国史学名著》，三联书店 2000 年版，第 195—201 页。

② 杜维运：《史学方法论》，北京大学出版社 2006 年版，第 220—221 页。

③ 在古代，恐怕这个问题根本不是问题。

础。其例在《尚书》中到处都是，比如《尧典》中讲到尧命羲和"敬授人时"："乃命羲和，钦若昊天，历象日月星辰，敬授人时……帝曰：'咨！汝羲暨和。期三百有六旬有六日，以闰月定四时，成岁。允厘百工，庶绩咸熙。'"① 其中四时的变迁特征非常明显地被展示出来了，并且还把"定四时""成岁"的作用看得很重："允厘百工，庶绩咸熙"。《尧典》中还有"朕在位七十载"② 之类的记载，都是古人对于时间连续性的感知及记录。时间的流逝，对于人类而言，不就是历史的变迁吗？人类文明社会早期中国人时间观念的清晰和发达，是中国人历史感强烈的突出表现，同时也是其重要原因。

有学者指出中国古代对于时间观念的重视，突出表现在历法上："中国古代历法不仅是一种记时方法，而且是一种控制人们生活节奏的工具，具有神圣意义。历法的制定、颁行、遵守是与国家权威联系在一起的。天子尊天，历法是按照天空星辰的运行和大地物候的变化来制定的，以此上同于天。"③ 这是很有道理的。

（二）人世的连续性

《尚书》的历史连续观还表现在它特别强调人世的连续性，即从祖先到自身再到后代的延续。这是中国古代尤其明显和强烈的文化特征，已为中外学术界所公认。众所周知，中国古代文化中的"慎终追远""光宗耀祖""光前裕后"等观念最为强烈。比如，《君牙》中说："惟乃祖乃父，世笃忠贞，服劳王家，厥有成绩，纪于太常。惟予小子，嗣守文、武、成、康遗绪，亦惟先正之臣，克左右乱四方。心之忧危，若蹈虎尾，涉于春冰。今命尔予翼，作股肱心膂。缵乃旧服，无忝祖考……文王谟！丕承哉，武王烈！启佑我后人，咸以正罔缺。尔惟敬明乃训，用奉若于先王，对扬文武之光命，追配于前人。……率乃祖考之攸行，昭乃辟之有义。"④ 通过追述"乃祖乃父"的崇高品德和伟大功业，描述自己的"心之忧危，若蹈虎尾，涉于春冰"的心情，告诫后人要"追配于前人"，突出地表现了踵武祖业、遗泽子孙的愿望。再如《武成》中的一段也是这个意思：

---

① 《尚书正义》，第28—31页。

② 同上书，第45页。

③ 罗家湘：《逸周书研究》，上海古籍出版社2006年版，第197页。

④ 《尚书正义》，第527—529页。

"……惟先王建邦启土，公刘克笃前烈，至于大王，肇基王迹，王季其勤王家。我文考文王，克成厥勋，诞膺天命，以抚方夏。大邦畏其力，小邦怀其德。惟九年，大统未集。予小子其承厥志，底商之罪……"①

其他篇目中如《梓材》中所说的"用怿先王受命。已若兹监，惟曰欲至于万年惟王，子子孙孙永保民"②，《顾命》（"古文"《尚书》中的《康王之诰》是其后半部分）所说的"戡定厥功，用敷遗后人休。今王敬之哉！张皇六师，无坏我高祖寡命"③，《五子之歌》中所说的"明明我祖，万邦之君。有典有则，贻厥子孙。关石和钧，王府则有。荒坠厥绪，覆宗绝祀"④，《文侯之命》中所说的"丕显文武，克慎明德，昭升于上，敷闻在下……汝克昭乃显祖，汝肇刑文武，用会绍乃辟，追孝于前文人"⑤ 等，无不表达了对上追慕祖先功业和品德，对己严格要求勿坠祖业，对后嗣希望能永保福命的愿望。这种愿望，突出地表现了中国古人将祖先、自身、后嗣看作三位一体的强烈观念，对后世的影响很大。比如，《孝经·开宗明义章》中说："身体发肤，受之父母，不敢毁伤，孝之始也。立身行道，扬名于后世，以显父母，孝之终也。夫孝，始于事亲，忠于事君，终于立身。《大雅》云：'无念尔祖，聿修厥德。'"⑥

这就是《尚书》中将祖、身、嗣视为连续的一体观念的突出体现，一直是中国文化的重要特点。古代中国人很少仅仅突出自己在历史上的地位，而一般要将自己的成就归功于祖先德行的积累和功业的遗存，并且希望自己和子孙能够将它发扬光大、传留万世。因为，在古代中国人看来，祖先、自身、后嗣是三位一体的关系；中国人不像西方那样极为重视追求彼岸世界个人的永生，而是希望自己的子子孙孙永远延续下去。这种观念，在《论语》《孟子》等经典中同样有突出的表现，它们和《尚书》一起，对后世的中国人产生了极为重大的影响，形成了中国独具特色的"孝文化"，至今仍然深刻影响着中国人的民族心理，甚至成为中国人之所以成为"中国人"的文化符号。

---

① 《尚书正义》，第 290—291 页。

② 同上书，第 388 页。

③ 同上书，第 519 页。

④ 同上书，第 179 页。

⑤ 同上书，第 556—558 页。

⑥ 同上书，第 3—5 页。

有学者曾经说，在《尚书》中，"在先秦人那里，时间并不是一个不可捉摸的独立的不断流逝的东西，而是实在具体的宇宙和生命事实；万事万物也不仅仅是'在时间内'，相反，事物的变动构成了时间本身。时间与生活本身的关系要比与测量工具的关系紧密得多……"① 其实，在《尚书》中，时间的流逝更体现在人的生命中，也就是一代代人的生命的传递和延续，就是由祖先到自身再到子孙后代的不断延续。这是中国极富民族特色的时间观念和历史观念。

（三） 朝代的连续性

《尚书》中的历史连续观，还体现在对朝代的连续性的记述上。

夏被商取代，周又取代了商，表面上看，这些朝代的相续与其他国家和文化的改朝换代并无二致，也不含深意，但是，《尚书》中的这种历史连续观有其特异之处：继承者（新朝）实质上是将被继承者（旧朝）当成了基本同质的民族。为什么这样说？因为，新朝无一例外将旧朝的统治者（及其人民）当成了与自己一样的"天命"的承受者，而"天"只有一个，哪个统治者、民族或朝代有德行，就能得到天命，就能成为天下的共主。新朝所继承的旧朝，在过去也曾是"天命"的承受者——与新朝一样，只不过是世易时移，角色和地位发生了变化而已。这就说明，新朝没有将旧朝当成异质者看待（而其他民族和文化就不是这样）。

正是基于此，《尚书》中的新朝不会对旧朝的统治者赶尽杀绝，也不会对旧朝的文化和制度持排斥态度而另起炉灶，重建自己的文化和制度。这点在《尚书》中表现非常明显。比如《多士》说："尔殷遗多士。弗吊，旻天大降丧于殷。我有周佑命，将天明威，致王罚，敕殷命终于帝。肆尔多士，非我小国敢弋殷命。惟天不畀允罔固乱，弼我，我其敢求位？惟帝不畀，惟我下民秉为，惟天明畏……自成汤至于帝乙，罔不明德恤祀亦惟天丕建保乂有殷，殷王亦罔敢失帝，罔不配天其泽。在今后嗣王，诞罔显于天，矧曰其有听念于先王勤家？诞淫厥泆，罔顾于天显民祗，惟时上帝不保，降若兹大丧。惟天不畀不明厥德，凡四方小大邦丧，罔非有辞于罚。"② 周公在这里反复申明的就是两点：一是，周是继承了被殷自己抛弃的天命；二是，周与殷所追求的道德标准以及治国理念是一致的。周初统治者对于

---

① 尤炜、赵山奎：《从〈尚书〉论先秦人的时间意识》，《人文杂志》2003 年第 2 期。

② 《尚书正义》，第 422—424 页。

商代和夏代的历史命运有充分认识，这不仅是表面上的对历史的熟悉和引用，而且自居为夏代和殷代事业的继承者。《仲虺之诰》说的也是相同的道理。[①] 至于《洪范》中武王向殷的贵族遗民箕子请教治国之道，更是表现了新朝对于旧朝文化的重视，其实质就是对历史连续性的重视。

但是我们还必须进一步认识到，这种历史的连续观和继承观，与其他文化不同的特殊之处是具有排他性和唯一性，即在同一时间内，不可能有两个统一的中央政权，也不可能有另一个朝代或民族来继承旧朝。这种"天命唯一"的观念，是后世"大一统思想""正统论""道统论"等中国特色思想的重要思想渊源，其本身也是中国思想的重要特色之一。而在西方文化中，是没有这种"非此即彼"的排他性和唯一性的情形的。比如，古希腊希罗多德的《历史》，就是同时对许多国家的记载，没有排他性或唯一性，即使是敌国波斯，作者也并不表示排斥。

另外，《尚书》本身"夏商周"三代（或言"虞夏商周"四代）互相接续的编排思路也体现出其历史连续意识。我们知道，实际上是夏、商、周曾经三代并存很久。当然这也可看作"大一统"思想观念的折射。关于这点，在前文已经论述较多，不再多谈。

（四） 典章制度的连续性

《尚书》格外重视历史在典章制度的连续性。本来，制度的相承与朝代的连续有一定的重合之处；但此处特别提出来，是为了更好地强调制度的连续性在《尚书》历史思想和中国历史文化中的地位。制度是文化中相对稳定的部分，尤其是中国的制度文化，有很强的继承性。而《尚书》在好多方面都堪称中国的制度之母和标本。上文谈到的《洪范》中记载武王向箕子请教治国之道，箕子向他传授治国大法"洪范九畴"，就是典型的制度的继承。[②] 对此，钱穆先生有过精辟论述："朝代是变了，而制度则终是不能变。制度也非不变，可是只在小处变了，大处不能变。变了某一些，而另有某一些则并不变……有所'革'，亦必有所'因'。商朝人还多是因袭着夏朝人，周朝人还多是因袭着商朝人。所以称为'三代因革'。如读《论语》，'殷因于夏礼，所损益可知也；周因于殷礼，所损

---

① 《尚书正义》，第196—199页。

② 同上书，第297—298页。

益可知也。'……大体上都是因袭着上面，不是凭空突起。"①

《尚书》中的制度相承，体现在社会制度、官制、法律制度、礼制乃至社会习俗等诸多方面；当然也肯定有一定的变化和改进。比如，在刑法方面，《吕刑》说出，周代刑法就是因袭了颛顼和尧时代等前代的刑法："皇帝哀矜庶戮之不辜，报虐以威，遏绝苗民，无世在下。乃命重黎，绝地天通，罔有降格。群后之逮在下，明明棐常，鳏寡无盖。皇帝清问下民，鳏寡有辞于苗。德威惟畏，德明惟明。乃命三后，恤功于民。伯夷降典，折民惟刑。禹平水土，主名山川。稷降播种，农殖嘉榖。三后成功，惟殷于民。士制百姓于刑之中，以教祗德……"② 在官制方面，选用"三宅"的官员，也是因袭了夏代和商代，比如，《立政》说："宅乃事，宅乃牧，宅乃准，兹惟后矣。谋面，用丕训德，则乃宅人，兹乃三宅无义民。桀德惟乃弗作往任，是惟暴德，罔后。亦越成汤陟，丕釐上帝之耿命，乃用三有宅，克即宅，曰三有俊，克即俊。严惟丕式，克用三宅三俊。其在商邑，用协于厥邑，其在四方，用丕式见德……亦越文王、武王，克知三有宅心，灼见三有俊心，以敬事上帝，立民长伯。立政，任人、准夫、牧……我其立政、立事、准人、牧夫，我其克灼知厥若，丕乃俾乱……自古商人，亦越我周文王立政、立事、牧夫、准人，则克宅之，克由绎之，兹乃俾乂。"③ 反复列举事实证明"三宅"是沿用汤、文王时的古制。再如《周官》说："唐虞稽古，建官惟百。内有百揆四岳，外有州牧侯伯。庶政惟和，万国咸宁。夏商官倍，亦克用乂。明王立政，不惟其官，惟其人。"④ 从"唐虞"到"夏商"再至今，其法则一，也是说明了制度的继承性。

对前代典章制度等的继承是人类文明得以进步的基础。正如有的学者所说："从个人的眼光看来，在混沌无比的人类史中也有规则性的运动，显示长期缓慢的进步步履。这尤其适合人的理性发展。例如没有一个人能指望发现数学的一切；但是，由于知识的累积，每一代都能以前一代的业绩为基础，继续向前研究。""所谓历史是文明的连续破坏之一，可是任

---

① 钱穆：《中国史学名著》，三联书店 2000 年版，第 137—138 页。
② 《尚书正义》，第 536—540 页。
③ 同上书，第 468—477 页。
④ 同上书，第 482 页。

何文明也都借先行时代的遗产，以开辟更高水准的道路。"① 从这点看，《尚书》的历史连续观念是非常有价值的。

当然，在《尚书》中历史是连续的，但又不完全是连续的，在某些方面，它也承认历史的断裂和改变等特征。比如它也表现出了周族和商族民族特性的不同，强调不能像商族那样酗酒；还有对以嫡长子继承制为基本特征的宗法制的突出强调等。但是，《尚书》在整体上，更强调历史的连续性，比如对历史经验的总结，包括"殷革夏命"和周邦代商正当性的解释，都强调是同样的道理，周继承了商，就像商继承了夏一样等，都是如此。这种传统影响了整个中国历史和中国政治。无论是统治者还是史学家，都力图在连续和断裂中寻求应有的张力。当历史发展到一个必须要改变的关口，应该承认它断裂的合理性；但是，这毕竟是不得已而为之。在大多数情形下，还是要维持它的连续性，以求社会的稳定和人民生活的安定。这一切都证明："王道"思想中的人文和"民本"思想因素，总是能够在最关键的时候，使得中华民族在历史中能够再生和重光。

当然，如何既不至于使过于重视连续性阻碍了历史的发展，又不让历史过度断裂，这是一个至今仍然有价值的论题。

二 《尚书》历史连续观念的影响

作为中国的第一部史书和重要经典，《尚书》对历史连续性的重视，对中国史学产生了明显的影响。

首先，正是强烈的历史连续性观念，才使中国历史鉴戒史观显得格外强烈。因为，历史连续观可以促使人们对于历史不断进行回顾和总结，而习惯于割裂历史的，则与之相反。② 所以，无论中外古今，历史连续性都与历史的功能主义紧密相关并且成正比。另外，这种强烈的历史连续观对

---

① ［美］弗兰西斯·福山：《历史的终结与最后一人》，远方出版社1998年版，第76页。

② 对于认为"历史是连续的"这一观点，当然也有批评："历史学的要素是叙述事件并把事件联系起来，结果必然纠缠于因果关系，或陷入马克·布鲁赫所说的那种'起源偶像'崇拜。"但是，历史的连续性毕竟也是不可否认的事实："历史的连续性和继承性是历史的普遍特征，历史的断裂性和创新性寓于历史的连续性和继承性之中，无论多么严重的历史断裂和多么重大的历史创新，都不可能完全脱离历史的连续性和继承性……"这确实是不可否认的事实。参见［美］杰弗里·巴勒科拉夫《当代史学主要趋势》，杨豫译，上海译文出版社1987年版，第20页；郭春生《历史的连续性和继承性、断裂性和创新性——评张建华博士著〈俄国史〉》，《廊坊师范学院学报》2007年第10期。

中国古书尤其是史书的编纂产生了很大影响，有的学者总结说：中国编书"第一个特点是所编辑的群书都具有完整的历史连续性，从古到今，一线贯穿到底，没有出现过中断。这种连续性又表现在两个方面：一方面是编辑整理图书的机构和个人，两千多年来都从未中断过。另一方面，所编辑的各种类型的书，不管官私，都注意历史的连续性，重要的成套书全是从先秦到清末都可以衔接在一起的，中间往往一年也不遗漏"①。

其次，历史连续性观念对中国传统文化保持长期的连续性和稳定发展具有重要意义。因为，只有坚信历史以"连续性"而非"断裂性"为主，历史的继承才有价值和意义，历史文化才有可能被继承。中国文化之所以能在世界上保持唯一的、长达几千年的连续性，固然有多方面的原因，但是，其中对于历史连续性的坚信，应该是一个重要的原因。关于对历史连续性重要意义的认识，我们还可以从英国保守主义史学家柏克对法国大革命的否定态度得到启发。② 柏克认为"人类文化是人类智慧在漫长的历史中所积累的宝贵财富，不能以革命的名义而彻底砸烂……应该尊重历史的连续性，尊重传统，尊重宗教……反对否定一切旧传统的变革，尤其是反对大量流血的革命……主张从传统中发掘新的精神，把传统作为变革的思想资源。"③ 现在看来，柏克的"保守"是稳健而更加合乎理性的。因为，只有在充分继承而非破坏的基础上，才会有后世的社会进步和发展。一切另起炉灶，只能是文化意识上的狂妄无知。李泽厚先生谈到孔子的历史观时曾经说"孔子既非复古，也非革命，乃积累进化论者"④，这种积累进化观是最为合理的，可以避免极端的激进主义及其对文化的破坏，是人类代价最小化的进步方式。《尚书》虽然也承认"革命"的某种正当性，但这都是不得已而为之；《尚书》对历史的连续性的重视还是远远超过了对"革命"的重视的。而孔子与《尚书》渊源很深，他曾经就夏、商、周三

---

① 参见戴文葆《编辑工作基础教程》，东方出版社1990年版。转引自《中国编书的特点》，《浙江大学学报》（人文社会科学版）1996年第2期。

② 虽然"革命"在中西古今的意义颇有不同，但在"暴力推翻前朝统治"这一点上，是有相通之处的，因而还是有可比之处的。

③ 何兆武：《历史理论与史学理论——近现代西方史学著作选》，商务印书馆1999年版，第130页。

④ 李泽厚：《论语今读》（初稿），天津社会科学院出版社2007年版，第64页。

代文化的因革提出非常重要的观点，① 因而孔子的历史观念，受到《尚书》的巨大影响是很正常的。

再次，历史连续性观念对后世的中国史学、中国文化和中国人的心理都产生了很大的影响。晁福林先生对中国历史文明的延续性及其历史作用给予高度评价："除了巨大的变动以外，在夏商西周时期的历史运转中还存在着许多方面的承继和发展的内容，并且从某种角度来看，甚至承继多于变动。这个历史时期，变革当然是存在的，但并非古史上最剧烈的时期。这个历史时期社会上的矛盾斗争是存在的，但并没有后世那样惊天动地的引起改朝换代的阶级斗争出现……我国的上古文明自夏朝起就有了相当迅猛的形势……在这个时期以后，我国的周朝把夏、商的古代文明继续推向兴盛。传统文化不仅得以延续，而且有更高水平的发展，可是与夏商同时期的文明古国却由于种种原因而陷于衰落和灭亡。"②

综上可见，《尚书》朝代连续观念主要是指新朝对于旧朝优秀文化的自觉继承，它没有民族和宗族畛域的狭隘之见，只看谁的德行能应从"天命"（实际上是人民的选择）；同时具有排他性。这种基于文化和道德的继承和连续，是造成中国文化一直保持连续性的重要原因，同时也为"大一统"意识和"德治"意识的形成和强化提供了肥沃的土壤。

第二节 《尚书》"革命"论与循环史观

《汉书·辕固传》载，汉朝两位儒生辕固生和黄生在汉景帝面前曾就"汤武革命"的正当性问题发生争论，最后是汉景帝以下面的话来结束了这场没有结论的争论："食肉毋食马肝，未为不知味也；言学者毋言汤武

---

① 孔子曾说："殷因于夏礼，所损益，可知也。周因于殷礼，所损益，可知也。其或继周者，虽百世可知也。"参见（魏）何晏注，（宋）邢昺疏《论语注疏》，北京大学出版社 1999 年标点本（简体字版），第 23—24 页。

② 晁福林：《夏商西周的社会变迁》，北京师范大学出版社 1996 年版，第 1、14 页。

受命，不为愚。"① 通过汉景帝"食马肝"之喻，我们可以窥见，后世通过"革命"取得政权的统治者，在解释"革命"正当性面对着"两难"境地。这与《孟子》中万章关于从"禅让"到"家天下"的疑问②一样，都涉及政权的正当性和历史变动的合理性等问题。

一　"革命"论与《尚书》

（一）《尚书》中的"革命"

一般情况下，容易以为中国古代历史上的"革命"论，③ 最早出自《周易·彖辞》中的"汤武革命"，④ 实际上并非如此。《周易·彖辞》的"革命"论实际上晚于《尚书》，也极有可能就是归纳或引用自《尚书》。从《尚书》中我们可以看到关于"汤武革命"的最早表述，尽管"汤武"二字并没有和"革命"直接连用。

"革"和"命"字在《尚书》中分别出现了 9 次和 273 次，⑤ 其意义各有不同；而在《尚书》"殷革夏命"等语境中，"革"字是"更"亦即"更改、改换"之意；"命"字是指"天命"。"殷革夏命"其意义是"殷商改变了夏的天命"。在这里，主语是"殷商"，寓有深意，而一直未被注意到：殷商由于积德行善，得到了天意、民心，从而改变了倒行逆施的夏王朝的天命！这里很明显对"人"的主观能动性有强调的意味；而且，

---

① （汉）班固：《汉书·儒林传·辕固》，参见施丁《汉书新注》，三秦出版社 1994 年版，第 2454 页，有关的原文是："辕固，齐人也。以治《诗》孝景时为博士，与黄生争论于上前。黄生曰：'汤武非受命，乃杀也。'固曰：'不然。夫桀纣荒乱，天下之心皆归汤武，汤武因天下之心而诛桀纣，桀纣之民弗为使而归汤武，汤武不得已而立，非受命为何？'黄生曰：'"冠虽敝必加于首，履虽新必贯于足。"何者？上下之分也。今桀纣虽失道，然君上也；汤武虽圣，臣下也。夫主有失行，臣不正言匡过以尊天子，反因过而诛之，代立南面，非杀而何？'固曰：'必若云，是高皇帝代秦即天子之位，非邪？'于是上曰：'食肉勿食马肝，未为不知味也；言学者毋言汤武受命，不为愚。'遂罢。"

② （汉）赵岐注，（宋）孙奭疏：《孟子注疏》，北京大学出版社 1999 年标点本（简体字版），第 258—259 页。

③ 本书所言的"革命"，除特别注明的情况外，一般是指其在古代文献中的意义，即"新的朝代革除旧王朝的天命"之意。

④ 《周易·彖辞》有："天地革而四时成，汤武革命，顺乎天而应乎人。革之时大矣哉！"参见（魏）王弼、（晋）韩康伯注，（唐）孔颖达正义《周易正义》，北京大学出版社 1999 年标点本（简体字版），第 202—203 页。

⑤ 用"国学宝典"检索。参见尹小林"国学宝典"（中国基本典籍电子文库），2003 年。

这里的"天意"也不是难以捉摸、变幻无常的，而是对可以敬德保民者青睐有加，与西方文化中"上帝"的喜怒无常①的形象大不相同。这是造成中国几千年来"唯道德论"根深蒂固的重要原因。如果只是把"殷革夏命"理解为近似现代意义上的"革命"，或者不予翻译，或者简单地翻译成"殷商革了夏桀的命"等，一方面不够准确，另一方面也容易使读者受到误导，以为此处的"革""命"即现代意义上的"革命"，而实际上二者的实际含义是有着很大不同的。一般而言，在现代汉语中，"革命"更多地表现出其"暴力""暴动"的色彩，②而且一般是自下而上的。但是，在《尚书》《周易》以至整个中国古代，"革命"基本上还是维持着《尚书》中"改朝换代"的含义，并且不一定是"暴力"性质。

（二）《尚书》"革命"论的演变

从《尚书》文本本身来看，《尚书》"革命"论经历一个发展过程的。在较早的阶段，"革"即"改变"的意思并没有明确地体现出来。在反映史实年代较早的《尚书·甘誓》中，夏启说"有扈氏威侮五行，怠弃三正，天用剿绝其命，今予惟恭行天之罚"③，其意旨无非是说，有扈氏倒行逆施，天要断绝他的天命，而夏启是替天行道。但是这里却没有说夏启要"革"有扈氏之"命"。当然，这或许与事件的性质有关（夏启只是讨伐不服从的同姓诸侯，并非是后人理解上的"改朝换代"）。至于《汤誓》中所记的商汤伐桀的誓词，虽然事件本身带有后世所认为的"改朝换代"之意，但是商汤的语言中仍然没有明白表达出"革"即"改换"之意：

> 王曰："格尔众庶！悉听朕言。非台小子，敢行称乱。有夏多罪，天命殛之。今尔有众，汝曰：'我后不恤我众，舍我穑事，而割正夏。'予惟闻汝众言，夏氏有罪，予畏上帝，不敢不正。今汝其曰：'夏罪其如台。'夏王率遏众力，率割夏邑。有众率怠弗协，曰：'时日曷丧？予及汝皆亡。'夏德若兹，今朕必往！尔尚辅予一人，

---

① 《圣经·约伯记》载：上帝为了考验义人约伯，故意给他造成种种灾祸。

② 近年来的一些特殊的"革命"如所谓乌克兰"橙色革命"等除外。

③ 《尚书正义》，第 173 页。

致天之罚……"① (《汤誓》)

后来"革"的意思才逐渐凸显出来。反映周初史实的《尚书·多士》篇是这样说的:"有夏不适逸,则惟帝降格,向于时夏,弗克庸帝,大淫洪有辞。惟时天罔念闻,厥惟废元命,降致罚。乃命尔先祖成汤革夏,俊民甸四方……惟尔知,惟殷先人有册有典,殷革夏命。"② (《多士》) 这里面有两处提到了"革"。很明显,"革"意义的被凸显,就是"改朝换代"意识日趋明确的表现。在周公看来,周之所以"革"了殷的"命",是文王等历代周族领袖敬德、行善、保民从而获得了"天眷"的结果。

《尚书》中还有多处表达了类似的意思:

嗚呼! 天难谌,命靡常。常厥德,保厥位。厥德匪常,九有以亡。夏王弗克庸德,慢神虐民。皇天弗保,监于万方,启迪有命,眷求一德,俾作神主。惟尹躬暨汤,咸有一德,克享天心,受天明命,以有九有之师,爰革夏正。非天私我有商,惟天佑于一德。非商求于下民,惟民归于一德。德惟一,动罔不吉。德二三,动罔不凶。惟吉凶不僭在人,惟天降灾祥在德。③ (《咸有一德》)

王若曰:"嗚呼! 父师,惟文王、武王敷大德于天下,用克受殷命。惟周公左右先王,绥定厥家。毖殷顽民,迁于洛邑,密迩王室,式化厥训。"④ (《毕命》)

可见,《尚书》中周公明白提出的"殷革夏命"以及与之相连的"周革殷命"的观点,也就是"革命"说,这是中国文化史上的第一次,是周公的伟大创造或者伟大发现。这一点,刘小枫先生已经提及。⑤

① 《尚书正义》,第190—191页。
② 同上书,第423—426页。
③ 同上书,第215—216页。
④ 同上书,第522页。
⑤ 在本书有关部分已经写完后,笔者阅读刘小枫先生著作时,发现他已经谈道:"革命论是儒家思想的传统论说,出于三代('殷革夏命'《尚书·多士》),显于汉代,汉代之后不彰,直到晚清才又成为显论。"(刘小枫:《儒教与民族国家》,华夏出版社2007年版,第101页) 不过,刘先生此文主旨与本书不完全相同。

（三）从《尚书》"革命"论到《周易》"汤武革命"论

正是在此基础上，到了《周易·彖辞》中，明确总结出了"汤武革命"说："天地革而四时成，汤武革命，顺乎天而应乎人。革之时大矣哉！"① 这是彖辞对"革"卦的诠释。一般认为，包括《彖辞》在内的《易传》产生比较晚。有的观点认为是战国时期，也有认为是孔子所做（或者至少是孔子编订或传授过的）。但是无论如何，其年代不会早于《尚书·周书》。无论是春秋时期还是战国时期，《尚书》都已经流行，这是公认的事实。所以，《周易·彖辞》的"汤武革命论"作为对"革"卦进行解说的一个论据，它极有可能提炼于《尚书》中的史实；至少，它产生在《尚书》"殷革夏命"之后，这点不可能有疑义。《周易》"革"卦说："《革》：巳日乃孚，元亨利贞，悔亡。"② 只是一句简单的概括而已，并没有对彖辞中"汤武革命"的史实作出注脚或提示，因此，《周易·彖辞》中的"汤武革命"说不是《周易》本身的产物。刘起釪先生说过，《尚书》"到了汉代，它却被尊奉为儒家'五经'中最重要的一经"③。可见，在儒学独尊的最初阶段，《尚书》的地位要高于《周易》。所以，无论是从年代先后，还是从影响大小、地位高低来说，《周易·彖辞》受到《尚书》的影响都是很正常和合乎情理的。因此，《尚书》是《周易》"汤武革命论"的思想来源，《尚书》"革命"论是中国古代"革命"理论的最早起源，并和《周易·彖辞》中的"汤武革命"说一起，对中国历史和中国学术史产生了重大而深远的影响。

二 《尚书》"革命论"的内涵及成因

关于《尚书》"革命"论的内涵，可以从夏商和商周易代之际的统治者形象中窥见一斑。夏桀和商纣这两位末代帝王，其共同特点是严重失德、不理朝政、不恤民力以致民怨沸腾、民心思变、众叛亲离，是暴君兼昏君的典型；而商汤、周文王和周武王都是积德行善、深得民心、得到各方拥护的圣君。这是得以"革命"成功的基本条件。

---

① （魏）王弼、（晋）韩康伯注，（唐）孔颖达正义：《周易正义》，北京大学出版社 1999 年标点本（简体字版），第 202—203 页。

② 同上。

③ 刘起釪：《尚书学史》（订补本），中华书局 1989 年版，第 1 页。

　　基于这种分析，我们可以将《尚书》"革命"论的基本内涵简要概括为：当前代统治者道德极为堕落、政治极为昏乱而且导致民不聊生、民怨沸腾时，在下者可以奉天命、顺民意，从而取而代之。当然，在最初阶段，一般都是另一部族的首领或另一政权的统治者，才有资格和机会去"革"前代之命，但是自从刘邦成功地建立汉朝后，布衣平民也可以厕身其中了。

　　从总体上看，"革命"论主要是周初"民本"思想兴起之初的产物。它反映了周公及其所代表的周初人对于人事的重视，也折射了当时人们对于自己道德力量的自信。这在中国历史上是一大转折点。刘家和先生说过："殷人以为只要对鬼神进行盛大而殷勤的献祭，就能获得成功，这是一种迷信的天真——以为人的意志能够主宰历史。周公……以其历史理性与道德理性的并现打破了殷人迷信的天真；可是，由于时代的局限，他也是以为人的意志（坚持敬德）是能够决定历史的；他还没有也不可能认识历史的某种客观的必然性，因而显现了一种最初的理性的天真。"① 关于周公对于历史经验的深刻总结以及当时"神本"色彩渐衰、"人本"气息日浓的转变，不少学者有过论述。比如："西周统治者继承了殷商的思想而有所修正……他们在上帝的旨意中，增添了'敬德'和'保民'的内容，比较商代一味讲无所不能而又空洞无物的'帝'，不能说不是一种进步。"② 游唤民先生明确指出了西周初年统治者对于人民力量的重视和人民地位的提高："我国古代的民本思想极其丰富……其源头是《尚书》。《尚书》已孕育着丰富的民本思想……民的地位开始提高……他们发现了民众乃是朝代兴亡的决定性因素。"③ 吴怀祺先生也谈到了周初对于人事亦即"敬德保民"的重视："敬德、重德与保民两个方面的结合，说明《尚书》触到历史变动的原因的重要方面，把总结历史的眼光从天神转向人世……《尚书》作者思考历史盛衰的思路大体是这样的：天帝支配社会的变动，其支点是人间的帝王的'德政'，'德政'的中心内容是'保民'，谨慎地修德可以祈天永命……到了周的时候，'敬德'更落到实处，

---

①　刘家和：《史学、经学与思想：在世界史背景下对于中国古代历史文化的思考》，北京师范大学出版社 2005 年版，第 54 页。
②　尹达主编：《中国史学发展史》，中州古籍出版社 1985 年版，第 22—24 页。
③　游唤民：《尚书思想研究》，湖南教育出版社 2001 年版，第 92 页。

而‘天’、‘命’更虚玄了。”① 这点转变似乎也可以从《尚书》文本本身找到证据。《尚书·仲虺之诰》中说，商汤灭亡了夏之后，尽管他只是将夏桀放逐而不是杀戮，仍然自谓有惭德，于是仲虺安慰他，讲了一番大道理。汤的表现反映出商代初年“神”或者说“天”对人们的影响很大，而相对而言，人们对于自己道德力量仍然很不自信和“敬德”“民本”思想的尚未完全确立，以及商汤作为中国历史上第一个“革命”者②的心理状态。整个商代对鬼神的格外重视也是同样道理。这与周初认为“敬德”“保民”就可以永保天下的思想形成了鲜明对比。周代以后的中国古代，向来少有如印第安人以人祭神、殉葬的举动；即使偶有之，也会受到很强烈的谴责。③ 这种强烈的民本意识，可以说拜周公所确立的“民本”道德主义所赐。

三　《尚书》“革命论”的重大影响

自从“革命”论在《尚书》中首次提出后，对中国后世产生了重大而深远的影响。因为，《尚书》作为中国最重要的经典之一，“不论发生些什么变故，它总是随着二千多年封建王朝的历史发展，始终雄踞在意识形态领域的最高宝座上，成了历代帝王和封建士大夫必读必遵的政治与道德教科书，给了汉以后全部封建时代的政治和思想以巨大影响。”④ 《周易》的“汤武革命论”的影响实际上可以看作《尚书》“革命”论的间接影响。《尚书》“革命”论的历史影响体现在：

第一，对中国政治伦理思想和政治哲学都产生了重大影响。前引辕固生和黄生的争论，对汤武以后的读书人，对任何通过“革命”手段夺得天下的最高统治者及其继承人来说，都是两难选择的命题。这个命题同乾隆皇帝将洪承畴、钱谦益等列入“贰臣传”而表彰史可法等为忠臣一样耐人寻味。但无论如何，“汤武革命论”一直对中国古代甚至直至现在的

---

① 吴怀祺：《中国史学思想史》，商务印书馆2007年版，第40页。

② 此处“革命”是就其古义而言，即“革除旧朝之命”。

③ 孟子曾经引用孔子批评以俑殉葬行为的话说：“仲尼曰：‘始作俑者，其无后乎？’为其象人而用之也。”（参见（汉）赵岐注，（宋）孙奭疏《孟子注疏》，北京大学出版社1999年标点本（简体字版），第14页）可见，孔子时已经对用俑殉葬极为不满，何况用活人殉葬乎？后世偶有以人殉葬者（如明初诸帝），也不是主流。

④ 刘起釪：《尚书学史》（订补本），中华书局1989年版，第1页。

政治伦理思想产生了重大影响。这种政治伦理思想的基本内涵是：皇位或王位唯有有德者方可居之；如果在上位者失德甚重祸国殃民，那么，在上位者就有可能被推翻或者取代。但是，其重要前提是在上者"失德甚重"以致黎民百姓陷于水深火热之中；而且推翻或取代者又必须是真正民心归向，各方拥护。否则，就是违背政治伦理的篡逆行为，就是非正义的。王莽在权倾朝野的情况下，仍然是一再谦让不愿当皇帝（姑且不说其情之真伪），这至少反映了当时的政治伦理标准。曹操之于汉献帝和司马懿之于曹魏政权，同样如此。曹操说即使天命在他身上，他也愿意作周文王而不是周武王，① 其意就在于此。曹操和司马懿二人都将登基称帝的机会留给后代，固然有势不得已的因素，但也不能排除他们个人在政治伦理上的考量。另外，中国的传统政治哲学也受到了《尚书》"革命"论的明显影响。一般而言，惩于前代之弊，汲取前代灭亡的教训，新政权的统治者，都比较爱惜民力、注重德行修为和政治治理，从而使得其统治较为清明，百姓因而也得到了休养生息，对社会生产的恢复和发展有积极作用。而且，周公在论证"革命"的正当性时对"敬德"的一再强调，对中国"德治"政治理念的形成和强化也起到了很大的作用。

　　第二，《尚书》"革命"论对中国历史哲学同样产生了巨大影响，其中最重要的一点就是使得"人"的力量而非"神"在历史发展中的作用日益凸显。前文已经述及，周公对人民在历史中的作用非常重视，继此先声，人民在历史中的地位愈来愈受到重视，而虚无缥缈的"神"的作用则日益式微："自西周后期至于春秋时代……在天命观进一步动摇的思想趋势中，重视人事并企图由此来解释社会的观点增多了。……有的干脆就从对民的态度来论国家兴亡的原因……在自然和社会的关系中强调人的作用，在国家诸问题中强调民的地位，是春秋时期进步的社会观的基本倾向。"② 这种思想经过孟子等思想家的阐发，成为中国传统历史哲学的基本特点之一。同时，在某种意义上，《尚书》"革命"论也是中国历史"治乱盛衰循环"论的滥觞。其基本逻辑是：前代的统治者如果不敬德、畏天命而放纵自己的邪欲，不以民为本，那么，他就要被后起的有德之君

---

　　① 曹操原话是："若天命在吾，吾为周文王矣。"参见（晋）陈寿《三国志》，（南朝宋）裴松之注，吴金华点校，岳麓书社 2002 年版，裴松之引《魏略》注，第 36 页。

　　② 尹达主编：《中国史学发展史》，中州古籍出版社 1985 年版，第 25 页。

所取代。这对后世的"三统说""五德终始说"等都产生了重大影响。

第三，《尚书》"革命"论对中国人的民族心理和历史面貌也产生了重大影响。一般来说，中国人平时对政治腐败有相当大的忍耐力，只要不至于到了民不聊生、哀鸿遍野的地步，中国人并不一定要改朝换代。但是，身当末世、民不堪命之时，中国人总是盼望能有汤武这样的明君出来，奉天承运，"革"旧王朝末代帝王的命[①]，以求得复苏民生。

四　"革命"与"禅让"

比较特殊的是《尚书》中所反映的"禅让"这一历史变动形式。[②]《尚书》中的尧舜禹时代是反映了由"禅让"到"家天下"的变迁阶段。[③]《尧典》详细记载了尧不让自己的儿子继位，而是努力寻找其他合适的继承人所费的周折。[④] 而舜亦循此例将位子让给了禹。

"禅让"在这里所表现的理念有二：一是"公天下"，二是择有德者禅之，而这里的"德"是典型的宗法制度下的"孝悌"之行，是中国文化所独有。由于"禅让"是政权的和平交接，由于没有暴力，因而被后世认为是更加高尚的方式。但是，当弟子万章问："人有言'至于禹而德衰，不传于贤而传于子'，有诸？"孟子回答："否，不然也。天与贤，则与贤；天与子，则与子。"可见，孟子认为，这二者都是天意，而天意的体现就是人民的自然归属和拥护；孟子还引用孔子的话"唐、虞禅，夏后、殷、周继，其义一也"来证明自己的论断。[⑤] 而万章的疑问实际上并非无据。孟子的回答与他对"汤武革命"的看法出于同一理由，即天意、民心。这二者实际上都涉及政权更迭的正当性问题。不过，无论如何，"禅让"是一种和平的历史变动形式，古代学者倾向于认为《尚书》以尧舜相禅开篇表现了人们对于禅让制度的推崇，无论这种看法是否成立，后世人们对于禅让确实非常推崇，由此折射出《尚书》有形无形中给予人们的影响。而这种影响，正如李振宏先生所言："不论中国历史的远古时

---

① 景海峰、徐业明：《梁漱溟评传》，百花洲文艺出版社 1995 年版，第 198—199 页。

② 当然，"禅让"也是一种政权更迭的方式。

③ 此处仅就《尚书》之记载而论，暂不考虑有关的争论。

④ 《尚书正义》，第 40—46 页。

⑤ （汉）赵岐注，（宋）孙奭疏：《孟子注疏》，北京大学出版社 1999 年标点本（简体字版），第 258—259 页。

代是否存在过禅让制度，'禅让说'在战国时期的盛行则是一个确然的思想事实。这一学说在战国时期的勃然兴起，是与当时的原始民主思潮相联系的，它和'汤武革命论'、'君位可易论'、'择贤立君论'、'立君为民论'等一起，形成了一种原始民主思想的强烈共振，展示了中国文化在其创生期的丰富多彩及其理论深度。"①

五 《尚书》循环史观的内涵及成因

(一) 内涵

《尚书》认为历史是连续的，这是从前后朝代相互联结的线性关系来讲的，说的是历史时间中"点"与"点"的关系；但从历史时间中"段"与"段"的关系这一角度来说，它还认为历史是"兴衰"递嬗的，是某种意义的"循环"。

当然，这里的"循环"并非原样复制，而是指在某种状态或性质的相符或相近。此外，还需要强调一点，《尚书》本身确实没有任何一处提到了"循环"，甚至也没有一处像《孟子》中那样，有类似"一治一乱"②和"五百年必有王者兴"③等与"循环"较为一致的表达，但是，《尚书》有很多地方表现出了历史是某种意义上的循环的含义。这可以分为两种情况：一是从不同朝代的比较角度而言，一个朝代由盛转衰，必将被另一个强盛的朝代取代，但是，后者同样最后也逃脱不了前者的命运，而被再下一个朝代取代；二是同一朝代的不同阶段，往往也存在着盛衰相间的情形。这两种情况在《尚书》中都有体现。

第一种情形如《多方》说："非天庸释有夏，非天庸释有殷，乃惟尔辟，以尔多方，大淫图天之命，屑有辞。乃惟有夏图厥政，不集于享，天降时丧，有邦间之。乃惟尔商后王，逸厥逸，图厥政，不蠲烝，天惟降时丧。"④ 这是说，夏和商由于不敬德，由盛转衰，分别被商和周取代，历史是何等的相似。再如《召诰》说："王其疾敬德，相古先民有夏。天迪

---

① 李振宏：《"禅让说"思潮何以在战国时代勃兴——兼及中国原始民主思想之盛衰》，《学术月刊》2009 年第 12 期。

② （汉）赵岐注，（宋）孙奭疏：《孟子注疏》，北京大学出版社 1999 年标点本（简体字版），第 176 页。

③ 同上书，第 125 页。

④ 《尚书正义》，第 396—399 页。

从子保，面稽天若，今时既坠厥命。今相有殷，天迪格保，面稽天若，今时既坠厥命……我不可不监于有夏，亦不可不监于有殷。"① 这也是同样道理。

对第二种情形，论述最为充分的是《无逸》，它表面上是讲各王逸豫与否导致的寿命的短长，实际上，几乎通篇都在用实例证明商代"盛世"与"衰世"相间隔。周公在《无逸》中还总结了出现以上情形的原因："先知稼穑之艰难，乃逸，则知小人之依。相小人，厥父母勤劳稼穑，厥子乃不知稼穑之艰难，乃逸乃谚。既诞，否则侮厥父母曰：'昔之人无闻知。'"所以，周公对周后世统治者忧心忡忡，列举周代文王武王的道德、功业："厥亦惟我周太王、王季，克自抑畏。文王卑服，即康功田功。徽柔懿恭，怀保小民，惠鲜鳏寡。自朝至于日中昃，不遑暇食，用咸和万民。文王不敢盘于游田，以庶邦惟正之供。文王受命惟中身，厥享国五十年。"然后告诫成王"嗣王其监于兹"，希望不要重蹈商人覆辙。当然，这种覆辙，也暗含两种可能，一是衰落；一是灭亡（衰落到极点并被别的朝代取代）。对此，魏光奇先生指出"中国传统的循环史观"是"摆不脱的周期律"，简言之即"没有百年的江山"。②

需要指出的是，《尚书》历史循环包含两种情形：其一，盛世—衰世—盛世；其二，朝代兴起—灭亡—新朝代兴起—灭亡—更新的朝代兴起。前者即一个朝代内部"盛世"与"衰世"相间的情形，却往往被后世所忽略。其实，无论是《尚书》还是《孟子》，它们认为"盛世"与"衰世"（或"一治一乱"）相间的历史"循环"，都没有限定在不同朝代之间，同一朝代中也可以出现这种情形。这或许与后世的王朝不如夏、商、周三代"长寿"有一定关系；也可能是后世学者的理解偏差。其实，"盛衰"相继与"改朝换代"几乎被等同起来，是后世的误解，所谓的"兴衰周期律"，就是这种观点的典型代表。这种误解长期积累，对中国的政治伦理和民族心理造成了不好的影响，往往使人以为，当一个朝代呈现衰退迹象之时，就是应该改朝换代之际。而改朝换代的方法，大多要靠暴力革命，要血流漂杵、杀人盈野，付出极大的社会成本和人的生命的代

---

① 《尚书正义》，第396—399页。

② 魏光奇：《天人之际：中西文化观念比较》，首都师范大学出版社2000年版，第243—264页。

价；却没有想到还可以在不改朝换代的前提下进行其他方式的改良。

最后，需要补充说明的是：《洪范》五行学说对后世的循环观念起到了很大的启发作用。《洪范》中有一段文字：

> 一，五行。一曰水，二曰火，三曰木，四曰金，五曰土。水曰润下，火曰炎上，木曰曲直，金曰从革，土爰稼穑。润下作咸，炎上作苦，曲直作酸，从革作辛，稼穑作甘。① （《洪范》）

这段文字，似乎和历史变动观没有关联，但是，它提到了"水""火""木""金""土"五种物质及其特性和功能。这一点在后世被引申和发挥，对"五德终始说""三统说"等起到了很大影响。② 虽然《洪范》"五行"说影响很大，但这主要是由于后人的附会、引申和发挥。从《尚书》文本本身来说，并不能看出它有历史循环的含义，因而，拙著不做重点探讨。

（二）成因

关于《尚书》历史循环思想的成因，有的学者认为是与四时的循环有关，即对四季变迁的直觉借用。③ 但是，其他早期文明的人们也同样可以看到四季，为什么唯独中国会因为看到四季的轮回才有这种历史循环观呢？笔者认为，《尚书》之所以会形成这种特有的循环史观，大致有以下几个方面的原因。

第一是由于特有的地理环境。《尚书》及中国文化主体是中国封闭的地理环境和典型的农业社会的产物。中国较为封闭的地理环境，形成相对

---

① 《尚书正义》，第 301 页。

② 关于《洪范》"五行"说，可参见金景芳《西周在哲学上的两大贡献——〈周易〉阴阳说和〈洪范〉五行说》，《哲学研究》1979 年第 6 期；冯浩菲《〈洪范五行传〉的学术特点及其影响——兼论研究天人感应说之不能忽略伏生》，《中国文化研究》1997 年第 2 期；张兵《伏生〈洪范五行传〉对"五行学说"的吸收与应用》，《孔子研究》2004 年第 5 期；高峰《从〈洪范〉"五行"到"五德终始"——一个经学问题的哲学考察》，《湖南科技学院学报》2005 年第 9 期；殷绍基《关于〈洪范〉五行说》，《湘潭大学社会科学学报》1985 年第 4 期；胡新生《政治意识笼罩下的原始五行观——对〈洪范〉"五行"概念的性质及其思想史意义的再认识》，《山东大学学报》（社会科学版）1998 年第 2 期。

③ 参见尤炜、赵山奎《从〈尚书〉论先秦人的时间意识》，《人文杂志》2003 年第 2 期。

独立的地理单元，在这个单元中，缺少其他形式社会和文化的参照物，[①]就形成了在这个单元中进行"自体"比较的思维。而在这个自体中，最容易感受到的就是"盛"和"衰"的变化。

第二是典型农业社会容易给人以盛衰相间的感觉。农业社会的特点是：在没有动乱时，人们总是习惯于日出而作、日入而息，这样年复一年，日复一日，农民和一般民众的生活都比较稳定和缺少变化，而且在这种情况下，只要不发生大的战乱，百姓休养生息，财富慢慢积累，就会产生"盛世"感觉；反之，一旦发生严重的危及整个社会安定的动乱，百姓平静生活被打乱，社会财富被毁灭，很容易又产生"衰"的感觉。中国古代社会是典型的农业社会，确实具有较为明显的"盛世"与"衰世"相间隔的特征。

第三是由于中国人的实用理性主义思维习惯以及对人世盛衰的格外重视。实用理性主义思维的特点就是一切从实用、经验和理性出发，不重玄想。[②] 社会盛衰是最直观的现象，最容易被观察到，加之中国人非常重视人世盛衰，因而被实用理性主义的中国古人总结出来，是非常正常的。

六 辩证看待《尚书》循环史观

首先，其他任何社会也必然有着兴盛期与衰败期的交替现象，从这个意义上说，《尚书》的这种历史循环思想实际上揭示了人类历史的普遍规律，尽管这看似表面化。而且，《尚书》也并没有否认在各种盛衰之间存在着不同，因而，这种盛衰交替的观念还是有相当丰富的内涵的。正如有的学者所言："但人类社会历史的盛衰运演并不像自然界动植物那样只是一再重复那种生长、发育、成熟、衰亡的自然过程，而是每一次运演都是非常独特的，都是在特定社会历史条件下所进行的特殊的、独一无二的运演。秦汉不同于魏晋，魏晋不同于隋唐，隋唐与两宋有别，两宋与明清各异。而这些朝代又与上古三代各不相同。"[③] 这种"循环"史观，在西方各种玄妙而复杂的历史哲学看来，似乎颇为简单、浅薄甚至"粗鄙"，但是，这种

---

① 中国古代即使有其他游牧文化或者渔猎文化，相较华夏强大的农业文化而言，都较为弱小，在华夏文化中也不受重视。详见本书第一章第二节。

② 曾宇航：《"实用理性"思想研究述评》，《学理论》2010 年第 22 期。

③ 司马云杰：《盛衰论——关于中国历史哲学及其盛衰之理的研究》，陕西人民出版社2003 年版，第 125 页。

尊重历史的客观性，而不是过分逞"人"之私智的做法，又是最为朴实合理的，因为它不醉心于进行各种乌托邦的设计，而是直面最为现实的问题并力求得出最为切合实际的结论。正是基于此，有的学者从"走出现代性的遮蔽"① 这一观念出发，认为"盛衰"论正是非常重要的历史原理。②

其次，线性进化理论与循环理论二者的是非优劣不可简单判定。早有西方学者认为，无论是历史线性进步论或历史循环论，都不能够就历史是否可以理解而得出结论。而且，"在微观上，事件的线性序列就其自身而言并不比它的（再现）循环更容易理解。这些事件不重复自身并不意味着，它们经历的过程就是'有意义的'。倒不如说我们更倾向于相反的观点——即如果事件重复自身，我们会更有可能发现某些可以理解的原则，或者抽象出某种意义，历史过程也是如此。但这两种情况下所揭示的，仍然不是必然蕴含于其中的意义。我们可以确定的是，把历史描述为循环的或线性的都只是说出了关于历史的某些有意义的东西。"③《尚书》的循环论是对历史发展中客观事实的描述，有其不可否定的道理。这种循环论着眼于对社会安定程度和人民生活的满意度，而与社会生产力的发展并没有必然关系。既然只看问题的角度不同，就很难说进化论与循环史观两种观点孰是孰非。尤其是今天的全球变暖等种种全球性问题，都凸显出线性进化史观的局限性。我们如果说一切都是进步的，那么，我们现在对"低碳"生活的追求，实际上不是对过去生活理念和生活方式的复归吗？现在提倡的"有机农业"④ 不正是对现代科学技术的反动和过去农业生产方式的反动吗？这正好从另一角度验证了古人历史观念的伟大。历史到底是

---

① 司马云杰：《盛衰论——关于中国历史哲学及其盛衰之理的研究》，陕西人民出版社2003年版，第661页。

② 同上书，第1—51页。

③ 杨耕、张立波：《历史哲学：思辨、分析及其当代走向》，北京师范大学出版社2009年版，第96页。

④ "有机农业"是指："所有能促进环境、社会和经济良性发展的农业生产系统（或模式）。一般认为，有机农业是遵照一定的有机农业生产标准，在生产中不采用基因工程获得的生物及其产物，不使用化学合成的农药、化肥、生长调节剂、饲料添加剂等物质，遵循自然规律和生态学原理，协调种植业和养殖业的平衡，采用一系列可持续发展的农业技术以维持持续稳定的农业生产体系的一种农业生产方式。"可见，现代的"有机农业"正是对中国古代农业生产方式的回归。这说明，历史至少在某些方面不是进步，而是循环或退步的。参见王军《浅谈有机农业发展现状及前景》，《科技信息》2009年第18期；"特别报道"，《农业工程技术》（农产品加工业）2009年第12期。

进步的还是循环的？从这两个生动的例子我们能得到很多启发。

再次，就循环史观的具体内容而言，对《尚书》历史变动观中所展现的对社会稳定的追求，也应该辩证看待。包括《尚书》在内，中国古代文化中所谓的盛世状态下的"稳定"，其实质也是稳中有进，并非绝对的停滞，而且它们也并不追求停滞甚至倒退。前面也已提及，中国古人所认为的"循环"，其实只是貌似"循环"而非绝对原封不动地循环（如果绝对循环那就是定期的停滞）。"循环"只是一种表象，只是从朝代相替，治乱相继的层面上看是这样，而整个历史实际上类似"螺旋式上升"。中国历史容易给人以"停滞"或只是治乱"循环"毫无改进的感觉，首先应该从小农经济的社会特点去探寻原因。小农经济，尤其是中国古代的小农经济，往往给人以静止之感。另外，也与中国社会的不片面追求物质生活的改善这一理念有关。

《尚书》的历史变动观对后世的影响是巨大的。它对中国人的思维方式、政治伦理和道德体系，都产生了重要影响，其中突出的几点就是："先王"观念的强大和绵延不断；以"奉天承运"为由改朝换代；孝文化的兴盛和道德至上论等。总之，中国文化的诸多方面，都与它有着直接或间接的联系。

第三节 《尚书》历史变动思想的两重性视角

曾有学者提出"历史进步的多重价值尺度"问题，[①] 这是很有启发性的。显然，对历史进步与否的评价，不可能是单一的标准，而必须从多个角度去具体分析。《尚书》全书就充满了中国实用理性主义的精神：它从不试图将历史的变动框入某一体系中；不用单一的标准衡量历史进步与否，而是从人类的"物质"与"精神"的两重性这一基本前提出发进行考察；它的历史变动思想具有明显的两重性。

一 《尚书》对新旧时代嬗变的态度
《尚书》关于新旧时代的嬗变观念，包括两个相互联系的方面：其

---

① 衣俊卿：《历史与乌托邦——历史哲学：走出传统历史设计之误区》，黑龙江教育出版社1995年版，第203—204页。

一，只有不得不"变"时才"变"；其二，当"德"之有无导致"天命"
发生改变时，"变"是必然的。

（一）不得不"变"时才"变"

所谓不得不"变"时才"变"，是指《尚书》中不鼓吹"变"，只是
在历史发展到不得不"变"的重要关口时，才不得不"变"。比如商汤讨
伐夏桀和周武王讨伐商纣，其理由如出一辙：

> 夏王灭德作威，以敷虐于尔万方百姓。尔万方百姓，罹其凶害，
> 弗忍荼毒，并告无辜于上下神祇。① （《汤诰》）
>
> 夏氏有罪，予畏上帝，不敢不正。今汝其曰："夏罪其如台。"
> 夏王率遏众力，率割夏邑。有众率怠弗协，曰："时日曷丧？予及汝
> 皆亡！"夏德若兹，今朕必往。② （《汤誓》）
>
> 俾暴虐于百姓，以奸宄于商邑。③ （《牧誓》）
>
> 今商王受，狎侮五常，荒怠弗敬。自绝于天，结怨于民。斫朝涉
> 之胫，剖贤人之心，作威杀戮，毒痡四海。崇信奸回，放黜师保，屏
> 弃典刑，囚奴正士，郊社不修，宗庙不享，作奇技淫巧以悦妇人。上
> 帝弗顺，祝降时丧。④ （《泰誓》下）

很明显，夏桀和商纣之所以要被推翻而改朝换代，就是因为历史到了
不得不"变"的关口：君德尽丧、民不堪命。但是，如果不是到这个地
步，不能轻言"变"。这种观念如此强大，以至于作为历史上第一个"革
命"的人商汤，在推翻夏桀之后，犹有惭德：

> 成汤放桀于南巢，惟有惭德，曰："予恐来世以台为口实。"⑤
> （《仲虺之诰》）

---

① 《尚书正义》，第199—200页。

② 同上书，第191页。

③ 同上书，第286页。

④ 同上书，第196页。

⑤ 同上。

（二）"德"变导致"天命"必"变"

不过，在确认已经到了君德尽丧、民不堪命之时，"变"还是必然的。在商汤自觉心中不安时，仲虺有一番说解：

> 惟天生民有欲，无主乃乱，惟天生聪明时乂。有夏昏德，民坠涂炭。天乃锡王勇智，表正万邦，缵禹旧服，兹率厥典，奉若天命。夏王有罪，矫诬上天，以布命于下。帝用不臧，式商受命，用爽厥师。[①]（《仲虺之诰》）

仲虺的理由是夏桀失德导致生灵涂炭，而商汤却道德高尚，深得民心，所以天命改变，因而不需自惭。正是基于这个理由，《尚书》中有很多地方表明了新朝代替旧朝是历史的必然：

> 尔殷遗多士，弗吊，旻天大降丧于殷。我有周佑命，将天明威，致王罚，敕殷命终于帝。肆尔多士，非我小国敢弋殷命。惟天不畀允罔固乱，弼我，我其敢求位？惟帝不畀，惟我下民秉为，惟天明畏……有夏不适逸；则惟帝降格。向于时夏，弗克庸帝，大淫泆有辞。惟时天罔念闻，厥惟废元命，降致罚。乃命尔先祖成汤革夏，俊民甸四方……惟殷先人有册有典，殷革夏命。今尔又曰："夏迪简在王庭，有服在百僚。"予一人惟听用德，肆予敢求于天邑商。予惟率肆矜尔，非予罪，时惟天命。[②]（《多士》）

在这里，周公一再强调的是，无论是商取代夏，还是周取代商，都是上天的"命"；而这天命来自"德"。这一切都可以用"敬德保民者可以得天命"来解释，其关键在"德"上，也就是有德者即爱民者可以得天命、得天下。其实，不光是王朝在暴力基础上的递嬗，就是尧、舜、禹的和平"禅让"，也是建立在这个逻辑之上。孟子在《孟子·万章上》中对这个问题有过明确回答：

---

① 《尚书正义》，第 279—280 页。
② 同上书，第 422—426 页。

　　万章问曰："人有言'至于禹而德衰，不传于贤而传于子'，有诸？"孟子曰："否，不然也。天与贤，则与贤；天与子，则与子……舜之相尧、禹之相舜也，历年多，施泽于民久。启贤，能敬承继禹之道。益之相禹也，历年少，施泽于民未久。舜、禹、益相去久远，其子之贤不肖，皆天也，非人之所能为也。莫之为而为者，天也；莫之致而至者，命也……孔子曰：'唐、虞禅，夏后、殷、周继，其义一也。'"①

　　孟子的结论归根结底仍是"有德者得天下"。因为，夏启还是得到了有大德的禹的庇佑（益的德行还没有大到可以超越他的地步），同时启本身也是有德的（至少启不像丹朱那样无德一直而不可扶持）。

　　可见，"天命"的改变是朝代递嬗的直接理由，而"德"之有无又是导致"天命"得与失的原因。由于"天命"的改变，才导致了新朝取代了旧朝，而且，这种取代往往是不得已的，即使是新朝的缔造者自己往往也承认这一点，而且总是用"天命攸归"来作为自己取代旧朝的借口。这又与前文所谈及的《尚书》天人关系的开放性有关——"天"并不特别垂青某一阶层或者族群，而是因"德"、因"民心"而宜，那么，理所当然的，当一个族群或者阶层失德或者失去民心，就意味着失去了"天眷"，"革命"就是自然合理之举。

二　《尚书》对往昔圣王时代的追慕

　　虽然《尚书》肯定新旧时代递嬗的必要和不可避免，但是，它又在某些方面表现出对往昔圣王时代的追慕之情。② 关于这点，多有学者论及。姜建设先生说它是"倒退史观的样本"，并且分析说，《尚书》认为历史是倒退的，主要表现在它认为在尧舜生活的时代，"政治清明""社会秩序和谐"。③ 这些分析极有道理。

---

① （汉）赵岐注，（宋）孙奭疏：《孟子注疏》，北京大学出版社1999年标点本（简体字版），第258—259页。

② 这是从历史变动观念角度而言。从另一角度而言，它也是"先王"观念（"法先王"思想），下文将论述到。

③ 姜建设先生还说："《尚书》中的'虞夏书'部分，特别是其中的《尧典》、《皋陶谟》和《禹贡》篇，就深受倒退史观的影响，处处流露出倒退史观的思想气息。换句话说，尽管我们也承认它们保存了一些十分珍贵的历史传说资料，但这些篇章是在倒退史观的指导下写定的。"参见姜建设《政事纲纪：〈尚书〉与中国文化》，河南大学出版社2001年版，第234—239页。

确实，《尚书》所歆羡追慕的那些——无论是尧舜等人的品德高尚也好，政治清明也好，关系和谐也好——都不涉及经济、技术方面的内容，而重在精神方面尤其是人的品德及其影响方面。下面试举几例进行说明。

比如，《尧典》《舜典》开头各有一段具有总领作用的话，实际上是强调了尧舜的品德的伟大及其对政治的影响：尧"钦明文思安安，允恭克让……克明俊德"①，舜"浚哲文明，温恭允塞""慎徽五典"②，而二人品德伟大的影响是"光被四表，格于上下……以亲九族。九族既睦，平章百姓。百姓昭明，协和万邦。黎民于变时雍"③ 或"五典克从""百揆时叙""四门穆穆"④ 等，《皋陶谟》中皋陶强调人应该具有的"九德"是"宽而栗，柔而立，愿而恭，乱而敬，扰而毅，直而温，简而廉，刚而塞，强而义"⑤，并且认为只要具有这九种品德，就能治理好国家，达到政治清明、人民幸福的目的，而禹对之非常赞同；理所当然地，禹会在以后自己的施政中贯彻这些思想。

对尧舜禹所生活的理想时代的追慕，实际上都可以归结到对他们品德的颂扬，而只要具备了这些伟大的品德，就会达到天下大治的效果。而这种"大治"，在实质内容上都是强调人际关系的和谐、生活的安定之类，不包含物质上的更加富足、生产技术的更加先进等内容。所以，我们可以说，在《尚书》这种所谓的"倒退"意识，是有着特殊内涵的，应该予以具体分析。那么，单纯在品德、人际关系和社会风气看，古人是否可能比今人更高尚、和谐和淳朴吗？这是有可能的。因为，精神生活不一定与物质生活成正比地同步发展，相反，越是经济发展落后，反而越有可能保持相对质朴的民风和相对单纯、高尚的人格。这样的例子并不难找到。社会学的不少研究成果中，可以证明一些经济落后、闭塞的地区其民风淳朴的例子是随处可见的。在现实生活中，不是经常可以听到人们在怀念20世纪五六十年代的淳朴风气和良好官箴吗？在文学作品中，这样的例子也是很多的！

关于这点，何兆武先生也曾经从思想文化的不同方面有"积累""非积累"的不同特征角度进行了论述："人类的思想文化不妨划分为两类，

---

① 《尚书正义》，第 25—27 页。
② 同上书，第 51 页。
③ 同上书，第 25—27 页。
④ 同上书，第 51—52 页。
⑤ 同上书，第 104 页。

一类是积累的，一类是非积累的。科学技术是一代一代层层积累的，愈积累就愈丰富也愈高明。这一点在历史上是灼然无疑的……但是历史中的人文成分是积累的呢，还是非积累的呢？后人的道德、伦理、审美情操和心灵境界，是不是也由于代代积累而一代胜于一代呢？"① 何先生还因此得出结论说："现代化的历史学正在要求人们放弃前一个时期近代化史学思想所要求于人们的对所谓历史规律也像对自然科学规律那样的无限崇拜和无限信仰。如果我们能破除近代以来这一根深蒂固的迷信，也许我们就能更好地审视并解答我们当前所考察的问题。"② 何先生的这两段话，正好可以用来对《尚书》道德和社会变动的两重性视角作为注脚。

既然人格修养、道德情操不一定与时俱进，而是有可能昔胜于今，所以，《尚书》所表达的对古代先王时期的敬慕之情，实际上是对那个时代的道德水平以及以此为基础的社会和谐度和稳定度的赞美；当然这种感情难免带有理想化的成分。比如有学者曾经对这种情况予以批评，认为古代并不存在这样的理想世界。③

这种特殊的史观，有其特殊的含义，它与那种认为"过去所有的东西都比后来的好"或"人类历史是倒退的"观点是不一样的。《尚书》历史变动观的两重性特点，在中国传统文化中，绝非个案，而是有着相当多的类似例子和观点的，比如《老子》《庄子》等中间就多有之。长期以来，对这种两重性认识有时难免会简单化。而仔细弄清这种两重性的特点

---

① 何兆武先生在后文接着说："属于人文范围的成分，大抵也可以分为两类：一类是涉及知识性的和技术性的，一类是涉及非知识性和非技术性的。前一类是可以积累的，后一类则否。属于后一类的是个性的创造、个人思想与风格、人格修养、道德情操与心灵境界，这些是不能继承的，所以是无法积累的。爱因斯坦比牛顿高明，牛顿比伽利略高明，一代胜过一代；这是毫无疑义的，因为知识是积累的，后人总比前人高明。但是今天做诗填词的人却未必就比李杜晏欧境界更高；高谈修养或精神文明的人，也未必就比 2000 多年前颜回一箪食、一瓢饮来得更高，因为这方面是非积累的。这后一方面每一个人都必须是从头开始，薪尽则火熄，是不可能传给后世的。"参见何兆武《历史学两重性片论》，《史学理论研究》1998 年第 1 期。

② 何兆武：《历史学两重性片论》，《史学理论研究》1998 年第 1 期。

③ 葛兆光先生说："这并不是上古世界的实际图景，而是三代之末知识阶层中人追忆中的幻想世界。在那个时代，对于天下共主的权力瓦解和诸侯之间的武力争霸，他们希望有一个一统天下与共同领袖；对于伦理道德的崩溃和社会秩序的混乱，他们希望有一个礼制的国家与规范；对于纷争时代的人心诡谲和欲望膨胀，他们希望回归思想简单而朴素的古代。于是，他们在留给我们的文献中为上古营造了一个秩序井然的世界，也给我们制造了上古人们思想朴素而简单的印象。"参见葛兆光《中国思想史》（第一册），复旦大学出版社 2001 年版，第 8 页。

及其成因，对于正确认识和大力弘扬传统文化，有着特殊重要的意义。

三 《尚书》历史变动观念的两重性视角

由上文所述可见，《尚书》从道德和社会变动两重性视角去看待历史的变动，这就是《尚书》历史变动观念的两重性视角。具体来说，《尚书》一方面承认新旧时代即新旧王朝的递嬗是合理的、进步的；另一方面又认为尧、舜、禹等"圣王"所生活的时代是值得欣羡的时代。这并不矛盾，因为前者是从天命改变的角度而后者主要是从道德高尚、社会和谐稳定的角度说的。

首先，从《尚书》历史变动观念与线性进化史观的区别中，我们可以较为清楚地看到《尚书》历史变动观念的两重性视角：

《尚书》历史变动观与后现代主义者所批评的线性的、进化的历史观既有联系又有区别。二者的共同点是都肯定历史向前变动的可能性、必要性和正当性。《尚书》认为，当历史的一种状态呈现出不稳定的情形时，就会发生递嬗的可能。但《尚书》又与后现代主义者所批评的"进化史观"有区别：第一，《尚书》是一种对祖先和历史持敬畏态度的、保守的历史观；而进化史观则主张一切都是今胜于昔；第二，《尚书》的历史变动观带有道德至上论色彩，认为统治者的道德修养决定其统治的成败盛衰，而进化史观的某些方面则强调主张物质世界的决定作用，强调经济基础决定上层建筑；第三，《尚书》实际上主张某种程度上的历史的复现（"循环"），而进化论认为历史是线性结构、向前进步的；第四，《尚书》在某种程度上保持了对历史发展的混沌性描述，没有过度乐观和武断地将历史划分为阶段，而进化史观则不是这样，往往将历史发展过程依据各种"标准"划分为不同阶段。因此，无论是"连续"还是"递嬗"，都不是"进化"，因为"进化"实质是指"未来的（物质生活和技术条件）一定好于过去"，由上述可见《尚书》并不是持此理念。然而，《尚书》和整个中国古代又不是持现代意义上的、建立在物质生活和技术基础上的历史"倒退"理念，因为《尚书》和中国传统中所重视的，本不在物质和技术；它们所重视的，是精神上的"幸福指数"以及社会稳定度。

当然，关于这点，学者们早已经注意到，只不过并没有具体论述到《尚书》一书。比如，章太炎先生即是如此。汪荣祖先生曾经说："达尔文演化观对章太炎的影响是深邃的，他最初视之为公理，然后进一步批判此一公理，最后形成独创的'俱分进化论'。他批判进化论，并不是放弃进化论，因他的俱分进化论仍然是一种进化论；对他而言，是一种更能反映真理的进化论：物质世界的进步虽是不断向前的，但人文世界的道德却可能不进反退；然而有人见不及此，居然误以为他'近乎全面地否定进化论的价值'。事实上，他不仅没有否定进化论的价值，而且演成进化的历史观；而此种探索变化的历史观，足以使他与梁启超并称中国现代史学的先驱。"① 章太炎先生对传统文化的态度并不是闭目塞听式的保守主义，而是主张保留和发扬中国文化中固有的合理方面，并吸收利用其他文化中的合理之处。由于他对传统文化较少持虚无主义态度，同时又兼具开放胸襟和文化自信，② 所以，他立足本国文化、"兼采东西"的理念，使他能对传统文化的合理面不至于完全抹杀而能客观看待，上述他的"俱分进化论"的观点就是如此。虽然此处汪荣祖先生没有点明章太炎先生的思想与《尚书》的关系，但是，以章太炎先生的国学修养而言，《尚书》应是其思想的重要来源之一。

其次，如果再进一步看，不止是道德和社会稳定度可以发生倒退；社会经济和技术发展本身也是如此，也有两重性特点。比如，如果联系到现今世界上的种种巨大危机：战争、环境破坏、核危机、全球变暖、食品质量下降等，就会承认，这些负面影响也未尝不是以科学技术为代表的生产力发展和"进步"的结果。这其中的哲理正如恩格斯广为人们所知的那段话所指出的：

> 我们不要过分陶醉于我们人类对自然界的胜利，对于每一次这样的胜利，自然界都对我们进行报复。每一次胜利，在第一线都确实取得了我们预期的结果，但是在第二线和第三线却有了完全不同的出乎预料的影响，它常常把第一个结果重新消除。③

---

① 汪荣祖：《史学九章》，三联书店 2006 年版，第 125 页。

② 汪荣祖先生说："今人论及中国现代史学，莫不称道梁启超，因梁氏于 1902 年首创新史学；然而章太炎虽未用新史学一词，却于约略同时提出史学新义。梁氏倡变法，然其新史学斥传统史学乃帝王家谱，欲一举而摧毁之，不啻要发动一场'史界革命'；而章氏倡革命，欲一举摧毁传统政治秩序，然其史学新义，却意在改革旧史传统，并无意推翻之。"（参见汪荣祖《史学九章》，三联书店 2006 年版，第 124 页，"天头"文字。该书很多页都有"天头"文字提示该页要旨。）

③ 恩格斯：《自然辩证法》，于光远等译编，人民出版社 1984 年版，第 304—305 页。

从这个角度出发，甚至可以进而推论：从对人类的作用看，人类社会在科学技术和生产力的"进步"也大有可议之处，值得我们深刻反思。那么，对所谓"传统史学大致而言是静态的，从一个朝代到另一个朝代，见不到发展的过程"① 这一观点，是否也应该有更正确的看法？或许，正是古人不以物质生活和技术进步为判断历史进步与否的标尺，所以，他们才会对这些所谓的进步不愿提及。我们过去用现代观念对古人大加讥刺，或许正反映出我们的浅薄。

第四节　《尚书》《周易》历史变动思想比较

《尚书》与《周易》② 同为儒家重要经典，二者历史变动观念都丰富而且对中国文化影响巨大，既有很大的可比性，又极具比较价值。比如，吴怀祺先生认为："《周易》论历史的兴衰，比起《尚书》来，有相同的地方，又有自己的特点。我们要指出的是《周易》注意从运动过程中论历史的兴衰……都是从事物发展的过程来谈历史的兴亡。其次，《周易》发展了《尚书》的保民思想……贯穿在《周易》中的通变的思想，它包括对自然运动的通变见解，也包括对社会盛衰运动的通变认识。"③ 吴先生的论断给我们很大启发。

一　《尚书》《周易》历史变动观念的相通性

吴怀祺先生曾经总括《周易》的历史思想说："《周易》的作者富有特色的认识，是通变的史学思想。"④ 吴先生并且指出，"《易》的通变思想的典型表述"⑤，就是《周易·系辞下》的这一段："神农氏没，黄帝、尧、舜氏作，通其变，使民不倦，神而化之，使民宜之。《易》穷则变，

---

① 汪荣祖：《史学九章》，三联书店 2006 年版，第 124 页。
② 本书所言之《周易》，包含"经"和"传"两部分。
③ 吴怀祺、林晓平：《中国史学思想通史·总论先秦卷》，黄山书社 2005 年版，第 242—243 页。
④ 同上书，第 236 页。
⑤ 同上。

变则通，通则久，是以自天佑之，吉无不利。"① 这段话中的"穷则变，变则通，通则久"，就是《周易》历史变动观念的精髓和大纲。而《尚书》的历史变动观念，最重要的"是历史盛衰总结的意识"。②

《尚书》和《周易》的历史变动观确实具有某些相似点。诚然，《尚书》是史书和政典，其关注的着眼点是社会政治和历史；《周易》则主要是从人生哲学切入；③ 但是，由于人生和社会历史的相通性，决定了它们在诸多方面有相通或者相似之处，其中较为明显的有三点：

第一，《尚书》和《周易》历史变动观念在思想特色上都凸显了经验主义和实用理性色彩，都是基于对自然、生活的实际观察而得出的结论。

无论是《尚书》和《周易》，其历史变动思想都不善玄想和推理，而是从日常的生活或政治行为出发，用人类的理性和经验去看待人生和社会历史的发展。《尚书》的历史变动观念也是不重玄想，而是通过对历史"兴衰""递嬗"的如实描述来表达对历史变动的看法，具体特点已如前述。就《周易》而言，这种特点也随处可见。《周易》全书都是用具体的"象"（无论是物象还是卦象），来象征和描述人生和社会，这种形象化的思维方式本身就带有它特有的经验色彩，而且同样不重玄想。④

相形之下，西方的历史变动观念则是充满了对未来的种种设计，被视为走向某一终极目的之过程。⑤ 这一过程带有哲学的思辨气息，距离人世较远，而不像《尚书》和《周易》那样贴近人生和实际。比如《圣经》的描述，就是将人类历史视为走向最终的天国、获得拯救的过程，这一特

---

① 　（魏）王弼、（晋）韩良伯注，（唐）孔颖达正义：《周易正义》，北京大学出版社 1999 年标点本（简体字版），第 299—300 页。

② 　吴怀祺、林晓平：《中国史学思想通史·总论先秦卷》，黄山书社 2005 年版，第 227 页。

③ 　吕绍纲先生说："《周易》哲学的中心是人生论……在古代，哲学是关于人生的学问，宇宙论、认识论、人生论、历史观等等全是围绕人生的问题展开的，然而不同的哲学有不同的侧重点。古代希腊哲学主要讲宇宙本原和宇宙的构成，近代欧洲哲学则侧重讨论认识论问题，中国古代哲学无论儒家道家都把重点放在人生论上。《周易》哲学的中心正是人生论。"参见吕绍纲《周易阐微》，吉林大学出版社 1990 年版，第 155 页。

④ 　王树人、喻柏林：《〈周易〉的"象思维"及其现代意义》，《周易研究》1998 年第 1 期。

⑤ 　参见衣俊卿《历史与乌托邦——历史哲学：走出传统历史设计之误区》，黑龙江教育出版社 1995 年版。当然，后来的中国历史哲学受此影响也有这方面的特征，但这是中国古代传统中没有的，尽管中国也有对"大同"世界的憧憬，而这在古人心目中却是过去实际存在过的黄金时代，而并非他们的"设计"。

点对于整个西方的历史思想产生了很大的影响。然而，相较而言，未来的乌托邦或者"天国"总有些显得遥远或者虚无缥缈，甚至在某些时候只是一种美好的想象和憧憬，距离具体的人生总是显得太遥远和不切实际；而且，这种乌托邦的涉及是否合乎人类发展的"本性"，也同样存在很大的问题。因而，具有坚强实用理性主义色彩的中国古人，就更加倾向于从经验出发去思考历史的变动问题。正如杜维运先生曾言："古代中国史家，言人事兼言王道，后来渐渐发展，史家天道观念日趋淡薄，专以记人事为职责，理性主义于是在中国史学中特别发达，西方史学中诡奇之说，惊人之论，如因果律，如进化论，如文化没落论，在中国史学中，皆不见影踪。"① 此言既道出了整个中国古代史学的特征，也可用来说明《尚书》和《周易》在历史变动观方面的共同特色和形成原因。

第二，《尚书》和《周易》在具体的历史变动机制观念上也有相同之处。

相对于西方的同时期文化经典而言，它们都更强调"人"而非"神"（即中国文化中的"天"）在历史变动中的作用，具有很浓厚的人文色彩和理性早熟的特征。《周易》的"通变"思想为学界公认；② 《尚书》的历史变动思想中对"递嬗"和"连续"的承认已如前述，此不多赘。不过，有必要指出的是，二者在历史变动机制上的相通之处也是很多，其中最突出的一点就是承认"人"的因素在历史变动中居于主导地位。这种理性特色突出体现在《周易》不把人生发展演变的动力和目的归结到"神"或者彼岸世界，而是处处落实到具体的人生中，将"人"视为主宰自己命运的主人。比如《乾卦·象辞》中说："天行健，君子以自强不息。"③ 强调"人"在自己要靠"自强"把握自己的命运。关于《周易》中"人"在历史变动中的作用，正如有的学者所言："中国哲学发展早期就摆脱了'神正论'的束缚，在周易历史哲学的视域内，人与历史的关系是互动的，历史之动绝非历史之外的人的推动，而是历史中的人推动了

---

① 杜维运：《与西方史家论中国史学》，台北东大图书公司1981年版，第153页。

② 请参见吴怀祺、林晓平《中国史学思想通史·总论先秦卷》，黄山书社2005年版，第234—243页；崔波《〈周易〉的历史思想管窥》，《河南师范大学学报》（哲学社会科学版）2011年第2期。

③ （魏）王弼、（晋）韩康伯注，（唐）孔颖达正义：《周易正义》，北京大学出版社1999年标点本（简体字版），第10页。

历史的发展。周易历史哲学高扬'人'的主体地位……"① 尤其是二者都强调"人"只有修德尤其是要谦虚、谨慎、自强不息，才能在历史中居于主动地位。《尚书》之"敬德"观固不待言，《周易》之六十四卦中，唯有"谦"卦六爻都是"吉"，② 这与《尚书》之"谦受益，满招损，时乃天道"③ 正相呼应。在《尚书》中，强调"谦"的地方仍然很多。④ 再有，两部著作都强调了"忧患"在历史中的重要作用。⑤

　　而《尚书》对于"人"在历史中的作用，在本书"《尚书》历史天人观念"一章已有较为详细的论述。

　　第三，《尚书》和《周易》都有某些程度上的循环论色彩。

　　《尚书》认为，历史是在"盛衰"相继中循环；而《周易》则认为，历史的变动是按照六十四卦的顺序演进，之后再次从头循环。不仅是从全书六十四卦循环的角度看是如此，《周易》的具体内容亦有此义，如"泰卦"云："无平不陂，无往不复"，⑥ 很明显就带有"循环"的含义。⑦

　　为什么《尚书》和《周易》的历史变动观念有这么多的相似之处？因为《尚书》和《周易》都是在中国原生文化这个根株上生发出来的，它们必然都具有同一的文化基因。姑且不言中国古代典型的"家国同构"的社会结构，就人类的共性而言，"社会"就是无数的"人"组成，故而从"人生"角度切入的《周易》和从政治社会角度切入的《尚书》，其实质都是一样的。而且，由于实质上的相通，《尚书》和《周易》二者的历史思想就可以融合互补，理解起来就无罣碍：《周易》的所谓从乾卦到既济，之后又重新开始，以及特别强调"谦"等德行的重要作用，其实未尝不是从《尚书》的历史经验总结而来。因而，《尚书》和《周易》

---

　　① 沈伟鹏、张耀天：《周易历史哲学之"圣人主体"研究》，《理论界》2010 年第 8 期。

　　② （魏）王弼、（晋）韩康伯注，（唐）孔颖达正义：《周易正义》，北京大学出版社 1999 年标点本（简体字版），第 80—83 页。

　　③ 《尚书正义》，第 99 页。

　　④ 据笔者统计，在《周易》"经"和"传"两部分中，"谦"字共出现了 31 处。

　　⑤ 关于《周易》历史"忧患"意识，参见崔波《〈周易〉的历史思想管窥》，《河南师范大学学报》（哲学社会科学版）2001 年第 2 期。《尚书》历史"忧患"意识，详见本书第五章。

　　⑥ （魏）王弼、（晋）韩康伯注，（唐）孔颖达正义：《周易正义》，北京大学出版社 1999 年标点本（简体字版），第 67 页。

　　⑦ 当然《尚书》《周易》循环观的表现形式有些不同，后者的循环观念非常明显，而前者则蕴含在文本当中。

在历史变动观念上有相似之处是很自然的。

二 《尚书》《周易》历史变动观念的相异点

《尚书》与《周易》的历史变动观念也有明显的不同，大致可以分为以下几个方面：

其一，《周易》的历史变动观带有有机论的色彩，而《尚书》则不是。

所谓历史"有机论"，是指"把历史观与自然观融为一体"，[①] 也就是说，把历史也看成与自然界的动植物一样，有类似"生老病死"的发展过程。《周易》中确实颇多这种"有机史观"的色彩，比如，从乾卦开始，这是历史发展的开始，这有些象征着"出生"，之后经历各个阶段，到达"未济"卦，这似乎象征着生命最后的阶段。造成这种区别的首要原因是，《周易》取"象"于人生，如果说它也可以用来诠释社会历史的发展，那么，它也是用"人生"象征社会、国家和历史的发展过程，因而，人类成长过程的"有机"性质就自然而然地表现了出来。这当然与《周易》本来的人生哲学性质相符，尽管它也完全可以被视为社会历史范畴。而《尚书》则不然，它属于政典和史书，其内容是国家政事的记录，从史学的角度就是史料的汇集和编纂，因而它通过文本和编纂所体现出来的历史变动观就没有《周易》那样取"象"于人生而造成的有机色彩。

其二，《尚书》和《周易》在历史变动观念上，虽然同有循环论的色彩，但是循环的方式不同。

这种不同，正如有的学者所说："《周易》的历史进化观还有大循环的含义，它认为未济以后，历史又会重演六十四卦的进化线"。[②] 正如有的学者所说："《周易》'弥纶天地之道'，揭示了宇宙运动变化的规律，循环律即是其中一条最根本的规律。《周易》循环律认为宇宙万物的运动变化具有循环往复、首尾相衔的特征，表现为'圆'的基本形式。"[③] 而《尚书》则认为历史在盛衰相继中变动；《周易》的历史循环论环环相扣，具有很严密的体系；而《尚书》的所谓循环则是一个相对模糊的过程，

---

① 谭德贵：《〈周易〉历史观研究》，《山东社会科学》1997 年第 4 期。

② 同上。

③ 张其成：《〈周易〉循环律的特征及普适意义》，《孔子研究》1996 年第 3 期。

"盛"与"衰"没有截然的界限，而是一个渐变的过程。

其三，《尚书》历史变动思想较多实用色彩，而《周易》则稍多"形而上"的哲学思辨意味（当然这种哲学思辨色彩仍然与西方不同）。这与《尚书》和《周易》各自的性质和体裁及产生原因有关。《周易》以"阴"和"阳"的关系作为变化的基本机制，所谓"一阴一阳之谓道"，①这种思维方法很明显是哲学式的；而《尚书》则是基于对社会历史变动的经验观察得出结论的，故多有实用色彩。

其四，从表现形态来看，《周易》的变动观念是明确展现出来的；《尚书》则是以事实的形式、从政治的角度展现的，而且暗含在其编纂和文本表述之中，较为隐晦。

其五，少数杰出人物的形象以及他们在《周易》和《尚书》中所起的作用有所不同。学者们发现：《周易》"强化了崇圣传统，认为圣人在历史发展中起着绝对重要的作用"。② 而《尚书》中尧、舜、禹、汤、文、武、周公的作用固然显著，但是没有达到《周易》所强调的那种近乎"神异"的程度。关于这点，在后文"杰出人物的历史作用"一节还要谈到。

三 《尚书》《周易》历史变动观念的影响

《尚书》和《周易》历史变动观念对中国历史思想影响是很大的，那就是共同造成了中国特有的"循环史观"。实质上，《尚书》《周易》的历史变动观念没有本质区别，都具有以下特点：其一，从"循环"的形式来看，《周易》的循环过程完全可以简化为《尚书》的"盛衰"两大部分；其二，而且内在机制一样，都是"人"之"德"在起着决定性作用。所谓"否极泰来"，实质上就是"盛衰相继"的别名。因此，古往今来，有不少的学者将《周易》的"否极泰来"观念与《尚书》的"盛衰相继"观念混同使用，既用于描述"人生"，又用于叙述历史。比如，有一本书的作者在"文革"中遭受迫害时想到的是：

---

① （唐）孔颖达：《周易正义》，北京大学出版社 1999 年标点本（简体字版），第 268 页。

② 参见沈伟鹏、张耀天《周易历史哲学之"圣人主体"研究》，《理论界》2010 年第 8 期；谭德贵《〈周易〉历史观研究》，《山东社会科学》1997 年第 4 期。

当国家民族灾难降临，人生低潮到来，用实验科学的逻辑难以找出因果关系的时候，这些幽灵又会在大脑中复活过来。在"文革"的黑暗囚笼中，我天天在墙上、地上画离……以寄予光明的希望；把天地否倒过来成地天泰……冀望着太平盛世的到来；被毒刑拷打的时候，大脑中就出现天水讼……也想起了火雷噬嗑……我在衡量这一切是否合乎易学象数法则……预告……10—12 年内灾难就会过去。否极泰来，安定团结的局面就会来到。1978 年的秋天将进入未济卦的六五，我在《月下待旦》词中所期待的"回首东方曙光透，万道金光浴神州"的局面终于降临了……三中全会是国家民族的子时（一阳初生的时机），亦是我人生的子时。整个社会历史三十六年进一阳爻，人生的十二变卦，八年进一阳爻。在适宜的时空条件下，就如一年中冬至是子时到达正月就是春天的降临。①

很明显，这位作者既用《周易》阐释自己的人生，还用它阐释国家的命运和历史。且不说这些说法和感悟是否妥当，但是从中我们可以窥见《周易》变动思想兼具人生哲学和历史变动思想的两重性，并可以进而证明《周易》《尚书》历史变动观念在社会历史变动上的相通性。

第五节 《尚书》历史变动思想与先秦诸子历史变动观

先秦诸子著作频引《尚书》，可见《尚书》对于他们的重要性；而他们的历史观在很大程度上也都受到了《尚书》的影响。有学者认为，"战国时期托古之风，本身就是一场研究古史的史学实践活动，通过这场活动，历史知识得到空前的普及，人们的历史意识开始觉醒"②，这是很有道理的，在研究古史的过程中，他们最重要的典籍毫无疑问就是《尚书》。因而，《尚书》的历史变动观念必然与先秦诸子的历史观有着千丝万缕的联系。

---

① 李洲：《易学综述》，中国广播电视出版社 1991 年版，"自序"第 1—2 页。
② 郑振江：《简论战国诸子史学思想》，《河南社会科学》2002 年第 6 期。

一 《尚书》与儒家诸子历史变动观之关系

儒家"道统"中的两大"圣人"孔子和孟子，都是《尚书》"王道"史观不遗余力的宣传者和继承者。孔子力倡"仁义"，孟子到处游说君主们实行"仁政"，就是这种思想的突出表现。

（一）孔子

前已提及，儒家非常重视《尚书》，必然受到它的很多影响，在历史变动观念上也应该如此。比如，孔子曾经指出："齐一变，至于鲁；鲁一变，至于道。"①（《雍也》）这实际上是强调历史变动存在着目的性，而这个"道"，毫无疑问就是孔子所一再尊称的尧舜之道、周公之道。孔子对《尚书》的"因革"观念有所继承。他说："殷因于夏礼，所损益，可知也；周因于殷礼，所损益，可知也。其或继周者，虽百世，可知也。"②（《为政》）实际上就是强调历史变动中既有不变的方面，又有变的方面，其思想观念与《尚书》一脉相承。而对历史时间的流逝，孔子说："逝者如斯夫！不舍昼夜。"③（《子罕》）这突出表现了孔子思想的理性和现实主义色彩。就像《论语注疏》中"注疏"所云："夫子因在川水之上，见川水之流迅速，且不可追复，故感之而兴叹，言凡时事往者，如此川之流夫，不以昼夜而有舍止也。"④ 以上仅是就孔子的历史变动观而言，如果结合《春秋》"大一统"思想，则可以说孔子"尊王"思想正是对"王道"思想的继承者。

（二）孟子

孟子则对《尚书》"忧患"意识和盛衰相继的历史循环观念极力阐扬。

---

① （魏）何晏等注，（宋）邢昺疏：《论语注疏》，北京大学出版社 1999 年标点本（简体字版），第 80 页。

② 同上书，第 119 页。同页有"注疏"云："言殷承夏后，因用夏礼，谓三纲五常不可变革，故因之也。所损益者，谓文质三统。夏尚文，殷则损文而益质；夏以十三月为正，为人统，色尚黑，殷则损益之，以十二月为正，为地统，色尚白也。其事易晓，故曰可知也。'周因于殷礼，所损益可知也'者，言周代殷立，而因用殷礼。及所损益，事事亦可知也。'其或继周者，虽百世，可知也'者，言非但顺知既往，兼亦预知将来。时周尚存，不敢斥言，故曰'其或'。言设或有继周而王者，虽多至百世，以其物类相召，世数相生，其变有常，故皆可预知也。"

③ 同上书，第 23—24 页。

④ 同上。

孟子历史思想第一个重要方面就是"生于忧患"理论。长期以来，孟子的这一思想，一直被解读为单纯的人生哲学；这不恰切也不完整。细察孟子的有关表述，可以发现，很大程度上是对历史经验的总结，是他的历史思想的体现。请看孟子的原话：

> 舜发于畎亩之中，傅说举于版筑之间，胶鬲举于鱼盐之中，管夷吾举于士，孙叔敖举于海，百里奚举于市。故天将降大任于是人也，必先苦其心志，劳其筋骨，饿其体肤，空乏其身，行拂乱其所为，所以动心忍性，曾益其所不能。人恒过，然后能改。困于心，衡于虑，而后作。征于色，发于声，而后喻。入则无法家拂士，出则无敌国外患者，国恒亡。然后知生于忧患，而死于安乐也。[①]（《孟子·告子章句下》）

上引孟子这段话，尽管开始讲的是个人际遇，但都是历史人物，此其一；虽然是以讲个人出处始，却以谈国家兴亡规律终，这就使得这段话的历史总结意味更浓，也因此符合现代一般人对"历史"的理解，此其二；同时，历史包括就是人的历史，既包括群体，也包括个人，此其三。无论古代还是现代，都有学者将个人的历史纳入研究范围的。从个体的遭际引发出对历史的思索，这并不奇怪历史就是人的历史，单个人的历史也是历史；至少，单个人的历史可以构成历史，或者说，单个人的历史与整个群体的历史有相似性。可以把这段文字看作孟子的历史思想，"生于忧患而死于安乐"，是孟子对历史经验的精要概括。在《孟子》中还有表达了相关意思的话："人之有德慧术知者，恒存乎疢疾。独孤臣孽子，其操心也危，其虑患也深，故达。"（《孟子·尽心章句上》）[②] 这段话也强调了"忧患"的特殊意义。可见，孟子认为，从历史上看，无论是个人还是国家，都是因有"忧患"而"生"，因无"忧患"而"死"。当然，对于国家的兴亡，孟子还特别强调了"法家拂士"的重要性，但是，这里的"法家拂士"仍然与"敌国外患"对举，是必须同时存在的。总之，"忧

---

①　（汉）赵岐注，（宋）孙奭疏：《孟子注疏》，北京大学出版社 1999 年标点本（简体字版），第 346—347 页。

②　同上书，第 360—361 页。

患"在这里近于——甚至可以说就是——国家兴衰的动力,其作用至关重要。那么,"忧患"到底起什么作用呢?笔者认为,孟子通过对"天将降大任于是人也"之"是人"的成长过程的描述,也间接表达出了他对国家兴衰的看法。在《孟子》看来,一个人,想要成为能够担当大任之栋梁,就"必先苦其心志,劳其筋骨,饿其体肤,空乏其身,行拂乱其所为",因为只有如此,才能"动心忍性,曾益其所不能。人恒过,然后能改。困于心,衡于虑,而后作。征于色,发于声,而后喻";同样,国家也要不断地经受并战胜各种磨难(比如"敌国外患"等)和挑战,才能生存和强盛。这与《尚书》周初诸诰中周公诸人的忧患意识实质上是一致的。

孟子历史思想第二个重要方面是"一治一乱"论和"五百年必有王者兴"理论,即一般所谓的"历史循环论"。孟子说:

> 天下之生久矣,一治一乱。当尧之时,水逆行,泛滥于中国。蛇龙居之,民无所定。下者为巢,上者为营窟。书曰:"洚水警余。"洚水者,洪水也。使禹治之,禹掘地而注之海,驱蛇龙而放之菹。水由地中行,江、淮、河、汉是也。险阻既远,鸟兽之害人者消,然后人得平土而居。尧舜既没,圣人之道衰。暴君代作,坏宫室以为污池,民无所安息;弃田以为园囿,使民不得衣食。邪说暴行又作,园囿、污池、沛泽多而禽兽至。及纣之身,天下又大乱。周公相武王,诛纣伐奄,三年讨其君,驱飞廉于海隅而戮之。灭国者五十,驱虎、豹、犀、象而远之。天下大悦。书曰:"丕显哉,文王谟!丕承哉,武王烈!佑启我后人,咸以正无缺。"世衰道微,邪说暴行有作,臣弑其君者有之,子弑其父者有之。孔子惧,作《春秋》。《春秋》,天子之事也。是故孔子曰:"知我者其惟《春秋》乎!罪我者其惟《春秋》乎!"①(《孟子·滕文公下》)

孟子说:尧时有水灾,为"乱",而禹平之,为"治";尧舜等圣王在世时为"治",后世"暴君"统治时为"乱";武王、周公诛纣王,是

---

① (汉)赵岐注,(宋)孙奭疏:《孟子注疏》,北京大学出版社 1999 年标点本(简体字版),第 176—179 页。

变"乱"为"治";而孔子作《春秋》也是为了变"乱"为"治",而不得已行"天子之事"。

由上可以总结出以下几点值得注意的地方:首先,孟子确实认为历史是"治"和"乱"(也就是"兴"和"衰")相间的循环,大"乱"之后,必有"圣人"出来使其达到"治",这是对《尚书》思想的继承和发展;其次,所谓"乱"和"治",不仅是指政治方面,也可以指自然条件,比如尧时的洪灾就是"乱",这是被人们长期忽视的一点。从这点我们看出,孟子的"治乱"观,其着眼点统一在"人民生活是否安定"上;再次,孟子将孔子和他本人的宣扬儒家思想的行为,都视为实现"治"的手段,可见,孟子认为所谓"治",既包括政治、经济方面,也包括精神意识方面。

关于"五百年必有王者兴",孟子说:

> 彼一时,此一时也。五百年必有王者兴,其间必有名世者。由周而来,七百有余岁矣。以其数,则过矣;以其时考之,则可矣。夫天未欲平治天下也;如欲平治天下,当今之世,舍我其谁也?吾何为不豫哉?[①](《孟子·公孙丑下》)

> 由尧、舜至于汤,五百有余岁。若禹、皋陶,则见而知之;若汤,则闻而知之。由汤至于文王,五百有于岁。若伊尹、莱朱,则见而知之;若文王,则闻而知之。由文王至于孔子,五百有余岁。若太公望、散宜生,则见而知之;若孔子,则闻而知之。由孔子而来至于今,百有余岁,去圣人之世,若此其未远也,近圣人之居,若此其甚也,然而无有乎尔,则亦无有乎尔。[②](《孟子·尽心下》)

由上述引文可见,孟子确实是说"五百年必有王者兴,其间必有名世者",但是孟子后面还进行了自我否定:"以其数,则过矣;以其时考之,则可矣。夫天未欲平治天下也"。可见,连他自己也认为那并不是"铁律"。而且,"五百年必有王者兴"论应该与"一治一乱"论结合起

---

① (汉)赵岐注,(宋)孙奭疏:《孟子注疏》,北京大学出版社 1999 年标点本(简体字版),第 125 页。

② 同上书,第 408—409 页。

来探讨。孟子的这两段看法不能简单地用"历史循环论"来概括。事实上，孟子只是对历史发展趋势作一大致的描述而已，其意并非指历史是简单机械的循环。准确地说，孟子实际上是表述出了"历史不可能是不变的"这一道理。"历史是一治一乱相间的"应该是事实，它确是相对稳定期和相对混乱期相间隔的，这是不难发现的基本外在特征。孟子只是明确地表述了这一历史常识。另外，孟子所谓"五百年"，也不过是对时间段的大致表述，并非死板得必然如此不可。同理，他对历史的回顾（"五百有余岁""七百有余岁"之类），亦只是约略指出其时间之长，或者说就是对历史事实的描述，并在此基础上表达他的用世之心、救世之意。

当然，如果从孟子思想的整体上看，他与孔子一样，用"仁政"学说接续和发展了《尚书》的"王道"思想。这种继承关系，在他的历史思想的其他方面都有明显的反映。比如，他的"民贵君轻"思想，就是"王道"史观的重要反映，同时是孟子在他那个时代不乏惊世骇俗意义的发展。

无论孔子还是孟子，都继承了《尚书》历史变动思想中实用理性的方面，而且，他们都一方面承认历史的变动是必然的，同时又试图保留过往生活好的方面：道德的高尚、风俗的淳朴、礼法的被遵守等。

（三）荀子

荀子认为历史的运动有其自然规律，"天行有常，不为尧存，不为桀亡"[①]，另一方面，他提出"法后王"的观点："儒者法先王，隆礼义，谨乎臣子而致贵其上者也……先王之道，人之隆也，比中而行之，曷谓中？曰：礼义是也，道者，非天之道，非地之道，人之所以道也，君子之所道也……法后王，一制度，隆礼义而杀诗书；其言行已有大法矣……言道德之求，不二后王。道过三代谓之荡，法贰后王谓之不雅。"[②] 此处"荀子的'法后王'实质上是'法先王'的变通形式"[③]，但是他的"法后王"毕竟比"法先王"在思想上迈出了一步，因为"后"与"先"毕竟还是有着时间上的差异，然而就是仅仅这一步，到韩非那里，就迈得更

---

① （清）王先谦：《荀子集解》，沈啸寰、王星贤点校，中华书局 1988 年版，第 306—308 页。

② 同上书，第 117—146 页。

③ 张富祥：《〈尚书〉概说》，载郑杰文、傅永军主编《经学十二讲》，中华书局 2007 年版，第 117 页。

远，最终演变成了"唯当世君主之命是听"的绝对君主专制主义。

二 《尚书》与老庄历史变动观之关系

相较而言，老子和庄子则突出强调《尚书》中历史变动观念的其中一面，亦即"历史愈往前发展，道德愈退化、社会愈不稳定和谐"的一面。《尚书》以《尧典》《舜典》开篇，强调尧舜的品德极为崇高，当时的社会也予人以和谐安定之感。老子认为这样的状态是历史的理想境界："小国寡民，使有什伯之器而不用；使人重死而不远徙，虽有舟舆，无所乘之；虽有甲兵，无所陈之。使民复结绳而用之。甘其食，美其服，安其居，乐其俗。邻国相望，鸡狗之声相闻，民至老死，不相往来。"① 老子认为这种"小国寡民"的古朴状态是理想的世界，很明显，他强调的是道德层面以及社会的古朴和谐，这是有价值的；但是他同时否定了物质生活和技术进步的必要性和必然性，这又是不现实的。而庄子也与老子的观点基本相同：

> 古之治道者，以恬养知；生而无以知为也，谓之以知养恬。知与恬交相养，而和理出其性。夫德，和也；道，理也。德无不容，仁也；道无不理，义也；义明而物亲，忠也；中纯实而反乎情，乐也；信行容体而顺乎文，礼也。礼乐遍行，则天下乱矣。彼正而蒙己德，德则不冒。冒则物必失其性也。古之人，在混芒之中，与一世而得淡漠焉。当是时也，阴阳和静，鬼神不扰，四时得节，万物不伤，群生不夭，人虽有知，无所用之，此之谓至一。当是时也，莫之为而常自然。逮德下衰，及燧人、伏羲始为天下，是故顺而不一。德又下衰，及神农、黄帝始为天下，是故安而不顺。德又下衰，及唐、虞始为天下，兴治化之流，枭淳散朴，离道以善，险德以行，然后去性而从于心。心与心识知，而不足以定天下，然后附之以文，益之以博。文灭质，博溺心，然后民始惑乱，无以反其性情而复其初。由是观之，世丧道矣，道丧世矣，世与道交相丧也。道之人何由兴乎世，世亦何由兴乎道哉！道无以兴乎世，世无以兴乎道，虽圣人不在山林之中，其

---

① 朱谦之：《老子校释》，中华书局 2000 年版，第 307—309 页。

德隐矣。① (《庄子·缮性篇》)

从上述《庄子》的引文可见，他认为最古的时代最为淳朴和美好，而"礼乐遍行，则天下乱矣"；从古人在"混芒之中"经"燧人、伏羲""神农、黄帝"到"唐、虞"，"道""德"一路"下衰"，呈现"退化"之态。吴怀祺先生分析这段话指出，"在庄子看来，历史的发展与道德的发展是一个相逆的过程，历史愈向前，道德愈下滑"。② 可见，庄子历史变动观认为："德"随着社会的推进而日逐衰落。这与《尚书》历史变动观念中"先王"观念以及道德和社会变动的两重性视角有相似之处，但是，老子和庄子都不推崇"先王"。③ 同样，老子和庄子并不可能不知道技术是逐渐积累的、社会物质生活是逐渐进步的，但是由于他们强调的是"至德"在人类历史中的重要作用，因而他们对技术和物质生活的进步或许根本视而不见，不愿提及。他们更追求一种质朴、和谐、单纯的"幸福"。如果结合当今世界上由于片面追求物质生活和技术"进步"带来的种种弊端（环境污染、全球变暖、农药残留等），我们对老子和庄子的观点会生发出应有的敬意。这点，与《尚书》历史变动观念中对古昔道德和古朴生活的肯定，有很大的相似之处，只是老庄不推崇"先王"而已。

三 其他诸子历史变动观念与《尚书》

（一）墨家

《墨子》引《尚书》极多，可见墨子对《尚书》之重视。在历史变动观上，墨子一方面主张"祖述尧舜"，④ 即效法先王（这方面与儒家相似），这是对《尚书》"先王"观念的继承；另一方面又在客观上承认历史的进化：

今之禽兽麋鹿、蜚鸟、贞虫，因其羽毛以为衣裘，因其蹄蚤以为裤屦，因其水草以为饮食。故唯使雄不耕稼树艺，雌亦不纺绩织纴，

---

① （清）郭庆藩：《庄子集释》，王孝鱼点校，中华书局 1961 年版，第 548—554 页。
② 吴怀祺、林晓平：《中国史学思想通史·总论先秦卷》，黄山书社 2005 年版，第 277 页。
③ 同上书，第 288 页。
④ 吴毓江：《墨子校注》，孙启治点校，中华书局 1993 年版，第 68 页。

衣食之财固已具矣。今人与此异者也，赖其力者生，不赖其力者不生。（《非乐》上）①

以上这段话可谓是从生物界与人类比较的角度表述出了"进化"之意。② 除了这处引文外，《墨子·辞过》中还有一大段的篇幅，讲述"古之民"从"未知为宫室时""未知为衣服时""未知为饮食时""未知为舟车时"的洪荒时代，在古代"圣王"的创造、教诲和带领下逐渐进步到文明社会的历程。③ 这一段同样被视为是典型的"进化史观"。④ 这与法家韩非子的看法有相似之处。不过，吴怀祺先生指出："墨子写社会的进步，着眼点还是在'节用'上……墨子对于社会政治、道德方面的进步，则主要采取了否定的态度……他之所以推重先王之道，是因为先王之道扬善抑暴且尚贤，这与他的政治主张相一致，可以这样理解，墨子是以赞扬先王之道的方式，来表述他的治理社会的观点。"⑤ 同时，我们还应该看到，墨子的历史变动观念与他的世界观一样，带有明显的自我矛盾之处：他主张社会一切为人民，却又不承认人民在历史变动中起根本性的决定作用，而是认为"天命和鬼神决定着历史的发展"，"名君和贤臣是推动历史发展的主要动力"。⑥

（二）韩非子

在荀子首先提出"法后王"的主张后，其历史变动观念，直接影响了他的学生韩非子。韩非子在荀子基础上更进一步，极力主张唯当世之王命是听，其实，韩非子也有可能受到了墨子思想的影响；⑦ 并且，韩非由"物质生活是逐渐进步"的这一观点出发，得出了他自己的"历史进化"观念：

---

① 孙诒让：《墨子间诂》，孙启治点校，中华书局 2001 年版，第 257 页。
② 吕凤雨、张华：《墨子的历史观》，《河北青年管理干部学院学报》2009 年第 4 期。
③ 孙诒让：《墨子间诂》，孙启治点校，中华书局 2001 年版，第 30—37 页。
④ 吴怀祺、林晓平：《中国史学思想通史·总论先秦卷》，黄山书社 2005 年版，第 286 页。
⑤ 同上书，第 289—291 页。
⑥ 吕凤雨、张华：《墨子的历史观》，《河北青年管理干部学院学报》2009 年第 4 期。
⑦ 吴怀祺先生说："墨子勾勒出一幅朦胧的社会历史发展、进化简图，其中流露出他对社会发展的乐观主义态度和进化史观。他的这种思想，对后来商鞅、韩非的历史观产生了一定的影响。"参见吴怀祺、林晓平《中国史学思想通史·总论先秦卷》，黄山书社 2005 年版，第 287 页。

古之世，人民少而禽兽众，人民不胜禽兽虫蛇。有圣人作，构木为巢以避群害，而民悦之，使王天下，号之曰有巢氏。民食果蓏蚌蛤，腥臊恶臭而伤害腹胃，民多疾病。有圣人作，钻燧取火以化腥臊，而民说之，使王天下，号之曰燧人氏。中古之世，天下大水，而鲧禹决渎。近古之世，桀纣暴乱，而汤武征伐。今有构木钻燧于夏后氏之世者，必为鲧禹笑矣；有决渎于殷周之世者，必为汤武笑矣。然则今有美尧、舜、汤、武、禹之道于当今之世者，必为新圣笑矣。是以圣人不期脩古，不法常可，论世之事，因为之备。宋人有耕者，田中有株，兔走触株，折颈而死；因释其耒而守株，冀复得兔，兔不可复得，而身为宋国笑。今欲以先王之政治当世之民，皆守株之类也。① （《韩非子·五蠹》）

韩非子看到了社会历史在物质生活条件和技术上进步，这是可贵之处，因为他毕竟看到了历史发展的一面。但是，韩非子却又犯了以偏概全的毛病：他把历史的内容和人类的生活单纯看作物质的追求，而否认了人类在道德和平静内心生活方面的追求，从而陷入了赤裸裸的"物质至上主义"历史观之中。从这点出发，他抛弃了发端于《尚书》、为其他诸子所坚守的"道德"追求，对"先王"以否定为主，并对尧舜等人进行攻击。他的攻击看似尖锐，实则功利而刻薄。虽然，"韩非子对先王的否定，与其主张变法、反对守旧的思想是紧密相关的。他认为，退一步来说，即使先王之道真有一些好的东西，但因年代久远，也难辨其真伪，不可能在当代施行"②。不过，我们还是必须注意：在肯定韩非看到社会进步的另一面的同时，还应该看到他把"先王"文化中有益的一面也予以抛弃了，就像泼掉脏水的同时也把澡盆中的孩子扔掉一样。正如张富祥先生所说："先秦诸子都主张'法先王'……这看上去是一种复古的倾向，实则他们都强调要因时变革，损益更张，法先王之意而不必法其事，主导思想还是弘扬传统文化的正面价值，以为当世治道的指导原则。"③确实，

① （清）王先慎：《韩非子集解》，钟哲点校，中华书局2003年版，第442—443页。
② 吴怀祺、林晓平：《中国史学思想通史·总论先秦卷》，黄山书社2005年版，第292页。
③ 张富祥：《〈尚书〉概说》，载郑杰文、傅永军主编《经学十二讲》，中华书局2007年版，第117页。

"先王"观念表面上是推崇古代圣王，实际上更重在弘扬这些历史形象中的道德因素和人文价值。人类历史中如果一旦陷入赤裸裸的物质至上主义，而抛却道德坚守，那是非常可怕的。与韩非子缺少道德追求的历史观相对应，他在政治观上也陷入了纯粹的功利主义，从而导致他的思想陷入了君主专制主义的泥淖，成为后世中国专制主义思想的重要思想来源。

四 "通变"的影响与儒家的中庸

诸子从《尚书》历史变动观念中得到的营养是很明显的。

首先，在《尚书》历史变动观念的基础上，他们各自形成了自己对历史变动的认识，具备了"通变"的眼光，因此，有学者说："'通变'思想滥觞于先秦史官，而作为一个比较完整的思想则初步形成于先秦诸子……先秦诸子上继史官的'通变'观念，在此基础上，能将历史变化的过程划分成若干时期，这些时期是前后相继、有着一定联系的，这就丰富和发展了'通变'思想的内涵，并给后世史学产生深刻的影响。"①"历史是变化不已的一种进程，这种历史进程表现出一定的趋势性，对此，先秦诸子基本上形成了一种共识。先秦诸子的历史变化趋势论的产生，受时代剧变的深刻影响并打上了时代的烙印。"② 其实，《尚书》按虞夏商周的顺序编排，以及它对历史变动的实用理性认识（既承认历史中有需要坚守的准则即不变的方面，又承认历史变动的必然性），都达到了相当的深度，对诸子的影响是显而易见的，先秦诸子的历史变动观与《尚书》的渊源是肯定的，当然，"由于他们的阶级属性、政治立场和思想渊源不同，观察和分析问题的方法存有差异，所以形成了各自不同的历史观体系"，③ 也是非常自然的。

其次，总起来看，虽然先秦诸子各得《尚书》历史变动思想之一体，但是儒家最得《尚书》历史变动思想的要领，既推崇往昔圣王时代的道德和生活，又承认历史变动在某种程度上的合理性和必要性。相较之下，

---

① 林晓平、蔡慧：《略论先秦诸子"通变"的史学思想》，《上饶师范学院学报》2008 年第 1 期。

② 林晓平：《先秦诸子关于历史变化趋势性的史学思想》，《淮北煤炭师范学院学报》（哲学社会科学版）2006 年第 1 期。

③ 李泉：《先秦诸子历史哲学的比较研究》，《聊城师范学院学报》（哲学社会科学版）1995 年第 1 期。

老庄的历史变动观念过于迷恋过去且缺乏在现实生活中应用和实现的可能；韩非子的历史变动观念缺少人文性而过于功利；墨子的历史变动观念却又显得自相矛盾。因而，只有儒家诸子的历史变动观念因其中庸、合乎常理而最易为人们所接受，这是后世儒家在中国历史上独居主流地位达数千年的重要原因之一，也是《尚书》"王道"史观价值的体现。

第五章

《尚书》历史功用思想

瞿林东先生曾说："功用论是中国古代史学理论的又一个重要方面。在中国古代，人们很早就认识到客观历史的鉴戒作用。"[①] 史学理论"功用论"，即关于历史之功用的思想、理论。强烈的历史功用思想是中国传统历史思想的最大特点之一；首先，它最突出地表现为"殷鉴"思想（或言"历史鉴戒观念"），在各种史学史著作中都深受学者们重视。[②] 其次，作为中国思想史上重要范畴之一的"忧患"意识，也因曾得到徐复观先生的大力阐发而广为流传，被视为中华民族的精神特质之一。[③] 再次，"先王"观念也曾被侯外庐先生视为中国最重要的思想观念之一[④]。对后两者尤其是"忧患"意识与历史思想的关系及其在《尚书》中的表现、地位等问题，还可以进一步深入研究；尤其对于这三者在《尚书》历史思想体系中的关系问题，目前尚付诸阙如。

第一节 《尚书》"忧患"意识

"忧患"意识向来受到重视，影响很大。应该注意的是，它最早渊源于《尚书》，而且它实质上也是历史意识的一种，与"殷鉴"思想、"先

---

① 瞿林东：《中国史学史纲》，北京出版社1999年版，第74页。

② 详见国内出版的各种史学史著作（包括各种中国史学史和外国史学史著作）。从这些书中我们可以看出，所有对历史经验的总结，以及后来所谓的"资治"等思想，其实都是"殷鉴"思想的变形或者发展。

③ 参见徐复观《徐复观文集》第三卷《中国人性论史·先秦篇》，李维武编，湖北人民出版社2002年版，第28—35页。

④ 参见侯外庐《中国古代社会史论》，河北教育出版社2000年版，第200页。侯外庐先生说："中国古代史里有一个最特殊的问题，它的严重的程度是希腊罗马所没有的，这便是'先王'问题。"

王"观念有着密切联系，共同构成《尚书》历史功用思想的有机整体，对后世产生了很大影响。

一 "忧患"意识源于《尚书》

"忧患"一词最早出于《易传·系辞下》中的两处地方。其一是："《易》之兴也，其于中古乎？作《易》者，其有忧患乎？"其二是："其出入以度，外内使知惧，又明于忧患与故。"① 其中，尤其以前者最为人们所熟知并经常被引用。另外，还有两处值得注意的地方：一是《周易正义》："《周易》起于文王及周公也。"② 二是《系辞》："《易》之兴也，其当殷之末世、周之盛德邪？当文王与纣之事邪？"③

正是由于以上出处的原因，一般认为"忧患"意识最早出自《易传》。不过，"忧患"意识的最早思想源泉应是哪一文献，这个问题可以进一步探讨。如果说就"忧患"这一词汇的最早出处而言，确是《周易·系辞》。但是，"忧患"意识的思想源头却不一定出于《周易·系辞》，就像前文所言"革命"论的思想源头不是《周易》而是《尚书》一样。"忧患"作为一个词语与"忧患"意识作为一个思想范畴，二者分别是"词语出处"和"思想来源"，并不可以混为一谈。从"作《易》者，其有忧患乎"的下文可以看出，《易传》没有对"忧患"的内容进行解释，而是说面对忧患如何采取正确的态度和举措。可见，"忧患"是当时人尽皆知的词语，而是另有其源头。

在现当代学术史上，抉发"忧患"论精义最力并且影响最大者，当推"新儒家"学者徐复观先生。然而，徐先生在其著作中却主要引用了《尚书》中的事例来作为佐证，这是值得思考的事情：一方面，这固然与《易传》行文简略、缺少"忧患"方面的相应事例有关；另一方面，也明显可见徐先生也认为《尚书》中西周初期的"忧患"意识最突出（当然，不否认其他篇章也可能有"忧患"意识之体现）。这正好从侧面证明：《尚书》有可能早于《周易》，是"忧患"意识的思想源头。按照徐复观

---

① （魏）王弼、（晋）韩康伯注，（唐）孔颖达正义：《周易正义》，北京大学出版社 1999 年标点本（简体字版），第 312、315 页。

② 同上书，第 313 页。

③ 同上书，第 319 页。

先生的观点，"此种忧患意识的诱发因素，从《易传》看，当系来自周文王与殷纣间的微妙而困难的处境。但此种精神地自觉，却正为周公、召公们所继承扩大。"① 正如前引徐先生所言，《周易》中提及的周文王的困难处境，应该只是"忧患"意识的"诱发因素"，只是一种萌芽或者初期阶段；而真正明确表露出来并发扬光大这种"忧患"意识的，却是《尚书》周初诸诰中详细记载的周公和召公等人。而徐先生在阐释"忧患"意识时，也确实是以《尚书》为主要根据。提出"忧患"论的《易传》"属于曾子后学思孟学派的作品"，② 其时代则在春秋战国时期，比《尚书》周初诸诰的时间要晚得多。从文献学的角度来看，《尚书》周初诸诰是《尚书》中最可信、真伪不存在争议的部分，是周初文献的孑遗。因而把《尚书》作为"忧患意识"的思想源头是可以成立的。

关于《尚书》中"忧患"意识的具体表现，在后文（本节第三部分）将有较为详细的列举和剖析。

二 "忧患"意识是一种历史意识

如果按照《易传》的说法，承认"忧患"意识源自周文王，那么，周文王也可能是来自对历史的反思；而如果说"忧患"的最早文献依据在《尚书》，那么，《尚书》周初诸诰连篇累牍地引用历史经验教训以自我警戒，更说明它是历史意识的体现，是"殷鉴"思想的有机组成部分。

中国古代历来就有设置史官的传统，这甚至成为中国古代史学的一大突出特征之一。③ 按《尚书》本身的记载，周公说："惟尔先人，有册有典"；而周公对于前代往事如数家珍，可见周公对于古代史籍是相当的熟悉。通过浏览往事、学习历史，周公、召公等人发现历史似乎是一个无言的教员，用前世（亦即夏、殷两代）正反两方面的经验教训时刻警醒着后世的统治者："敬德""保民"则万民拥护、国祚绵长、福延子孙；否

① 徐复观：《徐复观文集》第三卷《中国人性论史·先秦篇》，李维武编，湖北人民出版社 2002 年版，第 32 页。

② 林忠军：《经学十二讲·周易概说》，载郑杰文、傅永军主编《经学十二讲》，中华书局 2007 年版，第 59 页。

③ 参见余行迈《先秦史官制度概说》，《苏州大学学报》（哲学社会科学版）1982 年第 1 期；刘隆有《我国古代的史官制度》，《贵州文史丛刊》1984 年第 1 期。

则会引起人民反抗，身死国灭、子孙不保。这种"忧患"意识的实质，正如前引徐复观先生所言，是中国人文精神早启的重要体现，由于它在时间上回顾过去以求有利于未来，其中的历史意蕴极为明显，因而我们有理由视之为历史观念。

按徐复观先生的概括，"忧患心理的形成，乃是从当事者对吉凶成败的深思熟考而来的远见；在这种远见中，主要发现了吉凶成败与当事者行为的密切关系，及当事者在行为上所应负的责任。忧患正是由这种责任感来的要以己力突破困难而尚未突破时的心理状态。所以忧患意识，乃人类精神开始直接对事物发生责任感的表现，也即是精神上开始有了人地自觉的表现"①。那么，为什么会有这种"远见"呢？这点徐复观先生已经从殷人重"神"而周人重己之"德"的角度予以论证。但是，进一步再往深处追问：为什么会有殷人到周人的这种转变？则答案仍然混沌不明。而从《尚书》中，却似乎可以窥见其原因——周人对于历史事实的熟稔和历史规律的充分认识。从《尚书》中，可见周公等人对前两代的史实如数家珍，这就是明显的证据——周公如此熟稔历史并不可能是他短期内"突击"得来，也不会是周初周人统治集团中的个例或另类行为，而应该是周人统治集团整体文化素质和认识水平的体现。我们从《尚书》中可以看到：周公总是提醒殷人应该注意他们的历史记载："惟尔知，惟殷先人，有册有典，殷革夏命。"② 类似之处在周书中比比皆是。因而，我们完全可以据此推论：周文王对历史也不会是无知的，甚至，最有可能是他给予周公等人以直接的历史教育；或者督促、引导周公等人学习历史；至少为他们提供了良好的条件。否则周公等人的历史修养从何而来？因而，我们可以进一步推断，周人对历史的重视应是蔚然成风的。

从《尚书》可见，"忧患"意识的产生，正是由于周公等人对历史规律的深刻体会和认识，这种思维方式正是从时间的维度出发的，因而"忧患"意识正是历史意识的体现。《尚书》中"忧患"意识最为突出的周初诸诰部分，也是徐复观先生引用最多和人们最熟知的：周公、召公等人出于对历史的考察而引发对现实和未来的忧虑，表现出强烈的忧患意

---

① 徐复观：《徐复观文集》第三卷《中国人性论史·先秦篇》，李维武编，湖北人民出版社 2002 年版，第 32 页。

② 《尚书正义》，第 426 页。

识，如："弗吊，天降割于我家不少。延洪惟我幼冲人，嗣无疆大历服。弗造哲，迪民康，矧曰其有能格知天命？已！予惟小子，若涉渊水，予惟往求朕攸济。敷贲敷前人受命，兹不忘大功。予不敢闭于天降威用。"①（《大诰》）又如："肆予冲人永思艰，曰，呜呼！允蠢鳏寡，哀哉！予造天役，遗大投艰于朕身。越予冲人，不卬自恤。"②（《大诰》）类似充满忧患而徐复观先生也有较多的引用，此处毋庸多举其例。因而，与其说"这种历史鉴戒意识直接导致了统治者的忧患意识"，③ 还不如说由于对历史的熟稔而产生了"忧患"意识。从这里进一步推断，周文王的"忧患"意识也应该是出于学习历史所得来的经验教训，这从《尚书》周初诸诰中周公对于夏代和商代历史的熟稔可以类推。当然也肯定因为吸取了商代灭亡的直接教训。

更深一步而言，前引徐复观先生所说的殷末周初"人"的理性被发现，亦与周人重视历史和总结前代经验教训有关。因为，正是他们从历史经验中发现，"人"的力量是伟大的，而"神"的地位却相较于过去大为褪色。

这些都说明："忧患"意识实际上是一种历史意识。因为，"忧患"来自对历史的洞察和未来的担心，充满了"时间"性，是"鉴古而知今"。即使不把"忧患"意识视为一种历史意识，至少它也是历史意识的结果。

三 《尚书》"忧患"意识的体现

自徐复观先生大力抉发出中国民族精神中的"忧患"意识之后，影响巨大；"忧患"意识也被视为中国民族精神重要而有代表性的方面。

不过，如果徐先生的设定是：周代思想是"人文"的而商代是"神本"的；并且，徐先生以"线性"进化论出发，认为商代必然不如周代"进步"。徐先生的看法自有相当的道理，但是这两点仍然值得进一步讨论。周、商两代的文化肯定有区别，殷人更加重"鬼"，在文献和卜辞材料中都有体现；但是，如果据此断定商代完全将命运委之于"神"而没

---

① 《尚书正义》，第 342 页。

② 同上书，第 346—347 页。

③ 庄国雄、马拥军、孙承叔：《历史哲学》，复旦大学出版社 2004 年版，第 37 页。

有"人本"观念和"忧患"意识，则是不完全妥当的。而所谓从甲骨文中体现出来的"神本"意识也应该作具体而辩证的分析，不可一概而论。学术界早已有学者指出：从商代"人殉"和"人祭"中表现出来的那种残暴，通常只是对于俘虏和奴隶而言，这种情形不能用来概括整个商代的思想观念，因为俘虏和奴隶毕竟是特殊人群。① 这正如学者们早已经指出的：我们平时所艳称的古雅典的民主制度，其"民主"也只是极少数男性成年"公民"的特权，② 对于奴隶而言，这种制度则是近于残酷，奴隶只是会说话的财产，奴隶主对他们同样有生杀予夺的大权，奴隶的命运并不与中国商代的"人祭"和"人殉"有本质区别；③ 甚至连希腊本地的妇女都根本无法享有这些权利，并且古希腊对各种"神灵"的迷信也并不比商代逊色。④ 但我们不能据此否认古希腊文化中所表现出来的"人文主义"色彩。同样，商代思想文化在某种方面的人文性，也不能因为其他方面的"野蛮"而一笔抹杀。

其实，即使徐先生对殷周之际"人的自觉"非常推崇，但是他也不否认："周的文化，最初只是殷帝国文化中的一支；灭殷以后，在文化制度上的成就，乃是继承殷文化之流而向前发展的结果""周文化系由殷文化的继承发展而来"，周初的各种观念"不可能是突然出现的"⑤ 因此，不能简单地将包括"忧患"意识在内的人本意识的产生定位在商周之际。另外，《尚书》在整体和基本事实上的可信性也不可简单否定，而是基本可信。基于此，如果依照徐复观先生对"忧患"意识的看法，其实，"忧患"意识在《尚书》"商书"部分就有一定的"忧患"意识之表现：

> 汝克黜乃心，施实德于民，至于婚友，丕乃敢大言，汝有积德。
> 乃不畏戎毒于远迩，惰农自安，不昏作劳，不服田亩，越其罔有黍

---

① 王平、[德]顾彬：《甲骨文与殷商人祭》，大象出版社 2007 年版，第 7—8、47—78 页。

② 顾銮斋、徐善伟：《如歌岁月：古希腊文明探秘》，云南人民出版社 1999 年版，第 119 页。

③ 王宏伟：《古希腊城邦共同体中的民主政治与奴隶制——一种共同体理论的研究视角》，天津师范大学硕士研究生学位论文，2008 年 3 月 31 日，第 39—40 页。

④ 晏立农、马淑芹、晏菲：《图说古希腊文明》，吉林人民出版社 2009 年版，第 39—41、193—195、123—135 页。

⑤ 徐复观：《徐复观文集》第三卷《中国人性论史·先秦篇》，李维武编，湖北人民出版社 2002 年版，第 29 页。

稷。汝不和吉言于百姓，惟汝自生毒，乃败祸奸宄，以自灾于厥身。乃既先恶于民，乃奉其恫，汝悔身何及？汝曷弗告朕，而胥动以浮言，恐沈于众？若火之燎于原，不可乡迩，其犹可扑灭。则惟汝众自作弗靖，非予有咎。①（《盘庚》上）

盘庚在此反复地强调，如果"惰农自安""不和吉言于百姓"，就会有不好的结果。这实际上就寓有鲜明的忧患色彩。在《盘庚》三篇中类似地方很多见。而"古文"《尚书》中同样有类似的句子：

皇祖有训，民可近，不可下，民惟邦本，本固邦宁。予视天下，愚夫愚妇，一能胜予，一人三失，怨岂在明？不见是图。予临兆民，懔乎若朽索之驭六马，为人上者，奈何不敬？②（《五子之歌》）

所谓"予临兆民，懔乎若朽索之驭六马，为人上者，奈何不敬"，不正是一种战战兢兢、如临深渊如履薄冰的忧患心态吗？

如果将时间进一步向前推移，那么，我们可以发现，忧患意识在《尚书》中的尧舜禹时代就有体现。比如，大禹谈他对于治水的态度，按照徐先生的阐述，也应该属于"忧患"意识，不过，这种意识应该不是由于历史鉴戒而来，而是出于对使命的担忧和责任感："予创若时，娶于涂山，辛、壬、癸、甲启呱呱而泣，予弗子，惟荒度土功。弼成五服，至于五千，州十有二师。外薄四海，咸建五长各迪有功，苗顽弗即工……"③（《益稷》）大禹的这种"忧患"意识，就比较接近于今天我们的常用意思——在当代语境中，"忧患"意识经常甚至主要被用作"居安思危"之意。而这层意思在《尚书》中还可以找到更明显的源头。比如《立政》中有周公告诫成王的一句话："休兹，知恤鲜哉！"④这句话按照周秉钧先生的断句方法，应该是"休兹知恤，鲜哉！"其意相应地为："美好的时候就知道忧虑的人，很少啊！"⑤根据上下文来看，周先生的解

---

① 《尚书正义》，第229—231页。
② 同上书，第177页。
③ 同上书，第123页。
④ 同上书，第467页。
⑤ 周秉钧：《白话尚书》，岳麓书社1990年版，第204页。

释很有道理。可见，这是一种居安思危的思想意识。如果这种解释是合理的，那么我们就可以据此得出结论：“忧患”意识的两种常用意义（即“敬慎面对困难”和“居安思危”），都滥觞于《尚书》。

第二节　《尚书》“殷鉴”思想

发端于《尚书》的“殷鉴”思想，在中国历史上影响很大，形成中国史学绵延不绝的“史鉴”和“资治”传统，甚至被认为是中国史学最突出的标志之一。它既反映了中国实用理性主义的思想传统，同时对中国历史意识起到了强化的作用，而且使得中国传统历史学在某种意义上起到了代替宗教的作用。在某些西方学者看来，历史是断裂的，“过去”和“现在”之间不存在必然联系，因而所谓“殷鉴”是不可能的。① 其实，历史固然有其断裂的一面，但更主要的是其连续性，因为连续而可以比较和借鉴，因而，“殷鉴”思想是有其合理性和存在依据的。

一　《尚书》“殷鉴”思想内涵及价值

（一）学术界的观点

目前学术界关于《尚书》“殷鉴”思想的论述，大多集中在它的思想内涵及其历史影响方面。②

一般认为，“殷鉴”思想就是《尚书》主张吸收殷商盛衰兴亡的经验教训，因而最集中表现在周初诸诰中。比较典型的是《酒诰》中的一段：

> 在昔殷先哲王，迪畏天，显小民，经德秉哲，自成汤咸至于帝乙，成王畏相。惟御事厥棐有恭，不敢自暇自逸，矧曰其敢崇饮？越在外服，侯、甸、男、卫邦伯，越在内服，百僚庶尹惟亚惟服宗工，

---

① 汪荣祖先生曾经说：“直到 1980 年代涌现的后现代风潮，始彻底否定实证主义史学，否认客观过去重现之可能。”“过去”既不能“重现”，则“鉴戒”从何而来？参见汪荣祖《后现代思潮下中国现代史学的走向》，台湾“中央研究院”近代史研究集刊，2007 年 6 月，第 56 期。

② 除各种史学史和史学理论著作论及“殷鉴”思想外，以之为主题的论文主要包括：叶建华《传统史学的功能观——从殷鉴到经世》，《浙江社会科学》1989 年第 4 期；郭旭东《试论〈尚书·周书〉中的“殷鉴”思想》，《史学月刊》1996 年第 6 期；李建《“殷鉴”思想论略——以〈尚书·周书〉为中心的探讨》，《史学史研究》2009 年第 2 期。

越百姓里居，罔敢湎于酒。不惟不敢，亦不暇。惟助成王德显，越尹人祗辟。我闻亦惟曰，在今后嗣王酗身厥命罔显于民，祗保越怨不易。诞惟厥纵淫泆于非彝，用燕丧威仪，民罔不盡伤心。惟荒腆于酒，不惟自息乃逸，厥心疾很，不克畏死。辜在商邑，越殷国灭无罹。弗惟德馨香，祀登闻于天，诞惟民怨。庶群自酒，腥闻在上，故天降丧于殷，罔爱于殷，惟逸。天非虐，惟民自速辜。①

这段文字中正反两方面"鉴戒"和对比意味非常鲜明："殷先哲王"时"迪畏天，显小民，经德秉哲"官员人民"罔敢湎于酒"而国治；而纣王则因"荒腆于酒"以致丧亡。关于"殷鉴"思想，在《尚书》中还可以找到很多类似例子，学者们已多有引述。

吴怀祺先生曾指出：《尚书》"殷鉴"思想与"稽古"观念一样都是"历史盛衰总结"的意识，这些都是《尚书》"最重要的史学思想"；而且"殷鉴"思想"最早""最有系统"的作品就是《尚书》，② 等等。在本书的"绪论"中曾经做过较为详细的列举和分析。这些研究成果都使《尚书》"殷鉴"思想研究更加深化。

（二）"殷鉴"思想的中国特色

学者们在《尚书》"殷鉴"思想的有关成果为进一步的探讨奠定了良好的基础。如果深入思考，还有一些问题值得探讨。比如，同为历史功用思想的表现，"殷鉴"思想与西方的道德史观就有不同，有必要做一比较，从而更好地理解"殷鉴"思想的内涵和价值。

首先是地位不同。虽然西方古典史学也"注重历史对现实的借鉴作用"，但是，在希罗多德《历史》和修昔底德《伯罗奔尼撒战争史》中，对这种社会功能的强调并不非常明显和突出。③ 在《尚书》中，"殷鉴"观念却占有非常突出的地位。

其次，即使同是注重借鉴作用，而且本质上都属于"道德史观"，但是二者"借鉴"的"道德"内容也有较大区别，《尚书》"殷鉴"思想的借鉴内容，明显带有中国宗法社会道德色彩。比如在《牧誓》中，武王

---

① 《尚书正义》，第378—380页。

② 吴怀祺：《中国史学思想史》，商务印书馆2007年版，第38—40页。

③ 参见张广智等著《西方史学史》，复旦大学出版社2000年版，第62页。

指责纣"昏弃厥肆祀弗答，昏弃厥遗王父母弟不迪，乃惟四方之多罪逋逃，是崇是长，是信是使，是以为大夫卿士。俾暴虐于百姓，以奸宄于商邑。"[①] 这明显是对商纣王种种不符合宗法制度的行为进行谴责：不愿祭祀祖宗、轻视并遗弃本族弟兄却任用其他罪人和逃亡者等。应该注意到：这里特别强调"昏弃厥遗王父母弟不迪"，清楚地含有中国式"爱有差等"[②] 的宗法观念。"宗族"伦理优先，而不是以绝对的"善恶"观念为准，这种观念，仅《尚书》和中国独有，而非《历史》和《伯罗奔尼撒战争史》所能具备。另外，《尚书》及以后的中国史学，更注重用人世祸福来作为鉴戒和教训的内容；而西方则依据宗教的道德观念进行谴责。

　　因而殷鉴思想与西方相似范畴的道德史观的不同在于：一个着眼于现世；一个却仍然指向彼岸。二者虽然都以面向后世为目的，以面向前世为手段。但也有不同：殷鉴思想主要面向统治者的子孙，重在祸福的警戒；而西方的道德史观则面向所有人，注重在道德谴责，但这种道德谴责远不如其宗教信仰的作用更大。相反，由于中国人将终极关怀寄托于现实生活和后嗣子孙，"殷鉴"思想就在某种程度上起到了替代宗教教诲的作用。中国人比西方人更多地从以往的历史经验教训中学习为人处世、治理国家的道理，与西方多从宗教观念出发大不相同。可见，"殷鉴"思想的内容和形式，都充满了中国的特色。田昌五先生认为其区别在于中国史学强调"宗法天道"："中国史学的要领，在于宗法天道，即天地万物生生不息之道。为圣为贤，就在于明乎天道，因天道而为治，因天道而行事，顺乎民心，合乎民意。"[③] 田先生对"中国史学要领"的论述也可移用于《尚书》"殷鉴"思想；田先生在下文还曾言：中国史学为"资鉴范型"，[④] 这一"范型"的最早文献源头就在于《尚书》之中，即《尚书》的"殷鉴"意识。当然，《尚书》之前的"资鉴"意识也应该存在于史官文化之中。

---

　　① 《尚书正义》，第285—286页。

　　② 《孟子注疏》中的注疏说："于民也，当仁爱之，而弗当亲之也，以爱有差等也。是则先亲其亲而后仁爱其民，先仁爱其民然后爱育其物耳，是又见君子用恩有其伦序也，故杨子所以事得其宜之谓义也。"参见（汉）赵岐注，（宋）孙奭疏《孟子注疏》，北京大学出版社1999年标点本（简体字版），第378页。

　　③ 田昌五：《中国历史体系新论续编》，山东大学出版社2002年版，第12页。

　　④ 同上。

《尚书》"殷鉴"思想之所以具有与西方不同的特色，是由于它与中国独有的史官制度有着极为密切的关系。某种意义上可以说，《尚书》是中国所独有的史官制度的产物，史官是《尚书》的原始作者，他们的职责和写作目的决定了是要给统治者提供治国安邦正反两方面的教训，所以，《尚书》"殷鉴"不是像西方的祭司集团那样，将其反思指向虚无缥缈的彼岸，寄希望于神灵，而是面向人世，诉诸理性和政治的改善。而且，史官作为一种官方制度，地位相对独立且较为重要和尊贵，代代相传，工作具有一定的规范和准则，又有着令统治者"慎言行、昭法式"的崇高目的，肩负着传之后世的荣誉感和使命感等，这些史官制度独有的特征，使得《尚书》的"殷鉴"思想具有中国才有的庄严气概和理性色彩，与西方个人史家随性而著、以个人是非为是非、指向宗教道德的历史鉴戒思想有着相当大的区别。

二 "殷鉴"思想的基石

《尚书》"殷鉴"思想的实质是通过对历史经验教训的总结以趋吉避凶，使国家和谐稳定，避免重蹈前朝覆辙。当然，总结历史经验的主体在大多数情况下都是统治者。"民本"和"敬德"的观念，都是从历史的经验教训中总结而来，构成了"殷鉴"思想的两块基石。"历览前贤国与家，成由勤俭败由奢"①，这两句出自李商隐《咏史》中的名句，与《尚书》"殷鉴"思想思考问题的角度是相同的，只是结论不同而已。同时，"殷鉴"思想也是"王道"思想的重要体现。

（一）民本观念

首先，从对历史经验教训的总结中，《尚书》认为，统治者一切政治施为，都应以民生、民意为出发点，突出地体现出民本观念。

民本观念最突出地表现在殷周之际。殷周之际的剧变，强大的"大邑商"竟然被"小邦周"取代，强烈的反差给予周代统治者以强烈震撼，迫使他们去思考这其中的原因。最终，他们得出的结论之一就是：商代亡于"虐民"，而周代兴于"以民为本"，比如：

> 孟侯，朕其弟，小子封。惟乃丕显考文王，克明德慎罚，不敢侮

---

① （唐）李商隐：《李商隐诗》，董乃斌评注，人民文学出版社 2005 年版，第 173 页。

鳏寡，庸庸，祇祇，威威，显民。用肇造我区夏，越我一二邦以修。我西土惟时怙冒，闻于上帝，帝休。天乃大命文王，殪戎殷，诞受厥命，越厥邦厥民，惟时叙。乃寡兄勖，肆汝小子封，在兹东土……封，汝念哉！今民将在祇遹乃文考，绍闻衣德言。往敷求于殷先哲王，用保乂民。汝丕远惟商耇成人，宅心知训。别求闻由古先哲王，用康保民。弘于天，若德裕乃身，不废在王命……小子封，恫瘝乃身，敬哉！天畏棐忱，民情大可见，小人难保。往尽乃心，无康好逸豫，乃其乂民。我闻曰："怨不在大，亦不在小，惠不惠，懋不懋。"已！汝惟小子，乃服惟弘王，应保殷民，亦惟助王宅天命，作新民。①（《康诰》）

封，我闻惟曰，在昔殷先哲王，迪畏天，显小民，经德秉哲，自成汤咸至于帝乙，成王畏相。②（《酒诰》）

上引《康诰》和《酒诰》中反复强调"保民""民情大可见，小人难保""显小民"等，都是从历史中总结出的。当然，在夏商易代之际同样如此。商汤讨伐夏桀，同样是用夏桀"灭德作威""敷虐于尔万方百姓"作为理由：

嗟！尔万方有众，明听予一人诰。若有恒性，克绥厥猷惟后。夏王灭德作威，以敷虐于尔万方百姓。尔万方百姓，罹其凶害，弗忍荼毒，并告无辜于上下神祇。③（《汤诰》）

不止是在易代之际有"民本"意识，在不是反映易代之际的其他篇章中，也颇多以民为本的内容。

比如，在"民生"方面，《尧典》首述尧之政治举措是"历象日月星辰，敬授人时"④，而准确的历法是古代农事得以正常开展的重要前提。《大禹谟》明确指出，统治者一切举措都以利于民生为出发点："德惟善

---

① 《尚书正义》，第359—362页。
② 同上书，第378页。
③ 同上书，第199页。
④ 同上书，第28页。

政，政在养民。水火金木土穀惟修，正德、利用、厚生惟和，九功惟叙，九叙惟歌。戒之用休，董之用威，劝之以九歌，俾勿坏……地平天成，六府三事允治，万世永赖，时乃功。"① 而大禹风尘仆仆、历尽艰辛治理水患、送食物给百姓等，更是显出在遭受大的自然灾害下，中国古代政治家与西方往往一心求媚于"神"的迥异取向。

再比如，在"民意"方面，"天视自我民视，天听自我民听"②（《泰誓》中）"天聪明，自我民聪明。天明畏，自我民明威。达于上下，敬哉有土！"③（《皋陶谟》）这两句话讲"民意"置于极高的地位，因而广为人知。虽然这里的"民本"思想并非现在的"民主"，但是其中重视人民意愿，并将其视为"天意"④ 之体现，这种民本思想，却是难能可贵的。其他地方还有例子，比如《大禹谟》强调政事就是为了养民："德惟善政，政在养民。"⑤ 《五子之歌》也提出"民可近，不可下，民惟邦本，本固邦宁"⑥ 的响亮口号。至于"民"与"君主"的关系，则以"抚我则后，虐我则雠"⑦（《泰誓》下）概之，其激烈程度即使今日看来也有相当大的震撼力，并直启后世孟子对齐宣王掷地有声的回答："贼仁者谓之贼，贼义者谓之残，残贼之人，谓之一夫。闻诛一夫纣矣，未闻弑君也。"⑧ 当然，"民本"和"敬德"是紧密联系的，有时很难分开，从统治者自身而言，只有"敬德"才能"保民"，可见，"敬德"是"民本"思想在个人品德方面的基础，这反映出中国突出的"德治"意识。

（二）"敬德"观念

注重"德治"，是《尚书》及其以后中国政治历史文化中的突出特点。"民本"要以统治者的"敬德"为基础，否则，如夏桀殷纣之失德荒淫，必然会导致暴虐政治，"民本"就根本无从谈起。对最高统治者来说，敬德是达到"和"与"治"的个人前提条件："天位艰哉！德惟治，

---

① 《尚书正义》，第 89 页。

② 同上书，第 277 页。

③ 同上书，第 109—110 页。

④ 实即"历史必然要求"的代名词。

⑤ 《尚书正义》，第 89 页。

⑥ 同上书，第 177 页。

⑦ 同上书，第 387—388 页。

⑧ （汉）赵岐注，（宋）孙奭疏：《孟子注疏》，北京大学出版社 1999 年标点本（简体字版），第 53 页。

否德乱。与治同道，罔不兴。与乱同事，罔不亡。"①（《太甲》下）公曰："呜呼！君，惟乃知民德，亦罔不能厥初，惟其终。祗若兹，往敬用治。"②（《君奭》）敬德的途径多端，其中之一是"为善"："民心无常，惟惠之怀。为善不同，同归于治。为恶不同，同归于乱。尔其戒哉！慎厥初，惟厥终，终以不困。不惟厥终，终以困穷。懋乃攸绩，睦乃四邻，以蕃王室，以和兄弟。康济小民，率自中，无作聪明乱旧章。详乃视听，罔以侧言改厥度，则予一人汝嘉。"③（《蔡仲之命》）可见"为善"包括敬慎处事、善始善终、和睦相处等。在《太甲》（下）中，还有类似表述："惟时懋敬厥德，克配上帝。今王嗣有令绪，尚监兹哉！若升高，必自下。若陟遐，必自迩。无轻民事，惟难。无安厥位，惟危。"④

在《尚书》中，这也是得自历史的经验教训，比如：

今王惟曰，先王既勤用明德，怀为夹，庶邦享，作兄弟，方来，亦既用明德。后式典集，庶邦丕享。皇天既付中国民，越厥疆土，于先王肆。王惟德用，和怿先后迷民，用怿先王受命。已若兹监，惟曰欲至于万年惟王，子子孙孙永保民。⑤（《梓材》）

可见，只有"明德"，"惟德用，和怿先后迷民"，才能"受命""永保民"。所谓"敬德"，其实就是不能像夏桀和商纣那样骄奢淫逸、不问民生疾苦，其中，禁止酗酒是预防骄奢淫逸的重要方面：

惟助成王德显，越尹人祗辟。我闻亦惟曰，在今后嗣王酣身厥命罔显于民，祗保越怨不易。诞惟厥纵淫泆于非彝，用燕丧威仪，民罔不盡伤心。惟荒腆于酒，不惟自息乃逸，厥心疾很，不克畏死。辜在商邑，越殷国灭无罹。弗惟德馨香，祀登闻于天，诞惟民怨。庶群自酒，腥闻在上，故天降丧于殷，罔爱于殷，惟逸。天非虐，惟民自速

---

① 《尚书正义》，第213页。
② 同上书，第450页。
③ 同上书，第453页。
④ 同上书，第213页。
⑤ 同上书，第280页。

辜。①（《酒诰》）

"重德"理念在《尚书》的内外政事上都有突出表现。全书第一篇《尧典》就是以赞美尧的德行开篇："帝尧曰放勋，钦明文思安安，允恭克让，光被四表，格于上下。克明俊德，以亲九族。"② 而众大臣之所以推举舜作为尧的继承人，就是因舜具有突出的德行，舜也"让于德，弗嗣"。③《大禹谟》中对如何修德有详细论述："克勤于邦，克俭于家，不自满假，惟汝贤。汝惟不矜，天下莫与汝争能。汝惟不伐，天下莫与汝争功。予懋乃德，嘉乃丕绩，天之历数在汝躬，汝终陟元后。人心惟危，道心惟微，惟精惟一，允执厥中。"④（《大禹谟》）《太甲》（下）强调"德"对于"治乱"的作用："德惟治，否德乱……终始慎厥与，惟明明后。先王惟时懋敬厥德，克配上帝。"《咸有一德》说"天难谌，命靡常"，只有"常厥德"才能"保厥位"，因为"惟天佑于一德。非商求于下民，惟民归于一德。德惟一，动罔不吉。德二三，动罔不凶。惟吉凶不僭在人，惟天降灾祥在德。"⑤ 可见，《尚书》将人之"德"的历史作用放在至关重要的地位。《多士》《多方》《酒诰》等篇，就几乎通篇都是周公苦口婆心的劝说，表现出以德感化的理念⑥，也是对"德"历史作用的高度推崇。

当然，必须注意的是，《尚书》所重之"德"和"以民为本"都具有相当程度的宗法色彩，这里的"德"不带有西方宗教中的超越性意涵，而是带有明显的中国宗法色彩。比如，武王在《牧誓》中批评纣之失德，其中一个重要理由就是他不任用自己的族人而任用其他的流亡者；而舜的美德"克谐以孝，烝烝乂，不格奸"⑦，强调的是"孝"这一带有中国特色的道德范畴等，都是中国式宗法思想的体现。

---

① 《尚书正义》，第378—380页。
② 同上书，第25—26页。
③ 同上书，第45—46、52页。
④ 同上书，第93页。
⑤ 同上书，第215—216页。
⑥ 同上书，第99、421—423、456—457、461页。
⑦ 同上书，第46页。

三 "殷鉴"的目的

如果说"德治"和"民本"是"殷鉴"思想的两大基石,那么,统治者的最大目的是达到国家的"和"与"治"。

追求和平、和解、和睦及和谐是中国文化的重要特征,《尚书》的"和"也基本包括以上多种意涵。在《尚书》中,追求"和"的思想体现在家庭、同寅、族群或者邦国等各个方面。①

《尧典》篇首赞美尧的德行:"克明俊德,以亲九族。九族既睦,平章百姓。百姓昭明,协和万邦。黎民於变时雍。"② 这段话可谓对尧的概括性评价,非常有代表性:它从内部的家族关系扩展到外部的邦国,③ 其最终目的都是"和"或"睦"。而舜忍辱负重,也是为了父母兄弟的谅解和家庭的和睦。实际上正是舜的这一才能和德行,才使得他广受赞誉而成为尧的继承人。"同寅"的关系,应该"协恭,和衷"④(《皋陶谟》);对待百姓众人,应该"嘉言罔攸伏,野无遗贤,万邦咸宁稽于众,舍己从人,不虐无告,不废困穷"⑤(《大禹谟》),都是为了达到和谐。统治者具体施政,应努力做到"有叙,时乃大明服,惟民其敕懋和。若有疾,惟民其毕弃咎。若保赤子,惟民其康乂"⑥(《康诰》),以及"王惟德用,和怿先后迷民,用怿先王受命"⑦(《梓材》),也是为了保持国家的和谐稳定;甚至连音乐也要努力表现和谐、促成和谐:"夔,命汝典乐,教胄子,直而温,宽而栗,刚而无虐,简而无傲。诗言志,歌永言,声依永,律和声。八音克谐,无相夺伦,神人以和。"⑧(《舜典》)

扩而广之,各种人群之间、所为各事情,都应努力达到和谐、和睦、和平相处的目标。即使是对曾为仇雠的殷商遗民,周代统治者也是采取了非常宽大的措施,既不像西方那样将印第安人驱赶进入"保留地"之中,

---

① 关于"族群"之间的和睦,这一点在本书谈到"华夷之辨"时也曾经有所涉及。
② 《尚书正义》,第 27 页。
③ 与后世《大学》所说的"修齐治平"顺序正相符合。
④ 《尚书正义》,第 108 页。
⑤ 同上书,第 86 页。
⑥ 同上书,第 364 页。
⑦ 同上书,第 388 页。
⑧ 同上书,第 79 页。

更没有如希特勒那样进行残酷的"种族灭绝",而是多方保全其权利。比如,周公谆谆告诫和耐心说服殷商遗民接受对他们命运的宽大和合理安排:"告尔殷多士,今予惟不尔杀,予惟时命有申。今朕作大邑于兹洛,予惟四方罔攸宾,亦惟尔多士,攸服奔走臣我,多逊。尔乃尚有尔土,尔乃尚宁幹止。尔克敬,天惟畀矜尔。尔不克敬,尔不啻不有尔土,予亦致天之罚于尔躬。今尔惟时宅尔邑,继尔居,尔厥有幹有年于兹洛。尔小子乃兴,从尔迁。"① (《多士》) 类似之处在周初诸诰中比比皆是。作为战胜者的周统治者,对殷商遗民,从来没有表现出什么"种族歧视"的情绪,相反,却明确要求本族群统治者要"保殷民",即"保"自己过去的敌人、现在的被征服者:"汝惟小子,乃服惟弘王,应保殷民,亦惟助王宅天命,作新民。"② (《康诰》) 又说:"封,有叙,时乃大明服,惟民其敕懋和。若有疾,惟民其毕弃咎。若保赤子,惟民其康乂。非汝封刑人杀人,无或刑人杀人。非汝封又曰劓刵人,无或劓刵人。"③ (《康诰》) 不止是"周书"如此,即使对于"四凶",也不过是流放,但仍然一再强调要"恤""刑"。④ 即使偶或使用严厉刑罚,那也是对怙恶不悛或罪大恶极者而言。⑤ 这都表明《尚书》总体上以宽大的措施来求得各族群、各阶层的和睦和稳定,这是"德治"的重要目标。

《尚书》中"睦乃四邻""尔惟和哉""不克敬于和,则无我怨""庶政惟和,万国咸宁""燮和天下""式和民""惟民其敕懋和""和恒四方民""咸和万民"等⑥,都是表达了对族群和睦的追求。不仅如此,还要"兴灭国,继绝世,举逸民",其目的是让"天下之民归心焉",⑦ 这是推己及人的"恕道"意识以及"和为贵"的思想,是中国独有的精神遗产,

---

① 《尚书正义》,第 428 页。

② 同上书,第 362 页。

③ 同上书,第 364 页。

④ 《舜典》有:"钦哉,钦哉,惟刑之恤哉!流共工于幽州,放驩兜于崇山,窜三苗于三危,殛鲧于羽山,四罪而天下咸服。"参见《尚书正义》,第 65—66 页。

⑤ 《吕刑》言:"若古有训,蚩尤惟始作乱,延及于平民,罔不寇贼鸱义,奸宄夺攘矫虔。苗民弗用灵,制以刑,惟作五虐之刑曰法。"参见《尚书正义》,第 535 页。

⑥ 《尚书正义》,第 364、412、453、464、466、482、512、527—528 页。

⑦ (魏)何晏等注,(宋)邢昺注:《论语注疏》,北京大学出版社 1999 年标点本 (简体字版),第 266 页。周代先后封武庚、微子继承殷,又封舜后于陈,等等,都是"兴灭国,继绝世"。

具有非常重要的意义。关于这点，刘家和先生曾经说，中国上古时期，确实有与世界其他地区的民族思想相似的"夷夏之防"思想，但是，还必须看到中国和西方的明显区别："古印度雅利安人认为，'蔑庆车'的子女被卖为奴隶是合法的。古代希腊人认为蛮族是'天生的奴隶'。这样的看法，不仅十分严厉，而且具有强调天然的种族区分的鲜明色彩。因此，在古代印度，雅利安人与非雅利安人的鸿沟长期难以解决，它表现在'种姓制度'里的一生族（非雅利安人）与再生族（雅利安人）的严格界限上。古代希腊人一直没有能够解决与'蛮族'的区分问题，甚至到了罗马时期，与蛮族的区分问题也未能解决。在这一点上，古代中国人的看法却明显不同，其结果也就不同。古代中国人也讲究民族区分，讲究文明与野蛮的区分，不过其重点并不在于天然的种族或血缘的区分，而在于文化水平的高下。在古代中国，夷与夏是可以互相转化的……尽管大舜和周文王一是东夷、一是西夷，可是在孟子书中，他们却是受到真正顶礼膜拜的华夏大圣人。这是夷可以变为夏的典范。"① 刘先生在此指出的"强调天然的种族区分的鲜明色彩"，就是指强调单纯从血缘、种族上划分族群。确实，中国在这方面远远不如西方明显，在某些时期，甚至会变得很极为淡薄，比如刘先生所指的孟子时期。

《尚书》"尚和"意识与由华夏历史意识、"大一统"思想结合在一起，使得崇尚"和合"成为中国文化的强烈特色和巨大生命力之源。正因为这一特点极其明显，因此，张立文先生提出了创立"中国和合学"的构想，② 对中国文化中的"和合"思想的作用及其在中国文化中的地位予以极高评价。③ 可见中国文化中"尚和"意识的突出表现及地位。

---

① 刘家和：《关于中国古代民族关系特点的几点思考》，《河北学刊》2006 年第 3 期。

② 参见张立文《中国和合文化导论》，中共中央党校出版社 2001 年版；《和合学》（上下卷），中国人民大学出版社 2006 年版。

③ 张立文先生说："和合文化思想是化解全球化问题及五大冲突、危机之道。和合是中华文化人文精神的精髓和首要价值，是'天下同归而殊途，一致而百虑'的'同归'、'一致'之道。她纵贯整个中华文化人文精神的底蕴横摄一定时代各家各派的文化思想。无论是人的方方面面，如人与自然、人与社会、人与人、人与自身心灵以及不同文明间的关系，还是社会伦理道德、价值观念、行为方式、心理结构、思维方式、审美情感之中，都意蕴着和合精神。"参见张立文《中国和合文化导论》，中共中央党校出版社 2001 年版，"自序"第 2 页。

"敬德"和"民本"的另一重要目的是"求治"。"求治"与"尚和"在某些方面是重合的，但是"求治"更加侧重于在国家治理这一层面。达到"治"的途径主要有：

首先，施政理念之要在"宽"。《大禹谟》说："明于五刑，以弼五教，期于予治。刑期于无刑，民协于中""帝德罔愆，临下以简，御众以宽。罚弗及嗣，赏延于世。宥过无大，刑故无小罪疑惟轻，功疑惟重。与其杀不辜，宁失不经。好生之德，洽于民心，兹用不犯于有"，① 反复强调"宽""简"的理念，尤其是"刑期于无刑"的观点，突出体现了人文主义的光辉。当然，很重要的就是要效法先人成宪："乃惟由先正旧典时式，民之治乱在兹。率乃祖考之攸行，昭乃辟之有义。"② （《君牙》）

其次，还要注意任用贤人、教化和有关民生的"食丧祭"等事："建官惟贤，位事惟能。重民五教，惟食丧祭。惇信明义，崇德报功，垂拱而天下治。"③ （《武成》）而正是任用了贤人，才达到了大治："惟周公克慎厥始，惟君陈克和厥中，惟公克成厥终。三后协心，同底于道，道洽政治，泽润生民。"④ （《毕命》）《大禹谟》言"地平天成，六府三事允治，万世永赖"，⑤ 也强调政事的有效治理特别是民生问题的解决是达到"治"的途径。具体的施政，还包括要善于把握时机："若昔大猷，制治于未乱，保邦于未危。"⑥ （《周官》）

以历史为鉴戒，通过"德治"和"民本"，达到"和"和"治"，这是《尚书》历史功用思想的思想机制，对后世产生了极大的影响。直至如今，国家仍然强调"稳定""民生"和"发展"，与《尚书》的理念实有许多相通之处。

---

① 《尚书正义》，第91—92页。
② 同上书，第529页。
③ 同上书，第295页。
④ 同上书，第525页。
⑤ 同上书，第89页。
⑥ 同上书，第481页。

第三节　《尚书》"先王"观念

　　"先王"观念①与"法先王"思想基本为同一范畴，即中国古代传统中特别强调对"先王"的崇拜和效法的思想，在中国思想史上影响深远。《尚书》中尚未出现"法先王"一词，但是"先王"观念非常浓厚，是中国"法先王"思想的文献源头。

　　"先王"观念也是历史观念的重要体现。曾有学者专文探讨《尚书》"法先王"思想或"先王"观念，但是重点多在于探讨"法先王"之"法"的内容及对后世的影响，并没有把它视为一种历史思想；②其他的探讨则多为零星涉及"先王"观念。

一　《尚书》"先王"观念与历史意识

　　从《尧典》《舜典》一直到"周初诸诰"，我们从《尚书》中几乎到处都可以感受到《尚书》中弥漫的"先王"观念，亦即对"先王"的崇拜之情。

　　有的地方，直接表达了对"先王"或"先后"③的崇敬：

　　　　1. 告于众曰："嗟予有众，圣有谟训，明徵定保先王克谨天戒，臣人克有常宪，百官修辅，厥后惟明明……"④（《胤征》）
　　　　2. 伊尹作书曰："先王顾諟天之明命，以承上下神祇。社稷宗庙，罔不祇肃。天监厥德，用集大命，抚绥万方……嗣王戒哉！祇尔厥辟，辟不辟，忝厥祖。""先王昧爽丕显，坐以待旦。旁求俊彦，启迪后人，无越厥命以自覆。慎乃俭德，惟怀永图。若虞机张，往省括于度，则释钦厥止，率乃祖攸行，惟朕以怿，万世有辞。"⑤（《太

---

　　①　我们在上文曾经谈到《尚书》历史变动观的"两重性"视角。《尚书》中对于古昔圣王时代的追慕，其实就是"先王"观念的代名词，只是前者是从历史变动观的角度来看的，二者是一体的两面。

　　②　参见游唤民《〈尚书〉法先王思想及其对后世的影响》，《船山学刊》2001年第4期。

　　③　在此，"先后"与"先王"意同。

　　④　《尚书正义》，第181页。

　　⑤　同上书，第208—209页。

甲》上)

3. 伊尹拜手稽首，曰："修厥身，允德协于下，惟明后。先王子惠困穷，民服厥命，罔有不悦。并其有邦厥邻，乃曰：'徯我后，后来无罚。'王懋乃德，视乃厥祖，无时豫怠。奉先思孝，接下思恭。视远惟明，听德惟聪……"①（《太甲》中）

4. 先王惟时懋敬厥德，克配上帝。今王嗣有令绪，尚监兹哉！②（《太甲》下）

5. 先王有服，恪谨天命，兹犹不常宁。③（《盘庚》上）

6. 呜呼！古有夏先后，方懋厥德，罔有天灾。山川鬼神，亦莫不宁，暨鸟兽鱼鳖咸若。④（《伊训》）

以上都是直接表达了对"先王""先后"品德和功业的赞美。

还有的地方是间接表现或隐含对先王的追慕之意。比如，以下的各句中虽然没有提到"先王"或"先后"等字眼，但是崇拜"先王"的观念不言而喻：

1. 曰若稽古，帝尧曰放勋，钦明文思安安，允恭克让，光被四表，格于上下。克明俊德，以亲九族。九族既睦，平章百姓。百姓昭明，协和万邦。黎民于变时雍。⑤（《尧典》）

2. 曰若稽古，帝舜，曰重华，协于帝。濬哲文明，温恭允塞，玄德升闻，乃命以位。慎徽五典，五典克从。纳于百揆，百揆时叙。宾于四门，四门穆穆。纳于大麓，烈风雷雨弗迷。⑥（《舜典》）

3. 二十有八载，帝乃徂落。百姓如丧考妣三载，四海遏密八音。⑦（《舜典》）

4. 其四曰："明明我祖，万邦之君。有典有则，贻厥子孙。关石

① 《尚书正义》，第 212 页。
② 同上书，第 213 页。
③ 同上书，第 225 页。
④ 同上书，第 203 页。
⑤ 同上书，第 25—28 页。
⑥ 同上书，第 50—52 页。
⑦ 同上书，第 71 页。

和钧，王府则有。荒坠厥绪，覆宗绝祀。"①（《五子之歌》）

　　以上引文，其共同点就是将历代"先王"当成楷模来崇拜和效仿。

　　"先王"观念实际上是历史意识的表现。因为，"先王"必然属于"过去"，可是他们的精神和品德却永垂不朽，延续至今。这种贯穿古今的时间意识，就是一种历史意识。杜维运先生曾说："中国古代流传着很多古圣王的历史故事，这些古圣王的历史故事，虽然在各载籍间的记载，颇有出入，但是其被用作鉴戒，则是一致的。儒家……固不必论，即使是反对法古的法家，也时时引及历史的例子……这是极耐人寻味的。大凡中国秦代以前的人，凡建一言，立一说，多将基础建立在历史事实上，以历史作鉴，同时以历史作证据，这真是极浓厚的历史观念了。"② 杜先生的这段话实际上就是将"先王"观念和"殷鉴"思想结合起来分析的，所言甚是。"殷鉴"思想后来多被从负面的教训方面去考虑，而"先王"观念则是它的对立面即正面。因此，"殷鉴"思想和"先王"观念，分别构成了《尚书》历史功用思想的两个面向（另一构成因素是"忧患"意识）。正是这两个面向，奠定了中国历史功用思想的基本底色，以致产生《资治通鉴》这样专门从功用论角度出发创作的历史著作。这种历史功用思想，历来被认为是中国人历史观念浓厚的重要表现。

二　"先王"观念的成因和实质

　　《尚书》"先王"观念与以下原因有关：

　　首先，"先王"观念与古代中国宗法社会的性质有很大关系。③ 中国是最为典型的宗法社会，甚至是"家国同构"。刘广明先生就此有过专著

---

　　① 《尚书正义》，第 179 页。

　　② 杜维运：《中西古代史学比较》，台北东大图书公司 1988 年版，第 23—24 页。

　　③ 游唤民先生也曾经谈到过《尚书》"先王"观念与祖宗崇拜的密切关系："由于中国古代是在血缘关系解体不充分的情况下进入文明社会的，又长期处于以血缘关系为基础的宗法制社会，从而这种祖先崇拜就长期保存下来了。祖先崇拜与先王崇拜是同一的，或者说，先王崇拜是由对祖先崇拜衍化而来。""祖先崇拜、先王崇拜中'隐含着一种一般的观念：愈古老，渊源愈久远，就愈神圣，愈有权威性。'这种观念，深深地潜入了中国人的意识深层。不难看出，我国古代政治家、思想家之所以要打着先王的旗帜来说出自己的政治主张、学说，其良苦用心重在增加自己学说的神圣性、权威性。"参见游唤民《尚书思想研究》，湖南教育出版社 2001 年版，第 145—146 页。

《宗法中国》，对中国宗法社会的特征做了深入的剖析。在这部书中，刘先生对中国宗法文化与"先王"观念的关系进行了较为透彻的论述，指出："宗法文化原型的重大特征是其崇古取向。宗法国家的统治者将祖宗神圣化，由于神必定是认识上的先知，所以，神化的祖先的英雄业绩就成为后人认识真理的圭臬。因此，宗法国家的统治者凡有重大行动都得告知于宗庙，占卜以求祖先的指示或福佑……这种奉先圣为榜样，以过去推断将来的认识取向，一旦转到历史认识的领域，就提升为一种历史观念，即'历史'被理解作理想化的趋向古代的复归运动。而这种历史观念在历史认识论中就作为历史认识的先验出发点制约着认识的取向，在这种认识取向中，一切不美好的现实之存在都被视为背离古代理想的结果。"① 这是很有道理的。刘先生还指出，由于中国宗法社会中家族主义的兴盛，使得英雄崇拜不仅没有得到独立，反而被转移到祖先崇拜上，使得祖先崇拜更加强大和持久，人文英雄的地位因而远远不如家族祖先的地位崇高。② 这些因素都大大地加强了中国"先王"观念在文化中的影响和地位。并且这种倾向在中国长达几千年的历史中，与宗法制度相辅相成，持续不断地对中国学术和历史发挥着重要影响。

其次，"先王"观念还与中国古人对"政治制度和社会文化的延续性"的深刻认识有关。正如有的学者在谈到孔子的"先王"观念时所说的："社会历史的发展有没有一以贯之的内核？政治制度和社会文化有没有延续性，这种延续和发展是什么关系？……每个历史时期并不是孤立的，一个历史时期总和以前的社会保持着联系，这种联系有两个方面，一是损，一是益，但损益都是建立在因的基础之上。因就是因循、因袭的意思……孔子并不是要保持古代奴隶制度不变，而是希望他的理想文化精神能对社会发展有所引导。对于这种文化精神的继承和保持，不能简单地看做复古主义和倒退的历史观，不过孔子和后来的儒者们把它的地位和作用无限夸大了，这就使得这种文化精神承担了过多的社会历史责任，因而才不断遭到后人的诟病。"③ 所谓孔子并非要"保持古代奴隶制度不变，而是希望他的理想文化精神能对社会发展有所引导"，这种看法是很有道理

---

① 刘广明：《宗法中国》，上海三联书店1993年版，第43—44页。

② 同上书，第91页。

③ 韩震：《历史观念大学读本》，中国人民大学出版社2008年版，第17—18页。

的，同样适用于《尚书》的"先王"观念。①

"先王"观念的核心内容确是对过去历史文化和道德的继承。这些伟大的"先王"形象，正是"王道"理想的化身。游唤民先生说："《尚书》中继承先王事业的思想一直传流下来，但儒家主要是从继承先王的文化方面来立论的。在孔子看来，春秋时代的社会剧烈的变局即所谓'礼崩乐坏'，最主要的危险不是在政治组织的瓦解，而是古代文化的丧失。只要古代文化不灭，则其他问题，如社会政治问题、和谐问题、个人生命的依托问题，就有了解决的立足点和深厚的根基。因此，孔子立下'述而不作'之志，把承继三代的礼乐文化作为自己神圣的使命……以毕生精力整理、传授《诗》、《书》、《礼》、《乐》、《易》、《春秋》等古代文化典籍，使先王之道能传承下来并发扬光大。"②

另外，"先王"序列中，各个"先王"历史地位并非一成不变的。这是因为，《尚书》中的周代文献占了大部分篇幅，这正好反映了《尚书》对近代的重视（当然，客观上也与文献的流传和保存有关），甚至带有"厚今薄古"的意味，这也为"法后王"思想的最终产生和周公等"后王"的地位后来居上创造了条件。

当然，类似于"先王"观念西方也并非决然没有。杜维运先生说："西方的古代，和中国一样，也出现了尊古卑今的观念。尊古卑今，是史学出现的一个极为重要的条件。发思古的幽情，是在尊古卑今的观念下产生的。中西古代同样出现尊古卑今的观念，于是同时出现史学。'私心自用，而不师古'，史学又怎能出现？"③ 当然，中西方的这种尊古卑今的观念在具体内容上还是有区别的。

---

① 同样，侯外庐先生的论述也说明了这个道理："中国古代社会的'维新'史必然产生一系列的先王思想史——实际上是积重难返的、迂回曲折的国家与法权的学说史。了解了这样的规律性的运动，才能把握中国古代历史的具体真理。中国历史到了中古也具有和西洋相区别的封建路径，因为过时道德一系列的氏族公社的关系，又渗透在中国家族组织的历史里面。不过到后来，中古思想所争论的却不是先王，而是'道统'了。"侯先生所说"积重难返的、迂回曲折的国家与法权的学说史"，就是从制度和文化的连续性角度而言的。参见侯外庐《中国古代社会史论》，河北教育出版社 2000 年版，第 340 页。

② 游唤民：《尚书思想研究》，湖南教育出版社 2001 年版，第 147—148 页。

③ 杜维运：《中西古代史学比较》，台北东大图书公司 1988 年版，第 130 页。

三 "先王"观念的影响

《尚书》"先王"观念对后世产生了极为重要的影响。侯外庐先生曾说:"宗教的先王思想,是中国思想史的发源。这里,亚细亚生产方式的邦家(国家和家族)结合的秘密,在历史的渊源上便包含着宗教的神秘。"① 可见,侯先生甚至将"先王"观念视为整个中国思想史的源头,"先王"观念在中国学术史上的重要地位由此可见。《尚书》的先王观念和祖先崇拜共存,甚至在某种程度上超过了后者,成为中国历史上的一大特色,并且对后世的影响非常深远。

首先,《尚书》的"先王"观念,对先秦诸子的思想产生了巨大影响,并通过他们影响了整个中国学术史。② 游唤民先生说:"《尚书》法先王的思想对后世的深远影响是不可低估的。先秦诸子各家特别是儒家大有托先王而后能人说之势,是源自《尚书》而又超越《尚书》的。"③ 张富祥先生说:"先秦诸子都主张'法先王'(荀子的'法后王'实质上是'法先王'的变通形式),这看上去是一种复古的倾向,实则他们都强调要因时变革,损益更张,法先王之意而不必法其事,主导思想还是弘扬传统文化的正面价值,以为当世治道的指导原则。"④ 到了战国后期,荀子提出了"法后王"的观点。于是出现了"法先王"和"法后王"之辩,至今争论未息。许倬云先生曾举商鞅和韩非子的书中的话来证明"战国时期,对往古的尊敬已经被革命精神所取代。这种精神证明了在许多国家发生的改革是对的"。⑤ 韩非子所言之"后王"当指他当代的人王,但是荀子口中的"后王",恐怕还是指的较近的"先王"如周文王、周武王、周公之列。荀子提倡"法后王","这是因为他认为'后王'的法度和制

① 侯外庐:《中国古代社会史论》,河北教育出版社 2000 年版,第 306 页。
② 游唤民先生曾经在《尚书思想研究》中专列一章探讨《尚书》的"法先王"思想亦即"先王"观念,指出:"各家法先王,特别是儒家法先王的思维定向,显然是本于《尚书》,所法的内容与《尚书》有着方向上的一致性。因此,我们有理由说,法先王的思维模式,《尚书》开其端,儒家把它发展为极致。"参见游唤民《尚书思想研究》,湖南教育出版社 2001 年版,第 143 页。原文误写为"极至"——笔者注。
③ 游唤民:《尚书思想研究》,湖南教育出版社 2001 年版,第 147 页。
④ 张富祥:《〈尚书〉概说》,载郑杰文、傅永军主编《经学十二讲》,中华书局 2007 年版,第 117 页。
⑤ 许倬云:《中国古代社会史论》,邹水杰译,广西师范大学出版社 2006 年版,第 189 页。

度是最完备的，体现了'王道'政治的精神。"① 这是很有说服力的。通过先秦诸子的中介作用，加上《尚书》本身的学术地位，"先王"观念逐渐成为先秦时期影响极大的一种历史观和政治哲学。

其次，"先王"观念对中国古代历史观念产生了巨大影响。从表面上看，《尚书》的"先王"观念似乎有"倒退史观"的某些意味。姜建设先生曾说："《尚书》中的'虞夏书'部分，特别是其中的《尧典》、《皋陶谟》和《禹贡》篇，就深受倒退史观的影响，处处流露出倒退史观的思想气息。换句话说，尽管我们也承认它们保存了一些十分珍贵的历史传说资料，但这些篇章是在倒退史观的指导下写定的。《尚书》中的这些文字，赋予倒退史观以形象和直观，尽管许多内容与历史事实不相符合，因为上古时代并非如此美好，它也存在着种种艰辛与不和谐，但是这些文字一旦写定并在社会上传播开来，立即又为倒退史观提供了强有力的佐证和论据，从而推动了倒退史观的传播。"②

姜先生所言很有启发性：从社会经济发展的角度，以"线性进化"史观观之，"法先王"确有倒退之嫌。不过，如果从思想道德的角度，以与非线性进化的历史观③看，《尚书》和诸子的"先王"观念，又有其合理处：因为，在上古比较圣明的统治者统治之下，其民风可能更为纯朴、生活虽然不富裕却可能更加稳定、幸福度可能更强。这就涉及《尚书》历史变动观的两重性视角问题。前引刘起釪先生的论述说："先秦诸子都运用《书》篇来称道古史，以宣扬自己的学说。儒墨两家在这方面做得尤为出色。为适应自己学说的需要，就出现上面所述两家所采用同一《书》篇而各有不同的现象。他们大体沿用一些旧《书》篇材料，凡能为自己学说张目者，就径用原书篇。有不尽适合自己的，他们就加工改造，成为体现自己学说观点的古史《书》篇，把自己的学说

---

① 韩震：《历史观念大学读本》，中国人民大学出版社 2008 年版，第 24 页。

② 姜建设：《政事纲纪尚书与中国文化》，河南大学出版社 2001 年版，第 234—239 页。姜建设先生还说过："在他们看来，三代圣王在位的时候，世道公平合理，人民友好相处，一切都是那样美好。可惜'三代圣王既没，天下失义'，社会陷入混乱无序的状态中，他们本人就生活在一个衰乱的时代里。显而易见，这种认识受了'虞夏书'的影响……占据主导地位的是那种美化上古以非当世的倒退史观。在以后的历史发展中，倒退史观逐渐融入了华夏民族潜意识中，恢复尧舜圣治遂成为历代封建君主和士大夫们口头上孜孜以求的终极目标。"

③ 比如，不从经济技术出发看待历史，而是以历史稳定度和人民幸福感为鹄之的"循环史观"等。

作为古已如此的成例提出。被他们宣扬得最成功的历史人物就是尧、舜，同时还有禹。"① 李泽厚先生认为，"儒家的复古，是有其向后看的现实依据的"，这并非是他偏爱儒家，而是因为这种思想影响确实很大、确实有其道理。② 李先生所说的"向后看"实际上即是指"法先王"思想。这种现实的依据就可以从《尚书》历史变动观的两重性视角去寻找。其实，历史的变动，从客观上看，就是具有两重性，总是在某些方面进步了（比如经济、技术），而同时，又在某些方面退步了（比如某些风俗、道德、环境质量、幸福感），这是很容易明白的道理。我们批判"倒退史观"，同样要辩证地看到其合理的一面。正像有的学者所说的："伟大故事中的历史潮流可以被解释为进步，也可以被解释为衰退。"③ 这点，在"历史变动观的两重性视角"一部分中，本书已经有了较为充分的论述。

《尚书》"先王"观念之所以会有如此大的影响，除了《尚书》本身的学术地位和先秦诸子的发挥外，主要原因之一还在于周代的影响。

现行《尚书》或其原本在周代流行且影响很大，而且最可能在周代第一次成书，周人的文化对《尚书》思想内容和形式都起到了很大的改造作用，而周人文化中"先王"观念极为强大，这与其农业文化的根性有关，④ 此其一；其二，《尚书》中"周书"所占篇幅最大，因而，"周书"的影响力理所当然也大；其三，周代在中国历史上是"寿命"最长的朝代，且殷周之际的文化变革在日后逐渐定型后，成为中国文化的主流，在中国历史上产生了极为重大的影响。⑤ "先王"观念正是在周代得到强化，并通过《尚书》，在中国历史上得到了大力的宣扬，产生了重大

① 刘起釪：《尚书学史》（订补本），中华书局 1989 年版，第 65 页。

② 李泽厚：《中国古代思想史论》，人民出版社 1985 年版，第 300—301 页。

③ ［美］罗伯特·F. 伯克霍福：《超越伟大故事：作为文本和话语的历史》，邢立军译，北京师范大学出版社 2008 年版，第 200 页。

④ 请参见本书第一章第二节的有关论述。

⑤ 关于商周文化的异同，自从王国维先生的《殷周制度论》以来，支持王说与反对者迭有争论。相较而言，徐复观先生的看法较为稳妥：西周文化对殷商文化之间继承了很多，受到了后者的很多影响，但是，也不可否认，周初是中国文化发生了较大变化的时期，在某些方面与殷商相比还是变化很大。另外，还有一些学者也持大致相同的看法。参见李申《中国儒教史》（上卷），上海人民出版社 1999 年版，第 45—51 页；阮炜《中外文明十五论》，北京大学出版社 2008 年版，第 50—52 页；王晖《商周文化比较研究》，人民出版社 2000 年版。

影响。总之，"先王"观念与《尚书》、与周代有着密切的关系，是由于在周代这一特殊的时期，提供了"先王"观念强化和推行的最初和最好的土壤，而《尚书》正是最有力的工具之一。当然，颛顼时代的"绝地天之通"和商代的逐渐定居的生活模式，以及商代已经初显雏形的宗法制度，都为"先王"观念在周代的强化奠定了初步基础。

总括以上三节：发端于《尚书》的"忧患"意识和"先王"观念也应视为历史思想的范畴，它们与"殷鉴"思想一起，共同构成《尚书》历史功用思想的三个要素："忧患"意识是其心理表现；"殷鉴"思想是其心理来源及事实、理论依据；而"先王"观念则是其取法的面向，共同构成《尚书》历史功用思想的整体，形成了有机的思想机制。在《尚书》中，"忧患"产生于对历史的省察，就是明知"殷鉴"后的一种心理状态；而"殷鉴"思想的重要取向之一就是要效法"先王"。因为，"殷鉴"思想不只是在消极方面的汲取教训，同样也包括积极方面的效法典范，而后者实际上就是"先王"观念的体现。"忧患""殷鉴"和"先王"三种意识的产生和相互作用的机制可以概括为：读史——正反两方面——联系现实——产生"忧患"意识——以历史为"鉴戒"——法"先王"以趋利避患。这三者共同构成了《尚书》历史功用思想的三大要素，并对后世中国的历史思想产生了很大影响。

第四节　《尚书》与"资治"思想

"资治"思想是中国传统史学思想的另一个重要方面。所谓"资治"，简言之就是历史记载及历史研究要对政治有助益。因而，"资治"思想也属于历史功用思想的范畴。《尚书》中没有出现"资治"一词，但是，《尚书》历史功用思想与"资治"思想内涵相同，关系紧密，而"殷鉴"思想实与"资治"思想没有二致。

一　"资治"思想的发端与内涵
（一）《尚书》是"资治"思想的源头

从思想内涵上看，《尚书》"殷鉴"思想（历史鉴戒思想）就是资治思想的最早萌芽和原型。"资治"思想的最早源头其实就应该追溯自《尚书》。《尚书正义》"孔安国序"说：

先君孔子，生于周末，史籍之烦文，惧览之者不一，遂乃定
《礼》、《乐》，明旧章，删《诗》为三百篇，约史记而修《春秋》，
赞易道以黜八索，述《职方》以除九丘。讨论坟、典，断自唐虞以
下，讫于周。芟夷烦乱，翦截浮辞，举其宏纲，撮其机要，足以垂世
立教，典、谟、训、诰、誓、命之文凡百篇。所以恢弘至道，示人主
以轨范也。帝王之制，坦然明白，可举而行，三千之徒并受其义。①

虽然这篇"孔安国序"的真伪以及所谓"孔子删《书》"问题都存
在争议，但是，序中所说的《尚书》能"恢弘至道，示人主以轨范也。
帝王之制，坦然明白，可举而行"却很有道理，道出了《尚书》的"资
治"功能，甚至可以说是《尚书》最重要的功能之一。可见，《尚书》自
很久以前起即被视为"资治"之作，这也是对其历史功用的肯定。

况且，就二者的内涵而言，所谓"资治"，即宋神宗所谓"鉴于往
事，有资于治道"②。"治道"是特别对统治阶级而言，其范围较历史功用
思想之可以面向任何人而言，只是其范围窄化了而已，其要将历史运用于
人世之中，这个目的是相同的。在"宋神宗御制《资治通鉴》序"中，
也有一些语言可以看出"资治"和"历史鉴戒"等历史功用思想的内在
联系：

朕惟君子多识前言往行以畜其德，故能刚健笃实，辉光日新。书
亦曰："王，人求多闻，时惟建事。"《诗》、《书》、《春秋》，皆所以
明乎得失之迹，存王道之正，垂鉴戒于后世者也……若稽古英考，留
神载籍，万机之下，未尝废卷……此亦古人述作造端立意之所系也。
其所载明君、良臣，切摩治道，议论之精语，德刑之善制，天人相与
之际，休咎庶证之原，威福盛衰之本，规模利害之效，良将之方略，
循吏之条教，断之以邪正，要之于治忽，辞令渊厚之体，箴谏深切之
义，良谓备焉……

① 《尚书正义》，第9—11页。
② 转引自（宋）司马光《资治通鉴》（全二十册），（元）胡三省音注，中华书局1956年
版，"重印说明"第1页。

荀卿有言："欲观圣人之迹，则于其粲然者矣，后王是也。"若
夫汉之文、宣，唐之太宗，孔子所谓"吾无间焉"者。自余治世盛
王，有惨怛之爱，有忠利之教，或知人善任，恭俭勤畏，亦各得圣贤
之一体，孟轲所谓"吾于武成取二三策而已"。至于荒坠颠危，可见
前车之失；乱贼奸宄，厥有履霜之渐。诗云："商鉴不远，在夏后
之世。"故赐其书名曰"资治通鉴"，以著朕之志焉耳。①

司马光也明白表达他编纂《资治通鉴》的目的是："监前世之兴衰，
考当今之得失。"② 这是"殷鉴"思想的典型表述。

而《尚书》本身所记内容多为帝王之事，并且它确又以政典名世，
并受到统治阶级的重视，这无形中也使得《尚书》的"资治"功能得到
凸显。并且，《尚书》中比比皆是的"殷鉴"思想、"忧患"意识和"先
王"观念，又无不时刻提醒阅读和研究它的统治者和学者，它中间有着
巨大的"资治"思想资源。

(二)"资治"思想的内涵

就内涵而言，"资治"思想实际上也隐含着"先王"观念（资治取法
的对象是"先王"）、"殷鉴"思想（吸取历史上的经验教训以为现实之
用）和"忧患"意识（了解了历史因古而思今）三个方面，从内容实质
上讲就是《尚书》历史功用思想的正常延伸，并无本质上的差异。因而，
"资治"思想实质上来自《尚书》的历史功用思想，是再自然不过的
事情。

孔子在《礼记·经解》中曾经说"疏通知远，《书》教也"，③ 这
"疏通知远"本身就是对《尚书》历史功用的概括；④ 而《资治通鉴》的
"通""资""鉴"三字都紧扣了"通""知""远"三字，因而它们的实
质是一样的。三者不同之处只在于所要"资"的是"治"而已。从历史

---

① （宋）司马光：《资治通鉴》（全二十册），（元）胡三省音注，中华书局 1956 年版，"宋
神宗资治通鉴序"，第 29—30 页。

② 同上书，"重印说明"第 1 页。

③ （汉）郑玄注，（唐）孔颖达等正义：《礼记正义》，北京大学出版社 1999 年标点本（简
体字版），第 1368 页。

④ 章学诚在《文史通义》中说："夫子叙而述之，取其疏通知远，足以垂教矣。"参见
（清）章学诚《文史通义新编新注》，仓修良编注，浙江古籍出版社 2005 年版，第 20 页。

思想上探究，司马光主编和撰述《资治通鉴》的重点之一就在于其"通"的作用，不"通"就无法达到"鉴"的目的，这实际上与《尚书》本身"通"的特性也有关联。正因为基于中国史学和文化中求"通"的特性非常明显，几乎所有的中国古代史学，都带有通过"疏通知远"而达到历史鉴戒或者"资治"的目的，所以曾有学者说过："司马迁首先把'究天人之际'作为撰史的前提。'通古今之变'，意味着找出历史发展的规律性。这是对古代经籍中体现出的历史鉴戒意识的发展。只有找出历史发展的规律，才能加以借鉴。这两条表明，司马迁撰史有鲜明的历史意识。这种历史意识是对他之前的历史的意识的重要发展。"① 司马迁欲"究天人之际"之"通"的观念，受到了古代经籍（这肯定以《尚书》为重点）历史鉴戒意识的影响，这很有道理；而司马光撰述《资治通鉴》又何尝不是如此呢？因而，中国史学"资治思想"的强大其来有自、源远流长，出于《尚书》，是非常正常的。

二 "资治"思想产生的基础

《尚书》的历史功用思想，在日后发展成"资治"思想，与中国史官制度以及中国实用理性主义思维特点有关。

首先，史官制度对"资治"思想的产生起了根本作用。

只有中国才有史官和史官制度，"史"属于"官"。历史著作者居于官府，著史属于官方制度，这是中国传统历史学与其他民族史学在起源时期最大的不同。这个特殊性，就使得中国古代历史著述与其他民族文化的私人著述相比，二者性质、目的截然不同。在先秦时期，"史官又是官书的保管者，保管官书也是史官的重要职责……总括周代史官制作和保管官书的中心任务来说，他们已经不是单纯的宗教官，而是带有宗教官性质的，如后世秘书、文书、档案图籍管理员之类的行政官"②。"先秦史官之始乃是与巫祝等同类的宗教官，进而为掌管官书、起草公文、记录时事、应对规谏、纠察违失的行政官、顾问官、讽谏官、监察官。"③ 史官带有"宗教官"和"行政官"性质于一身的双重身份，这种史官的职责决定了

---

① 庄国雄、马拥军、孙承叔：《历史哲学》，复旦大学出版社 2004 年版，第 39 页。

② 余行迈：《先秦史官制度概说》，《苏州大学学报》（哲学社会科学版）1982 年第 1 期。

③ 同上。

其工作和成果之"史"在中国古代必然具有要对统治者提供"鉴戒"和"资治"功能。所以学者说："先秦时代，政教合一，史官们身兼数职，辅佐最高统治者掌理政教，以此达到'赞治'的目的。"① 这种"赞治"（即"资治"）功能一直伴随着中国古代史的始终，因为，它赖以产生的史官制度一直存在，而且从这种制度生发出来的各种文化因素也都存在。而《尚书》本身恰好就是中国特有的史官制度的最早凝成物，史官制度的本质就决定了《尚书》具有强烈的历史功用思想。因为，史官是专门记录君主言行的官职，并且以为后世的鉴戒，即所谓"慎言行，昭法式"。当然，有不少西方史学家，对这种史官制度及其对中国历史学的损害，表达了强烈不满。而正如现代学者们最新研究所得出的结论：中国的史官制度不仅不对中国史学的真实性和本质产生损害，相反，它是中国历史学与西方史学得以区分的最重要的原因之一，并且对中国史学的发展产生了巨大的促进作用。

史官制度在中国古代历史上一直存在下去，就像西方的祭司制度一直存在一样。② 中国史学中历史功用和"资治"思想，同样因为史官制度而继续得以延续并在某种程度上发扬光大。作为《尚书》的后辈，中国的其他史书也同样保持了《尚书》所具有的历史功用思想。

其次，如果从文化的整体特性上着眼，中国历史学的致用观念和资治思想非常突出是中国文化中实用理性特别发达的结果，因为"中国古代的学术文化，向以高度重视现实人生、执着追求功利实用而著称。中国文化人的学术旨趣就在于意切时用，有裨于实用，有裨于世务，有裨于教化。"③ 既然史学不是为了来世或者彼岸世界，而是着眼于现实人生，那么，处处讲求有益于政治和社会人心，就是非常自然的事情。

再次，这与中国对"王道"思想的关注有关。因为，"资治"的重要方面是学习"先王"的治道，而"先王"的治道又以"王道"政治为内涵。对中国的帝王和统治者来说，没有比从史书中汲取"王道"政治的精髓更加直接、直观和有效。

---

① 张莉：《先秦史官制度蠡测》，《运城高等专科学校学报》2001 年第 2 期。
② 只是在后来演化变异成为神父制度。
③ 陈剩勇：《资治通鉴：中国传统史学功能分析》，《史学理论研究》1995 年第 4 期。

三 历史功用思想与"资治"思想的价值

对历史学的功用问题，后现代主义史学曾经提出质疑；也曾有学者对中国史学中的"资治"思想做过尖锐的批评。① 现在看来，这些质疑和批评自然有其合理之处，但是也颇有可议之处。因而，笔者认为，对发端于《尚书》的历史功用思想和资治思想应该有更全面而正确的评价。

首先，在西方也有过类似的历史功用思想观念，而且有时相当明显。张广智先生曾经指出西方古典史学的传统之一就是"注重历史对现实的借鉴作用"，从希罗多德到波里比阿到罗马三大史家，无不如此。② 可见历史功用思想并非中国之独有，而是人类之共性，③ 具有相当的普遍意义和价值。

其次，后现代主义对于历史功用思想的批评有其合理处，使得我们对历史规律的认识加深了一步，更加理性；但是，从另一个角度来说，经过后现代主义历史思潮洗礼，传统史学并没有完全丧失合理性。退一步而言，即使历史功用思想和"资治"思想存有某些庸俗实用主义和牵强附会的色彩；甚至，我们可以不承认历史和现实之间存在必然的对应性，其借鉴意义也是子虚乌有；但是，无论如何，从历史功用思想和"资治"思想中那种对历史的敬畏感，也是人类理性的重要表现，必然有助于人类精神生活的进步和人类社会的发展。若我们平心思考，对此作辩证和全面的分析，"资治"思想既不是完全无可议之处，亦非一无是处、毫无道理。

再次，如果深入分析包括"资治"思想在内的历史共用论的思想基础，我们就会发现：中外的古人之所以对历史功用思想拥有信念，大致应该基于以下两点：对道德的崇高追求；对于古今"人心"相似、相通性的深刻体察。下面将从这两个方面详述之：第一点，之所以可以从历史中汲取经验教训，其前提设定就是有道德判断存在，有正义与邪恶的分野。无论在历史上正义是否真正可以战胜邪恶，但是正义总是受到尊崇，邪恶

---

① 夏祖恩：《资治与垂鉴不是作史的宗旨——评司马光的〈资治通鉴〉》，《福建师范大学学报》（哲学社会科学版）1994 年第 2 期。

② 张广智等：《西方史学史》，复旦大学出版社 2000 年版，第 62—63 页。

③ 当然，如果史学仅以此为目的，或者把历史的功用无限地夸大，那么史学就未免显得太枯燥无味，史学的发展也势必受到限制。

必然受到谴责，前者会名垂青史，后者当遗臭万年。这种观念时刻提醒每一个阅读历史的人们：永远不要做被钉在历史耻辱柱上的罪人（即使这个罪人并无受到肉体和物质上的惩罚），而要以被历史和后人歌颂为荣！这种"活在历史中"的观念在中国尤其深刻。诚如著名诗人臧克家在其名作《有的人》中所言："有的人死了，他还活着；有的人活着，他已经死了。"① 这首诗艺术水平的高下与否都不在我们讨论的范围之内，但其体现出的"历史是人生有无价值的最高评判者"这一理念，却可以帮助我们理解古人何以对历史的功用如此看重。第二点，历史功用思想的一个前提，其实就是建立在"人同此心、心同此理"的这一心理现象基础之上的。即使是最强烈反对历史功用思想的人士，恐怕也得承认：古今中外的人们在心理和道德追求上还是有很多相通之处的，比如：人们都渴望荣誉、财富、平安、幸福，都躲避耻辱、贫穷、坎坷和不幸；人们都愿意被赞扬、被拥戴、被重视、被尊敬、被认可，都不愿意被批评、被背叛、被轻视、被鄙弃、被否认；人们都认为急公好义、孝敬父母、知恩图报是美德，都承认损人利己、逆理背亲、忘恩负义是恶行；人们都至少在很大程度上承认人应该为其自己的行为负责，其祸福和整个的命运与自己的行为有关，都鄙视浑浑噩噩、不知反省和罔顾人生得失进退之理的行为……因而，从此观念出发，古人所为之事，其有益的经验，自然可以成为后人的圭臬；其失败的教训，亦可以作为后人避免重蹈的覆辙；古人曾经有过的心理，后人完全可能产生；古人做过的事情，今人也会在某种意义上重复（当然是指事情的性质而言，不是指完全一样）。我们可以从古人所为之事中找到我们的影子，我们可以借古人之事坚定我们从事正义事业的信心或者摒弃恶念、恶行——正是基于此原因，古人认为，以往人们的经验教训对后世之人有借鉴作用。

　　而那些完全否定历史的借鉴作用、历史功用思想的观点，究其实质，它在某种程度上就是否认"人之为人"的共同心理基础和人类历史经验及知识的继承性。那么，难道今之人类不是从过去的人类发展而来的吗？人类的经验教训和各种知识不是代代传承的吗？完全否认人类生活和知识的继承性、本质上的相似性，无疑就是否定了人类在很多方面的本质属性。正如钱穆先生所言："人生即历史……亡失者乃其事，非其道……历

---

① 臧克家：《臧克家》（中国当代名诗人选集），人民文学出版社 2006 年版，第 49 页。

史在过去中，乃指其事，非言其道。而人生则贵在有将来。但非有过去，又何得有将来。是则历史即人生，乃指其前一半之已过已失言，非指后一半常存常在之将来言。而将来之可知，则即在过去中。虽可知而不可知，虽不可知而仍可知。此则读史乃明其道而可知。"① 钱先生明确将历史"之事"与历史"之道"区分开来，指出"道"（即历史中的经验教训由于人类历史文化的继承性和人性的共通性而恒存）常在，亦可知，真不愧为洞微烛隐之巨眼。而否定历史的鉴戒作用及其功用者，其立论依据则常着眼于历史"之事"不可重复上。如果完全否定历史的功用，则必然从另一个方向导出历史不可知论，这是有悖于人类常识的。那么，从统治阶级治国理政的角度而言，历史的"有用"就是可以作为统治国家的龟鉴，其正当性和可靠性也是不容完全否定的。

因而，具体到"资治"思想也好，或者笼统而言"历史功用思想"也好，古人之所以格外重视，实际上是有着相当深刻的道理的，我们不应该武断地加以完全否定。

总之，中国古代史学历史功用思想与"资治"思想的格外强大，固然也对史学的发展有一些副作用，但是，对于古代中国政府和中国的个人而言，某种程度上起到了宗教的作用，其正面作用不可以过分低估。

---

① 钱穆：《中国史学发微》，台北东大图书股份有限公司 1998 年版，"序二"第 3—4 页。

第六章

《尚书》其他历史思想

除上述几章涉及《尚书》历史思想外，《尚书》还有其他方面的历史思想值得探讨，其中又以《尚书》家族历史思想、《尚书》对杰出人物历史作用的看法和《尚书》历史审美思想为著。

第一节　《尚书》对杰出人物历史作用的看法

杰出人物相对于人民大众而言，居于少数地位；这些虽是"少数"然而"杰出"的历史人物在历史中的地位和作用如何，值得关注。本来，这个问题也可以分别归结到天人观念、历史本原思想以及历史主体思想之中进行讨论。但是，由于这一论题的特殊性，现辟专节探讨。在《尚书》中，少数杰出人物主要就是被后来视为古代圣王之代表的尧、舜、禹、汤、武丁、文王、武王以及微子、箕子、周公、召公等圣君、贤臣。总起来看，《尚书》推崇少数杰出人物对历史的巨大推动作用，但是又不能否认广大人民群众的根本性地位，因为最终起决定作用的、历史的主体还是人民。

一　《尚书》中的"圣王"形象

《尚书》中的杰出人物是中国文化所特有的"圣贤"型，而与西方的"先知"型和"英雄"型有很大的差别。

在《尚书》中，历代"圣王"是最重要的杰出人物，这当然与《尚书》的性质有关：它是史官的记录，而史官的最主要职责之一就是记录君主的言行。《尚书》是中国古代"圣王"形象最早出现的典籍，对"圣王"形象的确立有开创和奠基之功。但值得注意的是，作为中国传统文化中早期"圣王"系列，尧、舜、禹、汤、文王、武王"道统""政统"相承，其历史形象一直保持着高度的"同质化"情形；换言之，其历史形象被塑造得极为相似甚至相同。中国古代经学、史学著作中固不待言，[①] 在现当代学术研究中亦往往沿用，少有辨别之作，更遑论抉发其区别之精微者。[②] 与"圣王"形象"被同质化"有关的中国古代思想范畴，包括"道统""正统"以及"政统"等问题，古代就有学者进行争论，现当代则更多。但是，对《尚书》这一最早元典中各"圣王"的形象差异及其在后世"被同质化"的原因等问题，实际上也具有深入探讨之价值。

诚然，这些古代"圣王"在很多方面确有相似之处，比如在崇高人格和巨大历史影响等方面即如此。然而，我们无论从情理考量或是就文献分析，都能发现这些"圣王"历史形象的高度"同质化"存在可议之处，他们实质上是在文化发展过程中"被体系化"的结果。作为出现"圣王"形象最早的典籍，《尚书》中的"圣王"形象之间实际上存在相当的差异。这些于《尚书》中即可显见的差异，长期以来却被人们无意中忽略或者有意地抹杀，逐渐形成了高度的"被同质化"现象。

习惯上"尧、舜、禹、汤、文（王）、武（王）、周公"并称；但是，周公即使曾经摄政称王，但是古代主流看法仍不视之为"王"，故仍将他列入贤臣一类。就尧、舜、禹、汤、文王（《尚书》中文王主要在引述中被提及）、武王而论，这些"圣王"在中国古代传统观念中，被塑造成同一类型的、具有相同崇高德行的圣王，他们德政相承、"道统"相继。而实际上，他们的性格、施为有很大的区别，在最早出现他们形象的《尚书》中即可窥见，笔者将他们分为三类：

（一）"道德圣王"

尧、舜属"道德圣王"型，以道德形象的崇高为突出特征。

尧舜在《尚书》中不以事功见长，按照后世的标准，他们属于典型的垂拱而治的"圣君"形象。即使他们有实绩，亦似乎凭巨大的道德感染力得来。

在《尚书》中，尧的形象是"钦明文思安安，允恭克让，光被四表，格于上下。克明俊德，以亲九族。九族既睦，平章百姓。百姓昭明，协和

---

① 经书在古代中国学术中居于至高地位，发挥最重要之影响，这已是学术界之常识；而古代经书之代表《十三经注疏》以及后起之《四书集注》中，对于尧、舜、禹、汤、武王等"圣王"的形象基本上就冠以"圣"的名头加以崇拜而已，明显地带有"同质化"的倾向。

② 笔者从"中国期刊全文数据库"中搜索到有关尧、舜、禹等圣王的文章有21篇，其中多为探讨相关历史人物的可信性或政治制度等方面的问题。

万邦。黎民於变时雍。"① (《尧典》) 这是典型的"无为而治"的圣君形象;而且即使他发号施令,也是不需费力气:"乃命羲和,钦若昊天,历象日月星辰,敬授人时。分命羲仲……"② 而正是这不费气力,使我们对其个性特征更有深刻的了解。这正如孔子说:"大哉,尧之为君也! 巍巍乎,唯天为大,唯尧则之。巍巍乎,其有成功也。焕乎,其有文章。"③ (《论语·泰伯篇》) 实际上,孔子是歌颂尧像"天"那样的德行,即如后面的古注所说"美尧能法天而行化。"④

舜在《尚书》中的形象与尧明显属于同一类型:"瞽子,父顽,母嚚,象傲克谐以孝,烝烝乂,不格奸。"⑤ (《尧典》),这是说其孝行。下面接着说在其他方面的德行:"濬哲文明,温恭允塞,玄德升闻,乃命以位。慎徽五典,五典克从。纳于百揆,百揆时叙。宾于四门,四门穆穆。纳于大麓,烈风雷雨弗迷。"⑥ (《舜典》) 其行事风格也同尧是一类,无论是祭祀、召见官员还是颁布政令,都是一派雍容行政、毫不费力的圣君形象:"正月上日,受终于文祖。在璿玑玉衡,以齐七政。肆类于上帝,禋于六宗,望于山川,遍于群神。辑五瑞,既月,乃日觐四岳群牧,班瑞于群后……肇十有二州,封十有二山,濬川。象以典刑,流宥五刑鞭作官刑,扑作教刑,金作赎刑。眚灾肆赦,怙终贼刑……流共工于幽州,放驩兜于崇山,窜三苗于三危,殛鲧于羽山,四罪而天下咸服……月正元日,舜格于文祖,询于四岳,辟四门,明四目,达四聪。"⑦ (《舜典》)

总之,我们从以上《尚书》对于尧舜的叙述可以看出,他们属于德行高尚而垂拱仰成的圣君。即便他们有事功,也完全不像后来大禹的胼手胝足、风尘仆仆、亲力亲为。⑧

---

① 《尚书正义》,第 25—27 页。

② 同上书,第 28—29 页。

③ (魏)何晏等注,(宋)邢昺疏:《论语注疏》,北京大学出版社 1999 年标点本(简体字版),第 106 页。

④ 同上。

⑤ 《尚书正义》,第 44—46 页。

⑥ 同上书,第 50—52 页。

⑦ 同上书,第 50—71 页。

⑧ 著名《尚书》学者刘起釪先生曾经专撰《礼失而求诸野的〈尚书〉所倡为君之道》一文,讨论尧舜的"无为而治"理念及其演变问题。参见刘起釪《尚书研究要论》,齐鲁书社 2007 年版,第 225—242 页。

或许正是由于尧舜以道德见长，所以古人常常树之为道德楷模，谈到他们时，往往从道德角度立论。较早的例子是《孟子》："滕文公为世子，将之楚，过宋而见孟子。孟子道性善，言必称尧、舜。"①（《孟子·滕文公上》）谈到"性善"的道德问题，孟子只是尧舜并称，而没有提禹。甚至因为尧舜与禹在道德和实绩上的分野过于明显，孟子还视尧舜为"劳心者"，而将禹归于"劳力者"，并称赞"尧舜之治天下，岂无所用其心哉，亦不用于耕耳"。② 在《孟子·尽心下》中，孟子同样将尧舜和禹区别开来："由尧、舜至于汤，五百有余岁。若禹、皋陶则见而知之，若汤则闻而知之。由汤至于文王，五百有余岁。若伊尹、莱朱则见而知之，若文王则闻而知之。由文王至於孔子，五百有余岁。若太公望、散宜生，则见而知之，若孔子则闻而知之。"③ 我们甚至可以说，孟子是有意识地将尧舜与禹区分开来的第一人。因此，我们要将禹归为第二类型。

（二）"功绩圣王"

禹属"功绩圣王"型，其突出特点是以功业实绩名世。

从《尚书》可以看出，他与尧舜以盛德而垂拱仰成的形象大不相同。此处单把大禹列为一类，是由于其基本行事较之于其他圣王确实具有很大的特异之处：虽然他也被视为"圣王"，但是他在品德上的光芒似乎远不如尧舜；虽然他往往被视为夏朝的实际开创者，但是他却并没有像后世的开国帝王一样，靠暴力从前代君主那里夺得君位，而是靠着自己在治水过程中建立的功勋和积累的巨大威望，自然而然地将国柄转移到夏启的手中；虽然他被视为中国历史上的伟大"圣王"之一，但是他却是以胼手胝足的"劳力者"形象名世，其不畏艰险、风尘仆仆治水之功在中国历史上独一无二、影响深远。

禹在《尚书》中一出场，即是凭实绩而被重用："禹，汝平水土，惟时懋哉！"④（《舜典》）从《禹贡》《益稷》中可见，禹的巨大功绩确是靠艰苦努力得来，与尧舜大不相同："禹敷土，随山刊木，奠高山大川。冀

---

① （汉）赵岐注，（宋）孙奭疏：《孟子注疏》，北京大学出版社 1999 年标点本（简体字版），第 127—128 页。

② 同上书，第 145—147 页。

③ 同上书，第 408—409 页。

④ 《尚书正义》，第 73 页。

州既载，壶口治梁及岐。既修太原，至于岳阳。覃怀厎绩，至于衡漳。"①
在《大禹谟》中，禹"平水土"更是作为其功绩被一再提及。禹既以事
功得名，爱屋及乌，连他谦让的对象也是富有实绩的契、弃、皋陶；甚至
禹本人还用实事之"艰"来告诫舜应该"后克艰厥后，臣克艰厥臣，政
乃乂，黎民敏德。"②（《大禹谟》）按照一些学者的说法，而禹却似乎因为
治水而自傲，故作为"道德圣王"的舜一再提醒他注意道德修养："无若
丹朱傲，惟慢游是好。傲虐是作，罔昼夜额额。罔水行舟，朋淫于家，用
殄厥世。"③ 同样可以作为旁证的是，在《大禹谟》中，舜亦谆谆告诫禹
不可自满，要"克勤于邦，克俭于家，不自满假，惟汝贤。汝惟不矜，
天下莫与汝争能。汝惟不伐，天下莫与汝争功……人心惟危，道心惟微，
惟精惟一，允执厥中。无稽之言勿听，弗询之谋勿庸……慎乃有位，敬修
其可愿，四海困穷，天禄永终。"④ 无论是"今文"部分还是"古文"部
分中，《尚书》中舜与禹在道德和实绩上的不同取向都是非常突出的。即
使因禹平定洪水有大功于民，同时与百姓们有频繁接触而深得民心，但是
仍难免由于在行事风格上与舜有很大差异，舜一再告诫他。关于这点，古
人似乎早有察觉，只是不大为人们所注意而已，如《吕氏春秋》就说
"禹有淫湎之意……世皆誉之，人皆讳之，惑也"⑤，所言值得思考。

（三）"革命圣王"

汤和武王属"革命圣王"型。他们的共同特征是通过"革命"建立
新的政权而成为开国圣君。

因而，汤和武王的形象特征中固然也有道德因素，但是仍以"革命"
"开国"之功为著，后世往往并称为"汤武革命"。当然，这里的"革
命"不同于我们日常生活中所言，而是指其原始意义，亦即"革除旧朝

---

① 《尚书正义》，第132—135页。

② 同上书，第86页。

③ 《尚书正义》，第123页。有学者对此段文字有不同看法。陈戍国先生认为应从《史
记》，在"无若丹朱傲"前加上"帝曰"二字，如此，则为舜告诫禹之语，而不是相反。（参见
陈戍国《尚书校注》，岳麓书社2004年版，第22页）如说是禹告诫舜，似与双方身份不合，且
与舜所为不一致。陈先生之说较为合理。

④ 《尚书正义》，第93页。

⑤ （战国）吕不韦：《吕氏春秋新校释》，陈奇猷校释，上海古籍出版社2002年版，第603
页。陈戍国先生和方孝岳先生都误以为是出自《墨子》。参见陈戍国《尚书校注》，岳麓书社
2004年版，第22页；方孝岳：《尚书今语》，古籍出版社1958年版，第45页。

天命"之意。

需要注意的是,商汤和周武王的形象也有不同,即汤在放桀后还是有些忐忑不安,"予恐来世以台为口实。"① 因为他毕竟开了中国历史之先例;而武王则义正词严、慷慨激昂,没有什么内疚之感,这一方面与他的深仇大恨有关,另一方面也与有先例可循,道德上的负罪感大为减轻有关。这种不同,正好符合历史应有的真实。汤毕竟是中国古代"革命"第一人,在他之前的夏代,其政权的得来是和平演进,自然而然地由"公天下"而变为"家天下"。故而,即使在讨伐前的誓师大会上,商汤也颇有吊民伐罪的慷慨激昂之气,但是,真正当商汤放桀之后,由于没有先例,他感到不安也就在情理之中了。但是,汤武的共同点还是主要的,所以,二者自然地合称"汤武革命",成为习语。而或许也正是如此,孟子有意识地将尧、舜与汤、武分开谈论,且后两者要比前两者稍低:"尧、舜,性者也。汤、武,反之也。"②(《孟子·尽心下》)

顺便说明,周文王应属特殊情况,可归于"奠基圣王"型。因他是在"三分天下有其二"的情况下还"服事殷",③ 积德累行,在政治和外交诸方面都为武王灭商奠定了良好基础。

总之,尧、舜、禹、汤、武王等圣王形象并非"同质"都如"尧舜"之"道德圣王",而有相当大的差异。至于在后世他们"被同质化",必然有复杂的历史原因。具体说来,《尚书》及其相关学术堪称是这些古代圣王"被同质化"最重要的途径和媒介,尤其是《尚书》作为最重要"经书"之一所起的作用。如果仔细考察《尚书》学史,就会发现,是由《尚书》的特殊地位所决定的:它既是中国最早的史籍,又是统治者学习"治术"的最高政典,这其中同时包含着古人所最崇拜的各个圣王的历史事迹和政治智慧。在整个先秦和两汉时期,《尚书》的地位居于各经典之首,被各个学派和众学者重点研习和广为引用;在两汉时期有多家学派进

---

① 《尚书正义》,第 196 页。

② (汉)赵岐注,(宋)孙奭疏:《孟子注疏》,北京大学出版社 1999 年标点本(简体字版),第 401 页。

③ 《论语·泰伯》有"三分天下有其二,以服事殷。周之德,可谓至德也已矣。"参见(魏)何晏等注,(宋)邢昺疏《论语注疏》,北京大学出版社 1999 年标点本(简体字版),第107 页。

行传播讲授，其兴盛和持续时间之久长，是其他经典难以比拟的。[①] 由于
《尚书》至高无上的经典地位（尤其是在佛教传入中国和四书学确立之
前），尧、舜、禹、汤、武王等几个圣王的形象深入人心，对中国传统知
识阶层和所有中国人的影响都非常大。但是，以往人们往往都把注意力集
中到他们的道德影响力上，尤其是学者们更是倾向于这样，因而，尧舜的
道德形象似乎得到了更多的关注和宣扬。这种"被同质化"的结果之一
有效地建立起一个伦理道德的"标杆"体系，使得整个文化在这方面的
个性愈加彰显，同时为政治制度和历史的嬗变树立标尺。具体而言，其最
重要的结果之一，就是为后世的"正统"论、"道统"论做好了铺垫，没
有前世将"圣王""同质化"的积累，就没有后世"正统"论和"道统"
论水到渠成的大张。而先秦两汉时期对我国文化的整体面貌和基本特征都
起到了决定性作用。《尚书》既是最高统治者的必读法宝，又是士子们研
习的政治、历史和哲学圣典，其中的尧舜禹汤武王诸圣王的形象也随着
《尚书》的传播而逐渐定型化，亦即"被同质化"了。

二　《尚书》中的"贤臣"形象

《尚书》另一类历史杰出人物就是"贤臣"形象。他们与"圣王"
相呼应，与"暴君"形成反衬。其具体形象特征可以包括以下几个方面：

（一）忠于国家

"贤臣"中最突出的代表人物当推周公。周公在武王崩逝、成王年幼
而国家局势非常不稳定的情况下，毅然挑起千斤重担，平叛、安抚殷商遗
民、封建诸侯、选定并建筑成周……种种举措都对周王朝的稳定和长治久
安具有深远意义。但是，他还要忍受周阵营内部的猜疑和诽谤：成王年幼
无知，对功高望重的叔父怀有疑虑；另一周族大臣召公也是曾有不满之
心；甚至他的亲兄弟管叔和蔡叔公然散布谣言说他要谋夺大位，勾结纣王
之子武庚发动叛乱……种种内忧外患加上各种猜疑诽谤，都不能使得周公
放弃自己的责任，而是毅然不避嫌疑，勇挑重担，终成大业。在武王生病
时，他完全出于为整个国家的前途着想，向逝去的祖先们请求让他代替武
王去死，真是可歌可泣。更为难能可贵的是，他功成不居，急流勇退，毅
然还政于成王，甘就臣子之位，尽忠辅国。周公的这些举动无疑都表现了

---

① 刘起釪：《尚书学史》，中华书局1989年版，第1、2、64、65、67、73、74页。

他对国家的赤胆忠心。

除了周公之外，类似的忠臣还有《西伯戡黎》中忠心谏阻纣王的祖伊以及周初的召公等人。

（二）道德高尚，大公无私

这些贤臣在道德上都很高尚，对沉溺于物欲的堕落行为非常厌恶。比如《微子》中，微子、父师和少师，对商阵营内部的种种堕落行为深为愤慨，指出他们将导致商朝的灭亡，而自己只有出逃。这样既是为了保全自己，也是避免与他们同流合污：

> 微子若曰："父师、少师，殷其弗或乱正四方。我祖底遂陈于上，我用沈酗于酒，用乱败厥德于下。殷罔不小大，好草窃奸宄。卿士师师非度，凡有辜罪，乃罔恒获。小民方兴，相为敌雠。今殷其沦丧，若涉大水，其无津涯。殷遂丧，越至于今。"曰："父师、少师，我其发出狂，吾家耄逊于荒。今尔无指，告予颠隮，若之何其？"父师若曰："王子天毒降灾荒殷邦，方兴沈酗于酒乃罔畏畏，咈其耇长旧有位人。今殷民乃攘窃神祇之牺牷牲用，以容将食，无灾。降监殷民，用乂雠敛，召敌雠不怠。罪合于一，多瘠罔诏。商今其有灾，我兴受其败。商其沦丧，我罔为臣仆。诏王子出迪。我旧云刻子，王子弗出，我乃颠隮。自靖人自献于先王，我不顾行遁。"[①]（《微子》）

（三）深谋远虑，高瞻远瞩

这些贤臣对政治形势和国家的前途未来具有远见卓识，他们能居安思危、见微知著，从常人看不到的地方发现问题所在，具有常人不能具备的政治智慧和才能。比如前引的微子、父师和少师都具备这些素质——当商朝的大部分人还沉溺在享乐和放荡之中对暗藏的危机熟视无睹之时，他们已经清楚地预见到国家即将颠覆。在《西伯戡黎》中祖伊从西伯征服黎国这一政治事件中敏锐地预见到商人面临着周人的强大威胁，而商纣王却相反地不以为然，还自恃有天命。

贤臣们不仅能居安思危，从稳定中预见到隐患，还能从不利局面中看到希望，坚定信念、排除阻力达到成功。比如周公面对其他人的反对和疑

---

① 《尚书正义》，第261—265页。

虑，力排众议，坚决主张出征平叛：

> 　　武王崩，三监及淮夷叛，周公相成王，将黜殷……予惟小子，
> 不敢替上帝命。天休于宁王，兴我小邦周，宁王惟卜用，克绥受兹
> 命。今天其相民，矧亦惟卜用。呜呼！天明畏，弼我丕丕基……肆
> 哉！尔庶邦君，越尔御事。爽邦由哲，亦惟十人，迪知上帝命。越
> 天棐忱，尔时罔敢易法，矧今天降戾于周邦？惟大艰人，诞邻胥伐
> 于厥室，尔亦不知天命不易。予永念曰，天惟丧殷，若穑夫，予曷敢
> 不终朕亩？天亦惟休于前宁人，予曷其极卜，敢弗于从？率宁人有指
> 疆土，矧今卜并吉？肆朕诞以尔东征。天命不僭，卜陈惟若兹。①
> （《大诰》）

　　当然，这些贤臣们所具备的品质，在一些"圣王"身上也具备，我
们只是根据各自的身份特征各有侧重地论述。

三　《尚书》历史杰出人物的特质

　　如欲探讨《尚书》杰出人物的历史作用，就应该进一步厘清《尚书》
杰出人物的特质；如欲弄清《尚书》杰出人物的特质，最好的办法就是
与相似文化经典中的杰出人物进行比较。

　　首先与中国本国类似经典相比较。《尚书》与《周易》中的杰出人物
形象有同有异。其相同之处在于它们推崇的都是上古时期的圣王、贤臣，
其人物序列基本相同；不同之处在于它们对于圣王的特征描述不一。在
《尚书》中，圣王们都是敬德、保民、勤政的形象；而《周易》中的圣王
则更以"创造"名世。《尚书》中的圣王贤臣形象已如前述；在《周易》
中，圣王们的形象是这样的：

> 　　古者包牺氏之王天下也，仰则观象于天，俯则观法于地，观鸟兽
> 之文与地之宜，近取诸身，远取诸物，于是始作八卦，以通神明之
> 德，以类万物之情。作结绳而为网罟，以佃以渔，盖取诸离。包牺氏
> 没，神农氏作，斫木为耜，揉木为耒，耒耨之利，以教天下，盖取诸

---

① 《尚书正义》，第341—352页。

益。日中为市，致天下之民，聚天下之货，交易而退，各得其所，盖取诸噬嗑。神农氏没，黄帝、尧、舜氏作，通其变，使民不倦，神而化之，使民宜之。易，穷则变，变则通，通则久。是以"自天祐之，吉无不利"。黄帝、尧、舜垂衣裳而天下治，盖取诸乾、坤。刳木为舟，剡木为楫，舟楫之利，以济不通，致远以利天下，盖取诸涣。服牛乘马，引重致远，以利天下，盖取诸随。重门击柝，以待暴客，盖取诸豫。断木为杵，掘地为臼，杵臼之利，万民以济，盖取诸小过。弦木为弧，剡木为矢，弧矢之利，以威天下，盖取诸睽。上古穴居而野处，后世圣人易之以宫室，上栋下宇，以待风雨，盖取诸大壮。古之葬者，厚衣之以薪，葬之中野，不封不树，丧期无数，后世圣人易之以棺椁，盖取诸大过。上古结绳而治，后世圣人易之以书契，百官以治，万民以察，盖取诸夬。

是故易者，象也。象也者，像也。彖者，材也。材，才德也。象言成卦之材，以统卦义也。[1] (《系辞》下)

从以上的引文来看，《周易》的圣王们是通过"取象"来"制物"，各有发明创造（包括：网罟、耒耜、市、舟楫、服牛乘马、重门击柝、杵臼、宫室、棺椁、书契），而且这些都与人民生活密切相关，其目的正是要以利万民。他们的形象中虽亦不乏道德因素，但是更多"创造性"色彩。而且，再结合《周易》其他部分的论述，我们不难发现"圣王"们在《周易》中还有一些哲学家的风范——他们思虑深远，对世界和人生有着深刻的认识：

圣人设卦观象，系辞焉而明吉凶，刚柔相推而生变化。[2] (《系辞》上)

圣人有以见天下之赜，而拟诸其形容，象其物宜，是故谓之象。圣人有以见天下之动，而观其会通，以行其典礼，系辞焉以断其吉

---

[1] （唐）孔颖达：《周易正义》，北京大学出版社 1999 年标点本（简体字版），第 298—303 页。

[2] 同上书，第 261 页。

凶，是故谓之爻。① （《系辞》上）

类似之处《周易》中还有一些。综合起来看，《周易》和《尚书》的"圣王"形象之所以会有如此的不同，实在与这两部书的性质有关：《尚书》是史官所记的政事集，故其中的人物形象就更多政治家务实理性的风范；而《周易》则是更多的哲学色彩，则就相应地更关注世界和人生整体的"创造"以及哲学层面。

其次是与外国经典相比较。从文化影响和地位上看，《尚书》在很多方面与西方的《圣经》地位相近。《尚书》与《圣经》相比，二者中杰出人物形象迥异。《圣经》中的杰出人物可以分为两类：一是先知，一是英雄。先知即宗教中指受神启示而传达神的意旨或预言未来的人，其最大特质在于他对于世界和人生的认识领先于人，而耶稣及各个"使徒"也可以归到先知的行列中；英雄则是能力出众，勇敢善战，如大卫王、扫罗、参孙等都是。② 但是《尚书》中杰出人物则可以"圣贤"概括，他们道德和智力出众，却较少"英雄"气息，不以"勇敢"著称。

《尚书》与《荷马史诗》在学术地位上亦有相似之处，它们分属中西方史学的最早典籍。以《荷马史诗》为重要代表的古希腊文化也是西方文化的重要源头。在《荷马史诗》中，杰出人物多以具有超凡力量的英雄形象出现。他们能力超群，勇敢善战，却不一定具备高尚的道德。③

综合以上可见，《尚书》中的杰出人物具有明显的特质，他们基本上都属于道德高尚、深谋远虑、智慧超群却不以勇力夸人的圣贤型人物。

四 《尚书》对杰出人物历史作用的看法

从本质上讲，《尚书》的圣王形象与贤臣形象都是"王道"理想的产物，他们是仁义、道德的化身，是实行"王道"的领导者。

当然，与三种不同的圣王形象相对应，不同圣王在历史中的作用也相应有所不同。

---

① （唐）孔颖达：《周易正义》，北京大学出版社 1999 年标点本（简体字版），第 275 页。

② 参见中国基督教协会印发《圣经》（和合本"神"版），中国基督教协会 1996 年版。

③ 参见陈中梅《神圣的荷马——荷马史诗研究》，北京大学出版社 2008 年版，第 125—301 页。

首先是道德圣王，他们靠近乎完美的道德可以绰有余裕地处理好任何事情，在他们统治的时期，政治清明、民风淳朴、社会安定、人民生活幸福，是典型的理想社会。因而，他们的时代历来被人们称道和追羡。

功绩型圣王的典型"大禹"，以极大的毅力和艰苦卓绝的精神，治理好巨大的水患，拯民于水火，立下了不世的功勋。很明显，他的作用是拯民于巨大的自然灾害之中。

至于奠基型圣王，就其所开创的朝代以及芟夷大难使社会重归和平稳定而言，他们也可以归为功绩型圣王一类。但是正如上段所言，周文王与后世的开基圣王存在相当大的差异，因而，此处的奠基圣王是侧重于就其开创某一朝代而言，他们审时度势、顺应民心，通过发动人民进行暴力革命，推翻前代的腐朽统治，建立起新的朝代，开创了新的历史局面。但是，后两者也可以总的归结到第一种类型中去，因为，整个中国历史中地位最高的是道德圣王，民族的心理期待也在于此。至于后世的演化适得其反，则是另一方面的事了。①

既然《尚书》古代圣王形象可以分为以上三种类型，而其他杰出人物除了不是君主以外，与各个圣王在性格形象上没有本质区别。无论是"圣王"还是"贤臣"，他们在历史中大都是以"敬德"为手段，以"保民"为目的，并能准确洞察历史发展的方向，推动历史的发展。比如周文王、武王和周公都是在与商人周旋、斗争的过程中，发现了商朝已经失去民心，于是他们就励精图治，从各个方面采取措施，争取民心和其他方面的支持，经过几代人的努力，终于夺取了政权，建立了崭新的周朝。而商代的历代贤王也是能够做到深谙民间疾苦，敬慎统治国家，维持政权的稳定和国家的繁荣，促进了历史的发展。当然，被灭亡朝代的贤臣们则是有心救国无力回天，他们虽然能够洞察历史的趋势，却不能扭转发展方向，于是他们采取了消极的保全自己的措施。

然而，无论这些圣王、贤臣多么伟大，他们的业绩都是依靠人民的力

---

① 刘起釪先生曾说："这成了多么鲜明的对比！儒家要求君主敬德恭己，无为而治，垂拱仰成。墨家鼓吹由君主决定一切是非，臣民只应当认同于天子。法家则要君主绝对的集权专制，威势独断，严刑峻法，生杀予夺极其致，尽其恶，且居然公开提倡暴戾恣睢，灭绝仁义，深罚督责，群下莫敢逆。这种为君之道骇人听闻，而他们就是这样鼓吹、提倡、宣扬的，以致秦始皇躬行实践此为君之道。"参见刘起釪《尚书研究要论·礼失而求诸野的〈尚书〉所倡为君之道》，齐鲁书社2007年版，第234页。

量才做出的。尧舜的"道德"不可孤立存在，他们要靠皋陶、契、弃、夔等贤臣的辅佐；大禹治水，功高盖世，但是，他足迹遍九州，做"随山刊木"之类的工作，不可能自己独立完成这么大的工作量；至于商汤、周文王、周武王、周公等人，在推翻前代统治的事业中，更是充分发动民众，并努力争取最大多数人的支持，才取得了成功。以上种种，都可以从《尚书》中找到佐证，兹不多举。

总而言之，这些以"圣王""贤臣"为代表的杰出人物，都在某种程度上是历史发展中的正面力量，《尚书》对他们的历史作用持赞扬的态度，但是，他们的作用，最终离不开人民，因为，《尚书》全书都清楚地表露出：历史的主体就是最大多数的"人"。

第二节　《尚书》家族历史思想

《尚书》中除了涉及朝代更替和国家兴衰之外，还涉及家族历史思想。当然，在"家国同构"的古代中国，"家"与"国"实难截然分开；不过，我们还是可以从"家族"的视角入手，对《尚书》的家族历史思想做一剖析。

《尚书》中不少地方谈到家族历史问题。比如，"周初诸诰"中往往要历数殷商和周代统治者的事迹，并且从正反两方面引以为鉴戒。从统治者个人的角度而言，这就是他们的家族发展史。在家族发展中有什么历史规律？《尚书》家族历史思想对后世有什么影响？这些都是值得探讨的问题。

一　《尚书》"福善祸淫"① 的家族历史思想

《尚书》对家族历史发展规律认识可以从多方面考察，但是最突出的一点是家族历史思想中福善祸淫的观念。

（一）《尚书》重视家族延续和福祉

我们知道，《尚书》非常重视历史的连续性，其中一方面就是包括人世的连续性，而人世的连续性就是家族的延续，即使是亡他人之国，也不

---

① "福善祸淫"见《汤诰》："天道福善祸淫，降灾于夏，以彰厥罪。"参见《尚书正义》，第 200 页。

能绝人之后嗣，因而，武王灭殷后，还要立商纣王之子武庚；武庚反叛被杀，成王还要立微子为殷后嗣。①

不仅如此，《尚书》还重视家族延续过程中的福祉：

> 肆上帝将复我高祖之德，乱越我家。朕及笃敬，恭承民命，用永地于新邑。②（《盘庚》下）
>
> 猷！大诰尔多邦，越尔御事。弗吊，天降割于我家不少。延洪惟我幼冲人，嗣无疆大历服。弗造哲，迪民康，矧曰其有能格知天命？已！予惟小子，若涉渊水，予惟往求朕攸济。敷贲敷前人受命，兹不忘大功。予不敢闭于天降威用。宁王遗我大宝龟，绍天明即命。③（《大诰》）
>
> 王若曰："猷！殷王元子，惟稽古，崇德象贤。统承先王，修其礼物，作宾于王家，与国咸休，永世无穷。呜呼！乃祖成汤，克齐圣广渊，皇天眷佑，诞受厥命。抚民以宽，除其邪虐，功加于时，德垂后裔。尔惟践修厥猷，旧有令闻，恪慎克孝，肃恭神人。予嘉乃德，曰笃不忘……弘乃烈祖，律乃有民，永绥厥位，毗予一人。世世享德，万邦作式，俾我有周无斁。"④（《微子之命》）

上引《盘庚》《大诰》《微子之命》都表达了后嗣应该继承祖先遗德，永保后嗣福祉的心愿。《尚书》全书表露出以下的观念：每个家族中的"人"在历史中的所作所为要负责任，而且是"福善祸淫""天道不爽"的，每个人都要为其在历史中的行为负责，并且要延及后世子孙。曾有学者指出，《周易》有"德福业报的历史正义论"观点，⑤其实《尚书》同样也有这种意识。

这种观念有比较明白的表达，比如：

---

① 《尚书》"小序"说："武王胜殷，杀受，立武庚，以箕子归，作《洪范》。""成王既黜殷命，杀武庚，命微子启代殷后，作《微子之命》。"参见《尚书正义》，第296、352页。

② 《尚书正义》，第244页。

③ 同上书，第342页。

④ 同上书，第353—355页。

⑤ 张耀天、田红霞：《周易历史哲学刍议》，《理论观察》2009年第6期。

呜呼！君牙，惟乃祖乃父，世笃忠贞，服劳王家，厥有成绩，纪于太常。惟予小子，嗣守文、武、成、康遗绪，亦惟先正之臣，克左右乱四方。心之忧危，若蹈虎尾，涉于春冰。

今命尔予翼，作股肱心膂。缵乃旧服，无忝祖考，弘敷五典，式和民则尔身克正，罔敢弗正，民心罔中，惟尔之中。夏暑雨，小民惟曰怨咨。冬祁寒，小民亦惟曰怨咨。厥惟艰哉！思其艰以图其易，民乃宁。呜呼！丕显哉，文王谟！丕承哉，武王烈！启佑我后人，咸以正罔缺。尔惟敬明乃训，用奉若于先王，对扬文武之光命，追配于前人。王若曰："君牙，乃惟由先正旧典时式，民之治乱在兹。率乃祖考之攸行，昭乃辟之有义。"① （《君牙》）

这是正面的历代圣王、贤臣的例子，尤其是商、周二代圣明帝王的嘉言懿行福佑子孙，子孙也要"敬德""保民"以求不辱没祖先。当然，其反面例子就是为恶而断绝后嗣，比如：

古我先后，既劳乃祖乃父，汝共作我畜民。汝有戕，则在乃心。我先后绥乃祖乃父，乃祖乃父乃断弃汝，不救乃死。兹予有乱政同位，具乃贝玉。乃祖先父丕乃告我高后曰："作丕刑于朕孙。"迪高后，丕乃崇降弗祥。呜呼！今予告汝不易。永敬大恤，无胥绝远。汝分猷念以相从，各设中于乃心。乃有不吉不迪，颠越不恭，暂遇奸宄，我乃劓殄灭之，无遗育，无俾易种于兹新邑。往哉生生！今予将试以汝迁，永建乃家。② （《盘庚》中）

敢有恒舞于宫，酣歌于室，时谓巫风。敢有殉于货色，恒于游畋，时谓淫风。敢有侮圣言，逆忠直，远耆德，比顽童，时谓乱风。惟兹三风十愆，卿士有一于身，家必丧；邦君有一于身，国必亡。③ （《伊训》）

臣之有作福作威玉食，其害于而家，凶于而国。④ （《洪范》）

---

① 《尚书正义》，第 527—529 页。
② 同上书，第 239—241 页。
③ 同上书，第 203—205 页。
④ 同上书，第 312 页。

盘庚警告臣民：如果不听从他的命令，就会"崇降弗祥"，他就要"劓殄灭之，无遗育，无俾易种于兹新邑"，让不服从者断绝后代子孙。上引《伊训》和《洪范》的警示也都是从家族的角度提出警示的。最典型的反面例子，就是夏、商的末代君主夏桀、商纣，由于骄奢淫逸不恤民生，导致身败名裂，甚至商纣之子武庚又发动叛乱，最终被杀，而商之后嗣最终是由微子继承的。

《尚书》家族历史思想，既有如上所引的直白表述，也有隐含在字里行间者。通过阅读全书，可以清楚地感受到：夏、商、周各代，都是开国君主敬慎勤政、施德于民，所以奄有四海、福佑子孙；反之，夏桀、商纣等都因为失德而覆宗绝嗣。

（二）《尚书》家族历史观念的特质

《尚书》和华夏文化中这种非常特殊而强烈的家族历史观念，甚至可以称之为"报应史观"，具有独特的中国原生文化元素。西方文化固然也有期待后世子孙延续生命的成分，但是，它们还有更强烈的宗教情感满足终极关怀；而发端于《尚书》中的这种善恶报应观念重在追求子孙代代相传不绝，以此达到代替宗教的结果。在《尚书》中，"人"最终的解脱不是靠上帝的拯救，而是靠子孙的奉养；自己若不行善，则子孙就会受牵累。这样就迫使每个人努力行善，既是为自己，也是为子孙，而归根结底是为了整个家族的福祉。因为，子孙的永续不绝、逢凶化吉和繁荣昌盛就是自己的善报。这种观念最早出现于《尚书》，之后在《春秋》《论语》《国语》等都有反映，也是那一时期人文思潮的重要体现。比如，我们所熟知的出于《左传》中的"结草报恩"的典故，① 就是典型的例子。

另外，一般往往把"善恶有报"的观念与后来输入中国的佛教思想联系起来，似乎从那时起才有报应观念，其实不然。佛教的报应观所言重在转世轮回的惩罚；而以《尚书》为代表的中国原生本土文化中的报应观，则重在强调善恶对于个人、后嗣和家族的影响，在中国古代占主流地位的还是后者。

总之，《尚书》认为：家族延续及其福祉非常重要，世人行为之善恶影响家族命运，还要影响到后嗣子孙的能否延续和福祉。这种家族历史观

---

① （晋）杜预注，（唐）孔颖达正义：《春秋左传正义》，北京大学出版社 1999 年标点本（简体字版），第 671 页。

念与《尚书》特有的后嗣观念有关：相信人死后只有获得男性后嗣的奉养才能获得"永生"。这种观点看似"庸俗""粗鄙"甚至"迷信"，然而细究起来，有相当的历史根据和伦理上的合理性。因而，我们有必要对中国后嗣观念进行探讨。

二　《尚书》后嗣观念的特质

后嗣观念是人类社会意识的重要组成部分。"后嗣"比"继承人"更强调人类自身肉体的延续。人降生后就成为父母、先人的后嗣；在成长过程中，又必然面临着繁衍、养育后嗣的问题，同时受社会上后嗣观念的影响。因而，后嗣观念与人的生命时刻相随。与其他文化相比，发端于《尚书》的中国后嗣观念既有相同或相似之处，也有很多不同。

（一）《尚书》后嗣观念的特质

中国后嗣观念，历经数千年发展演变，虽难免有变化，但仍然具有非常突出的特质，其中最重要的一点就是相信可以通过男性后嗣的祭祀实现与先人的沟通和对他们的"奉养"，比如《尚书》中说：

> 既克商二年，王有疾，弗豫。二公曰："我其为王穆卜。"周公曰："未可以戚我先王。"公乃自以为功，为三坛同墠。为坛于南方，北面，周公立焉。植璧秉珪，乃告大王、王季、文王。史乃册，祝曰："惟尔元孙某，遘厉虐疾。若尔三王，是有丕子之责于天，以旦代某之身。予仁若考，能多材多艺，能事鬼神。乃元孙不若旦多材多艺，不能事鬼神。乃命于帝庭，敷佑四方。用能定尔子孙于下地，四方之民，罔不祗畏。呜呼！无坠天之降宝命，我先王亦永有依归。今我即命于元龟，尔之许我，我其以璧与珪归俟尔命。尔不许我，我乃屏璧与珪。"①（《金縢》）

周公通过祭祀与其亡故的曾祖、祖父和父亲"沟通"，表达自己的愿望，可见他确实相信自己能够实现与先人沟通的目的。《尚书》中其他篇章如《高宗肜日》等篇也有类似的表达：

_____

① 《尚书正义》，第332—334页。

高宗肜日，越有雊雉。祖己曰："惟先格王，正厥事。"乃训于王。曰："惟天监下民，典厥义。降年有永有不永，非天夭民，民中绝命。民有不若德，不听罪。天既孚命正厥德。乃曰：'其如台。'呜呼！王司敬民，罔非天胤，典祀无丰于昵。"①（《高宗肜日》）

高宗正是由于相信他的祭品先祖们可以得到，所以才格外照顾其近祖，而祖己认为这样不妥，应该对祖先们一视同仁。可见君臣二人都是相信可以通过祭祀与先人沟通，而他们也相信先人们在彼岸世界确实也可以"享用"到他们的祭品。另外，《盘庚》中盘庚动辄拿祖先作为说服臣民的借口，字里行间也充分表明了商人对于后嗣可以实现与祖先沟通的信仰。当然，有两点应该注意：其一，只有后嗣才有资格祭祀先人；其二，这种祭祀与西方传统中的祭祀对象不同。西方是将神灵（一般是至上神）作为最重要的祭祀目标。②

商人和周人对于祖先神的崇拜非常强烈，这些都已经被卜辞、金文等原始一手材料证实，成为学术界的共识。③而祖先崇拜与后嗣观念事实上是紧密相连的，以祖先能够与后嗣实现沟通和受到奉养为重要特征。

从《尚书》开始，中国传统文化就格外注重己身与后嗣的一体性和连续性，并且相信在人死后，其后嗣的供养仍然可以感受到，而死去的人也只有靠这种方式才能获得永生。这与西方文化以及后来传入中国的佛教文化中的来世观念大为不同；因为，在西方宗教和佛教思想中，人的永生并不与后嗣发生必然关系，甚至可以说没有关系，而只与这个人的修为有关。

（二）《尚书》后嗣观念的历史影响

发端于《尚书》的这一观念一直延续下来，成为独具中国文化内涵的传统思想。比如，中国的传统扫墓和其他的祖先祭祀活动绝不仅是纪念仪式，更是后嗣必须履行的义务，其目的是实现与已经去世的先人的沟通并"奉养"他们，这些活动有固定的时间规定，还要给往生者送去他们

① 《尚书正义》，第256—257页。

② 此处主要是就基督教统治西方之后而言。在此之前，中国和希腊、罗马在祭祀上也不乏相似之处。参见李宗侗《中国古代社会新研：历史的剖面》，中华书局2010年版，第9—58页。

③ 参见常玉芝《商代周祭制度》，中国社会科学出版社1987年版，第1—7页；尹盛平《周原文化与西周文明》，凤凰出版社2004年11月版，第359—369页。

在"阴间"生活所需的纸钱和生活用品。① 这与西方文化一般将扫墓作为表达缅怀之情大不相同。而且，中国祭祀祖先的行为，只能由死者的男性后嗣们完成，女性后嗣和其他外族人都无权也不会参与；而西方则不然。

占中国文化主流地位的儒家文化最重视后嗣的延续②，在中国历史上影响很大；而儒家文化又直承《尚书》《诗经》等中国文化最早的元典，反映了中国原生本土文化的特质。中国人的宗教情怀远不如西方浓烈，人们不重"来生""彼岸"，而特重现实生活的幸福，在佛教传入前尤其如此③。相对地，中国人的历史意识却分外强烈，从而与印度文化和西方文化形成鲜明对比。在这方面，黑格尔和李泽厚先生的有关论述广为人知。④ 这就提醒我们思考，这三者之间是否存在着某些必然联系？学者们在各种论著论文中对三者的关系问题，偶尔有所涉及。比如，西方权威汉学家劳伦斯·汤普森"甚至坚决认为家庭就是中国的'现实的宗教'。基督教以其肉体复活的教义延长了肉体存在使之超越死亡，而中国则通过延续家庭超越了死亡：由此产生了祖先崇拜在中国的重要性。"⑤ 这是非常有见地的。但他所谓"通过延续家庭超越了死亡"，又欠准确，因为这里所谓的"家庭"含义模糊，⑥ 远没有指出中国儒家后嗣观念的具体内涵，且没有将后嗣观念与历史意识结合起来探讨。

正是这种特殊的后嗣观念以及由此推及的家族观念，才使得发端于《尚书》的家族历史思想在某种程度上替代了宗教意识，同时强化了历史意识。

---

① 参见《礼记》的"祭法""祭义""祭统"等篇（（汉）郑玄注，（唐）孔颖达疏：《礼记正义》，北京大学出版社1999年标点本（简体字版），第1292—1376页）；秦永洲《中国社会风俗史》，山东人民出版社2000年版，310—323页。

② 陈战国、强昱：《超越生死：中国传统文化中的生死智慧》，河南大学出版社2003年版，第282、303页。

③ 参见李泽厚《中国古代思想史论》，人民出版社1985年版，第303—304页；庞朴《庞朴文集》（第三卷"忧乐圆融"），山东大学出版社2005年版，第21—25页；魏光奇《天人之际：中西文化观念比较》，首都师范大学出版社2000年版，第71—118页。

④ 参见［德］黑格尔《历史哲学》，王造时译，上海书店出版社2001年版，第62页；李泽厚《中国古代思想史论》，人民出版社1985年版，第305页。

⑤ 转引自汤一介《中国宗教：过去与现在》序言，载汤一介主编《中国宗教：过去与现在》（北京国际宗教会议论文集），北京大学出版社1992年版，序言第4页。

⑥ 笔者推测或许应该是"家族"，但是却被该书译者译为"家庭"。

三 后嗣观念与历史意识

中国儒家的后嗣观念对其宗教意识起到了某种程度的替代作用；另一方面，它又与中国人的历史意识起到了相互强化的作用。

后嗣观念与历史观念是紧密相连的。因为，历史因"人"而存在，后嗣对先人的承继就是历史的延续形式之一。后嗣实际上是个人血统的存在物，而无数的个人血统延续过程就是历史的小单元。钱穆先生认为，在中国传统文化中，血统、政统和道统三位一体，共同构成了中国历史的内容："今再进而言中国历史之内容，大体言之，可分三统。一曰血统……血统之上，又有政统……必有家以外之大众公事，则须择族中之贤者来管理。由是遂于血统上，渐建有政统……唐虞禅让，汤武征诛，征诛与禅让，其事若相反，实则乃相通，相互结合而共成为一道统……综合上述之血统、政统、道统三者而言，政统既高于血统，道统又高于政统，三者会通和合，融为一体，乃成为中国历史上民族文化一大传统……此惟中国始有之，而并世其他民族之历史则不能有。"[1]

逝去的先人只有通过男性后嗣（严格说来只有嫡长子才有此资格，即"支子不祭，祭必告于宗子"[2]）才能达到沟通、被"供养"和肉体长存的目的。这和整个中国宗法制度是一致的。这种对后嗣性别和身份进行严格界定的做法，实际上就造成了一种"单线相传"的客观效果和"嫡长子即先人后代的唯一延续"之心理暗示，后嗣与先人之间的关系是具有严格而准确的方向感和对应关系。这就比在后嗣观念上没有严格规定和单线相传更容易造成"历史感"，即纵向的、时间流逝和生命延续的感觉。有学者曾经谈到"时间一维性"与历史感的关系时说："由于个体生命的存在过程是以时间为尺度的，又由于时间不可逆转的一维性质，所以时间在人类心目中就具有与生命同等的价值和意义。时间一去不返，生命只有一次，也就成为人类永恒的悲哀……正如黑格尔所说：'在感觉世界中，时间是否定性的要素。'而黄昏意象、秋冬意象作为时间流逝的一种鲜明标志恰恰与人类的这种死亡意识相通联。由此使得标志时间流程终结

---

① 钱穆：《中国史学发微》，三联书店 2009 年版，第 96—100 页。

② （汉）郑玄注，（唐）孔颖达正义：《礼记正义》，北京大学出版社 1999 年标点本（简体字版），第 156 页。

的上述意象描写，在文人们心与物的审美对应中，获得了历史的象征意义。"① 如果说"黄昏意象、秋冬意象作为时间流逝的一种鲜明标志恰恰与人类的这种死亡意识相通联"，那么，后嗣就是作为时间和自身延续的本体。

从这个意义上说，时间意识、生命观念和历史观念是三位一体的。中国人最深刻地认识到这一点。钱穆先生说："历史乃人生之记载……历史只是一件大事，即是我们人类的生命过程。但在世界各国各民族中间，懂得这个道理，说人能创造历史，在历史里面表现，而历史又是一切由我们主宰，懂得这道理最深最切的，似乎莫过于中国人……而中国人则更看重在其事背后的这人，西方人则更看重在由此人所表现出来的事。这是一个很大的不同。中国历史有一个最伟大的地方，就是它能把人作中心。"②中国人重视后嗣，就是重视历史中的人，这二者是互相强化的。

后嗣观念是人类文化观念意识的重要组成部分。后嗣观念的强烈程度与历史意识成正比，与宗教意识成反比。中国传统的后嗣观念重视父系嫡亲男性后嗣的单线传承，这在中国历史上影响很大，占主流地位，且与中国人分外突出的历史意识相互强化；而这种特殊的后嗣观念对中国人的宗教意识起到了一定的替代作用，使中国人的宗教意识相对淡薄。

后嗣观念之所以必然与历史意识紧密相连，是因为在某种意义上，后嗣观念就是历史观念之一种。后嗣观念也必然与宗教观念有所纠结，因为后嗣实质是人类肉体另一种形式的延续，这就使后嗣观念必然关系到人类的终极关怀（"此岸"与"彼岸"的关系）问题——换言之，它会影响到人宗教思想的取向。而这种牵涉，在号称"宗法中国"的华夏大地的文化体系中，更显出其特殊性。具体说来，后嗣观念的强烈程度与历史意识成正比，而与宗教意识成反比。当然，这并非说后嗣观念对历史观念、宗教观念的强弱起决定性作用，而只是说有不可忽视的影响。另外，虽然中国儒家的后嗣观念至今对中国人仍有相当大的影响，但不可否认的是，随着西方文明的输入和社会文化的嬗变，它也受到了一定程度的削弱，发生了一些改变。这些改变，同样也会影响当代中国人的宗教意识和历史

---

① 靳凤林：《窥视生死线：中国死亡文化研究》，中央民族大学出版社 2000 年版，第 33 页。

② 钱穆：《中国史学发微》，三联书店 2009 年版，第 176 页。

观念。

关于这种后嗣观念的成因，我们可以从中国思想实用理性主义特点找到部分答案。李泽厚先生曾经指出历史意识的发达是中国实用理性主义的重要内容和特征。[①] 中国人发达的历史意识和强烈的后嗣观念又恰成对应关系，这绝非偶然。确实，正由于中国的实用理性主义思想倾向不强烈，所以中国原生本土文化才不重视"来生"，不相信灵魂可以脱离现实而存在，即使他们追求"永生"，也表现为"后嗣永远存在并能祭祀先人"这种形式，与西方所谓"灵魂升入天堂"的解脱方式决然不同。这种寄希望于后嗣永续、"香烟"不断的思想，无疑又强化了后嗣观念的重要性。中国人比任何一个民族都更重视男性后嗣的传承，其原因正在于此。但是，反过来看，后嗣对先人的继承、祭祀、追忆、崇拜，恰好又在现实生活中强化了中国人的历史意识。这说明，中国人后嗣观念与历史意识互为因果，相辅相成。

第三节 《尚书》历史审美思想

《尚书》蕴含着丰富的历史思想，而对历史的审美意识即其中的一个重要方面，但目前对此还未发现有专文探讨。"历史审美就是把史学范畴的'历史'作为客体审美对象予以美学审视和价值评判，探讨历史美感的存在及其对审美主体的心理情感体验，属于人类一种深层审美文化心理，也是除艺术审美、自然审美以外第三种审美存在方式。"[②] 如同"历史"这个概念存在着"历史本身""历史记载"和"历史研究"三个不同的含义一样，[③] "历史审美"同样相应地存在着三个不同的层次：对历史本身的审美、对历史记载的审美和对历史研究的审美。在不少已有研究中，这三个范畴区分得不够清楚。拙著仅仅是就《尚书》在第一个方面即其对历史本身的审美进行探讨。"历史美的本质是人的本质的高度凝

---

① 李泽厚先生说："中国实用理性有其唯物论的某些基本倾向，其中我以为最重要的是它特别执着于历史。历史意识的发达是中国实用理性的重要内容和特征。"参见李泽厚《中国古代思想史论》，人民出版社1985年版，第305页。

② 马强：《历史审美初论》，《学术月刊》1996年第9期。

③ 万斌、王学川：《历史哲学》，社会科学文献出版社2008年版，第2页。

聚，历史美的特征是人的创造性、自由自觉性、自主性等品格的对象化。"① 因此，就历史本体来说，简而言之，历史是人的历史而非其他。换言之，历史就是人以及人所处和人所对待的客观世界的集合体。故对历史本体审美，其对象毫无疑问就是人及与其相关的一切。

《尚书》虽然产生很早，但是却明显地包含着对历史本体的审美。虽然，历史的审美可以包括对自然和社会的审美两方面，但是，中国文化重实际的特点，使得《尚书》中对社会美更为关注，而自然美却较少涉及。人又是历史的主体，那么，由于"人作为高级灵慧动物的存在，永远是历史的产物，来自自然又回归自然，来自历史又回归历史，这一特性决定了每一个体生命的出现和必然归宿。这样，作为站在现代时间基点上的现实主体回首历史时产生的心理就极其复杂而深沉。"② "历史美的根本特征之三是其情感性"③，"审美"突出表现为对"美"的赞颂。基于此，《尚书》中的历史审美大致包括以下三个方面：对人的品德的审美；对人的力量的审美；对历史功用的审美。向来对中国历史审美的关注和研究比较少，《尚书》的审美研究更是如此。拙著拟在以前学者的研究基础上，对《尚书》的历史审美观做粗浅的探讨。

一　对人之品德的赞美

人最美好的东西并不体现在其外在的方面，而在于其精神世界。法国作家雨果说过："世界上最广阔的是海洋，比海洋更广阔的是天空，比天空更广阔的是人的心灵。"④ 这形象地说明了人的精神世界的浩瀚和伟大。人的精神世界美属于社会美的范畴。而"历史的社会美是社会真与社会善的统一。"⑤ "历史审美在于重点以历史的精神世界为对象，它植根于主体的主观感受，其视点不以历史事件的过程、结果为目标，而只落在审美载体——历史时期真实而典型的环境氛围及其人物精神状态的审视，偏重于历史人物个性、气质、神韵、情绪等心理把握。"⑥ 在《尚书》中，同

---

① 万斌、王学川：《历史哲学》，社会科学文献出版社 2008 年版，第 374 页。

② 马强：《历史审美初论》，《学术月刊》1996 年第 9 期。

③ 万斌、王学川：《历史哲学》，社会科学文献出版社 2008 年版，第 390 页。

④ 江河：《世界名言大观》，黑龙江人民出版社 1997 年版，第 380 页。

⑤ 万斌、王学川：《历史哲学》，社会科学文献出版社 2008 年版，第 384 页。

⑥ 马强：《历史审美初论》，《学术月刊》1996 年第 9 期。

样也有很多地方表现出了对历史人物精神世界的审美，其中主要是对伟大历史人物品德的歌颂，这突出地体现了《尚书》历史审美对"善"的格外强调。

比如，《尚书》中赞美尧："钦明文思安安，允恭克让，光被四表，格于上下。克明俊德，以亲九族。九族既睦，平章百姓。百姓昭明，协和万邦。黎民于变时雍。"① 孔颖达"正义"对此阐发诠释说："在于己身则有此四德，其于外接物又能信实、恭勤、善能、谦让。恭则人不敢侮，让则人莫与争，由此为下所服，名誉著闻，圣德美名充满被溢于四方之外，又至于上天下地。言其日月所照，霜露所坠，莫不闻其声名，被其恩泽。"② 在《尚书》中，尧的品德美之影响充斥宇宙，可见，尧的品德崇高到了何种程度。

同样，《舜典》赞美舜说："濬哲文明，温恭允塞，玄德升闻，乃命以位。慎徽五典，五典克从。纳于百揆，百揆时叙。宾于四门，四门穆穆。纳于大麓，烈风雷雨弗迷。"③ 舜的美德不光使他从政而绰绰有余，甚至在恶劣的自然环境中也使得他应付自如。

对于君王具有崇高品德的重要性，《伊训》有过精要的概括："呜呼！嗣王祇厥身，念哉！圣谟洋洋，嘉言孔彰。惟上帝不常，作善降之百祥，作不善降之百殃。尔惟德罔小，万邦惟庆。尔惟不德罔大，坠厥宗。"④ 真可谓君王德行既关系到自身祸福，还牵连到宗社兴亡，其影响可谓巨大。

伟大人物的品德力量之大，甚至可以使上天都直接为之作证，这在"人格神"信仰并不如其他民族强烈的上古中国时期，是较为罕见的。《金縢》就记载了周公的忠贞隐忍感动了上天从而使成王对他的误解得到了化解：

> 秋，大熟，未获，天大雷电以风，禾尽偃，大木斯拔，邦人大恐。王与大夫尽弁，以启金縢之书，乃得周公所自以为功代武王之

---

① 《尚书正义》，第 25—27 页。
② 同上书，第 25 页。
③ 同上书，第 51—52 页。
④ 同上书，第 206 页。

说。二公及王乃问诸史与百执事，对曰："信。噫！公命我勿敢言。"王执书以泣，曰："其勿穆卜。昔公勤劳王家，惟予冲人弗及知。今天动威，以彰周公之德，惟朕小子其新逆，我国家礼亦宜之。"王出郊，天乃雨，反风，禾则尽起。二公命邦人，凡大木所偃，尽起而筑之。岁则大熟。①

"孔传"对此注解说是上天"发雷风之威以明周公之圣德。"② 人的伟大品德伟大到了"惊天地"之地步，怎能不令古人感慨系之，赞美不已！

当然，《尚书》对伟大人物品德的赞美和推崇，是根植于我国典型宗法社会的基础之上，是我国古代民族心理长期积淀的结果，也对后世的"德治"思想的极为强大产生了极大的影响。

二 对人之功业和力量的审美

人是历史的创造者，是历史的主体，所以，"历史的社会美的核心是人的自由"，③，也就是人的主动性和力量的体现。人的力量之体现，大而言之，其一就是历史功业。《尚书》对伟大人物功业的赞美是其历史审美意识的另一个重要方面，其中最突出的是《禹贡》等篇对大禹功业的推崇。

《禹贡》说：

> 九州攸同，四隩既宅，九州刊旅，九川涤源，九泽既陂，四海会同，六府孔修。庶土交正，厎慎财赋，咸则三壤，成赋中邦。锡土姓，祇台德先，不距朕行……东渐于海，西被于流沙，朔南暨声教，讫于四海。禹锡玄圭，告厥成功。④

孔颖达在"正义"中解释这段说："此一经皆史美禹功，言九州风俗

---

① 《尚书正义》，第338—339页。
② 同上书，第339页。
③ 万斌、王学川：《历史哲学》，社会科学文献出版社2008年版，第384页。
④ 《尚书正义》，第165—171页。

既同，可以施其教化，天子惟当择任其贤者，相与共治之。选有德之人，赐与所生之土为姓，既能尊贤如是，又天子立意，常自以敬我德为先，则天下之民无有距违我天子所行者。皆禹之使然，故叙而美之。"① 大禹的功绩真是令人惊叹和礼赞！

大禹治水的功绩如此巨大，以至于在极端崇尚谦虚的中国古代，在《益稷》中，连大禹都情不自禁地叙述起自己的功业来："洪水滔天，浩浩怀山襄陵，下民昏垫。予乘四载，随山刊木，暨益奏庶鲜食。予决九川，距四海，濬畎浍距川。暨稷播，奏庶艰食鲜食。懋迁有无化居。烝民乃粒，万邦作乂。"② 大禹的突出历史功绩受到如此颂扬，这也是完全可以理解的，因为，在当时洪水是关系到整个民族生死存亡的大事，而大禹治水的成功，无疑是对整个民族的挽救，所以，其功绩无论怎样估计都不过分。

同样，在《武成》也赞美了周武王的推翻商朝后的伟大功绩："大赉于四海，而万姓悦服。列爵惟五，建官惟贤，位事惟能。重民五教，惟食丧祭。惇信明义，崇德报功，垂拱而天下治。"③ "垂拱而天下治"，这是何等的境界！

功业也是人力量的体现，但是，还有一些较小的方面，不能用"功业"名之，却同样是人的力量的体现。《尚书》中也不乏这方面对人的力量的赞美之词。比如，《益稷》说："夏击鸣球，搏拊琴瑟以咏。祖考来格。虞宾在位，群后德让。下管鼗鼓，合止柷敔，笙镛以间，鸟兽跄跄。箫韶九成，凤皇来仪……於！予击石拊石，百兽率舞，庶尹允谐。"④ 就是对人的音乐能力的突出赞美。

必须注意到，对伟大人物功业或力量的推崇是与其品德相连的；而且，这同样具有中国的特色。中国更重视为民造福的英雄人物；相对而言，西方则更推崇那些追求灵性解脱的英雄。这与中国文化整体上更重视现实生活有极大关系。

---

① 《尚书正义》，第 166 页。
② 同上书，第 112—113 页。
③ 同上书，第 294—295 页。
④ 同上书，第 127 页。

三 对历史之功用的审美

对历史之功用的审美之强烈，就古代而言，没有哪一个国家可以与中国相比，这一传统，自《尚书》中即已出现。《尚书》中处处表现出对历史这一伟大过程给予人的启发作用的赞美。

《说命》（下）对历史的这一作用有充分的论述："人求多闻，时惟建事，学于古训，乃有获。事不师古，以克永世，匪说攸闻。惟学逊志，务时敏，厥修乃来。允怀于兹，道积于厥躬。惟敩学半，念终始典于学，厥德脩罔觉。监于先王成宪，其永无愆。"① 只要"学于古训""监于先王成宪"，就可以"永无愆"；而"事不师古"，就会难以获得好的结局，这是对历史鉴戒作用的极高肯定和无上赞美。

类似地方还有不少。《召诰》《无逸》等通篇就是对历史经验的总结，从另一个角度看，就是对历史作用的肯定和赞美。《召诰》说：

> 天既遐终大邦殷之命，兹殷多先哲王在天，越厥后王后民，兹服厥命。厥终智藏瘝在。夫知保抱携持厥妇子，以哀吁天，徂厥亡出执……王其疾敬德，相古先民有夏。天迪从子保，面稽天若，今时既坠厥命。今相有殷，天迪格保，面稽天若，今时既坠厥命。今冲子嗣，则无遗寿耇。曰其稽我古人之德，矧曰其有能稽谋自天？……"我不可不监于有夏，亦不可不监于有殷。我不敢知曰，有夏服天命，惟有历年。我不敢知曰，不其延，惟不敬厥德，乃早坠厥命。我不敢知曰，有殷受天命，惟有历年……"拜手稽首曰："……我非敢勤，惟恭奉币，用供王能祈天永命。"②

"孔安国传"说："其夏殷也，继受其王命，亦惟当以此夏殷长短之命为监戒，继顺其功德者而法则之。"历史可以使人明白敬德的重要性和治国的道理，其功用非常大，对它的重视与否，关系到国家的兴衰存亡。

《无逸》里，周公历数历史上的各位君王的正反两方面的例子说：

---

① 《尚书正义》，第 253 页。
② 同上书，第 395—402 页。

呜呼！君子所其无逸。先知稼穑之艰难，乃逸，则知小人之依……周公曰："呜呼！我闻曰，昔在殷王中宗……其在高宗……其在祖甲……自时厥后立王……"

"呜呼！厥亦惟我周太王、王季……"

"呜呼！我闻曰，古之人，犹胥训告，胥保惠，胥教诲，民无或胥诪张为幻。此厥不听，人乃训之，乃变乱先王之正刑，至于小大。民否则厥心违怨，否则厥口诅祝。"

周公曰："呜呼！自殷王中宗，及高宗，及祖甲，及我周文王，兹四人迪哲……"

周公曰："呜呼！嗣王其监于兹。"①

周公举出殷王中宗、高宗、祖甲以及周太王、王季、周文王等正面例子和"厥后立王"的反面例子，就是为了说明历史的经验教训必须记取，让"嗣王""监于兹"。这充分说明了历史的重要性。《君奭》同样也总结历史教训说：

天降丧于殷，殷既坠厥命，我有周既受……我闻在昔成汤既受命时则有若伊尹，格于皇天。在太甲，时则有若保衡。在太戊，时则有若伊陟、臣扈，格于上帝，巫咸乂王家。在祖乙，时则有若巫贤。在武丁，时则有若甘盘……惟文王尚克修和我有夏，亦惟有若虢叔，有若闳夭，有若散宜生，有若泰颠，有若南宫括。又曰，无能往来，兹迪彝教文王蔑德，降于国人。亦惟纯佑，秉德迪知天威，乃惟时昭文王迪见冒闻于上帝，惟时受有殷命哉！武王惟兹四人，尚迪有禄。后暨武王，诞将天威，咸刘厥敌。惟兹四人，昭武王，惟冒丕单称德。②

周公在上面如数家珍地列举了一系列历代贤臣的名字：伊尹、保衡、伊陟、臣扈、巫贤、甘盘、虢叔、闳夭、散宜生、泰颠、南宫括，就是用历史事实来证明贤臣的重要性，从而说明了历史的鉴戒作用，都反映了对

① 《尚书正义》，第429—438页。
② 同上书，第438—446页。

历史之功用的极大重视，同时也是对历史之伟大功用的审美。历史的意义可谓大矣哉！

我们必须看到，《尚书》中的审美还是比较缺乏对于大自然的赞美的，尽管《禹贡》《皋陶谟》中不乏描写洪水水势浩大之词，但是，这毕竟是自然灾害，古人恐难有审美之心，只是据实描述而已。

总之，可以从《尚书》中可以找到初步的审美思想，它们多是对人的品德、力量和功业的赞美，"历史审美的本质就是在人们创造的历史（客体）中审视人类的本质力量"①，因此，归根结底，它们就是对人的美德（在古人那里就是最大的力量）和力量的赞美。同时，《尚书》的历史审美思想还与中国的"祖先崇拜""殷鉴"思想以及"先王"观念紧密相连，带有中国传统文化"重德"和"重实际"的特点。这既是中国原始文化滋养下的果实，同时，也对中国后世产生了很大影响。

---

① 万斌、王学川：《历史哲学》，社会科学文献出版社 2008 年版，第 399 页。

第七章

《尚书》历史思想的影响和当代价值

《尚书》是中国历史上第一部书籍，也是中国古代最重要的经典之一，尤其是它作为政治经典，曾长期（尤其是在两汉时期）扮演着官方意识形态的角色。即使是在儒学相对低潮时期和《尚书》文本真实性大受怀疑的时期，其经典地位也基本能够维持。所以，《尚书》在中国历史上的地位非常崇高。① 《尚书》还是中国第一部史书，在格外重视史学的中国，在史学逐渐攀升到与经学并驾齐驱的地位之后，它仍然可以借此保持其重要地位。而且其学术源头的地位，使它对中国史学、中国学术和中国历史都产生重要影响。

第一节 《尚书》历史思想的影响

《尚书》历史思想的核心特色就是实用理性主义的"王道"史观。发端于《尚书》的实用理性、"民本"、崇尚和平的历史思想是中国历史思想最重要的母题之一，以《尚书》为原点，中国的史学在几千年历史长河中不断发展壮大，并且成长为具有中国特色和民族气派的中国史学。在

---

① 以时间而论，后世的"四书学"地位实际上超过了包括《尚书》在内的其他儒家经典。不过"四书学"滥觞于程颐，正式确立于朱子注"四书"，"四书"确然不可拔地位的形成，事实上是在明朝官方以之科举取士之后，并延续到清末废除科举，其历时不过 500 余年；如果从朱子算起，也不过七八百年。（参见刘泽亮《从〈五经〉到〈四书〉：儒学典据嬗变及其意义——兼论朱子对禅佛思想挑战的回应》，《东南学术》2002 年第 6 期；郭齐勇《由"四书学"的形成看儒学的开展》，《中山大学学报》（社会科学版）2007 年第 6 期）况且在这 500 年中，《尚书》的地位仍然非常崇高。而单以《尚书》在两汉时期列为官学之时间而论，就在三百年以上，而两汉时期"四书"中的《论语》《孟子》《大学》《中庸》四部分，在国家意识形态和士子们的心目中的地位远远不能和《尚书》相比。况且，如果从学术源流的角度而言，"四书"都产生于《尚书》之后，有的如《论语》《孟子》本身就受了《尚书》很大的影响，它们的某些思想可以认为是《尚书》的衍生物。

有限的篇幅内综论《尚书》历史思想的影响是难以面面俱到的，因此，只能择其荦荦大者进行探讨。

《尚书》历史思想的影响，可以从中国传统历史思想和整个传统文化两个维度去探讨。

一　对中国历史思想的影响

《尚书》历史思想对中国历史思想的影响，一言以蔽之，就是确立了中国历史思想的基本内容和框架结构。

由于《尚书》兼具"第一部史书"和"最重要典籍之一"的双重身份，加之中国传统文化对于历史学和历史思想的格外重视，这就使得《尚书》历史思想在中国史学史上对后世的历史思想起到了范型的作用，或者说，它形塑了中国传统历史思想的基本面貌。具体说来，《尚书》历史思想对中国传统历史思想的影响主要包括以下两个方面：

首先，它铸就了中国传统历史思想基本思想框架。长期以来，中国历史思想的基本范畴大多参照西方历史哲学的基本范畴进行，但是，近年来中国历史思想富有中国特色的基本范畴逐渐被提起和讨论。吴怀祺先生在其著作中谈到中国古代历史思想（吴先生统归入"史学思想"范畴，与拙著概念的使用稍有不同）的价值时不止一次将"历史变化的'趋势说'""历史盛衰论""民本思想""关注人类与民族命运的历史忧患意识""天人相关的思想"等推崇为中国传统历史思想中最有特色和价值的部分①；而这些思想都可以归为"王道"史观的某一侧面，都可以从《尚书》中找到源头。实际上，在《尚书》之后的几乎所有中国史家都以《尚书》为原点，发挥出他们的历史思想。在比较中西史学发展特点的差异时，杜维运先生曾说过：中国史学具有重人事、有理性主义特征，以及由此所致中国史学不发惊人之论、很少论及历史的性质与意义等特点。②这种种特色，《尚书》皆开其端。

其次，不仅在理论框架上，《尚书》实用理性主义的"王道"史观，在具体内容上也给予后世巨大影响。《尚书》中的重要历史思想，华夏历

---

① 　参见吴怀祺《中国史学思想史》，商务印书馆2007年版，第9页；吴怀祺、林晓平《中国史学思想通史·总论先秦卷》，黄山书社2005年版，第38页。

② 　杜维运：《与西方史家论中国史学》，台北东大图书公司1981年版，第153页。

史意识（"大一统"的历史观）、天人历史观念中的"人本"思想、历史功用思想中的"殷鉴"思想、"先王"观念、"忧患"意识等，都给中国古代历史思想以重要而深远的影响。比如，华夏历史意识对中国"大一统"历史观以及"正统"论、"道统"论等历史意识的形成有深刻影响。中国历史上的"一治一乱"说、"五德终始"说和"三统"说等，都可以看作是对《尚书》"盛衰相间"论的引申或者变形；而历史变动思想中影响深远的"革命"论，实际上也滥觞于《尚书》。至于被视为中国古代历史哲学思想高峰的司马迁历史哲学，其源头之一也是《尚书》的历史意识。① 最为突出的例子之一，就是《尚书》"易代递嬗"的历史变动观念对后世的影响。这种"得民则王、失民则亡"的历史变动观念，在朝政日非、民不聊生之时，可以提供改朝换代的理论依据，有"解民于倒悬"的作用；另一方面，由于"易代递嬗"的思维模式还具有"腐败不到极点就不改朝换代"的意蕴，因而在政治出现问题时，往往以求"稳定"为目的，而不能用改革的手段来释放民怨，往往过分求稳定而忽视社会活力，从而不断积累社会矛盾，到人民"忍无可忍"之时，会有大爆发、大战乱，从而对社会生产力造成极大的破坏，从这个角度看，确实也有相当的负面影响。正如有的学者所说，过去的中国统治阶层往往"为维持中央集权统治……一个解决之道是创造出一个完美的理想模式，将之标准化，再令各阶层从而效法即是。如果产生实务上的困难，忠心耿耿及足智多谋的官吏必须绞尽脑汁，设法加以解决。如果解决不了，个人的牺牲在所难免。无可避免的是，理想和现实之间一定有落差。但在古代，中国在世界上具有无须竞争的地位，即使理想和现实有出入，也无关紧要。如果人人默不吭声，缺陷就会缩到最小。只有在失调扩大到无法管理的规模时，才有必要进行改朝换代，历史的曲线重新再走一次。"② 也就是说，在平时要努力维护这种表面上的稳定和完美，但是，当问题积累到不可收拾的地步时，就会发生朝代的递嬗，这种递嬗一般是以"革命"

---

① 有学者指出："'通古今之变'，意味着找出历史发展的规律性。这是对古代经籍中体现出的历史鉴戒意识的发展。只有找出历史发展的规律，才能加以借鉴。这两条表明，司马迁撰史有鲜明的历史意识。这种历史意识是对他之前的历史的意识的重要发展。"参见庄国雄、马拥军、孙承叔《历史哲学》，复旦大学出版社 2004 年版，第 39 页。原文中本来就多出了一个"的"字。

② 黄仁宇：《黄河青山：黄仁宇回忆录》，张逸安译，三联书店 2001 年版，第 8 页。

的方式实现，既造成社会生产力的极大破坏和人民的极大痛苦，又造成了暴力和"革命"本身的恶性循环。黄炎培先生提出中国历史兴衰相继的"历史周期律"问题，以及由此造成的"革命"的后果，至今仍是非常严肃的政治和历史课题。① 因而，有的学者提出了"告别革命"的口号，②实际上就与此有关。

二 对中国文化整体的影响

德国思想家雅斯贝尔斯曾经提出所谓"轴心时代"理论。姑且不言其理论的合理与否③，春秋战国文化对中国传统文化产生了重大影响，这是事实。但是，诸子百家学说又都源于包括《尚书》在内的王官之学。他们思想内容有种种差异，但是都受到了《尚书》的巨大影响，这点却是共同的。受益和发源于《尚书》的"诸子学"，以及奉《尚书》为最重要经典之一的儒家学说，它们的学术思想以及对后世的巨大影响，都与《尚书》紧密相关。因此，由于各家学说都在某种意义上以《尚书》为源，因而以儒家学说为主体、以其他诸子学术为重要枝干（后来输入中国的佛学等其他成分除外）的中国传统文化，每一部分都深深地打上了《尚书》的印记。

首先，《尚书》华夏历史意识和"大一统"政治观，在后世发展为影响极大的"大一统"思想体系。在本书第二章，用较大的篇幅论述《尚书》编纂中的华夏历史意识。作为中国最早和最重要的经典之一，《尚书》中的各种思想都对后世产生了范型的作用，华夏民族历史意识亦然。这个庞大思想体系，不仅直接影响历史和政治，还以"正统""君统""道统""政统""学统""宗统"等各种名称不同、实则相连的思想范

---

① 参见龚书铎、杨共乐《中国历史上王朝兴衰的几点启示》，《党建研究》2001 年第 5 期。

② 参见李泽厚、刘再复《告别革命》，香港天地图书有限公司 2004 年版。当然，这里的"革命"是现代意义上的；不过，从"暴力"这一角度而言，"革命"的内涵基本是一样的。因为，中国古代有表面上和平的政权交接（这也是"革命"的一种），但实际上往往仍然颇多暴力。而且，即使是表面上的和平交接，这种情形也居于少数。

③ 目前中国学界对雅斯贝尔斯的理论总体上持肯定的态度并多有引用和阐发。但是，近年来也有学者从学术"源"与"流"的关系的角度对其理论的合理性提出质疑，认为其将中国的春秋战国时代与古希腊时期等相提并论，实际上是将中国的文明史缩短了一半，混淆了中国学术的"源"与"流"。参见张京华《古史辨派与中国现代学术走向》，厦门大学出版社 2009 年版，"余论：中国何来轴心时代"。

畴，出现于中国历史中，互相交织，深刻地影响了中国史学，深深地塑造了中华民族的民族品格。比如，饶宗颐先生就曾经著有《中国史学上之正统论》一书，论述了"正统"思想在中国历史上的重大影响，其中就涉及《尚书》。① 在民族心理方面，"天无二日，土无二王"② 的思想在中国历史上影响至巨，直至今日，"大一统"思想仍然深入人心与西方的民族分裂、"自决"潮流形成鲜明对照。葛剑雄先生曾经指出，按照真正科学的标准，中国统一的时间并不长于分裂，但是，"大一统"观念仍然深入人心，确实是公认的事实；③ 而且，"在今天世界上领土最大的几个国家中，中国是唯一拥有历史悠久的稳定疆域的国家。"④ 这与发端于《尚书》的"大一统"观念有很大关系。"大一统"观念深入人心，直接促成了中华民族超乎寻常的凝聚力。在追求"一统"的过程中，民族融合的过程较西方更加和平，新鲜血液不断增加，生命力不断更新，历史绵延不断达数千年，形成世界上人口最多的国家，这应该是我们引以为骄傲并感谢《尚书》的。这说明中国文化一向具有"世界意识"（即"天下"观念），而更少狭隘的民族和地域观念。尤其难能可贵的是，发端于《尚书》的天下在"一统"条件下发展的理论，从一开始就没有西方式的霸权思想，而是具有崇尚和平和教化的"王道"色彩。

其次，历史发展中重视"和"，这种思想对中国传统文化也产生重大影响。中国制定的优待少数民族的政策就是对优秀传统文化的继承和发扬。与西方殖民者对异族动辄杀戮乃至种族灭绝相比，《尚书》崇尚和平、和解的意识更显其价值。中华民族是酷爱和平的心态，在《尚书》时代就已经奠定了基础，《尚书》功不可没。当然，对其影响也应作辩证看待。一方面，追求"和"，重文化而不重血缘，在历史上促使中华民族吸收新鲜成分而不断壮大，使各民族能够相对友好地相处，同时，中华民族也因此养成了崇尚和平的心理。这些都是我们应该引以为傲和发扬光大的伟大精神遗产。但是，从另一方面看，过分追求"和"，有时也会造成无原则的妥协和退让，如两宋时期的政策就是如此。而如果片面强调文化

① 参见饶宗颐《中国史学上之正统论》，上海远东出版社 1996 年版。

② （汉）郑玄注，（唐）孔颖达正义：《礼记正义》，北京大学出版社 1999 年标点本（简体字版），第 1403 页。

③ 葛剑雄：《统一与分裂——中国历史的启示》，三联书店 1994 年版，"引言"第 5—6 页。

④ 同上书，第 4 页。

的区隔，在某些时候又容易形成虚骄的文化优越感和"天朝上国"意识。

再次，发端于《尚书》中的"民本"观念和朴素的平等意识，在中国历史的发展中也始终不绝如缕，总是激励着广大人民和仁人志士努力实现这些美好的目标。并且，由于《尚书》和《诗经》等经典的特殊地位，即使统治者采用"阳儒阴法"或"霸王道杂用之"的统治之术，却至少得在表面上对这些经典中人本和原始的民主意识表示尊敬。所以，这些伟大思想在历史上起到了很好的舒缓统治压力的作用，在某些历史时期，甚至还起到了相当大的作用。更重要的是，这些观念深入中国人民的心中，成为他们的集体无意识，成为我们民族优秀传统文化的组成部分，从而成为使得民族文化的精华和民族生命得以传承和延续的重要原因。

还有"先王"观念对中国文化的巨大影响。"先王"观念不仅本身就是一种历史思想，而且，它还在加强中国人的历史观念方面起到了很大的作用。中国古代的"先王"观念自从最早出现于《尚书》中之后，使中国人对于往昔圣贤道德和"黄金"时代充满向往，使得中国人能够在道德上始终保持着强烈的追求。当然，这种因素也使中国人在某些时候缺少变革精神。

总之，《尚书》实用理性主义的"王道"史观，它的中国式农业宗法社会的元素，它的人文色彩、民本思想、理性主义精神，都给中国史学以深刻影响，是中国几乎一切重要历史思想意识的源头；同时，《尚书》历史思想还由于中国历史意识的格外强大，深刻地影响了整个中国文化和民族心理。

第二节 《尚书》历史思想的当代价值

《尚书》是中国文化的元典，蕴含着中国文化的原初"密码"和基本价值观念，而历史思想是其中的重要方面，对复兴民族文化、促进国家统一和建设和谐世界仍然具有重要价值。同时，作为中国史书之祖，《尚书》中的历史思想也对于在新形势下融会中西历史思想的精华，铸成更有真理性的历史思想体系，也具有不可忽视的价值。

一 应重新评价《尚书》的价值

当今时代，文化正走向多元化，传统文化和民族风格日益受到重视，

"民族的"愈发成为可贵的，随着线性进化论、"目的论"历史思想被质疑，在历史意识极为发达和历史思想资源最为深厚的中国，作为中国最古老史书和最重要典籍之一的《尚书》，其历史思想研究必将会受到越来越多的重视，其合理性也将益发显现。尤其是在当前中国文化随着中国经济的崛起而益发受到重视。而每个国家和民族的文化"元典"其地位更是由于它在各自民族文化受到推崇。

不过，长期以来，有将中华民族在近现代落后的责任完全归咎于传统的倾向，因而，包括《尚书》在内传统典籍的价值大受质疑。但正如学者们所言："关于改进和变革思维方式的工作，我认为应当把政治和文化区分开来……政治固然属于广义文化的范畴，文化观念、思维方式对于政治行为会产生不可忽视的影响，但政治毕竟只是广义文化的一个部分，有其自身特殊的本性。因此，不可把政治问题与文化问题混为一谈，不可把政治上的灾难和曲折统统归因于文化和思维方式。"① 这是很有道理的。还有学者指出："任何民族的传统文化，都有其精华与糟粕，而任何民族向现代化奋进，都不能摆脱传统文化的根基。我们不赞成把中国百年来的积弱完全归因于文化因素的文化宿命论现点，我们也不赞成重新把儒家捧上至高无上的宝座这样的复古倾向。我们认为，对中华传统文化的全盘肯定或者全盘否定，都是不科学的，都不能解决中国文化的出路问题。作为中国人，我们只能面对我们文化的传统和现实，寻求现代化的道路。"② 但无论如何，"对中国文明、历史的性质及其优劣的评价，最终还需要由中国人自己来做出。"③

《尚书》作为"元典中的元典"，由于其历史影响以及其中丰厚而深刻的内涵，自然具有极为重要的研究价值。特别是随着中国和亚洲的崛起，需要对进化论、西方中心论"祛魅"；同时需要对中国传统文化和《尚书》祛除"被污名化"。西方的历史思想是否就是对的和先进的？中国的传统历史思想是否是落后的和贫瘠的？答案肯定不是。田昌五先生说过：

① 刘长林：《中国思维偏向》"前言"，张岱年、成中英等《中国思维偏向》，中国社会科学出版社 1991 年版。

② 参见《中华本土文化丛书》"编者序言"；刘广明《宗法中国》，上海三联书店 1993 年版，"编者序言"第 1 页。

③ 王晴佳：《中国文明有历史吗——中国史研究在西方的缘起、变化及新潮》，《清华大学学报》（哲学社会科学版）2006 年第 1 期。

"时代不同，传统有别，但传统史学的精神仍然是值得继承和发扬的。继承之道，不外剔除其传统之义理，而代之以新时代的义理。义理有异，精神则一。"① 早已有学者通过对全球变暖和两次世界大战起因的考察，可以看出重新审视《尚书》历史思想对当今世界很有意义。韦政通先生也曾经指出："我们必须建立一个信念，把古代伟大作品中的智慧、启示和经验，转化为塑造新历史的力量。"② 这些"伟大作品"，毫无疑问应该包括《尚书》。因此，《尚书》及其历史思想的价值应当努力重新去"发现"。

二 　《尚书》历史思想的当代价值

《尚书》历史思想的当代价值可以从三个层次上考虑：

首先，就历史思想研究的层面而言，《尚书》历史思想研究对发掘滥觞期的中国原生态历史思想资源、深入探讨其价值并重新估价其在世界史学中的价值，具有不可或缺的意义。前已述及，《尚书》作为中国第一部史书和最重要的经典，对中国史学和整个中国学术都产生了极为重要的影响。但由于《尚书》特殊的文献源流和西方文化中心论的影响，《尚书》历史思想不受重视，甚至有人否认《尚书》的史书性质进而认为《尚书》根本没有历史思想可言。即使认为《尚书》含有历史思想的因素，也多以西方进化史观为参照系，对《尚书》历史思想的价值评价偏低。因而，在新的时代情势下，尤其是在"线性进化论"已不再是"放之四海而皆准"的真理的情形下，《尚书》基于"经验"但是"理性"的历史变动思想，对矫正"线性进化"史观的激进和虚妄，不无借鉴意义。而发端于《尚书》的"尚和""求治"的历史选择思想，尤其是"大一统"的历史主体和历史变动思想，对以"民族自决发展"为基本理念的现代历史思想而言，不失为虽对立而又实有益处的补充和矫正。更重要的是，由于华夏历史意识和"大一统"政治观的深入人心和合理性，我们国人一直以追求统一为荣，以分裂国家为耻，在历史上，这种观念有效地促成了民族群体的壮大和国家的强大。而在当前，最重要的现实价值就是可以挖掘《尚书》中的思想资源，以有利于促进国家的最终统一。另外，将《尚书》历史思想研究与对《尚书》其他思想内容的研究相结合，可以更

① 田昌五：《中国历史体系新论续编》，山东大学出版社 2002 年版，第 13 页。
② 韦政通：《中国的智慧：中西伟大观念的比较》，中国和平出版社 1988 年版，第 134 页。

加深入地探讨彼此之间的关系及其对中国传统文化的影响；进一步系统化地进行《尚书》历史思想研究，并且逐步延伸到通过《尚书》历史思想研究，对突破西方线性历史进化论和西方文化中心论的樊篱，发掘作为中国史书之祖的《尚书》独特历史思想，进而丰富世界历史思想宝库、建立更加合理、理性的历史观，具有一定意义。

其次，就中国传统文化的价值这一层面而言，《尚书》历史思想研究又具有两重意义：其一，有助于澄清对中国文化最初形态和性质的不正确认识。比如，前文已经述及，从"天子"一词在历史上的演变中，可以窥见深刻的历史意蕴。在《尚书》中，"天子"一词的含义并非"天的（唯一的）的儿子"之意，而是"天的元子"之意。可见，最初所有的人都是"天"之"子"，而非只有最高统治者独占这个位置。这体现了中华早期文化的原始平等色彩。只是到后来，"天子"才成为带有独占和神秘色彩的词汇。如果顺此思路，就会有更多的发现。其二，可以为弥补中国"民族思想资源的亏空"[①] 作出一定贡献。刘小枫先生曾经提出中国"国家伦理资源的亏空"的看法；而实际上，"亏空"的不光是"国家伦理资源"，长时期以来，中国传统文化在西方文化的强势压力下，一直处于弱势地位，整个中华民族资源都处于严重亏空状态，先秦时期的思想资源是如此，命运多舛的《尚书》尤甚。在中国传统文化的价值日益受到重视的情境下，深入发掘《尚书》历史思想研究的合理内核和现代意义，是非常有意义之举。

再次，从整个世界文化交融相生的层面看，《尚书》历史思想研究的当代价值还在于可以借此探讨中西方文化在源头上的差异，在目前西方文化仍占据世界中心地位的情况下，向世界打开另一扇文化的"窗户"，提供思考人类历史、前瞻人类命运的新视角，从而有利于形成崭新的、更有生命力和更有普适性的人类文化，对解决当今世界的一些问题具有启发作用。将《尚书》与同类西方史学名著或者文化经典进行系统的比较研究，可以发现其异中之同和同中之异，在比较中进一步发掘双方对于彼此文化的影响。

---

① 参见刘小枫《这一代人的怕和爱》，华夏出版社 2007 年版，第 289—295 页。

结 语

《尚书》历史思想的特点

行文至此，需要对笔者粗浅的《尚书》历史思想研究做一小结。综合来说，《尚书》历史思想的主要特点可以概括为以下几个主要方面：

一 "王道"思想色彩

由于贯穿《尚书》历史思想的最重要特色之一就是"王道"，因而可以将《尚书》史观简括为"王道"史观。《尚书》"王道"史观，其主要内容体现在以下几个方面：它在华夏历史意识上主张"天下"应该在"一统"的情况下发展，当然，这个"天下"应该统于"圣王"，而这个"圣王"应该"敬德"保民，以"仁义"治国；在天人观念上，它主张"天意"决定于"民心"，历史的主体是人民；在历史变动观念上，它体现出对圣王时代的追慕，但又认可人民在当君主失德时的"革命"；在历史功用思想上，它主张"以殷为鉴"，效法"先王"，常怀"忧患"，君主要善于从历史中学习以"资治"。这一切都体现出《尚书》的"王道"史观。蒋庆先生曾从政治哲学的角度上说："王道理想在国内政治和国际关系上都主张'任德不任力'，所以，王道理想是具有超越价值的最高的社会政治理想。"其实，就历史思想而言，"王道"史观有其不可忽视的价值。

二 实用理性主义色彩

《尚书》历史思想另一个重要特色就是它的实用理性主义色彩。

实用，体现在它是对来自现实政治和生活经验的总结，并且再力求运用于现实生活中。来自经验，造就了它朴实、求实的特点，并且不求超越于尘世之外的解答；一切历史思想既来源于生活经验，又都力求运用于现实生活，这就决定了"殷鉴"思想特别强大。同时，它也与西方的历史鉴戒思想有明显的区别：西方重在道德上的惩戒，而中国除此之外，还有对后嗣福祉的关注。另外，"先王"观念也属于历史功用思想的范畴，它和"殷鉴"思想恰恰构成了《尚书》历史功用观念的两翼，互相呼应和补充，给中国思想史以巨大影响。"忧患"意识又是"殷鉴"思想和"先王"观念的心理导因，实际上，这种观念肇端于《尚书》而非《周易》；并且同样是历史观念的具体体现，是中国历史思想的重要特色之一，[1] 对整个中国传统文化产生很大影响。

理性主义，体现在《尚书》历史思想是理性和"民本"的，而非诉诸非理性和"神本"的。历史的变动实质上一切以"民"为依归，并且将历史变动的动力归于民心相背和统治者能否"敬德""保民"上，而不以"神意"为旨归，相对于其他文明而言，这种思想是很可贵的。从历史变动角度看，实用理性主义历史思想自然引出了非"线性"、非"目的论"的历史观：《尚书》历史思想从来没有将历史视为有目的之发展过程，历史既非进步的，也非退步，而是着眼于社会稳定度，视历史变动为"盛"和"衰"（或言"治"和"乱"）的交替。这看似粗浅，实则更具现实合理性。《尚书》"盛衰"相继的观念固然不"玄妙""高明"，但正是它"敢于正视和承认人之有限的和缺陷的存在境遇"，[2] 因而它朴实无华却又无可辩驳。

三 强调历史主体的统一性、和谐性

《尚书》华夏民族文化共同体意识表明：历史是在"天下一统"的情形下运行发展的，历史主体统一而不分割，并且用包容博大的胸襟、追求和平、以德服人的精神达此目标。这是中华文化的伟大之处，也是中华历史能够历尽劫难而始终不中断、中华民族保持强大生命力、凝聚力和巨大

---

[1] 徐复观先生曾经在《中国人性论史》中重点论述过"忧患"意识在周初的萌发及其原因，认为这是周人的文化自觉，是从"神本"到"人本"的转变，并与"敬德"相联系。参见徐复观《徐复观文集》第三卷《中国人性论史·先秦篇》，李维武编，湖北人民出版社 2002 年版，第 27—34 页。

[2] 衣俊卿：《历史与乌托邦——历史哲学：走出传统历史设计之误区》，黑龙江教育出版社 1995 年版，第 167 页。

规模的重要原因。同时，在历史发展过程中，不崇尚暴力而是追求和平，以德服人而非以力服人，讲求"和为贵"；这与其他文化崇尚暴力倾向，甚至出现血腥屠杀、种族灭绝的行为相比，是极其可贵的。当然，这也是"王道"史观的一个方面。

四　基于道德和社会变动的两重性视角

吴怀祺先生曾经从"历史与政治"的角度阐发中国史学的两重性，[①]很有启发性。《尚书》历史变动观念从道德和社会变动的两重性视角看待历史变动，既不否认历史变动的必然性、合理性，又承认往昔道德的淳朴和生活的祥和、单纯。

《尚书》历史变动观念还有四个关键性词语："连续""递嬗""循环"和"革命"：《尚书》认为人类历史的连续性大于断裂性；人类历史不是前进抑或后退，而是依次的递嬗，这也体现了《尚书》历史思想的实用理性色彩；历史从外在形式上体现出"盛"和"衰"的循环，这对后世影响很大。比如孟子的"一治一乱"论实际上就是继承了《尚书》的观点，而中国历史上几乎所有的历史"循环"论，都与《尚书》有思想渊源。"革命"论，也最早出自《尚书》。"天命"的实质是民心和社会的需要，后两者才是历史变动过程里历史进行自我调节的真正动力。"王道"思想和实用理性主义色彩，在《尚书》历史变动观念上结合得相当明显。

五　"民本"特色和宗法色彩

"民本"思想与"王道"史观和实用理性主义都有密切联系，已如前述。鉴于"民本"思想在《尚书》历史思想中的重要地位，在此专门予

---

① 　吴先生说："中国民族史学的内在特性至少可以举出这样两点，一是传统史学二重性特点，一是历史思维的通变特点。这两个特性，通过制度层面、道德层面以及编纂学方法论等体现出来。二重性的特性的一个重要方面，是封建统治者要维持自己的统治，重视吸收前朝兴亡的经验教训，这只能从历史的真实中才能寻找到。在严酷的历史兴亡面前，封建人君是无法蔑视历史的，玩弄历史要受到历史的惩罚。不能认为政治对史学的影响只是负面的。"参见吴怀祺《中国史学思想史》，商务印书馆 2007 年版，第 13 页。

以强调。

《尚书》历史思想的"民本"特色和宗法色彩主要体现在历史天人观念上：尽管"天命"可畏，但是，"天命"实际上是根据人民的愿望而改变的。虽然在表面上看来，"天"决定着历史的发展方向；实际上，"天意"决定于民心，"天意"只是"虚悬一格"。《尚书》是以"人"为历史主体，不只包括统治者，也包括其他民众，是所有的人，起根本作用者仍是"民"。《尚书》历史思想还有明显宗法色彩，这体现在《尚书》历史选择思想上，一切历史中的选择，归根结底是为了整个家族的长远利益。由于《尚书》宗法思想独特内涵，相应地也造成了历史思想宗法色彩与西方不同。

以上是对《尚书》历史思想的简要概括。写到此处，不禁想起钱穆先生《国史大纲》中那段情深意切的语言：对待我们的传统文化，最重要的是要怀抱温情和敬意。① 钱穆先生当时不乏孤独感的呐喊，现在已经为大多数人们认可和接受。与新世纪强调发扬民族文化传统的时代大潮相应，钱穆先生的远见卓识益发凸显其价值。余英时先生曾说："应该承当起钱先生的未竟之业"，② 继续为民族文化的复兴和重生努力奋斗。笔者在进行《尚书》历史思想研究的过程中，愈发感到，在以《尚书》为代表的传统文化中，确实有许多思想宝藏值得我们去珍视和发掘。笔者虽然不敏，但是愿意在以后的岁月中为复兴民族文化竭尽绵薄之力！

---

① 钱穆：《国史大纲》，商务印书馆1994年版。"引论"之前页："凡读本书请先具下列诸信念"。

② 余英时：《钱穆与中国文化》，上海远东出版社1994年版，第19—29页。

参考文献

一　基本典籍

1. 李学勤主编：《十三经注疏》（简体，横排本），北京大学出版社1999年版。

2. 《新编诸子集成》，中华书局1982—2009年版。

3. 张大可：《史记全本新注》，三秦出版社1990年版。

4. 黄怀信：《逸周书校补注译》，西北大学出版社1996年版。

5. （汉）班固：《汉书》（简体字本），（唐）颜师古注，于振波、马怡等校订，中华书局1999年版。（汉）班固撰，（唐）颜师古撰注：《汉书》，中华书局1962年点校本。

6. （南朝宋）范晔：《后汉书》（简体字本），（唐）李贤等注，李桂芝、杨生民等校订，中华书局1999年版。（南朝宋）范晔撰，（唐）李贤等注：《后汉书》，中华书局1965年点校本。

7. （宋）司马光：《资治通鉴》（全二十册），（元）胡三省音注，中华书局1956年版。（宋）司马光编著，（元）胡三省音注：《资治通鉴》，中华书局1956年点校本。

二　著作、论文（分别以责任者姓氏拼音为序排列）
（一）著作：

A

［俄］阿甫基耶夫：《古代东方史》，王以铸译，上海书店出版社2007年版。

［意］阿马萨里：《中国古代文化：从商朝甲骨刻辞看中国上古史》，刘儒庭等译，社会科学文献出版社1997年版。

〔美〕艾兰：《早期中国历史思想与文化》，杨民等译，辽宁教育出版社 1999 年版。

〔美〕奥利弗·A. 约翰逊、詹姆斯·L. 霍尔沃森：《世界文明的源泉》，马婷、王维民等译，杨恒达校译，北京大学出版社 2010 年版。

B

白钢：《中国政治制度史》（上下卷），天津人民出版社 2002 年版。

白寿彝主编：《中国史学史教本》，北京师范大学出版社 2000 年版。

C

（宋）蔡沈：《书经集传》，上海古籍出版社 1987 年版。

仓修良：《文史通义新编新注》，浙江古籍出版社 2005 年版。

常金仓：《二十世纪古史研究反思录》，中国社会科学出版社 2005 年版。

常玉芝：《商代周祭制度》，中国社会科学出版社 1987 年版。

晁福林：《夏商西周的社会变迁》，中国人民大学出版社 2010 年版。

陈江风：《天人合一观念与华夏文化传统》，三联书店 1996 年版。

（清）陈立：《白虎通疏证》，吴则虞点校，中华书局 1994 年版。

陈梦家：《〈尚书〉通论》（增订本），中华书局 1985 年版。

陈其泰：《史学与中国文化传统》，书目文献出版社 1992 年版。

陈其泰：《史学与民族精神》，学苑出版社 1999 年版。

陈启能：《西方历史学名著提要》，江西人民出版社 2001 年版。

（清）陈乔枞：《今文〈尚书〉经说考》（古本）。

（晋）陈寿：《三国志》，（南朝宋）裴松之注，吴金华点校，岳麓书社 2002 年版。

（晋）陈寿撰，（南朝）裴松之注：《三国志》，中华书局 1982 年版。

陈戍国：《尚书校注》，岳麓书社 2004 年版。

陈战国、强昱：《超越生死：中国传统文化中的生死智慧》，河南大学出版社 2003 年版。

陈中梅：《神圣的荷马——荷马史诗研究》，北京大学出版社 2008 年版。

成惕轩：《论天人之际》，载刘德汉等著《尚书研究论集》，台北黎明文化事业公司 1981 年版。

　　程千帆：《史通笺记》，中华书局 1980 年版。

　　程廷祚：《晚书订疑》（三卷），清乾隆年间刻本。

D

　　戴文葆：《编辑工作基础教程》，东方出版社 1990 年版。

　　丁季华、龚若栋、章义和、黄爱梅等：《中国古代文明起源》，上海科学技术文献出版社 2007 年版。

　　丁山：《中国古代宗教与神话考》，龙门联合书局 1961 年版。

　　丁山：《古代神话与民族》，商务印书馆 2005 年版。

　　杜维运：《与西方史家论中国史学》，台北东大图书股份有限公司 1981 年版。

　　杜维运：《中西古代史学比较》，台北东大图书股份有限公司 1988 年版。

　　杜维运：《史学方法论》，北京大学出版社 2006 年版。

　　杜勇：《〈尚书〉周初八诰研究》，中国社会科学出版社 1998 年版。

E

　　［德］恩斯特·卡西尔：《人论》，甘阳译，上海译文出版社 1985 年版。

F

　　范学辉、齐金江：《儒家史学思想研究》，中华书局 2003 年版。

　　方同义：《中国智慧的精神：从天人之际到道术之间》，人民出版社 2003 年版。

　　方孝岳：《尚书今语》，古籍出版社 1958 年版。

　　房志荣：《儒家思想的"天"与〈圣经〉中的"上帝"之比较》，载刘小枫主编《道与言：华夏文化与基督文化相遇》，上海三联书店 1995 年版。

　　费孝通：《乡土中国》，北京出版社 2005 年版。

　　费孝通：《费孝通民族研究文集新编》（下卷）（1985—2003），中央民族大学出版社 2006 年版。

冯达文、郭齐勇：《新编中国哲学史》，人民出版社 2004 年版。

冯友兰：《中国哲学史新编》，人民出版社 1998 年版。

冯禹：《天与人——中国历史上的天人关系》，重庆出版社 1990 年版。

［美］弗兰西斯·福山：《历史的终结与最后一人》，远方出版社 1998 年版。

（秦汉之际）伏生：《尚书大传》四卷、《补遗》一卷（旧本题“伏胜撰，郑玄注”）。

G

葛剑雄：《统一与分裂——中国历史的启示》（增订本），中华书局 2008 年版。

葛兆光：《中国思想史》（第 1 卷），复旦大学出版社 2001 年版。

龚佩华：《龚佩华民族学人类学文集》，民族出版社 2003 年版。

龚鹏程：《中国传统文化十五讲》，北京大学出版社 2006 年版。

古国顺：《〈史记〉述〈尚书〉研究》，台北文史哲出版社 1985 年版。

［法］古郎士：《希腊罗马古代社会研究》，李玄伯译，中国政法大学出版社 2005 年版。

顾銮斋、徐善伟：《如歌岁月：古希腊文明探秘》，云南人民出版社 1999 年版。

顾彪：《古文〈尚书〉疏》，载《汉魏遗书钞经翼一集》。

顾颉刚：《〈诗经〉在春秋战国间的地位》，载《古史辨》第三册，上海古籍出版社 1981 年版。

顾颉刚：《尚书通检》，书目文献出版社 1982 年版。

顾颉刚：《当代中国史学》，上海古籍出版社 2002 年版。

顾颉刚：《古史辨自序》，河北教育出版社 2003 年版。

顾颉刚等：《古史辨》，海南出版社 2005 年版。

顾颉刚、刘起钎：《〈尚书〉校释译论》，中华书局 2005 年版。

《辞源》（修订本，1—4 合订本），商务印书馆 1988 年版。

郭沫若：《金文丛考》，人民出版社 1954 年版。

郭沫若：《中国古代社会研究》，中国华侨出版社 2008 年版。

郭庆藩：《庄子集释》，王孝鱼点校，中华书局 1961 年版。

郭伟川：《两周史论》，北京图书馆出版社 2006 年版。

郭小凌：《西方史学史》，北京师范大学出版社 2009 年版。

H

韩震：《历史观念大学读本》，中国人民大学出版社 2008 年版。

郝立新：《历史选择论》，中国人民大学出版社 1992 年版。

何新：《大政宪典——〈尚书〉新考》，中国民主法制出版社 2008 年版。

何兆武、陈启能：《当代西方史学理论》，中国社会科学出版社 1996 年版。

何兆武：《历史理论与史学理论——近现代西方史学著作选》，商务印书馆 1999 年版。

［德］黑格尔：《历史哲学》，王造时译，上海书店出版社 2001 年版。

侯外庐、赵纪彬、杜国庠、邱汉生：《中国思想通史》（第二卷），人民出版社 1957 年版。

侯外庐：《中国古代社会史论》，河北教育出版社 2000 年版。

胡厚宣、胡振宇：《殷商史》，上海人民出版社 2003 年版。

胡渭：《禹贡锥指》，"皇清经解"版。

黄海德、张禹东：《宗教与文化》，社会科学文献出版社 2005 年版。

黄怀信：《〈尚书〉注训》，齐鲁书社 2002 年版。

黄进兴：《历史主义与历史理论》，陕西师范大学出版社 2002 年版。

黄进兴：《后现代主义与史学研究：一个批判性的探讨》，三联书店 2008 年版。

黄俊杰：《东亚儒学史的新视野》，华东师范大学出版社 2008 年版。

黄仁宇：《黄河青山：黄仁宇回忆录》，张逸安译，三联书店 2001 年版。

（清）惠栋：《古文〈尚书〉考》，清乾隆五十七年宋廷弼刻本。

J

（晋）嵇康：《嵇康集注》，殷翔、郭全芝注，黄山书社 1986 年版。

翦伯赞：《历史哲学教程》，河北教育出版社 2000 年版。

翦伯赞：《中国史论集》，中华书局 2008 年版。

江灏、钱宗武：《今古文尚书全译》（修订版），周秉钧审校，贵州人民出版社 2008 年版。

姜建设：《政事纲纪：〈尚书〉与中国文化》，河南大学出版社 2001年版。

姜建设（注说）：《尚书》，河南大学出版社 2008 年版。

江林昌：《中国上古文明考论》，上海教育出版社 2005 年版。

姜林祥：《中国儒学史》（七卷本），广东教育出版社 1998 年版。

姜义华、瞿林东、赵吉惠：《史学导论》，复旦大学出版社 2003年版。

蒋大椿、陈启能：《史学理论大辞典》，安徽教育出版社 2000 年版。

蒋庆：《公羊学引论——儒家的政治智慧与历史信仰》，辽宁教育出版社 1995 年版。

蒋善国：《〈尚书〉综述》，上海古籍出版社 1988 年版。

［英］杰弗里·巴勒克拉夫：《当代史学主要趋势》，杨豫译，上海译文出版社 1987 年版。

金景芳、吕绍纲：《〈尚书·虞夏书〉新解》，辽宁古籍出版社 1996年版。

金履祥：《书经注》，清光绪五年陆心源刻十万卷楼丛书本。

金毓黻：《中国史学史》，商务印书馆 1999 年版。

靳凤林：《窥视生死线：中国死亡文化研究》，中央民族大学出版社 2000 年版。

景海峰、徐业明：《梁漱溟评传》，百花洲文艺出版社 1995 年版。

K

［德］卡尔·雅斯贝尔斯：《智慧之路》，柯锦华、范进译，中国国际广播出版社 1988 年版。

［英］柯林伍德：《自然的观念》，吴国盛、柯映红译，华夏出版社 1999 年版。

［英］柯林伍德：《历史的观念》（增补版），何兆武、张文杰、陈新译，北京大学出版社 2010 年版。

［德］康德：《历史理性批判文集》，何兆武译，商务印书馆 1996年版。

L

劳榦：《古代中国的历史与文化》，中华书局 2006 年版。

李晨阳：《走向和谐宇宙：儒家关于太平世界的"和"的理想》，载吴志攀、李玉主编《东亚的价值》，北京大学出版社 2010 年版。

李大钊：《史学要论》，河北教育出版社 2000 年版。

李根蟠：《中国农业史》，文津出版社 1997 年版。

李琳：《刍议中国古代神话与古希腊神话的异同》，《郑州航空工业管理学院学报》（社会科学版）2005 年。

李民：《〈尚书〉与古史研究》（增订本），中州书画社 1981 年版。

李民：《〈尚书〉译注》，上海古籍出版社 2000 年版。

李山：《先秦文化史讲义》，中华书局 2008 年版。

李申：《中国儒教史》，上海人民出版社 1999 年版。

李申：《四书集注全译》，巴蜀书社 2002 年版。

章行：《尚书：原始的史册》，上海古籍出版社 2008 年版。

李向平：《王权与神权——周代政治与宗教研究》，辽宁教育出版社 1991 年版。

李学勤：《失落的文明》，上海文艺出版社 1997 年版。

谭家健主编：《中国文化史概要》（增订版），高等教育出版社 1997 年版。

李学勤：《李学勤说先秦》，上海科学技术出版社 2009 年版。

李学勤：《通向文明之路》，商务印书馆 2010 年版。

李学勤：《清华大学藏战国竹简》，中西书局 2010 年版。

李扬眉：《方法论视野中的"古史辨"派》，博士学位论文，山东大学，2005 年。

李泽厚：《中国古代思想史论》，人民出版社 1985 年版。

李泽厚：《中国现代思想史论》，东方出版社 1987 年版。

李泽厚：《历史本体论》，三联书店 2002 年版。

李泽厚、刘再复：《告别革命》，香港天地图书有限公司 2004 年版。

李泽厚：《论语今读》（初稿），天津社会科学院出版社 2007 年版。

李宗侗：《中国古代社会新研：历史的剖面》，中华书局 2010 年版。

梁启超：《饮冰室合集》，中华书局 1989 年版。

梁启超：《中国历史研究法》，江苏文艺出版社 2008 年版。

梁漱溟：《中国文化要义》，上海人民出版社 2005 年版。

林璧属：《历史认识的科学性》，北京科学出版社 2008 年版。

林忠军：《周易概说》，载郑杰文、傅永军主编《经学十二讲》，中华书局 2007 年版。

刘城淮：《中国上古神话通论》，云南人民出版社 1992 年版。

刘殿爵、陈方正：《〈尚书〉逐字索引》，商务印书馆（香港）有限公司 1995 年版。

刘广明：《宗法中国》，上海三联书店 1993 年版。

刘家和：《史学经学与思想：在世界史背景下对于中国古代历史文化的思考》，北京师范大学出版社 2005 年版。

刘节：《中国史学史稿》，中州古籍出版社 1982 年版。

刘起釪：《尚书学史》（订补本），中华书局 1989 年版。

刘起釪：《〈尚书〉源流及传本考》，辽宁大学出版社 1997 年版。

刘起釪：《日本的〈尚书〉学与其文献》，商务印书馆 1997 年版。

刘起釪：《尚书研究要论》，齐鲁书社 2007 年版。

刘向：《〈洪范〉五行传》（古本），出自《汉魏遗书钞经翼一集》。

刘小枫：《这一代人的怕和爱》，华夏出版社 2007 年版。

刘小枫：《儒教与民族国家》，华夏出版社 2007 年版。

刘泽华：《近九十年史学理论要籍提要》，书目文献出版社 1991 年版。

柳诒徵：《中国文化史》，上海古籍出版社 2001 年版。

（唐）陆贽：《陆贽集》，王素点校，中华书局 2006 年版。

吕不韦：《吕氏春秋新校释》，陈奇猷校释，上海古籍出版社 2002 年版。

吕大吉：《宗教学通论新编》，中国社会科学出版社 1998 年版。

（明）吕坤：《吕坤全集》，王国轩、王秀梅整理，中华书局 2008 年版。

吕绍纲：《周易阐微》，吉林大学出版社 1990 年版。

［美］罗伯特·F. 伯克霍福：《超越伟大故事：作为文本和话语的历史》，邢立军译，北京师范大学出版社 2008 年版。

罗家湘：《逸周书研究》，上海古籍出版社 2006 年版。

M

马戎：《民族与社会发展》，民族出版社 2001 年版。

马士远：《周秦〈尚书〉学研究》，中华书局 2008 年版。

马雍：《〈尚书〉史话》，中华书局 1982 年版。

孟世凯：《商史与商代文明》，上海科学技术文献出版社 2007 年版。

缪凤林：《中国通史要略》，东方出版社 2008 年版。

牟庭：《同文〈尚书〉》，齐鲁书社 1981 年版。

N

［日］内藤湖南：《中国史学史》，马彪译，上海古籍出版社 2008 年版。

宁可：《史学理论研讨讲义》，鹭江出版社 2005 年版。

O

（宋）欧阳修：《欧阳修全集》，李逸安点校，中华书局 2001 年版。

P

庞朴主编：《中国儒学》，东方出版中心 1997 年版。

庞朴：《庞朴文集》，山东大学出版社 2005 年版。

彭明辉：《疑古思想与现代史学的发展》，台湾商务印书馆 1991 年版。

（清）皮锡瑞：《经学通论》，中华书局 1954 年版。

（清）皮锡瑞：《经学历史》，周予同注释，中华书局 1959 年版。

（清）皮锡瑞：《今文〈尚书〉考证》，盛冬玲、陈抗点校，中华书局 1989 年版。

（清）皮锡瑞：《〈古文〈尚书〉冤词〉平议》，线装本。

（清）皮锡瑞：《〈尚书·大传〉疏证》，清光绪二十二年刻师伏堂丛书本。

Q

齐思和：《中国史探研》，中华书局 1981 年版。

齐文心、王贵民：《商西周文化志》，上海人民出版社 1998 年版。

钱穆：《中国学术通义》，台湾学生书局 1975 年版。

钱穆：《先秦诸子系年考辨》，上海书店出版社 1992 年版。

钱穆：《国史大纲》，商务印书馆 1994 年版。

钱穆：《中国文化史导论》（修订本），商务印书馆 1994 年版。

钱穆：《国学概论》，商务印书馆 1997 年版。

钱穆：《中国近三百年学术史》，商务印书馆 1997 年版。

钱穆：《中国史学名著》，三联书店 2000 年版。

钱穆：《国史新论》，三联书店 2001 年版。

钱穆：《中国学术思想史论丛》（卷一），安徽教育出版社 2004 年版。

钱穆：《中国史学发微》，三联书店 2009 年版。

钱宗武：《〈尚书〉入门》，贵州人民出版社 1991 年版。

钱宗武：《今文〈尚书〉语法研究》，商务印书馆 2004 年版。

秦晖：《传统十论》，复旦大学出版社 2004 年版。

章太炎：《章太炎：历史的重要》，秦燕春考释，山东文艺出版社 2006 年版。

秦永洲：《中国社会风俗史》，山东人民出版社 2000 年版。

屈万里：《尚书释义》，台北中华文化学院出版部 1980 年版。

屈万里：《〈尚书〉集释》（《屈万里全集》第 2 卷），台北联经出版社 1983 年版。

瞿林东：《中国史学史纲》，北京出版社 1999 年版。

瞿林东：《中国史学的理论遗产》，北京师范大学出版社 2005 年版。

全增嘏：《西方哲学史》，上海人民出版社 1985 年版。

R

饶宗颐：《中国史学上之正统论》，上海远东出版社 1996 年版。

任继愈：《天人之际》，上海文艺出版社 1998 年版。

阮炜：《中外文明十五论》，北京大学出版社 2008 年版。

S

尚斌、任鹏、李明珠：《中国儒学发展史》，兰州大学出版社 2008 年版。

邵鹏：《智者弘愿：汤因比晚年思想研究》，人民出版社 2000 年版。

施丁：《汉书新注》，三秦出版社 1994 年版。

司马云杰：《盛衰论——关于中国历史哲学及其盛衰之理的研究》，陕西人民出版社 2003 年版。

［俄］斯塔夫里阿诺斯（Stavianos）：《全球通史：从史前史到 21 世纪》（上册），吴象婴、梁赤民、董书慧、王昶译，吴象婴审校，北京大学出版社 2006 年版。

宋鉴：《〈尚书〉考辨》，清嘉庆四年刻本。

宋镇豪：《夏商社会生活史》，中国社会科学出版社 1994 年版。

苏秉琦：《中国文明起源新探》，三联书店 1999 年版。

（清）苏舆：《春秋繁露义证》，钟哲点校，中华书局 1992 年版。

（清）孙诒让：《大戴礼记斠补》（附《尚书骈枝》《周书斠补》《九旗古谊述》），雪克点校，齐鲁书社 1988 年版。

（清）孙诒让：《墨子间诂》，孙启治点校，中华书局 2001 年版。

T

［印］泰戈尔：《民族主义》，谭仁侠译，商务印书馆 1982 年版。

谭家健主编：《中国文化史概要》（增订版），高等教育出版社 1997 年版。

汤一介主编：《中国宗教：过去与现在》（北京国际宗教会议论文集），北京大学出版社 1992 年版。

［英］汤因比：《文明经受着考验》，沈辉、赵一飞、尹炜译，顾建光校，浙江人民出版社 1988 年版。

［英］汤因比（Toynbee）：《历史研究》（修订插图本），刘北成、郭小凌译，上海人民出版社 2000 年版。

唐代兴、左益：《先秦思想札记》，巴蜀书社 2009 年版。

唐文治：《〈洪范〉大义》，吴江施肇曾醒园刻本，民国 13 年（1924 年）线装本。

唐逸：《基督教史》，中国社会科学出版社 1993 年版。

田昌五：《中国历史体系新论续编》，山东大学出版社 2002 年版。

童书业：《童书业历史理论论集》，童教英整理，青岛出版社 1998 年版。

W

万斌、王学川：《历史哲学》，社会科学文献出版社 2008 年版。

汪荣祖：《史学九章》，三联书店 2006 年版。

王博：《奠基与经典：先秦的精神文明》，北京大学出版社 2009 年版。

王定璋：《〈尚书〉之谜》，四川教育出版社 2001 年版。

（清）王夫之：《读通鉴论》，舒士彦整理，中华书局 1975 年版。

（清）王夫之：《〈尚书〉稗疏·〈尚书〉引义》（《船山全书》第二册），船山全书编辑委员会编校，岳麓书社 1988 年版。

王国维：《殷周制度论》，《王国维经典文存》，上海大学出版社 2003 年版。

王国维：《观堂集林》（外二种），河北教育出版社 2001 年版。

王晖：《商周文化比较研究》，人民出版社 2000 年版。

王美凤、周苏平、田旭东：《春秋史与春秋文明》，上海科学技术文献出版社 2007 年版。

王明珂：《华夏边缘：历史记忆与族群认同》，台北允晨文化实业股份有限公司 1997 年版。

王明珂：《在汉藏之间：一个华夏边缘的历史人类学研究》，中华书局 2008 年版。

王明珂：《英雄祖先与弟兄民族：根基历史的文本与情境》，中华书局 2008 年版。

王明珂：《游牧者的抉择：面对汉帝国的北亚游牧部族》，广西师范大学出版社 2009 年版。

（清）王鸣盛：《〈尚书〉后案》，清乾隆王氏礼堂刻本。

王聘珍：《大戴礼记解诂》，中华书局 1983 年版。

王平、[德]顾彬：《甲骨文与殷商人祭》，大象出版社 2007 年版。

王强、包晓光等：《中国传统文化精神》，昆仑出版社 2004 年版。

王晴佳：《西方的历史观念：从古希腊到现代》，台北允晨文化实业股份有限公司 1998 年版。

王世舜：《〈尚书〉译注》，四川人民出版社 1982 年版。

王世舜：《尚书》，收入仓修良主编《中国史学名著评介》，山东教育出版社 1990 年版。

王树民：《中国史学史纲要》，中华书局 1997 年版。

（清）王树楠：《〈尚书〉商谊》，清光绪十一年刻本。

（清）王先谦：《荀子集解》，沈啸寰、王星贤点校，中华书局 1988 年版。

王先慎：《韩非子集解》，钟哲点校，中华书局 2003 年版。

王献唐：《炎黄氏族文化考》，齐鲁书社 1985 年版。

王小东：《天命所归是大国——中国：要做英雄国家和世界领导者》，江苏人民出版社 2008 年版。

王学典：《史学引论》，北京大学出版社 2008 年版。

王玉哲：《中华远古史》，上海人民出版社 2000 年版。

汪荣祖：《史学九章》，三联书店 2006 年版。

［德］维拉莫威兹：《古典学的历史》，陈恒译，三联书店 2008 年版。

韦政通：《中国的智慧：中西伟大观念的比较》，中国和平出版社 1988 年版。

魏光奇：《天人之际：中西文化观念比较》，首都师范大学出版社 2000 年版。

（宋）魏了翁：《〈尚书〉要义》（《宛委别藏》），（清）阮元辑，江苏古籍出版社 1988 年版。

［英］沃尔什：《历史哲学导论》，何兆武、张文杰译，社会科学文献出版社 1991 年版。

吴怀祺、林晓平：《中国史学思想通史·总论先秦卷》，黄山书社 2005 年版。

吴怀祺：《中国史学思想史》，商务印书馆 2007 年版。

（唐）吴兢：《贞观政要》，骈宇骞、骈骅译，中华书局 2009 年版。

吴康：《〈尚书〉大纲》，商务印书馆 1945 年版。

吴天明：《中国神话研究》，中央编译出版社 2003 年版。

吴廷嘉、沈大德：《历史唯物论与当代史学理论的发展》，浙江人民出版社 1995 年版。

吴则虞：《晏子春秋集释》，中华书局 1982 年版。

吴志攀、李玉：《东亚的价值》，北京大学出版社 2010 年版。

吴毓江：《墨子校注》，孙启治点校，中华书局 1993 年版。

武世珍：《神话学论纲》，敦煌文艺出版社 1993 年版。

X

［古希腊］希罗多德：《历史——希腊波斯战争史》（上、下册），王以铸译，商务印书馆 1959 年版。

夏建中：《文化人类学理论学派：文化研究的历史》，中国人民大学出版社 1997 年版。

夏鼐：《中国文明的起源》，文物出版社 1985 年版。

谢保成：《中国史学史》，中国社会科学出版社 2008 年版。

徐复观：《徐复观论经学史二种》，上海书店出版社 2002 年版。

徐复观：《徐复观文集》，李维武编，湖北人民出版社 2002 年版。

徐旭生：《中国古史的传说时代》（增订本），文物出版社 1985 年版。

徐元诰：《国语集解》，王树民、沈长云点校，中华书局 2002 年版。

徐中舒：《先秦史十讲》，中华书局 2009 年版。

许冠三：《新史学九十年》，岳麓书社 2003 年版。

许凌云：《儒学与中国史学》，山东大学出版社 1992 年版。

许兆昌：《周代史官文化——前轴心期核心文化形态研究》，吉林大学出版社 2001 年版。

许倬云：《西周史》，台北联经出版事业公司 1984 年版。

许倬云：《中国古代社会史论——春秋战国时期的社会流动》，邹水杰译，广西师范大学出版社 2006 年版。

Y

［德］雅斯贝尔斯：《历史的起源与目标》，魏楚雄、俞新天译，华夏出版社 1989 年版。

阎若璩：《〈尚书〉古文疏证》，上海古籍出版社 1987 年版。

晏立农、马淑芹、晏菲：《图说古希腊文明》，吉林人民出版社 2009 年版。

杨耕、张立波：《历史哲学：思辨、分析及其当代走向》，北京师范大学出版社 2009 年版。

杨筠如：《〈尚书〉复诂》，陕西人民出版社 2005 年版。

杨向奎：《宗周社会与礼乐文明》，人民出版社 1992 年版。

（汉）扬雄：《法言义疏》，汪荣宝义疏，中华书局 1987 年版。

杨绪敏：《中国辨伪学史》（修订版），天津人民出版社 2007 年版。

（清）姚际恒：《古文〈尚书〉通论》，古辑本。

叶林生：《古帝传说与华夏文明》，黑龙江教育出版社 1999 年版。

［美］伊格尔斯：《历史研究国际手册——当代史学研究和理论》，陈海宏等译，华夏出版社 1989 年版。

衣俊卿：《历史与乌托邦——历史哲学：走出传统历史设计之误区》，黑龙江教育出版社 1995 年版。

尹达主编：《中国史学发展史》，中州古籍出版社 1985 年版。

尹盛平：《周原文化与西周文明》，凤凰出版社 2004 年版。

游唤民：《尚书思想研究》，湖南教育出版社 2001 年版。

于沛：《史学思潮和社会思潮》，北京师范大学出版社 2007 年版。

余英时：《史学与传统》，台北时报文化出版事业有限公司 1985 年版。

余英时：《中国思想传统的现代诠释》，江苏人民出版社 1989 年版。

余英时：《现代儒学论》，上海人民出版社 1998 年版。

余英时：《余英时文集》，广西师范大学出版社 2004 年版。

余英时：《现代儒学的回顾与展望》，三联书店 2004 年版。

余英时：《钱穆与中国文化》，上海远东出版社 1994 年版。

余英时：《中国史学思想反思》，载［德］约恩·吕森主编，陈恒、张志平等译《跨文化的争论：东西方名家论西方历史思想》，山东大学出版社 2009 年版。

袁珂：《中国神话史》，上海文艺出版社 1988 年版。

Z

臧克和：《尚书文字校诂》，上海教育出版社 1999 年版。

章学诚：《文史通义新编新注》，仓修良编注，浙江古籍出版社 2005 年版。

曾运乾：《〈尚书〉正读》，中华书局 1964 年版。

［英］詹金斯：《论“历史是什么？”——从卡尔和艾尔顿到罗蒂和怀特》，江政宽译，商务印书馆 2007 年版。

张岱年、成中英等：《中国思维偏向》，中国社会科学出版社 1991

年版。

张岱年：《中国哲学大纲》，中国社会科学出版社 1994 年版。

张岱年：《张岱年学术文化随笔》，中国青年出版社 1996 年版。

张岱年、方克立主编：《中国文化概论》（修订版），北京师范大学出版社 2004 年版。

张富祥：《〈尚书〉概说》，载郑杰文、傅永军主编《经学十二讲》，中华书局 2007 年版。

张富祥：《东夷文化通考》，上海古籍出版社 2008 年版。

张富祥：《古文〈尚书〉辨伪方法异议》，载山东大学文史哲研究院、古籍文献研究所编《古籍整理研究与中国古典文献学学科建设国际学术研讨会论文集》2009 年。

张耕华：《历史哲学引论》，复旦大学出版社 2004 年版。

张光直：《中国青铜时代》，三联书店 1983 年版。

张光直：《商代文明》，毛小雨译，北京工艺美术出版社 1999 年版。

张广志：《西周史与西周文明》，上海科学技术文献出版社 2007 年版。

张广智：《西方史学史》：复旦大学出版社 2000 年版。

章行：《尚书：原始的史册》，上海古籍出版社 2008 年版。

张金光：《秦制研究》，上海古籍出版社 2004 年版。

张京华：《古史辨派与中国现代学术走向》，厦门大学出版社 2009 年版。

张立文：《中国和合文化导论》，中共中央党校出版社 2001 年版。

张立文：《和合学》（上下卷），中国人民大学出版社 2006 年版。

张岂之：《中国儒学思想史》，陕西人民出版社 1990 年版。

张舜徽：《汉书艺文志通释》，湖北教育出版社 1990 年版。

张西堂：《〈尚书〉引论》，陕西人民出版社 1958 年版。

章学诚：《文史通义》，上海书店出版社 1988 年版。

张岩：《审核古文尚书案》，中华书局 2006 年版。

张荫麟：《评近人对于中国古史之讨论》，载顾颉刚等《古史辨》（第二册），海南出版社 2005 年版。

张荫麟：《中国史纲》，中华书局 2009 年版。

张英：《书经衷论》，线装，清光绪二十三年（1897）桐城张氏重刊

《张文端公全书》本。

赵吉惠：《中国先秦思想史》，陕西人民教育出版社 1988 年版。

赵吉惠、郭厚安、赵馥洁、潘策：《中国儒学史》，中州古籍出版社 1991 年版。

赵吕甫：《史通新校注》，重庆出版社 1990 年版。

赵沛霖：《先秦神话思想史论》，学苑出版社 2002 年版。

折鸿雁：《古希腊神话：英汉对照》，西北工业大学出版社 1999 年版。

郑杰文、傅永军：《经学十二讲》，中华书局 2007 年版。

郑杰祥：《夏史初探》，中州古籍出版社 1988 年版。

郑玄：《〈尚书〉中候》，汉魏遗书钞经翼一集本。

中国基督教协会印发：《圣经》（和合本"神"版），中国基督教协会 1996 年版。

中国社会科学院考古研究所编：《殷周金文集成释文》（第五卷），香港中文大学出版社 2001 年版。

中国社会科学院考古研究所、中国社会科学院古代文明研究中心编：《古代文明研究》（第一辑），文物出版社 2005 年版。

周秉钧：《〈尚书〉易解》，岳麓书社 1984 年版。

周秉钧：《白话〈尚书〉》，岳麓书社 1990 年版。

周秉钧：《尚书》，岳麓书社 2001 年版。

周谷城：《中国政治史》，中华书局 1982 年版。

周桂钿：《中国儒学讲稿》，中华书局 2008 年版。

周民：《尚书词典》，四川人民出版社 1993 年版。

朱谦之：《老子校释》，中华书局 2000 年版。

朱廷献：《〈尚书〉研究》，台湾商务印书馆 1987 年版。

朱熹：《四书章句集注》，中华书局 1983 年版。

庄国雄、马拥军、孙承叔：《历史哲学》，复旦大学出版社 2004 年版。

邹贤俊、罗福惠、郑敬高：《中国古代史学理论要录》，湖北人民出版社 1990 年版。

（二）论文：

B

白奚：《从〈左传〉、〈国语〉的"仁"观念看孔子对"仁"的价值提升》,《首都师范大学学报》（社会科学版）2007 年第 4 期。

C

蔡根祥：《张九成〈尚书〉学研究》,《高雄师大学报》2007 年第 22 期。

蔡沈：《书经集传》,上海古籍出版社 1987 年版。

蔡先金：《从"宣王伐鲁"看嫡长子继承制》,《人文杂志》2002 年第 4 期。

常金仓：《〈山海经〉与战国时期的造神运动》,《中国社会科学》2000 年第 6 期。

晁福林：《〈尚书〉、经学和史学——访刘起釪先生》,《史学史研究》1993 年第 4 期。

晁福林：《先秦时期"德"观念的起源及其发展》,《中国社会科学》2005 年第 4 期。

陈启能、邹兆辰：《了解当代西方史学趋势,坚持走自己的路——陈启能先生访谈录》,《历史教学问题》2005 年第 3 期。

陈剩勇：《资治通鉴：中国传统史学功能分析》,《史学理论研究》1995 年第 4 期。

崔波：《〈周易〉的历史思想管窥》,《河南师范大学学报》（哲学社会科学版）2001 年第 2 期。

D

邓国光：《〈春秋〉与"王道"——先秦学术观念的基本考察》,《中国文化研究》2010 年第 1 期。

邓联合：《从政治合法性的建构到历史理性的觉醒——论〈尚书·周书〉的历史叙事》,《江淮论坛》2006 年第 4 期。

丁三：《从"边疆"到"西部"》,《时代教育（先锋国家历史）》2009 年第 2 期。

杜洪义：《论司马光以史资治的政治思想》，《辽宁师范大学学报》（社科版）1995 年第 6 期。

杜建慧：《〈尚书·无逸〉及其所体现的周初政治教育思想》，《郑州大学学报》（哲学社会科学版）2006 年第 6 期。

杜建慧：《试论周初德治建构——以〈尚书〉为中心》，《江汉论坛》2007 年第 4 期。

F

冯浩菲：《〈洪范五行传〉的学术特点及其影响——兼论研究天人感应说之不能忽略伏生》，《中国文化研究》1997 年第 2 期。

冯时：《陈梦家先生的年代学与〈尚书〉研究》，《汉字文化》2006 年第 4 期。

冯天瑜：《中国古代农业文明诸特征》，《江汉论坛》1990 年第 2 期。

冯天瑜：《关于中华元典"人文性"的思考》，《社会科学家》1994 年第 1 期。

G

高峰：《从〈洪范〉"五行"到"五德终始"——一个经学问题的哲学考察》，《湖南科技学院学报》2005 年第 9 期。

格非：《主权与话语政治》，《读书》2010 年第 1 期。

葛剑雄：《古代"中国"究竟有多大》，《档案管理》2007 年第 4 期。

葛剑雄：《历史上的"中国"》，《新一代》2010 年第 8 期。

宫哲兵、周冶陶：《春秋时期民本思想家对西周天命论的批判》，《理论月刊》2000 年第 6 期。

顾准（遗著）：《基督教、希腊思想和史官文化》，《晋阳学刊》1981 年第 4 期。

郭春生：《历史的连续性和继承性、断裂性和创新性——评张建华博士著〈俄国史〉》，《廊坊师范学院学报》2007 年第 10 期。

郭齐勇：《由"四书学"的形成看儒学的开展》，《中山大学学报》（社会科学版）2007 年第 6 期。

郭旭东：《试论〈尚书·周书〉中的"殷鉴"思想》，《史学月刊》1996 年第 6 期。

国风：《论春秋时期民本思想的勃兴》，《河南社会科学》2008 年第 5 期。

H

韩立坤：《〈尚书〉中"上帝"观念与殷周宗教信仰的变迁》，《船山学刊》2009 年第 2 期。

郝明朝：《〈尚书〉所见之周公思想》，《管子学刊》1998 年第 2 期。

何发甦：《〈尚书·西伯戡黎〉"我生不有命在天"说辨析》，《史学史研究》2008 年第 2 期。

何顺果、陈继静：《神话、传说与历史》，《史学理论研究》2007 年第 4 期。

何兆武：《历史学两重性片论》，《史学理论研究》1998 年第 1 期。

何兆武：《历史两重性片论》，《学术月刊》1998 年第 2 期。

胡涤非：《民族主义在近代中国的起源及其表现形态》，《晋阳学刊》2004 年第 2 期。

胡维革：《天朝意识与近代中国学习西方的坎坷历程》，《长白学刊》1993 年第 1 期。

胡新生：《政治意识笼罩下的原始五行观——对〈洪范〉"五行"概念的性质及其思想史意义的再认识》，《山东大学学报》（社会科学版）1998 年第 2 期。

J

江湄：《从"大一统"到"正统"论——论唐宋文化转型中的历史观嬗变》，《史学理论研究》2006 年第 4 期。

蒋庆：《儒学的真精神与真价值——在厦门大学的演讲》，《理论参考》2007 年第 7 期。

金景芳：《西周在哲学上的两大贡献——〈周易〉阴阳说和〈洪范〉五行说》，《哲学研究》1979 年第 6 期。

K

康建军：《〈尚书〉山岳地理研究》，《社科纵横（新理论版)》2008 年第 3 期。

L

李建：《"殷鉴"思想论略——以〈尚书·周书〉为中心的探讨》，《史学史研究》2009 年第 2 期。

李泉：《先秦诸子历史哲学的比较研究》，《聊城师范学院学报》（哲学社会科学版）1995 年第 1 期。

李学功：《重新认识古文〈尚书·说命〉与傅说思想的意义》，《河南大学学报》（社会科学版）2009 年第 1 期。

李学勤：《清华简九篇综述》，《文物》2010 年第 5 期。

李学勤：《清华简整理工作的第一年》，《清华大学学报》（哲学社会科学版）2009 年第 5 期。

李莹：《日本的养子制度》，《日语知识》2009 年第 6 期。

李振宏：《"禅让说"思潮何以在战国时代勃兴——兼及中国原始民主思想之盛衰》，《学术月刊》2009 年第 12 期。

廖名春：《清华简与〈尚书〉研究》，《文史哲》2010 年第 6 期。

林晓平：《先秦诸子关于历史变化趋势性的史学思想》，《淮北煤炭师范学院学报》（哲学社会科学版）2006 年第 1 期。

林晓平、蔡慧：《略论先秦诸子"通变"的史学思想》，《上饶师范学院学报》2008 年第 1 期。

刘国忠：《清华简的入藏及其重要价值》，《清华大学学报》（哲学社会科学版）2009 年第 3 期。

刘家和：《从"三代"反思看历史意识的觉醒》，《史学史研究》2007 年第 1 期。

刘家和：《关于中国古代民族关系特点的几点思考》，《河北学刊》2006 年第 3 期。

刘莉：《中国祖先崇拜的起源和种族神话》，星灿译，《南方文物》2006 年第 3 期。

刘隆有：《我国古代的史官制度》，《贵州文史丛刊》1984 年第 1 期。

刘挺生：《从测天到治人——〈尚书〉与中国古代治安思想探源》，《华东师范大学学报》（哲学社会科学版）1999 年第 1 期。

刘泽亮：《从〈五经〉到〈四书〉：儒学典据嬗变及其意义——兼论朱子对禅佛思想挑战的回应》，《东南学术》2002 年第 6 期。

吕凤雨、张华：《墨子的历史观》，《河北青年管理干部学院学报》2009 年第 4 期。

吕华侨：《天人关系新论》，《船山学刊》2005 年第 4 期。

吕美泉：《从〈尚书·虞夏书〉看尧舜禹社会政治组织的性质》，《社会科学战线》1999 年第 5 期。

罗志田：《检讨〈古史辨〉学理基础的一项早期尝试》，《社会科学研究》2008 年第 3 期。

M

马强：《历史审美初论》，《学术月刊》1996 年第 9 期。

马延炜：《学术与世变之间——晚清古文〈尚书〉辨真的思想史意义》，《船山学刊》2008 年第 3 期。

马育良：《中国宗法制度古典形态的政治功能及其消解——中国早期国家体制危机探讨之一》，《六安师专学报》1997 年第 3 期。

N

聂培德：《从〈尚书〉看周代思想中的天与王朝更迭》，齐畅译，张继军校，《求是学刊》2009 年第 2 期。

牛苏林：《马克思论神话》，《西藏民族学院学报》（哲学社会科学版）2001 年第 4 期。

P

潘兴：《〈尚书〉中的天及天人关系问题》，《烟台师范学院学报》（哲社版）1999 年第 2 期。

潘志锋：《近 20 年关于"天人关系"问题的研究》，《社会科学战线》2003 年第 4 期。

Q

邱永春：《祖述尧舜——从〈尚书〉二典与〈禹贡〉看"大学"思想之滥觞》，《中山女高学报》第 2 期。

邱永春：《到禹德衰——从〈尚书〉论"公天下"正制到"家天下"乱制的转变》，《中山女高学报》第 3 期。

瞿林东：《史学理论与历史理论》，《史学理论》1987 年第 1 期。

S

沈伟鹏、张耀天：《周易历史哲学之"圣人主体"研究》，《理论界》2010 年第 8 期。

孙树方：《〈尚书〉及其神权政治》，《泰安师专学报》1996 年第 1 期。

孙熙国：《中国古代和谐思想的两大源头——以〈易经〉和〈尚书〉为中心的考察》，《理论学刊》2008 年第 8 期。

孙兴彻：《中国哲学天人关系论的考察与理解》，《湖南大学学报》（社会科学版）2006 年第 5 期。

T

谭德贵：《〈周易〉历史观研究》，《山东社会科学》1997 年第 4 期。

唐建兵、陈世庆：《"民族"与"族群"之辨》，《西北民族大学学报》（哲学社会科学版）2011 年第 1 期。

W

王定璋：《象以典刑——论〈尚书〉中的刑罚观》，《中华文化论坛》1999 年第 4 期。

王定璋：《从敬天保民到敬德保民——〈尚书〉中神权政治的嬗变》，《天府新论》1999 年第 6 期。

王定璋：《〈尚书〉中的裕民思想》，《社会科学研究》2000 年第 4 期。

王定璋：《〈尚书〉中的特权思想——从"沈潜刚克"到"高明柔克"》，《天府新论》2000 年第 5 期。

王定璋：《〈尚书〉对历史经验的认知与总结》，《中华文化论坛》2001 年第 4 期。

王鸿生：《中国的王官文化与儒学的起源》，《文史哲》2008 年第 5 期。

王宏伟：《古希腊城邦共同体中的民主政治与奴隶制——一种共同体理论的研究视角》，天津师范大学硕士研究生学位论文，2008 年 3 月

31 日。

王沪宁：《创造性再生：中国传统文化的未来地位》，《复旦学报》（社会科学版）1991 年第 3 期。

王记录：《〈尚书〉史学价值再认识》，《四川师范学院学报》（哲学社会科学版）1995 年第 1 期。

王健文：《帝国秩序与族群想象——帝制中国初期的华夏意识》，《新史学》第 16 卷第 4 期，2005 年 12 月。

王杰：《春秋时期人文思潮思想述评》，《山东社会科学》2000 年第 5 期。

王军：《浅谈有机农业发展现状及前景》，《科技信息》2009 年第 18 期。

王立新：《孔子的仁、礼观念并及儒家的历史命运》，《湘潭大学社会科学学报》2002 年第 5 期。

王连龙：《近二十年来〈尚书〉研究综述》，《吉林师范大学学报》（人文社会科学版）2003 年第 5 期。

王蓓：《〈尚书〉政治思想探微》，《北京第二外国语学院学报》1996 年第 3 期。

王晴佳：《中国文明有历史吗——中国史研究在西方的缘起、变化及新潮》，《清华大学学报》（哲学社会科学版）2006 年第 1 期。

王世荣：《"以德配天"与"以人为本"》，《宝鸡文理学院学报》（社会科学版）2008 年第 1 期。

王伟：《明代士大夫的天下观：以 1368—1428 年中越关系为中心》，《求索》2010 年第 12 期。

王学典、李扬眉：《"层累地造成的中国古史"——一个带有普遍意义的知识论命题》，《史学月刊》2003 年第 11 期。

王学典：《从"历史理论"到"史学理论"——新时期以来中国史学理论研究的回顾与展望》，《江西社会科学》2005 年第 6 期。

王泽民：《王官之学与古代学术的兴起》，《临沂师专学报》1998 年第 5 期。

汪荣祖：《后现代思潮下中国现代史学的走向》，"中央研究院"近代史研究集刊，2007 年 6 月第 56 期。

魏慈德：《阎若璩及其〈尚书古文疏证〉的研究方法论》，《东吴中文学报》1999 年第 5 期。

《文史哲》编辑部：《〈文史哲〉杂志举办"秦至清末：中国社会形态问题"高端学术论坛》，《文史哲》2010 年第 4 期，封二到封四。

伍婷婷：《谁是"中国人"——评〈华夏边缘〉》，《西北民族研究》2008 年第 2 期。

X

夏祖恩：《资治与垂鉴不是作史的宗旨——评司马光的〈资治通鉴〉》，《福建师范大学学报》（哲学社会科学版）1994 年第 2 期。

夏祖恩：《〈尚书〉创建哪些重要史观》，《福建师大福清分校学报》1996 年第 3 期。

夏祖恩：《〈尚书〉"治国论"史观刍议》，《福建师大福清分校学报》2000 年第 4 期。

谢保成：《神话传说与历史意识——三谈中国史学起源》，《中国社会科学院研究生院学报》2004 年第 3 期。

谢国先：《神话的存在与人的存在——论神话的本质》，《思想战线》2008 年第 1 期。

徐传武：《说"九州"》，《商丘师范学院学报》2004 年第 4 期。

许健君：《〈尚书〉政治伦理思想及其发展》，《甘肃社会科学》1992 年第 6 期。

宣焕灿：《从〈尚书·尧典〉看中国早期历法的功能——与〈天学真原〉一书的一点商榷》，《中国科学院上海天文台年刊》1999 年第 20 期。

Y

严斯信：《〈尚书·尧典〉与中国史的文明曙光阶段》，《昭通师范高等专科学校学报》1992 年第 6 期。

严斯信：《上古中国文明与国家产生的时间和地点——以〈尚书〉为据的考查》，《昭通师范高等专科学校学报》1996 年第 2 期。

严正：《王道理想与圣贤意识——论儒家〈尚书〉诠释的理论价值与影响》，《河南社会科学》2008 年第 5 期。

杨翰卿：《关于"道"、"仁"两个观念渊源的考察》，《中华文化论坛》1997 年第 3 期。

杨华：《〈尚书·牧誓〉篇新考》，《贵州社会科学》1996 年第 5 期。

杨念群：《作为话语的"夷"字与"大一统"历史观》，《读书》2010 年第 1 期。

杨念群：《重估"大一统"历史观与清代政治史研究的突破》，《清史研究》2010 年第 2 期。

杨善群：《古文〈尚书〉流传过程探讨》，《学习与探索》2003 年第 4 期。

杨善群：《论古文〈尚书〉的学术价值》，《孔子研究》2004 年第 5 期。

杨善群：《辨伪学的歧途——评〈尚书古文疏证〉》，《淮阴师范学院学报》2005 年第 3 期。

叶建华：《传统史学的功能观——从殷鉴到经世》，《浙江社会科学》1989 年第 4 期。

易宁：《中国古代历史认同观念的滥觞——〈尚书·周书〉的历史思维》，《史学史研究》2010 年第 4 期。

殷绍基：《关于〈洪范〉五行说》，《湘潭大学社会科学学报》1985 年第 4 期。

尹振环：《〈尚书〉与〈老子〉的比较》，《贵州社会科学》1995 年第 6 期。

游唤民：《〈尚书〉法先王思想及其对后世的影响》，《船山学刊》2001 年第 4 期。

游逸飞：《四方、天下、郡国——周秦汉天下观的变革与发展》，台湾大学历史系硕士毕业论文，2009 年 7 月 15 日。

尤炜、赵山奎：《从〈尚书〉论先秦人的时间意识》，《人文杂志》2003 年第 2 期。

尤学工：《〈尚书·周书〉与历史教育》，《中国党政干部论坛》2004 年第 2 期。

袁伟时：《难于逾越的"天朝上国"思想堡垒》，《文史参考》2011 年第 3 期。

余行迈：《先秦史官制度概说》，《苏州大学学报》（哲学社会科学版）1982 年第 1 期。

宇汝松：《试论中国古代宗教崇拜对象及天人关系之演变》，《兰州大学学报》（社会科学版）2002 年第 6 期。

原昊：《〈世本〉版本流变略论》，《大庆师范学院学报》2008 年第
3 期。

Z

曾穷石：《古史辨与〈华夏边缘〉背后的遗产》，《西北民族研究》
2008 年第 2 期。

曾宇航：《"实用理性"思想研究述评》，《学理论》2010 年第 22 期。

张兵：《伏生〈洪范五行传〉对"五行学说"的吸收与应用》，《孔
子研究》2004 年第 5 期。

张富祥：《从王官文化到儒家学说——关于儒家起源问题的推索和思
考》，《孔子研究》1997 年第 1 期。

张富祥：《海岱文化与中原文化》，《史学月刊》2000 年第 2 期。

张富祥：《华夏考——兼论中国早期国家政制的酝酿与形成》，《东方
论坛》2003 年第 4 期。

张京华：《中国何来"轴心时代"？》（上），《学术月刊》2007 年第
7 期。

张京华：《中国何来"轴心时代"？》（下），《学术月刊》2007 年第
8 期。

张静婷：《王船山〈《尚书》引义〉政治实践问题之研究》，硕士学
位论文，台湾"国立中央大学"，1999 年。

张莉：《先秦史官制度蠡测》，《运城高等专科学校学报》2001 年第
2 期。

张其成：《〈周易〉循环律的特征及普适意义》，《孔子研究》1996 年
第 3 期。

张其贤：《"中国"概念与"华夷"之辨的历史探讨》，博士学位论
文，台湾大学，2009 年。

张强：《司马迁与〈尚书〉之关系考论》，《中国文化研究》2005 年
第 1 期。

张瑞雪：《天人关系新论——先秦"天"的观念演进及儒家对天人关
系的思考》，《哈尔滨工业大学学报》（社会科学版）2005 年第 5 期。

张晓芒：《〈尚书〉中的思维法则观念》，《江西师范大学学报》（哲

学社会科学版）1996 年第 3 期。

张耀天、田红霞：《周易历史哲学刍议》，《理论观察》2009 年第 6 期。

赵季、曾亚兰：《从屈原作品中体现的历史意识看神话历史化的思想历程》，《中国韵文学刊》1999 年第 1 期。

郑慧生：《"天子"考》，《历史教学》1982 年第 11 期。

郑振江：《简论战国诸子史学思想》，《河南社会科学》2002 年第 6 期。

周书灿：《九州与畿服之制起源新研》，《贵州师范大学学报》（社会科学版）2008 年第 6 期。

朱德魁：《〈尚书〉的历史作用与文献价值》，《贵州文史丛刊》2002 年第 3 期。

朱德魁：《对〈尚书〉内容的分类》，《贵州民族学院学报》（哲学社会科学版）2002 年第 3 期。

朱通华：《试论王道、霸道与正道》，《南京师大学报》（社会科学版）1994 年第 1 期。

三　电子资源

1. 尹小林：《国学宝典》（中国基本典籍电子文库），北京希望高技术集团，2003 年。

2. "迪志文化"：文渊阁《四库全书》电子版，上海人民出版社，2003 年。

四　网络资源（以时间为序）

1. 牛饮：《阎若璩〈疏证〉伪证考——清代考据学存在多大问题的一次检验》，"史学评论网"（"博客大巴"），网址：http://tbn.blogbus.com/logs/1042926.html，2005 年 3 月 4 日。

2. 新浪网新闻中心：《加议会同意魁北克建国中国批评者认为助长分裂——华裔部长因反对议案辞职》，网址：http://news.sina.com.cn/o/2006－11－29/021010632120s.shtml，2006 年 11 月 29 日。

3. 爱思想网：《〈尚书〉疑案》，爱思想网（http://www.aisixiang.com），栏目：天益讲坛＞人文社科讲稿＞文学与文化演讲稿。网址：ht-

tp：//www. aisixiang. com/data/15622. html，"爱思想"网站，2007 年 8 月 16 日。

4. 蒋庆：《王道政治是儒家的治国之道》，凤凰资讯 > 评论 > 专题 > 思想史——改革开放 30 年，2008 年 12 月 11 日，网址：http：//news. ifeng. com/opinion/specials/thinking/200812/1211_ 4817_ 917859. shtml。

5. 中国网：《媒体称比利时两大语言区争端可能导致国家分裂》，网址：http：//news. china. com. cn/txt/2010 － 04/23/content ＿ 19892 129. htm，2010 年 4 月 23 日。

6. 蒋庆：《以王道政治超越民族主义——蒋庆先生答北京中评网记者》，"豆瓣社区"，网址：http：//www. douban. com/group/topic/11098003/，2010 年 4 月 30 日。

7. 扬州大学文学院：《"首届国际〈尚书〉学学术研讨会"在我校召开》，扬州大学文学院网站，网址：http：//wxy. yzu. edu. cn/art/2010/6/25/art_ 2589_ 67952. html，2010 年 6 月 25 日。

8. 新华网：《〈清华大学藏战国竹简〉出版被称"清华简"》，网址：http：//news. xinhuanet. com/book/2011 － 01/06/c_ 12951014. htm，2011 年 1 月 6 日。

9. 中国书画网：http：//www. shb-china. com/news/news-zhxw/2010 － 02 － 05/2050. html，2011 年 4 月 12 日。

10. "琅琅比价网"："清华大学藏战国竹简"搜索，网址：http：//www. langlang. cc/SearchAll. aspx？c ＝ &kwd ＝ % C7% E5% BB% AA% B4% F3% D1% A7% B2% D8% D5% BD% B9% FA% D6% F1% BC% F2&x ＝ 41&y ＝ 4，2011 年 4 月 17 日。

附录一

儒家后嗣观念对历史意识、宗教意识的影响

后嗣观念是人类社会意识的重要组成部分。"后嗣"比"继承人"更强调人类自身肉体的延续。人降生后就成为父母、先人的后嗣；在成长过程中，又必然面临着繁衍、养育后嗣的问题，同时受社会上后嗣观念的影响。因而，后嗣观念与人的生命时刻相随。与其他文化相比，中国的后嗣观念既有相同或相似之处，也有很多不同。这些差异与各文化的其他观念之间的关系如何，值得我们深入研究。

众所周知，占中国文化主流地位的儒家文化最重视后嗣的延续①，在中国历史上影响很大；而且，中国人的宗教情怀远不如西方浓烈，人们不重"来生""彼岸"，而特重现实生活的幸福，在佛教传入前尤其如此②。相对的，中国人的历史意识却分外强烈，从而与印度文化和西方文化形成鲜明对比。在这方面，黑格尔和李泽厚先生的有关论述广为人知。③ 这就提醒我们思考，这三者之间是否存在着某些必然联系？学界前贤在各种论著中对三者的关系问题，间或有所涉及。比如，西方权威汉学家劳伦斯·汤普森"甚至坚决认为家庭就是中国的'现实的宗教'。基督教以其肉体复活的教义延长了肉体存在使之超越死亡，而中国则通过延续家庭超越了死亡：由此产生了祖先崇拜在中国的重要性"④。这是非常有见地的。但

---

① 陈战国、强昱：《超越生死：中国传统文化中的生死智慧》，河南大学出版社 2003 年版，第 282、303 页。

② 参见李泽厚《中国古代思想史论》，人民出版社 1985 年版，第 303—304 页；庞朴《庞朴文集》第三卷"忧乐圆融"，山东大学出版社 2005 年版，第 21—25 页；魏光奇《天人之际：中西文化观念比较》，首都师范大学出版社 2000 年版，第 71—118 页。

③ 参见［德］黑格尔《历史哲学》，王造时译，上海书店出版社 2001 年版，第 62 页；李泽厚《中国古代思想史论》，人民出版社 1985 年版，第 305 页。

④ 转引自汤一介《中国宗教：过去与现在》序言，载汤一介主编《中国宗教：过去与现在》（北京国际宗教会议论文集），北京大学出版社 1992 年版，"序言"第 4 页。

是，他所谓"通过延续家庭超越了死亡"，又欠准确，因为这里所谓的"家庭"含义模糊（笔者推测或许是"家族"被译为"家庭"），远没有指出中国儒家后嗣观念的具体内涵，且没有将后嗣观念与历史意识结合起来探讨。对中国儒家后嗣观念、宗教意识、历史意识三者关系进行专题探讨的，目前尚未发现。

笔者认为，中国儒家的后嗣观念对其宗教意识起到了某种程度的替代作用；另一方面，它又与中国人的历史意识起到了相互强化的作用。

一　中国儒家后嗣观念的特质

中国人对后嗣的看重世所共知。钱穆先生曾说："人类心理，莫不要求其生命与事业之传后与可久。埃及人陵寝之讲究，以及木乃伊之制造，可谓代表此项心理一极端。而中国人则此心理，乃似乎寄放于别一端。不孝有三，无后为大。中国人乃最希冀有后，所谓后，乃不属其肉体身，而属于其子孙。"[1] 这种观念如此强大，以至于它不但重重地嵌入了中华民族的历史，还深深地影响着中国的现在乃至未来。"多子多福"以及"不孝有三，无后为大"[2] 等言论，长期流传于中国人的口头，在他们的心灵深处潜移默化地发挥着作用，也相当程度地影响着他们的人生选择。

厘清中国儒家后嗣观念的特质，是探讨它与宗教意识、历史意识关系的前提。在中国历史文化中占主流地位的中国儒家后嗣观念，历经数千年发展演变，虽难免有变化，但仍然具有非常突出的特质：

第一，相信可以通过男性后嗣的祭祀实现与先人的沟通和对他们的"奉养"。中国传统的扫墓和其他的祖先祭祀活动绝不仅是纪念仪式，更是后嗣必须履行的义务，其目的是实现与已经去世的先人的沟通并"奉养"他们，这些活动有固定的时间规定，还要给往生者送去他们在"阴间"生活所需的纸钱和生活用品。[3] 这与西方文化一般将扫墓作为表达缅怀之情大不相同。而且，中国祭祀祖先的行为，只能由死者的男性后嗣们

---

①　钱穆：《中国史学发微》，三联书店 2009 年版，第 11 页。

②　（汉）赵岐注，（宋）孙奭疏：《孟子注疏》，北京大学出版社 1999 年标点本（简体字版），第 210 页。

③　参见《礼记》的"祭法""祭义""祭统"等篇；秦永洲《中国社会风俗史》，山东人民出版社 2000 年版，第 310—323 页。

完成，女性后嗣和其他外族人都无权也不会参与；而西方则不然。

第二，只有男性才能成为后嗣，且嫡长子更具特殊地位。在中国宗法制度中，出嫁的女儿在身份上属于丈夫家族，不算后嗣。不仅如此，男性后嗣中，嫡长子又具有特殊地位。中国嫡长子继承制在商代即已有雏形，到周代而大备，之后一直影响很大。① 所谓"别子为祖，继别为宗。继祢者为小宗。有百世不迁之宗，有五世则迁之宗。百世不迁者，别子之后也。宗其继高祖者，五世则迁也。"② 这就进一步强化了中国后嗣传承的单线性质。也就是说，这实际上就意味着每一个男性祖先在每一世代只对应着一个继承人，他们就是历代的嫡长子，或称宗子。这种单线相传的体系，由于不"旁逸斜出"，最大程度地保证了世系的单纯和明晰，从而使得人世的单线继承性质和历史感得到了最大程度的强化。必须注意，中国非常强调后嗣在肉体而不是财产上的继承关系（在中国古代文献中，经常将生者称为先人的"遗体"）。

第三，中国后嗣制度强调以男性祖先"血脉"的纯洁。如果一个男性没有直系男性后嗣，那么，他的后嗣就应该按照由亲到疏的原则，在父系宗族中拣选，借此保证出自同一男性祖先。在中国古代，按中国儒家的伦理道德标准是不允许把女儿、女婿、外孙等非男性家族成员作为后代的，更不能收养其他异姓之子作为后嗣，因为，这都淆乱了"宗脉"即男性家族血脉。这一点反映在从王位继承我们可以清楚看出：在欧洲，女儿、外孙可以同儿子、孙子一样继承君位，而在中国则绝对不允许。甚至，如果我们与同属儒家文化圈的日本进行比较，就会发现，在日本，虽然也强调男性继承人的重要性（尤其是在天皇继承制度上），但是，日本一般民众中盛行的异姓"养子"制度，却对纯洁血缘关系这一点不予以强调。③ 强调对男性继承人的血缘关系"纯洁性"，这点中国传统文化最为典型，其实质是先人要确保一定是自己而非别人的后嗣在延续，即要保证自己肉体永存的真实性。

第四，追求男性后嗣数量的多多益善。中国传统文化向来将"多子

① 李学勤：《古代礼制》，载谭家健主编《中国文化史概要》（增订版），高等教育出版社1988年版，第7—10页。

② （汉）郑玄注，（唐）孔颖达正义：《礼记正义》，北京大学出版社1999年标点本（简体字版），第1008页。

③ 李莹：《日本的养子制度》，《日语知识》2009年第6期。

多孙""子孙满堂"视为人生的最大幸福之一，即所谓"多子多福"。虽然有不少学者从传统农业社会需要劳动力的角度来解释，但是，从文化心理上，还不妨这样认为：男性后嗣数量越多，实际上就意味着逝去先人在阴间被供养的"力度"越大，自身肉体存活的几率越大。所谓"有子万事足"其含义就在此。

以上中国古代后嗣观念的几大突出特征结合在一起，对古代中国人的宗教意识和历史意识都产生了不可忽视的影响。以下将分述之。

二　中国儒家后嗣观念对宗教意识的替代作用

中国文化中宗教意识之所以较弱，是由于中国儒家强烈的后嗣观念对中国人的宗教意识起到了很大的替代作用。因为，既然先人可以与后嗣通过被祭祀实现沟通和被供养，所以，像其他文化中那样对"彼岸"世界的恐惧感就大为减弱，中国人将寻求"永生"的希望更多地放在如何延续自己的后嗣并且使他们多多益善上，而非通过宗教去求取"天国"中虚无缥缈的"永生"。因此，中国人在世时最关注的是"瓜瓞绵绵"，子孙昌盛，这样就可以实现他们肉体永存的希望，同时可以在"阴间"得到供养，而不至于如"若敖氏之鬼"因断绝后代而"馁而"[1]。因此，当某人没有男性后嗣时，推己及人，他们要按照由近及远的原则从本族中为他选定一人作为后嗣。（不过，这只能是支子，不包括宗子即嫡长子。《仪礼·丧服传》说："何如而可为之后？同宗则可为之后。何如而可以为人后？支子可也。"[2] "支子"即嫡长子之外的其他儿子）当然，需要说明的是，此处"先人"即被祭祀的对象是以男性为中心的，妇女只是陪衬，附属于他们的丈夫。也就是说，祭祀对象和祭祀者是对应的——都是男性，这正好告诉我们，追求男性后嗣的绵延不绝实际上反映着男性先人对肉体永生的渴望。中国人向来以实用理性主义指导人生。[3] 他们深知，每个人的长生不老是不可能的，彼岸"天堂"又虚无缥缈，然而后

---

① （晋）杜预注，（唐）孔颖达正义：《春秋左传正义》，北京大学出版社 1999 年标点本（简体字版），第 608 页。

② （汉）郑玄注，（唐）贾公彦疏：《仪礼注疏》，北京大学出版社 1999 年标点本（简体字版），第 556 页。

③ 李泽厚：《中国古代思想史论》，人民出版社 1985 年版，第 303—304 页

嗣的连绵不绝却是可能的，所以他们倾全心于当世，力求通过后嗣的延续实现另一种意义上的"永生"。孔府大门前的对联"与国咸休安富尊荣公府第，同天并老文章道德圣人家"，其上下联分别表达了中国人对于外在尊荣和自身永续的追求。在这里，他们没有要求要在"天国"求得永生，"同天并老"是说孔子后裔的连绵不绝，不受朝代递嬗的影响。钱穆先生说："然则中国人之所希望传后与可久者，乃不在死的如坟墓与尸体之类，而乃在活的如子孙后嗣之类。曲阜孔家之嬗衍勿绝，此非孔子私人之要求，乃中国民族一种共同要求之表现。"① 这种"共同要求"，换言之，就是民族集体潜意识对子子孙孙"嬗衍勿绝"的渴望和歆美。中国传统中所谓"三不朽"中居于第一位的"立德"，已经被物化为后嗣的连绵不绝。中国传统文化中总是讲无德者断子绝孙（此从纯传统讲，姑不论其合理合情与否），正与此理相合。

　　与后嗣观念相对应的是"孝"观念。任何后嗣都是"父母之遗体"，而"身体发肤，受之父母更不敢毁伤"②，"毁伤"尚且不孝，何况使父母先人断绝了后嗣，使父母"遗体"无存？所以，《孝经》之所以为经，其最重要之处不在于如何奉养父母，关键是我们应该看到其中的终极关怀。这与后嗣观念是一体的两面。因此，《十三经注疏·孟子注疏》中孙正义非孙所作"疏"说："不孝于礼有三，惟先祖无以承，后世无以继，为不孝之大者，而阿意曲从，陷亲于不义，家贫亲老，不为禄仕，特不孝之小而已……君子于舜不告而娶，是亦言舜犹告而娶之也。以其反礼而合义，故君子以为不告犹告也。"没有后嗣即"无后"，相对于不能从物质上供养或者陷父母于不义，显得更为严重，因为，后两者总还是有后嗣，"有"总胜于"无"！

　　有的学者分析中外宗教的超越生死的差异后指出："从事实上讲，超越生死是不可能的。那么，我们还有没有办法超越生死呢？有，这种办法就是哲学。"③ 哲学是否可以真正使我们超越生死且不论，但是，如果说儒家的后嗣观念可以算作一种哲学的话，那么，"子子孙孙无穷尽"就是

---

① 钱穆：《中国史学发微》，三联书店 2009 年版，第 12 页。

② （唐）李隆基注，（宋）邢昺疏：《孝经注疏》，北京大学出版社 1999 年标点本（简体字版），第 3 页。

③ 陈战国、强昱：《超越生死：中国传统文化中的生死智慧》，河南大学出版社 2003 年版，第 319 页。

这个哲学的主题；而如果说它是一种宗教，那么"香烟不断"就是这个宗教的教义。

三 后嗣观念与历史观念的相互强化

李泽厚先生先生关于中国"实用理性"的论述影响很大，他说："中国实用理性有其唯物论的某些基本倾向，其中我以为最重要的是它特别执着于历史。历史意识的发达是中国实用理性的重要内容和特征。"① 中国人发达的历史意识和强烈的后嗣观念恰成对应关系。（当然，这并非说其他文化没有重视后嗣的观念和历史意识，而只是说不如中国文化突出。诚如有学者所说："遍览世界各种价值体系，会发现其实大多都是由相同的一些价值组成的。比如尊敬父母，友爱邻里等。其不同在于这些价值体系对价值的不同配置。"②）

后嗣观念与历史观念是紧密相连的。因为，历史因"人"而存在，后嗣对先人的承继就是历史的延续形式之一。后嗣实际上是个人血统的存在物，而无数的个人血统延续过程就是历史的小单元。钱穆先生认为，在中国传统文化中，血统、政统和道统三位一体，共同构成了中国历史的内容："今再进而言中国历史之内容，大体言之，可分三统。一曰血统……血统之上，又有政统……必有家以外之大众公事，则须择族中之贤者来管理。由是遂于血统上，渐建有政统……唐虞禅让，汤武征诛，征诛与禅让，其事若相反，实则乃相通，相互结合而共成为一道统……综合上述之血统、政统、道统三者而言，政统既高于血统，道统又高于政统，三者会通和合，融为一体，乃成为中国历史上民族文化一大传统……此惟中国始有之，而并世其他民族之历史则不能有。"③

前已言及，逝去的先人只有通过男性后嗣（严格说来只有嫡长子才有此资格，即"支子不祭，祭必告于宗子"④）才能达到沟通、被"供

---

① 李泽厚：《中国古代思想史论》，人民出版社 1985 年版，第 305 页。

② 李晨阳：《走向和谐宇宙：儒家关于太平世界的"和"的理想》，载吴志攀、李玉主编《东亚的价值》，北京大学出版社 2010 年版，第 101 页。

③ 钱穆：《中国史学发微》，三联书店 2009 年版，第 96—100 页。

④ （汉）郑玄注，（唐）孔颖达正义：《礼记正义》，北京大学出版社 1999 年标点本（简体字版），第 156 页。

养"和肉体长存的目的。这和整个中国宗法制度是一致的。这种对后嗣性别和身份进行严格界定的做法，实际上就造成了一种"单线相传"的客观效果和"嫡长子即先人后代的唯一延续"之心理暗示。也就是说，后嗣与先人之间的关系是具有严格而准确的方向感和对应关系。这就比在后嗣观念上没有严格规定和单线相传更容易造成"历史感"，即纵向的、时间流逝和生命延续的感觉。有学者曾经谈到"时间一维性"与历史感的关系时说："由于个体生命的存在过程是以时间为尺度的，又由于时间不可逆转的一维性质，所以时间在人类心目中就具有与生命同等的价值和意义。时间一去不返，生命只有一次，也就成为人类永恒的悲哀……正如黑格尔所说：'在感觉世界中，时间是否定性的要素。'而黄昏意象、秋冬意象作为时间流逝的一种鲜明标志恰恰与人类的这种死亡意识相通联。由此使得标志时间流程终结的上述意象描写，在文人们心与物的审美对应中，获得了历史的象征意义。"① 如果说"黄昏意象、秋冬意象作为时间流逝的一种鲜明标志恰恰与人类的这种死亡意识相通联"，那么，后嗣就是作为时间和自身延续的本体。

从这个意义上说，时间意识、生命观念和历史观念是三位一体的。中国人最深刻地认识到这一点。钱穆先生说："历史乃人生之记载……历史只是一件大事，即是我们人类的生命过程。但在世界各国各民族中间，懂得这个道理，说人能创造历史，在历史里面表现，而历史又是一切由我们主宰，懂得这道理最深最切的，似乎莫过于中国人……而中国人则更看重在其事背后的这人，西方人则更看重在由此人所表现出来的事。这是一个很大的不同。中国历史有一个最伟大的地方，就是它能把人作中心。"② 中国人重视后嗣，就是重视历史中的人，这二者是互相强化的。

四　结语

综上所论，我们可以看出：凡是浸润于人心格外深厚的思想意识，必然会对相关人群的整体思想意识发挥不可忽视的作用，后嗣观念亦是如

---

① 靳凤林：《窥视生死线：中国死亡文化研究》，中央民族大学出版社 2000 年版，第 33 页。

② 钱穆：《中国史学发微》，三联书店 2009 年版，第 176 页。

此。尤其是与后嗣观念相关性较强的历史观、宗教观、人生观等方面，后嗣观念更发挥了重要影响。后嗣观念之所以必然与历史意识紧密相连，是因为，从某种意义上看，后嗣观念就是历史观念之一种。后嗣观念也必然与宗教观念有所纠结，是因为，后嗣实质是人类肉体另一种形式的延续，这就使后嗣观念必然关系到人类的终极关怀（"此岸"与"彼岸"的关系）问题——换言之，它会影响到人宗教思想的取向。而这种牵涉，在号称"宗法中国"的华夏大地的文化体系中，更显出其特殊性。

具体说来，后嗣观念的强烈程度与历史意识成正比，而与宗教意识成反比。当然，这并非说后嗣观念对历史观念、宗教观念的强弱起决定性作用，而只是说有不可忽视的影响。虽然中国儒家的后嗣观念至今对中国人仍有相当大的影响，但不可否认的是，随着西方文明的输入和社会文化的嬗变，它也受到了一定程度的削弱，发生了一些改变。这些改变，同样也会影响当代中国人的宗教意识和历史观念。

（本文曾发表于《贵州社会科学》2010 年第 11 期）

附录二

经史分途的"文化层级"和"身份选择"意识
——以司马迁及《史记》为中心

"经史关系"尤其是"经史分途"问题，向来是中国学术史上的大问题，对此学界多有探讨。① 不过，这些研究多从"经""史"关系演变的角度探讨，从文化背景及民族心理角度切入的几未曾见。特别是"经"书画限于先秦，"正史"发端于西汉，二者在时间上基本上可以接续，这绝非巧合。换言之，司马迁之《史记》恰开"正史"之先河，堪称经史分途之开端。在这关键的转折之中，文化背景与民族心理起到了何种作用，非常值得深入剖析。

一 司马迁:挥之不去的《春秋》和孔子情结

众所周知，《史记》是中国"正史"之祖，亦即中国古代"二十四史"之首；然而，这个结果却并不是司马迁本人的初衷，至少不是他的最高理想。司马迁本人是想续《春秋》，使《史记》成为《春秋》那样的经典。司马迁所看到的史书为数不少，在《史记》中亦征引很多，② 但是他却没有将其中任何一位史书或者有关史官视为楷模，却把非史官的孔子修成的《春秋》当成典范，可见他心中的《春秋》和孔子"情结"。在《史记·太史公自序》中他两次指出，他是秉从其父司马谈的遗命去

---

① 关于经史关系的论文很多，笔者所见的主要有：周予同《周予同论经史关系之演变》，许道勋、沈莉华整理、注释，《复旦学报》（社会科学版）1998 年第 1 期；向燕南《从"荣经陋史"到"六经皆史"——宋明经史关系说的演化及意义之探讨》，《史学理论研究》2001 年第 4 期，等等。

② 张大可、赵生群等：《史记文献与编纂学研究》（《史记研究集成》第十一集），华文出版社 2005 年版，第 94—107 页。

效法孔子修《春秋》而去作《史记》的，其中一次司马谈说："余死，汝必为太史；为太史，无忘吾所欲论著矣……孔子修旧起废，论诗书，作春秋，则学者至今则之。自获麟以来四百有余岁，而诸侯相兼，史记放绝。今汉兴，海内一统，明主贤君忠臣死义之士，余为太史而弗论载，废天下之史文，余甚惧焉，汝其念哉！"① 而司马迁自己也是敬受其命。司马迁还引述其父之言说："自周公卒五百岁而有孔子。孔子卒后至于今五百岁，有能绍明世，正易传，继春秋，本诗书礼乐之际？"对此他说："意在斯乎！意在斯乎！小子何敢让焉。"②

当然，司马迁自谦他在某种程度上只是"整齐百家杂语"③，因而不敢与孔子修《春秋》相提并论；但是，实际上他所做的事情，在性质上与《春秋》很相像。在《太史公自序》中，他用了很大的篇幅，以与壶遂对话的方式，论述了孔子作《春秋》的意义和自己模仿《春秋》作《史记》的用意，④ 确是司马迁作《史记》的夫子自道。另外，在《史记·十二诸侯年表》中，司马迁也通过称颂孔子修《春秋》以警世、"立德"委婉地表达了仰慕之心："政由五伯，诸侯恣行，淫侈不轨，贼臣篡子滋起矣……是以孔子明王道，干七十余君，莫能用，故西观周室，论史记旧闻，兴于鲁而次春秋，上记隐，下至哀之获麟，约其辞文，去其烦重，以制义法，王道备，人事浃。"⑤

司马迁有这种想法是非常自然的。首先，《春秋》这部书兼具"经史"两种特性，为司马迁著《史记》提供了向两个方向发展的可能："史"的特性是取法的体裁根据；而"经"的特性却又是包括司马迁在内的历代史家之梦想。正如有的学者所言："经学在汉初正式形成，大约与此同时，史学也崭露头角。而《春秋》……一直兼具经学与史学的双重特性……《史记》也继承《春秋》，但其所凸显的却是史学的特点。显然，正是《春秋》兼具经与史的双重特性，促成了经史之间有着始终的关联，但也正因为继《春秋》者所侧重的特点不同，最终促使了经史在学科上的分离。在经史分离的过程中，《史记》无疑处于其间的关节点，

---

① （汉）司马迁：《史记》，中华书局1959年版，第3296页。
② 同上书，第3297页。
③ 同上书，第509页。
④ 同上书，第3319—3320页。
⑤ 同上书，第509页。

它于著述宗旨、著述路数以及著述体例上都发凡起例，从而使史学真正独立于经学，而这些正凸显出《史记》在中国古典史学上之承前启后的地位与价值。"① 但是，这种说法还有些地方值得商榷，因为，不止《春秋》具有"经史合一"的典型状态，《尚书》同样也是，而司马迁为什么不强调效法《尚书》呢？（而且，在事实上，《史记》无论在内容还是在形式上都从《尚书》中吸取了很多东西。）可见，《春秋》之兼具"经""史"两重身份并不能作为司马迁效法它著《史记》的最重要原因。那么，为什么司马迁父子总念念不忘要继承《春秋》呢？这是因为，《春秋》经过孔子的改写，其间寓有"微言大义"、褒贬之意，可以为人世确立道德规范，而这正是孔子"称圣"的重要原因。而《尚书》虽亦与孔子有关，但顶多是经过孔子的删编而已，"微言大义"无从谈起。也就是说，司马迁之所以要效法孔子修《春秋》而非《尚书》的最重要原因应该是其中的"孔子"因素。

因而，事实上司马迁所取法的不仅是《春秋》书籍本身，他一再强调的"续《春秋》"，更是要效法《春秋》背后的那个"人"——孔子。正是为此，司马迁不仅破例把孔子列入"世家"，而且在《史记·孔子世家》的末尾，对孔子表达了很大的倾慕之情："虽不能至，然心向往之。余读孔氏书，想见其为人。适鲁，观仲尼庙堂车服礼器，诸生以时习礼其家，余祇回留之不能去云。天下君王至于贤人众矣，当时则荣，没则已焉。孔子布衣，传十余世，学者宗之。自天子王侯，中国言六艺者折中于夫子，可谓至圣矣！"② 可见司马迁对于《春秋》的追崇。李纪祥先生在《〈太史公书〉由子入史考》③ 中论证《太史公书》本是子书，颇具卓见；但是，从另一方面来说，是否还可更深入一步：司马迁的本意是想通过"续《春秋》"而成为像孔子那样的"圣人"，使《史记》成为《春秋》那样的经书。而无论是"正史"还是"子书"的身份，都是后世别人加给它的。当然，在《史记》成为"正史之祖"而非"《春秋》第二"的过程中，既有历史的机缘，也有事理之必然，尤其是其中有着深刻的文化背景和民族心理因素。

---

① 王振红：《从经史分离看〈史记〉的史学价值》，《求是学刊》2008 年第 5 期。

② 司马迁：《史记》，中华书局 1959 年版，第 1947 页。

③ 李纪祥：《〈太史公书〉由子入史考》，《文史哲》2008 年第 2 期。

二 书之层级与"三不朽":《史记》
成为"正史"之祖的文化背景

《史记》没能成为《春秋》第二,司马迁也没有成为汉代的孔子,首先是由于中国的特殊文化背景。

中国"史"之历史源远流长,① "经""史"分途也不是一朝一夕完成的,而"正史"的形成亦是经历了相当长的时期。② 但是,无论这个过程如何复杂,都不难发现一个现象:"四部"分类与中国古代人生价值的三个层级的划分是相对应的。

中国古代评价人在世上的价值,占统治地位就是"立德""立功""立言"的"三不朽"之说,③ 这三者的人生价值呈依次递减之势;而这三者相对应的具体人群就是:(1)"圣人"(以德立身,以德教化世间者);(2)帝王或者功臣(建立世俗功业者);(3)靠言论流传后世者(后世的子部和集部作者皆属此列)。而且,此处所谓的"圣人"称号,包括孔子在内的任何人在世之时都无缘或不敢领受,而是死后的"追认"。毫无疑问,孔子属于第一层级,而司马迁就其当时身份看应属于第三层级。"立德"的形式多样,但一切可以促使"德"之提升的行为皆是,孔子之所为应为最高典范,而孔子作《春秋》,为生民立极,使"乱臣贼子惧",④ 这应是"立德"之极致,即《孝经》所谓"立身行道,扬名於后世,以显父母,孝之终也"。⑤ 对于第三层级的人士而言,固然可以靠"立言"而"不朽",但是,古代中国的士人们对于越过第二层级可以跃居第三层级的理想,一直不能释怀,比如宋明理学诸大师很明显都杂有这种情结。

---

① 谢保成主编:《中国史学史》(第一册),商务印书馆2006年版,第65—91页。

② 参见周予同《周予同论经史关系之演变》,许道勋、沈莉华整理、注释,《复旦学报》(社会科学版)1998年第1期。

③ (晋)杜预注,(唐)孔颖达正义:《春秋左传正义》,北京大学出版社1999年标点本(简体字版),第1003—1004页。

④ (汉)赵岐注,(宋)孙奭疏:《孟子注疏》,北京大学出版社1999年标点本(简体字版),第178页。

⑤ (唐)李隆基注,(宋)邢昺疏:《孝经注疏》,北京大学出版社1999年标点本(简体字版),第3—4页。

　　这种人生价值的层级也相应地显示在书籍分类中。曾有学者说："忠孝节义的纲常伦理是儒学基本内容的重要组成部分，而以此为核心构成的文化体系特别具有单一性、凝聚性、稳定性。经书中所确立的儒学思想，渗透到整个社会的每个领域，便长期制约着其它思想文化的发展。使得哲学、史学、教育、伦理、文学、艺术等各个领域，以及各家各派，都不能背离儒家经典的教条。"① 其实，如果再深一步看，中国的文化体系，还具有一大特性，即基于道德至上性的等级性，就是"立德"雄踞"立功""立言"之上；相应地，表现在文籍上，"经"以其奠定人生和社会最重要的道德规范而属于第一层级；"史"则是在"经"之原则下的衍生品；"子"和"集"就因为可能疏离、无关，甚至违背"经"的宗旨而列于后。因而，有学者认为这种分法"价值评断是第一位的，类别区分居第二位"②，强调"价值评断"在中国古籍分类中的地位是对的，但是，还应该注意，这种"评断"是道德判断，并且不应该把"价值评断"与"类别区分"割裂对立起来，因为按照道德价值进行分类本身就是类别区分之一种形式。但是无论如何，相较之下，虽然"西方分类，亦有其指导思想，但以对事物内在规律的认识为基础，把各种学术分类看作是外来的客观存在。表面看来，古代西方，学术与政治的关系，不似我国如此密切；各学术门类之间的尊卑高下，亦未见如我国这般明显。在世界分类史上，如我国四部分类从政治上这样强烈、鲜明地推崇某一学说作为指导一切的思想．并历千余年而不减，这是绝无仅有的。"

　　中国这种学术层级的划分，既具有其历史的必然，也有其学术上的合理性。"经"之所以雄踞四部之首，有两个方面原因：一是客观地反映了中国的学术渊源，因为，可以说所有的经书实质上都是中国最早的典籍之孑遗，是中国学术之源，这点从诸子百家纷纷称引可以看出；二是"经"之来由与孔子有很大的关系，"六经"几乎都经由孔子整理或者删编。而孔子在世时即曾被视为"圣人"，此称号在其死后不久即成为定论，其思想到汉代武帝时（即司马迁时代）居于"独尊"地位，并且愈到后世地

---

① 黄建国：《论试中国古籍四部分类与西方分类的根本差异》，《传统文化与现代化》1995年第5期。
② 张凌霄：《四部分类法——中国古代图书的价值体系》，《内蒙古师范大学学报》（哲学社会科学版）2002年第5期。

位越高，因而，经由其手整理而成的"六经"，亦得以更增添其神圣性。文化源头性著作，除"六经"外已成绝响；孔子之后，整理六经之功及其影响也不可复现。正是基于此，"经"书的行列已经凝固成型，已经不可能再有其他书籍入"经"。后世编著的书籍，只能是进入由其他名目命名的书籍行列中。（至于后世禅宗奉《坛经》为经，实是属于输入性而非原生文化的影响，与拙著所言角度不同）。于是，"史"（含"正史""别史"等，但实质上主要指"正史"）以及"子""集"等名目的出现乃是势所必然。

因此，"经"与"史"，表面上看起来是体裁的不同，实际上，它们都是含有社会层级意味的"符号"，并对应着相应的社会层级，从而形成了一种"著作层级"。这些著作层级，是由社会中的人们所规定并长期形成的，反映了社会的道德、伦理等方面的标准。另一方面，每一种符号都有其特定含义，因而造成每一品级都有其合理容量和进入标准，超过了这个容量，不符合这个标准，就只能被摒诸门外，进入下一个品级。这就使得这一符号系统呈现出不断扩大之势："经书"系列饱和，其他图书就只有进入"史"（正史）的行列了，"子""集"亦然。当然，这也是人类智慧积累和文化发展的必然结果。就如在文学上的体裁一样，王国维先生曾言："凡一代有一代之文学：楚之骚、汉之赋、六代之骈语、唐之诗、宋之词、元之曲，皆所谓一代之文学，而后世莫能继焉者也"，[①] 在前一种体裁（也是一种特定的符号）中的才华发挥已经达到了极致，后人很难超越，就只好另辟蹊径，开创一种新的体裁，这就造成"江山代有才人出，各领风骚数百年"的局面；这不断涌出的"才人"，其"领风骚"的方法就是靠创造新体裁、开辟新领域施展抱负的。虽是就文学样式而言，但是与四部分类之层级性不无相通之处：司马迁著《史记》，其初衷是"续《春秋》"，但是他仍不自觉地受到书籍上一层级"容量"已满这一历史规律的支配，结果"种豆得瓜"，成为"正史"的开山祖师，成为他始料未及的"不幸"和幸运。从经史都是符号系统中的"符号"这点出发，对于"经""史"优劣荣陋之分，其实不必过于拘泥于这些表面的争执，古人恐怕不会因为"史"而否定"经"，顶多是要替"史"争得更高的地位而已。

---

① 王国维：《宋元戏曲史》，叶长海导读，上海古籍出版社 1998 年版，"自序"第 1 页。

还必须强调一点:"正史"之所以成为"正史",是因为其为官修,或者是被追认为官修。统治者之所以要禁止私修官史,其中原因之一就在于"史"的批评作用和在孔子那里体现出来的一定的使人"成圣"的功能。因为,虽然《春秋》是中国五经之中"辈分"最晚的,却是和孔子关系最为密切、"成圣"功能最强的一部经书。

总之,司马迁"生不逢时",他出生于经书"塑造"已经完成的历史时代,因而,他的《史记》只有另入他册;司马迁又"生逢其时",他幸遇中国"大一统"王朝官修史书时期的开端,因而,《史记》于是当之无愧地成为"正史"之祖。当然,如同《史记》成为正史之祖有司马迁个人的天才在内一样,他没能借《史记》成为汉代孔子,也是与其个性和特质有关,某种程度上,也是整个民族心理自觉选择和判断的结果。

三　儒者不幸史家幸:司马迁成为正史首创者的民族心理因素

前已述及,司马迁的初衷并不仅是使《史记》成为继《春秋》之后的伟大著作,更是要借此使得自己成为像作《春秋》而"立德"不朽的孔子。但司马迁没有成为汉代孔子,除了上述的文化背景之外,还在于民族心理的选择。

不可否认,文化的发展固然有着经济和社会方面的原因,但是,同样,历史发展过程中人们的选择同样不可轻视。就像马克斯·韦伯在《资本主义与新教伦理》中所言:"在过去,在世界任何地区,人类生活样式最重要的形成要素,究属巫术与宗教的力量,以及基于对这些力量的信仰而来的伦理义务观念。"①虽然其语未免绝对,但人类的精神选择确在历史中发挥着不可忽视的作用。《史记》等著作成为"正史",不能仅仅看作是统治者的一种统治手段;而是有着历史必然性。因而,从根本上说,史书和经书地位的争论,实是攸关作者的历史地位和"不朽"的层次。司马迁和后世的中国读书人之所以有难以割舍的情结——通过著书立说而不朽,就是因为在潜意识中将孔子当成了自己的榜样,试图通过著史

① 参见［德］韦伯《新教伦理与资本主义精神》,康乐、简惠美译,广西师范大学出版社2007年版,"前言"第13页。

而"优入圣域",由"三不朽"的第三层次超越第二层次而直接进入第一层次。这种情结,来自世俗之人对于孔子成圣的"条件反射"。可以说,司马迁是汉代第一个试图经由此径进入圣域的人。"出将入相","不为良相便为良医"等理想,顶多是第二个层次,且实现起来有诸多难以突破的障碍,而通过著述实现"人生"层级的跃迁,以孔子为榜样似乎可以勉力而致。这就可以理解:史学之"理学化"或言"经学化",其共同点大都不外尊崇或效仿《春秋》而成,如欧阳修《新五代史》即有此风;而按朝代言,也是如此:宋代之史学经学化倾向最盛,亦往往以学《春秋》开其端。由此可以窥见《春秋》及孔子这一人格范式对于后世学者的影响。

　　为什么孔子会成为包括司马迁父子在内中国古代士人效法的楷模?从《史记》中司马迁的自述,可以窥见最主要的一点就是孔子凭借整理文化典籍和传播文化而成为圣人。这无疑激发了士人们"立德""立言"的强烈企图心。然而,孔子成为(后世追认的)"圣人",还有以下几条原因:一是,孔子曾经某种程度上受到当时国君以"师礼"待之的礼遇,有近于"君王师"的地位,加上他在鲁国及其他诸侯国中所受到的各国国君的尊敬,使后世人们自然而然地在心理上突破孔子"成圣"的身份障碍——君王亦加以礼遇和尊敬,况他人欤?这就使得他的思想具有超越王权的适用于各阶层的"普世性",使得包括君王在内的人们都必须以其言行为圭臬。而这正好在文化心理上使得"立德"为主的孔子凌驾于"立功"为主的君王之上,"三不朽"的人群评价等级至孔子"成圣"后因而更加牢固。二是,孔子远祖是商汤,这点也使其身份增添了神圣的灵光,这在重视"高贵"血缘的古代非常重要。三是,孔子教授生徒,学生遍天下,影响极大,树立"万世师表"的崇高形象,与中国"圣人"立德的重要要求之一相符(《孟子》有云:"学不厌,智也;教不倦,仁也。仁且智,夫子既圣矣。"[①])。四是,孔子具有符合中国传统伦理道德观念的生命和生活经历,比如,他教子有方,子孙历代以诗书继世,比如他身体没有残缺等。更重要的一点是,孔子生活在大一统专制制度形成以前的先秦时期,尤其是春秋战国时期的百家争鸣,各国争相延揽人才,"士"

----

　　① (汉)赵岐注,(宋)孙奭疏:《孟子注疏》,北京大学出版社 1999 年标点本(简体字版),第 77 页。

的地位相对较高而超然，这是后世专制制度下的臣子们所难以企及的。以此为尺度，不难发现：后世愈是较有资格进入"圣贤"行列者，其具备这几点特征就愈明显，比如，孟子除了没有像孔子那样整理《诗》《书》外，其他几方面几乎就是孔子的"翻版"；再往后的历代大贤，则因为是在君主专制政体下，失去了像孔孟那样较高程度上超越世俗王权的崇高身份，因而很难被纳入"圣"之行列，而对王权的超越程度及地位的崇高与否，直接影响了此人"圣贤"身份的浓厚与否。譬如，在文化发达、对待文人较为宽松的宋代，"二程"和朱子，其在后世的地位就较为接近"圣人"层次；而程颐和朱熹都曾经当过皇帝老师，地位又高于程颢，这些绝非偶然。

　　如若以上面几个方面来衡量太史公，不难发现，他在以下几方面难以"优入圣域"：首先最突出的一点是，他由于处于大一统皇权专制下而俯首为地位低下之人臣，不再具备孔孟那样的超然崇高的君王师的地位，这是决定他难以进入"圣人"行列最大的身份障碍；其次是他不具备孔子"圣人之后"的身份，光环更显黯淡；再次是没有设帐授徒，只是孤身一人从事自己的事业；最后一个很重要的障碍是：他曾经遭受宫刑，身体残缺，这就失去了成圣的最基本的"身体"保证。

　　除了以上在"身份"诸方面的特征使得司马迁不能进入"圣人"行列外，司马迁在思想上也颇有"异端"色彩。所谓"异端"，直白言之，就是不与主流思想（至少是提倡或向往的主流思想）合拍。尽管汉代甚至整个中国古代的统治思想多有争论，但是，可以肯定的是，在司马迁时期，儒家思想已经成为官方提倡的主流思想。这点在他以后不远的后世就有人指出，最为人熟知者是，班固在称赞司马迁"涉猎者广博，贯穿经传，驰骋古今，上下数千载间，斯以勤矣"[1]"有良史之材，服其善序事理，辨而不华，质而不俚，其文直，其事核，不虚美，不隐恶，故谓之实录"[2]的同时，指出司马迁"其是非颇缪于圣人，论大道而先黄、老而后六经，序游侠则退处士而进奸雄，述货殖则崇势利而羞贱贫，此其所蔽也。"[3]班固的话，看似个人观点，其实是他那个时代的共识，理由有二：

---

① （汉）班固，（唐）颜师古注：《汉书》，中华书局1999年版，第2070页。
② 同上。
③ 同上。

一是，东汉至唐，《史记》的地位不如《汉书》；① 二是，以后的儒家学说成为中华古代的最高理想，也间接验证了班固的观点。"是非颇谬于圣人"也可从司马迁对一些人物的评价和天命观上可窥见。

可见，司马迁之所以没有成为他所期待的角色，部分缘于其自身身份和特质不适于这种形象。他的宿命就是做一位史家，甚至是一位"异端"思想家或者文学家，但他恐怕永远也不会成为正统形象下的"圣人"。

当然，以著史"续《春秋》"之路向，亦非司马迁所独有，如欧阳修修《新五代史》等，正可谓是司马迁之同道。但是，即使后世史家们的个人遭际好于司马迁，所著史书仍然不免要入史书之林。因为，孔子以后再无孔子，《春秋》之后再无《春秋》。不过，司马迁之不能成为汉代"孔子"，并不是说孔子式的"圣人"在后世绝对不能出现。一两千年后的宋朝和明朝，还可以出现近似于孔子形象和地位的朱子和王阳明，但是仍然不可与孔子同日而语。

总而言之，汉代及以后，中国文化元典的整理已经完成，道德和人格范式已经确立，大一统王朝已经巩固，思想取向已经明晰；因而，以司马迁为鼻祖的后世史家及学者们，就再也难以跻身于"圣"人之林，而只有在以后衍生出的其他"身份"序列中去获得一席之地，他们的著作，就只有进入"史书"、"子书"、文集之林，与"经书"永远无缘。

（本文曾发表于《阴山学刊》2011 年第 3 期）

---

① 朴宰雨：《〈史记〉〈汉书〉比较研究》，中国文学出版社 1994 年版，第 382 页。

附录三

《尚书》的教育思想及其价值

《尚书》作为最重要的中国文化元典之一，其中蕴含着丰富而又独特的教育思想。由于《尚书》极高的政治和学术地位，并且相对来说又产生和并汇编成书较早，使得《尚书》不光对整个中国历史和中国学术产生了影响，也对其他中国经典产生了影响并通过它们进一步间接发挥作用。虽然近年来大陆学术界对《尚书》教育思想研究有所关注，但是，现在研究对象大多仍旧局限于单篇或其中的某一部分，比如，毕天璋先生的《〈尚书·说命〉及其教育思想》、杜建慧教授的《〈尚书·无逸〉及其所体现的周初政治教育思想》和尤学工先生的《〈尚书·周书〉与历史教育》等论文就是如此。《尚书》中丰富的教育思想资源，仍然有待于我们进一步发掘。需要说明的是，笔者所说的"教育"，是广义上的，包括教育和学习两个方面，更不仅仅限于对学生或未成年人的教育。

一 《尚书》教育思想的体现及其基本内容

《尚书》的教育思想可以从以下两个方面去考察：《尚书》文本中明确表达出来的教育思想；《尚书》所记载的教育实践中所隐含的教育思想。

首先是《尚书》文本中明确表述出的教育思想。《尚书》中明确表达的教育思想主要包括以下几个方面：

教育者的态度应该"敬"和"宽"。在《舜典》中，尧命令契说："契，百姓不亲，五品不逊。汝作司徒，敬敷五教，在宽。"① 这里虽然谈的是对人民的教化（那个时代当然不可能有今天严格意义上的学校教

---

① 《尚书正义》，第 75 页。

育），实际上，从现在的角度来看，相当于今天的全民教育理念。"敬"作为中国传统文化中非常重要的一个范畴，影响很大，尤其是宋明理学对之非常重视。"敬"实际上要求教育者要严肃、认真、表里如一、倾尽全力；否则，就不算是"敬"，也不会有真正的教育效果。"宽"是另一个重要的方面，而且是长久以来被严重忽视的一面，无论在学校教育还是民众教化中都是如此——"严"被过分地强调，以至于在教学中"严师出高徒"成了绝对的真理，很少有人怀疑，直到今天仍是如此。这点应该得到纠正。应该倡导宽容地对待学生，因为只有如此，才可能产生更好的教育效果。

音乐教育很重要。《舜典》中尧说："夔，命汝典乐，教胄子，直而温，宽而栗，刚而无虐，简而无傲。诗言志，歌永言，声依永，律和声。八音克谐，无相夺伦，神人以和。"① 这里对用音乐"教胄子"以达到"直而温，宽而栗，刚而无虐，简而无傲""神人以和"的目的。我国古代相传有《乐经》，为"六经"之一；六种必须掌握的技艺（"六艺"）中也包含"乐"；孔子、孟子、荀子等都精通音乐。古人对音乐在教育中的作用是非常重视的，认为是一个人成为完美的人所必不可少的。但是，这种传统在后世直至今日被有所忽视，应该予以加强。

教师的作用问题。这主要体现在《说命》中集中而较为明确地提出的几个教学原则。对于《说命》的真伪及其教育思想的价值问题，毕天璋先生曾有过专文论述，笔者赞同毕先生的基本观点；关于《说命》教育思想的内涵问题，笔者想在毕先生的论述基础上再稍作补充和引申。笔者认为，《说命》中表述了几个方面重要的教学思想，其中尤其突出的是以下两点：教师的作用、"师古"和知行合一问题。《说命》（上）中太甲说："朝夕纳诲，以辅台德。若金，用汝作砺。若济巨川，用汝作舟楫。若岁大旱，用汝作霖雨。启乃心，沃朕心。若药弗瞑眩，厥疾弗瘳；若跣弗视地，厥足用伤。"② 这段话固然含有对师生关系的描述，但是更是对教师作用的形象而贴切的概括。在太甲的眼里，老师就像是磨刀石、船和桨、甘霖、良药和眼睛，而学生相应地就像是铁器、渡河的人、久旱的土地、得病的人和要走路的人。这五个比喻将老师在教育中对学生的激

---

① 《尚书正义》，第 79 页。
② 同上书，第 248—249 页。

励作用和促进作用、对学生获得知识的桥梁作用、对学生情感上的教化、感染和错误行为的矫正作用，以及对学生学习、思考过程中的点拨和引导作用等诸多方面，非常形象地表达了出来，是非常高明和深刻的。不仅如此，《说命》（下）中还有一段文字谈到了老师的作用："尔惟训于朕志，若作酒醴，尔惟麹蘖；若作和羹，尔惟盐梅。尔交修予，罔予弃，予惟克迈乃训。"① 作者用"酒醴"和"麹蘖"以及"和羹"和"盐梅"的关系来比喻关学生和老师的关系，更是非常准确和有科学道理的：这两个比喻将教育过程中学生内在的可能性和老师的激发和引导作用描绘得曲尽其妙。傅说教育太甲说："王，人求多闻，时惟建事，学于古训乃有获。事不师古，以克永世，匪说攸闻。惟学，逊志务时敏，厥修乃来。允怀于兹，道积于厥躬。惟教学半，念终始典于学，厥德修罔觉。监于先王成宪，其永无愆。惟说式克钦承，旁招俊乂，列于庶位。"②（《说命·下》）"师古"，是《说命》中强调的教育思想之一。傅说说"学于古训乃有获""事不师古，以克永世，匪说攸闻""监于先王成宪"，强调了向历史和前人学习的重要性，这也是中国文化的重要特征之一，在中国历史上影响很大。"允怀于兹，道积于厥躬"，这与其说是强调循序渐进，不如说是说明学习贵在积累。关于教学相长的思想，毕先生主要针对"敩学半"进行了论述③，此处不再赘述。

环境、习惯和自我反省很重要。这是贯穿《太甲》三篇的教育理念。通观伊尹教育太甲的过程，先是苦口婆心地劝告太甲，无效后将其放逐到桐宫，其理由是"习与性成"。而太甲后来因为"居忧"而"克终允德"。④ 太甲因为在靠近先王的桐宫，处于忧伤的氛围，养成了从先王教训中汲取营养的习惯，能够自我反思，所以最终成为贤王。这个成功的教育案例，就表现了环境、习惯和反省的重要性。

其次，是《尚书》在具体的教育实践中融入的教育理念。这需要我们透过《尚书》文本表面去挖掘。

《尚书》中的教育实践可以按教育对象主要分为两大类：一是对未成

① 《尚书正义》，第253页。

② 同上。

③ 毕天璋：《〈尚书·说命〉及其教育思想》，《河南教育学院学报》（哲学社会科学版）2000年第1期。

④ 《尚书正义》，第210页。

年或者较为年轻的君主的教育，比如《无逸》《酒诰》《康诰》中周公对成王和康叔的谆谆告诫；二是对臣民的教育。这又可以包括周统治者对殷商遗民的教育（如《多士》）、殷商统治者对商族人民的教育（如《盘庚》）等。这些教育实践涉及了教育的各个方面，比如教育时机和教育内容的选择、教育者自身地位的定位、对教育对象心理的把握等。《盘庚》中，盘庚教育他的臣民要跟从他迁都时，特别强调了"古我先王，暨乃祖乃父，胥及逸勤"①，实际上就是为了拉近与被教育的臣民的距离，消除他们的反感。在《康诰》《酒诰》《无逸》等篇中，周公一再强调"孟侯，朕其弟""穆考文王""我周太王、王季""我周文王"② 等，其意义也是为了让康叔明白自己是与他休戚与共的至亲。在《大诰》中，周公特意选择了在用大龟占卜后得到吉兆后的有利时机，向各诸侯国君和臣民说明东征叛军的可行性，充分利用了当时人们的迷信心理，是非常合宜的。在《多士》《多方》等篇目中，周公引经据典，比如他说："我闻曰：上帝引逸，有夏不适逸，则惟帝降格。向于时夏，弗克庸帝，大淫泆有辞。惟时天罔念闻，厥惟废元命，降致罚。乃命尔先祖成汤革夏，俊民甸四方。"③ 其目的是说明，我们周族"革"了你们商的"命"，实际上就是学习你们的先王商汤的。周公还说："非我小国敢弋殷命。惟天不畀允罔固乱，弼我，我其敢求位？惟帝不畀，惟我下民秉为，惟天明畏。"④ ——不是我们小国周敢自作主张征伐你们商，而是天意啊！诸如此类之处，都可以使我们悟到古人教育思想的精妙之处。

当然，以上只是择要举之，《尚书》中的教育思想不仅仅局限于上面提到的这些。

二　《尚书》教育思想的特点

《尚书》的教育思想有其鲜明的中国特色和古典风格。主要包括以下几点：

---

① 　《尚书正义》，第 232 页。

② 　同上书，第 359、373、433、437 页。

③ 　同上书，第 423 页。

④ 　同上书，第 422 页。

　　强烈的政治性。《尚书》中的教育思想带有很明显的政治性。有时，《尚书》中的教育与政治教化有时就是一体的。关于这点，杜建慧教授的《〈尚书·无逸〉及其所体现的周初政治教育思想》已有过论述。① 这与当时的社会和教育的特殊实际情况有关。远古时期的中国，除了贵族统治者可以接受正规和专门的教育外，其他人主要就是接受政治教化。而贵族统治者所接受的教育，其目的除了使他们自身素质得到提高外，另一个目的就是提高教化百姓的能力。所以，无论是教育者还是被教育者，都以政治教化为依归。《尚书》中周公对成王、傅说对太甲的教育，都是希望达到使他们成为政治明君并且能够教化百姓。周公的一再谆谆告诫，其实也是为了达到教化百姓的目的。

　　强烈的历史感和忧患意识。《尚书》中的好多教育思想都源自深沉的历史感和忧患意识。对历史经验教训的汲取和对未来的忧患实质上是一个硬币的两面。尤学工先生的《〈尚书·周书〉与历史教育》对此曾经论及。② 比如《无逸》《酒诰》《康诰》等中周公一再教育贵族、臣民要摒弃放纵、酗酒等败德行为，就是汲取殷商灭亡的历史经验教训的结果。这点古人早就注意到了。《礼记经解》中有据说是孔子的评论说："入其国，其教可知也。其为人也温柔敦厚，诗教也。疏通知远，书教也。广博易良，乐教也。洁净精微，易教也。恭俭庄敬，礼教也。属辞比事，春秋教也"。③ 可见，古人对于《尚书》在教育方面"疏通知远"的独特功能是非常重视的。

　　强烈的实践性。《说命》中傅说教育太甲说："非知之艰，行之惟艰。王忱不艰，允协于先王成德，惟说不言有厥咎。"④《尚书》中的教育最终都归结到"力行实践"上。《无逸》《酒诰》《康诰》等，无不如此。可以说，在《尚书》看来，没有仅仅停留在语言或思维层面的教育；如果教育与实践分离，这种教育将一无价值。陆游的名句"纸上得来终觉浅，绝知此事要躬行"（《冬夜读书示子聿》），注重躬行实践，这也是中国传统教育思想的总体特色之一。

---

　　① 杜建慧：《〈尚书·无逸〉及其所体现的周初政治教育思想》，《郑州大学学报》（哲学社会科学版）2006 年第 6 期。

　　② 尤学工：《〈尚书·周书〉与历史教育》，《中国党政干部论坛》2004 年第 2 期。

　　③ （元）陈澔（注）：《礼记》，上海古籍出版社 1987 年版，第 273 页。

　　④ 《尚书正义》，第 252 页。

注意人格教育和音乐教育。《尚书》中甚至将人格的锻造和品德的提升作为教育的最终目的。无论使用什么教育手段，其目的都是使得受教育者的人格品德修养得到加强。《无逸》《康诰》中周公教育成王和康叔、《太甲》中伊尹教育太甲、《说命》中傅说教育武丁，都是以此为目的。另外，《尚书》中对音乐教育也很重视。前文已引用《尧典》的话说明。

三 《尚书》教育思想的现实意义

《尚书》的教育思想即使在今天看来，仍然有很多值得借鉴之处。尤其是在大力提倡建设和谐社会的我国，我们可以从《尚书》的教育思想中汲取很多有益的养分。

首先，当前的教育应该进一步加强思想品德教育，追求人的全面、和谐发展。我国一再强调"五育并举，德育为首"，但是在实际操作中，"德育"往往被虚化或者忽视，而"智育"成了唯一的目的。其结果导致学生的思想品德水平下降，整个社会也因此受累。有学者指出："以儒家教育为主体，以人的自我完善为根本追求是我国传统教育的最大特点。整体的动态和谐是先秦儒家学派极为关注的……将以'和谐'为内核的人生哲学和社会哲学统一起来，促进人的全面发展，以至'天行健，君子以自强不息'，'地势坤，君子以厚德载物'。'仁义'成为一个人的根本价值准则，'大同'成为社会发展理想状态，在真切的人世追求人类的幸福，落实'仁'的思想，这便是儒家人文以化成天下的大教育观。"① 其实，这些特征在《尚书》中都有所体现。我们应该努力汲取前人的智慧，使我们的教育更加注重人的整体素质的提高、人文精神的培育以及天人之间和谐状态的追求。

其次是注重教育的实践性。我国教育比较忽视动手实践，一直为人们所诟病。这既导致高分低能的后果，也使得学生的学习兴趣不高。更重要的是，这使得教育的价值大打折扣，因为，如果我们培养的是"语言的巨人，行动的矮子"，那么这种教育又有何价值？

再次，应该将音乐教育放到更重要的位置。前已指出，《尚书》很重视音乐教育。然而，音乐教育在后世被忽视，尤其是近现代，远没有上古

---

① 张鹏：《人文精神：中国古代教育之根》，《大众文艺》（理论版）2009 年第 5 期。

时期地位显赫。古人甚至将音乐当成与人的全面健康成长和国家命运休戚相关的大事。上引《礼记·经解》中说的"广博易良，乐教也"，就是古人对于音乐教育作用的高度概括。

（本文曾发表于《柳州师专学报》2010 年第 2 期）

后　记

　　这本小书是笔者在博士学位论文的基础上修改而成的。2011 年 4 月，在我的博士学位论文"致谢"中，我曾经叙述过它的来由，我在写作过程中得到的帮助，并表达了感激之情。我深知，这本小书是不具备出版资格的。但是，"丑媳妇总要见公婆"，由于种种机缘，它最终得以面世。我还要借此机会多说一些话。

　　众所周知，"《尚书》学"极为难治。这既是由于《尚书》文字的古奥难明，也是因为"《尚书》学"几千年来头绪、争论很多，至今仍有很多问题聚讼纷纭。一些学术前辈，作为公认的"大家"，皓首穷治"《尚书》学"，尚颇多不惬己意之处；何况我作为后生小子，无才乏学，却敢于选择"《尚书》历史思想研究"作为博士学位论文题目呢！固然，笔者当时颇有些"初生牛犊不怕虎"的意气；在学术上，却是因为我的博士生导师张富祥先生的鼓励和指导。在我确知能够进入山东大学攻读博士学位之初，张师就指导我尽早确定博士论文选题，并最终给我确定了这一题目；入学后，更是不断督促我搜集资料、列出提纲并尽快进入写作程序。在写作过程中，张师又多次对论文的框架结构、语言以及许多小细节，予以详尽的指导。更重要的是，拙著有相当多的观点实际上源自张师，我只是予以展开论述而已。以"《尚书》编纂中的华夏历史意识"一章的写作为例：在本章写作过程中，我每次向张师求教，张师都会给我点拨思路甚至提供具体例证，反复强调这是他极有心得、一直想写而没有时间写的一个题目，也是我这篇博士论文中最重要、最可以"出彩"的一部分。因此，这一章与其说是我的作品，毋宁说是张师思想之凝成；然而，资质驽钝、功底浅薄如我，三年仍然不得要领，论述总是不能达张师之意，这不禁令他非常着急、多次发出慨叹，故张师后来只好自行撰文以述其意。再有，全文基本框架结构也是张师对我的初稿斧削后拟定的。然而，即使张师费心力如此，整篇论文的写作情况仍然距离张师的期许很远，根本没有达到他的目标。如今，看到拙稿仍以如此面目问世，张师在"序"中仍然予以热情鼓励，想到自己的志大才疏和对张师殷切期盼的辜负，我感到非常惭愧。对"《尚书》历史思想"这只最初我似乎并不很以为意的"老虎"，我根本没有"降服"，横在我面前的这座大山，仍然没有移走，只能寄希望于来日。

现在，回首往事，我愈加深深感到，拙稿在选题、框架结构、论点和论述的深度上，如还有一些可取之处，那么，这其中点点滴滴都有张师的心血，因此，我首先要对张师辛勤指导，表示衷心的感谢！

在我博士学位论文开题和预答辩时，除张师外，山东大学文史哲研究院庞朴先生、王学典先生、李平生先生以及陈峰老师、李扬眉老师都提出了宝贵的指导意见，使笔者深受启发，少走了很多弯路；郭震旦师兄、姜蒙同学等也曾经予以指导或鼓励；俞艳庭、韩宏韬、焦桂美、黄广友、法帅、张秀丽、李正学、王广振等师兄、师姐、同学，都曾经惠赐大作，使我受益良多；刘秋红师姐、陈姝君师妹在预答辩时曾经费心记录，热心提供帮助。在此，谨向各位老师和同学表示衷心的感谢！

拙著在作为博士论文外审时，承蒙武汉大学谢贵安先生、北京师范大学张越先生、河南大学李振宏先生不弃，作为评审专家提出了很宝贵的评审意见。博士论文答辩时，除张师外，还承蒙南开大学乔治忠先生、河南大学李振宏先生、山东大学孟祥才先生、王学典先生、李平生先生、陈峰教授、李扬眉副教授等予以审议和指导。各位先生、老师对拙作既有热情的鼓励，也有严肃的批评。对各位先生、老师的指导，谨此表示衷心的感谢！在这次修改中，我尽量吸收了评审和答辩时各位先生、老师的修改意见，但是，限于时间、能力和篇幅，有些地方一时还不能修改得很到位；有些薄弱环节也未及充分加强，甚至在有些地方我对各位先生的指教还未能领悟清楚，因此，这部小书仍然会存在很多缺点，在此，敬请各位先生、老师们以及读者谅解！

在论文写作过程中，山东大学文史哲研究院图书室张雷老师为我借阅和查询图书提供了各种便利；研究院巴金文书记、杜泽逊副院长在学习和生活上给予我热情关怀、指导和帮助，令我深受感动；院研究生办公室李鹏程老师、办公室纪红老师在三年学习生活中提供的帮助同样令人感到温暖。这些都是我能够最终写成论文、完成学业的动力和条件。每当回忆起那些往事中的细节，都充满温馨和感动。在此，谨向以上各位老师致谢！

另外，我的妻子李中华在我论文写作以及此次的修改过程中，承担了相当一部分读书笔记输入以及文档的技术性处理工作（比如参考文献的排序、文字和标点符号的校对等），特此说明。

在我申请"河南科技大学学术著作出版基金"期间，河南科技大学人文学院院长薛瑞泽教授一直予以大力支持；王东洋副教授、王云红副教授均曾经予以善意而热情的提醒；河南科技大学学科建设处的李卫国老师也为此书的出版付出很多心力；各位评审专家慨然予以首肯，学校领导因之列入出版资助计划。在此，谨向各位领导、同人表示衷心的感谢！

论文中的不足乃至错漏，毫无疑问都应完全由我个人负责。

在此，我想再说一些与拙著的写作没有直接关系，但是实际上密切相关、不能不说的话，请各位读者见谅。

首先要说一下我的父亲。我已经进入不惑之年。这四十年对我来说堪称"多舛"：自幼，母氏不安于室，最终，我们父子三人相依为命；我在动荡和残缺的家庭中度过童年；九岁时被独自一人送往小山村隐姓埋名生活了六年多；工作后又大违父志，坚决从县城请调到当地最偏僻的农村工作了六年，每天骑自行车往返一百华里；之后是借调、父亲卧病，我往返于滕、薛之间，直至父亲去世；再之后是"挈妇将雏"，辗转于各个异乡执教、求学、谋生……可谓数十载里几无宁日。但是，历经各种坎坷、磨难，我还能走到现在，实在是因为我内心还有被别人爱所带来的幸福感。而在所有爱我的人中，给我爱最多的，毫无疑问就是我父亲。自我从被母亲"放逐"去的异乡侥幸返回老家之后，父亲如同对待孩提时的我一样，每天给我做饭、盛饭、端饭，甚至要看着我吃下去他才放心，直至我结婚成家。我不能忘记，在我每天一百里往返于乡村和县城之间时，有一年冬天，有早自习和晚自习，是父亲，每天在我起床之前的一个多小时，在凌晨四点钟就起床，在院子里点燃他捡来的枯木，为我做饭。我还不能忘记我习惯了的"倚门倚闾"的现实版：我即使成家了，傍晚，每天从五十里外的乡村学校返回家时，在小胡同的尽头，总能看到有一个魁梧而有些伛偻的身影在等待，看到我推车过来，这个背影就转身蹒跚地进家去，这就是我的父亲，集父爱与母爱于一身的我的父亲！即使是我过于执拗的选择和乖戾脾气一再伤害父亲的心，他仍然沉默不语，用最博大的父爱宽容我，这种宽容甚至到了"娇纵"的地步。而我，却忘记了父亲或许是这个世界上最为不幸的人：从他成家后不久起，在肉体上，他老人家就经受外科手术和暴力的摧残；在精神上，他承受着来自周围的各种压力，背负着强加给他的十字架和侮辱；我一直觉得，父亲就像臧克家先生笔下的《老马》："总得叫大车装个够，它横竖不说一句话，背上的压力往肉里扣，它把头沉重地垂下！这刻不知道下刻的命，它有泪只往心里咽，眼里飘来一道鞭影，它抬起头望望前面。"无论是无形的命运之鞭，抑或是无情的现实之鞭，父亲都默默地忍受。少有人真正理解他，少有人平等地对待过他。他背负着正常人的责任，却不能享受正常人的权利。我的父亲是"老三届"。按理说，他如果能在恢复高考后参加高考，其命运应该大不相同。在他老人家去世前的一个月，我已经借调到异乡，他老人家还是在凌晨早起，提前准备，然后骑上那辆破烂自行车，驮着我，送我到火车站坐车返回单位上班；在路上，一位老邻居问他为何不让我骑车驮着他，父亲笑着不语。在路上，父亲告诉我，他今早喝了一碗粥，吃了两根油条，他说："粥真香！"我半靠着他老人家宽厚而温暖的脊背，听了这句话不禁悲从心来，因为我知道这已经是他老人家最大的物质享受了，而他这样破费花上几角钱的情形是屈指可数的！父亲为了我们兄弟，真是"鞠躬尽瘁，死而后已"！他老人家最后的埋葬费和十个月的工资，正好可以将替弟弟买房的钱和他看病我借的钱还清！剩下的九百元，我还可以用来交给叔父奉养祖母。……所有这一切，都是先父留给我们的精神遗产。他的社会地位是卑微的，但是他的精神是伟大的。他的坚强、他的执着、他的深沉的爱，深深地贯灌注到了我的心灵里，给了我精神力量，使我明白这个世界上什么是"忍耐"，什么是"真爱"。对父亲，我想用什么言辞来描述都显得苍白无力。如果没有父亲的善良本性和强大的父爱，我的命运肯定是另一个样子。无论是在学术还是生活中，我都有很多缺点，但是有一点可以肯定，我从来没有想过去伤害别人，这主要拜先父厚德之赐。父亲已经去世十年有余，他老人家在世之时最为期盼的，无非我和弟弟两家人的平安、幸福。我要首先借此书"后记"一角，向先父的在天之灵献上我为人子的、迟到的悔悟和感恩。

　　再就是我的家族。几十年来，我的家族也可谓历尽沧桑。但是，无论处于何种境地，有两点优良传统从不改变，一是"孝"，二是"慈"。首言"孝"。我祖父已经去世三十多年，祖母一直生活不能自理。由于各种特殊原因，我的三叔父几乎是独力承担起赡养祖母之责。四叔也是尽力赡养，曾将祖母接去奉养；每次探望祖母，也如同三叔一样，亲自为她洗脸洗脚、喂饭、伺候祖母如厕。先父不具备赡养的条件，仍然在一段时间内每天送饭，照顾饮食起居。俗语云："床前百日无孝子"，何况这一养就是三十多年呢！父辈的孝道使得远亲近邻无不叹服。我可以随便举一例子：有一年春节期间，祖母喘得厉害。由于祖母不能出门，只好请医生（这医生估计是外乡人）每天到三叔家里为祖母输液。我因为回家过年，得以帮助医生"打下手"。当时，医生忽然对我说："你叔真孝顺！我从来没见过这样孝顺的！"我告诉他，这已经是三十多年了！他听了更是赞叹不已。再言"慈"。先父的慈爱毋庸多说了。仅举叔父为例：我上大学、读硕士、读博士，都是我四叔父亲自送到学校或者僦居之处，尤其是后两次，都是盛夏，叔父带着我的弟弟等亲人，冒着近40度的高温给我搬家具，一直忙到大半夜。直至今天，我每次回老家，叔父们都还把我视为需要照顾的孩子，问寒问暖，想着法子让我出去游玩、散心。三祖父母以及三祖父母家的各位叔父母、姑父母同样也是，他们对家族的责任感和关爱，外人同样艳羡：三祖父母操持了我们两代人的婚姻、家事；大叔、二叔、三叔、姑母也是从我出世后一直予以关心照顾，即使在我不懂事故意疏远他们之时仍然如此，直至今日。即使是远在北京的二祖父，也曾千里迢迢给我写信、寄钱，关心我的婚姻家庭。我们做后辈的，生活在这样的家族环境中，都浸染到了这种"孝上慈下"的家风。所以，像我弟兄二人，尽管在家庭的某些方面有欠缺，但是来自父亲、父辈、家族的爱，在某种程度上填补了我们的精神空缺，使得我们能够在人生道路上不至于迷失自我、走向歧途。

还要说一下我的师长、亲友在生活和精神上给予我的支持。我生性执拗、无能，家境不好，但是岳家一直不弃，对我关爱有加。有一段时间，我几乎到了无米下炊的地步，岳父母几乎天天让我从他家往我家带粮、带菜。尤其不能忘记的是，在我苦于痔疾之时，岳父老人家听说将一种叫"婆婆丁"的草药煮水清洗有效，就在寒冬里到十数里外去一棵棵地为我寻找、刨下，带回家煮汤。内兄弟两人也是一直倾力相助，于钱于物于力，从不吝惜。我的博士生导师张富祥先生至今仍对我的生活和学习非常关心，没有他的宽容、指导和各种无言、无形然而却巨大的帮助，我不可能顺利毕业走到今天。王学典先生、巴金文书记、杜泽逊先生在求学、生活和精神上给予我的鼓励和巨大支持，使我难以忘怀。我的硕士生导师郝明朝先生一家，从我投入郝师门下开始，就一直从各个方面予以关怀和鼓励，大至我的博士升学、毕业问题、要给我一家人提供他的多余住房居住问题，小至柴米油盐酱醋茶等各个方面，郝师和师母无不操心、费力（我不能忘记2009年春节郝师给我送去过年用品的那一幕）。我的师兄、师姐们，同样给了我兄长、大姐似的温暖，韩宏韬师兄、俞艳庭师兄、孙荣耒师兄、刘秋红师姐、焦桂美师姐等，无不如此。其他同窗、至友，亦总是在我困顿不堪时伸出他们的援手：小学、初中好友张发祥兄、张淼兄的深情厚谊，一直延续了三十年而不衰；高中同位段修水兄，在先父病重时、在我断炊时，在我需要的其他时刻，总是不忘旧谊，帮我渡过难关；高中同窗张恒选兄顾念我的生活和健康，两次慨然雪中送炭；吕鹏兄总是曲加照顾，令人感念；大学同窗李正学兄一直予我以精神上的巨大鼓励和生活上的热情支持；袁绍东兄、彭东焕兄、王勇兄、赵连昌兄、王广振兄、白景民兄、冷江山兄、康建军兄、步连增兄、姜萌兄、魏代富兄，等等，都予我以热情帮助或者鼓励；王文峰兄也是我的小学好友，他一直关注着拙著的问世；原来在滕州时的同事辛贤龙、娄淑萍伉俪，刘锡伟君，一直给我全家以无私的帮助和关怀；同门李玉诚师弟多少次为我费心奔走，毫无怨言；陈姝君师妹亦多有帮助，宗石丁、任成良、吕晓钰三位师弟的热情也总是让我心生暖意。入河南科技大学工作以来，各位领导、同事也给予热情帮助。所有这些师长亲友，他们不可能从我这里得到什么物质上的回报，因而他们的付出是无私的。师长亲友们的高德厚爱，如同先父和家族之爱一样，也给了我以极大的鼓舞，使我增添了无穷的力量，感受到了"人间自有真情在"，并使我更加深刻地认识到了这个世界的美好，使我更加懂得了感恩。

　　我之所以要写以上这些，并非要炫耀什么，而是想说：这些师长亲友的大爱，都是我得以在人生道路上不断前行，并且在困苦中还能够感到幸福和满足的源泉。

　　顺便还要说一下我自己。我个人资质驽钝、修养不高，但是我多少遗传了先辈们善良的品质，从未存过害人之心。尽管如此，我错事还是做了不少，无意中伤害过的人也肯定会有。借此机会，我要诚挚地说一声"抱歉"！请您原谅我的种种过失，我会尽力避免重犯！虽然一直喜欢史学、儒学和传统文化，但是大学毕业后一直为生计奔走，鲜有时间和条件读书，故腹中空空，眼高手低，思之汗颜！唯希望在以后的岁月中，能多少弥补一些在学养方面的欠缺。

承蒙学术界不弃，拙稿的大部分篇幅都曾经在《青海师范大学学报》（社会科学版）、《广西社会科学》、《西北民族大学学报》（哲学社会科学版）、《文化学刊》、《中华文化论坛》、《佳木斯大学社会科学学报》、《牡丹江师范学院学报》（哲学社会科学版）、《绥化学院学报》、《济宁学院学报》、《哈尔滨学院学报》、《东方论坛》、《郑州轻工业学院学报》（社会科学版）、《广东教育学院学报》、《鞍山师范学院学报》、《兵团教育学院学报》、《温州职业技术学院学报》、《理论月刊》、《河南科技大学学报》（社会科学版）等诸多刊物上公开发表。在"附录"中，我还附上了若干篇有关小论文，这些文字也都公开发表过。借此机会，对各位编辑的厚爱表示衷心感谢！在投稿、发表过程中，难免有一些失礼或得罪之处，其间出现的个别现象，均非出于笔者恶意，敬请各位先生、各家刊物海涵！

需要补充说明的是：作为博士毕业论文的选题结晶，拙稿是当时"山东大学文史哲研究院"（现为"山东大学儒学高等研究院"的一部分）王学典先生、张富祥先生主持的"中国古代史论"研究课题的一个组成部分。数年来，我对该项目的努力从未稍懈。现在，"中国古代史论研究"和"儒家史论文献汇编"已分别被列为山东大学人文社会科学重大研究项目（编号 12RWZD08）和山东大学儒学高等研究院学术研究项目。而当时张老师给我定的题目就是"《尚书》史论研究"，只是后来我出于表达方面的考虑，改成了现名。从这个意义上说，拙稿也可以视为"中国古代史论研究"的阶段性成果之一。

最后，笔者要说：由于拙著仍然存在很多缺点，衷心期待各位方家、读者的谅解和指正！

王灿于河南科技大学

2012 年 12 月 16 日